Neue

Kleine Bibliothek 354

Heinz-J. Bontrup

Erbeuteter Reichtum

Wege aus der neoliberalen Zerstörung

PapyRossa

Ich widme dieses Buch meiner Frau Katharina. Ihre konstruktive Kritik ist immer eine wertvolle Unterstützung meiner Arbeit.

Luxemburger Str. 202, 50937 Köln
Tel.: +49 (0) 221 – 44 85 45
Fax: +49 (0) 221 – 44 43 05
E-Mail: mail@papyrossa.de
Internet: www.papyrossa.de

Umschlag: Verlag, unter Verwendung eines Motivs,
© by Galib | Adobe Stock #1296249179
Druck: Interpress, Budapest

Die Deutsche Nationalbibliothek verzeichnet diese Publikation in der Deutschen Nationalbibliografie; detaillierte bibliografische Daten sind im Internet über http://dnb.d-nb.de abrufbar

ISBN 978-3-89438-858-4

Inhalt

Rüstung und Krieg

Mehr direkte und wirtschaftliche Demokratie

Editorische Notiz

Die hier versammelten Texte aus mehr als 30 Jahren wurden für diesen Band nochmals separat durchgesehen. Jeweils unter einem Beitrag ist vermerkt, wo und wann dieser erschien, wenngleich sich die Versionen nicht eins zu eins entsprechen müssen; ebenso weicht die Formulierung der Überschriften mitunter ab.

Zu diesem Buch

Wie sagte Papst Franziskus: »Diese Wirtschaft tötet.« Damit meinte er das kapitalistische System. Eine Wirtschaftsordnung, die voller Widersprüche ist und auf der Herrschaft und Macht der Kapitaleigentümer basiert. Wirkliche Mitbestimmung der Beschäftigten ist dem System wesensfremd. Hier geht es in den Unternehmen um maximale Profitbefriedigung für Wenige und in Folge kommt es durch einzelwirtschaftliche Rationalitätsfallen zu gesamtwirtschaftlichen Pervertierungen. Gestützt wird das wirtschaftliche System in einer parlamentarischen (indirekten) Demokratie durch Parteien und Politiker, die den eigentlichen Souverän, das Volk, zwar alle vier oder fünf Jahre wählen lassen, die Bürgerinnen und Bürger dann aber, bis zur nächsten Wahl, zu reinen Zuschauern machen. So kann die ehemalige Außenministerin der Grünen, Annalena Baerbock, sagen, es sei ihr »egal, was meine deutschen Wähler denken«. Wir brauchen deshalb eine *doppelte Demokratisierung*: in der Wirtschaft und in der Politik.

Das hier vorgelegte Buch dokumentiert diese Forderung durch eine Auswahl aus weit über 300 Artikel, Essays, Kolumnen und Interviews in Tages-, Wochen- und Monatszeitschriften, die ich seit Beginn der 1980er Jahre veröffentlicht habe.

Im Kapitalismus und seiner neoliberalen Spielart werden *Arbeitslose* bekämpft und nicht die *Arbeitslosigkeit. Arbeitszeitverkürzungen* bei vollem Lohn- und Personalausgleich waren nicht gefragt – selbst von den Gewerkschaftsspitzen nicht. Dafür wurde aber in Deutschland von einer *rot-grünen Koalition* (1998-2005) unter Kanzler Gerhard Schröder (SPD) mit der 2003 initiierten *Agenda 2010* ein gigantischer *Niedriglohnsektor* mit einem Millionenheer prekär Beschäftigter geschaffen. Jede Arbeit sei »sozial« und kein Deutscher hätte ein »Recht auf Faulheit«. Es sollte »gefordert« und »gefördert« werden; letzteres wurde aber schnell vergessen.

Im Vorwort der ersten Auflage meines Buches »*Arbeit, Kapital und Staat. Plädoyer für eine demokratische Wirtschaft*« im Jahr 2005[1] habe ich schon geschrieben: »In den letzten dreißig Jahren ist es zu einem Paradigmenwechsel in der Wirtschaftswissenschaft gekommen. Der Keynesianismus[2] wurde als wirtschaftspolitischer Mainstream vom Neoliberalismus abgelöst. Hinzu kamen weltweite, gravierende politische Veränderungen, wie der *Zusammenbruch der Sowjetunion, der Deutschland* die *Wiedervereinigung* ermöglichte. Ferner sind zu nennen: die *Europäische Wirtschafts- und Währungsunion* und nicht zuletzt die Bereitstellung neuer bahnbrechender Informations- und Kommunikationstechnologien. All diese Prozesse kumulierten in den 1990er Jahren. Seitdem spricht man weltweit von *Globalisierung*, von einem Zusammenwachsen der Volkswirtschaften.« Die Welt ist dabei fast unisono kapitalistisch geworden. Selbst in Russland und China.

Von 2007 bis 2010 kam es dann zu einer schwerwiegenden weltweiten *Finanz- und Wirtschaftskrise*, die den Kapitalismus fast in den Abgrund geführt hätte. Hoch spekulierendes Finanzkapital verseuchte am Ende die produzierende Wirtschaft und musste mit einer gigantischen *Staatsverschuldung* gerettet werden. Stefan Bajohr, Politikwissenschaftler an der Universität Düsseldorf, schreibt: »Die sogenannte *Schuldenbremse*, also das Ergebnis der Reform des deutschen Kreditverfassungsrechts von 2009, ist nicht, wie manche meinen (...), eine Schlussfolgerung aus der Finanz- und Staatsschuldenkrise ab 2008. Diese hätte ja angesichts des Wirkens der (...) keynesianisch inspirierten Konjunkturprogramme eher in anderer Richtung ausfallen müssen. Nein, die Schuldenbremse ist

---

1 Seit 2021 liegt die 6. Aufl. im PapyRossa Verlag vor.

2 Der Keynesianismus geht auf die Lehre des wohl größten Ökonomen des 20. Jahrhunderts zurück: des Briten *Sir John Maynard Keynes* (1883-1946).

das Ergebnis des *neoliberalen Staatsverständnisses*, das den privaten Nutzen voranstellt und den öffentlichen Sektor daran hindern will, das Allgemeininteresse an ausreichenden öffentlichen Leistungen vor allem in den Bereichen Gesundheit und soziale Sicherheit, Chancengleichheit und Bildung, Umweltschutz und Kultur zu realisieren. (…) Am Ende des Weges soll ›eine neue Stabilitätskultur‹ (Institut der Wirtschaft) stehen, in der sich der öffentliche Sektor den privatwirtschaftlichen Interessen allein schon deshalb zu beugen hat, weil ihm die finanziellen Mittel zum Gegensteuern fehlen.«[3] Der Staat wurde zunehmend als »Kostgänger« der privaten Wirtschaft diskreditiert und Angela Merkel (CDU) lobte während ihrer Regierungszeit von 2005 bis 2021 eine »*marktkonforme Demokratie*« aus. Wie alle Neoliberalen verschwieg auch sie die *Ursache* der Finanz- und Wirtschaftskrise: die neoliberal herbeigeführte und gewollte *Umverteilung* der arbeitsteilig geschaffenen *Wertschöpfung* von den *Arbeitseinkommen* zu den *Mehrwerteinkommen*. Der gesteigerte Mehrwert in Form von Zinsen, Mieten und Pachten sowie Gewinnen führte zu einem konsumtiven Nachfrageausfall und erhöhter Arbeitslosigkeit und landete nicht in Investitionen, sondern auf den liberalisierten hoch spekulativen *Finanzmärkten*. Die *G-I-B-Formel* – *gib* den Kapitalisten heute mehr **G**ewinn, dann kommt es morgen zu mehr **I**nvestitionen und übermorgen zu mehr **B**eschäftigung – ist nichts anderes als eine *neoliberale Mär*.

Zwar stiegen die Gewinne durch *massive Steuersenkungen*, auch die Gewinne nach Steuern, und die Börsen boomten, großangelegte Investitionen und ein Anstieg von Beschäftigung blieben aber aus. Dafür wurde die Schere zwischen Arm und Reich immer größer – beim *Einkommen* und *Vermögen*. Am Ende zeigte die lange Regierungszeit von Merkel, dreimal mit der SPD und einmal mit der FDP (2009-2013), eine *verheerende Bilanz neoliberaler Mainstream-Ökonomie*. Mit Christoph Butterwegge von der Uni-

3 Bajohr, S., Die Schuldenbremse. Politische Kritik des Staatsschuldenrechts, Wiesbaden 2016, S. 27

versität zu Köln kann man von einer *»zerrissenen Republik«* sprechen.[4]

2020 löste dann die *Corona-Pandemie* einen wirtschaftlichen exogenen Schock aus. Und wieder musste der Staat keynesianisch, mit einem Deficit Spending intervenieren, um nicht einen totalen Kollaps des Systems zu riskieren. Die *»neoliberalen Geister«* tauchten kurzzeitig unter, aber 2021 waren sie mit der Ampel-Regierung aus SPD, Grüne und FDP wieder da. Zum ersten Mal seit 1949 kam nur noch eine Regierung mit drei Parteien zustande. Nicht einmal die *Hälfe der Wahlberechtigten* hatte sich nach dem Auszählen der Stimmen in Summe für die »Ampel« entschieden.

2022 folgte ein zweiter exogener Schock mit dem *russischen Überfall auf die Ukraine*. Die *Kriegsursache* wird kontrovers diskutiert, genauso wie die Beendigung des Krieges. In Deutschland löste der Krieg eine *Energiekrise* und *Stagflation* aus. Zur Umgehung der *Schuldenbremse* verankerte der Bundestag und -rat mit einer Zwei-Drittel-Mehrheit verfassungsrechtlich ein 100-Milliarden-Euro Aufrüstungsprogramm und erhöhte die Rüstungsausgaben bezogen auf das nominale Bruttoinlandsprodukt auf 2 % jährlich, ohne das Volk zu fragen. Wir leben eben nur in einer *indirekten (parlamentarischen) Demokratie*. Dass scheint vielen nicht bewusst zu sein. Und den offensichtlich vom Volk gewählten geschichtsvergessenen Parlamentariern und Bellizisten sei das Versprechen der Deutschen nach dem Zweiten Weltkrieg in Erinnerung gerufen: »Nie wieder Krieg«, und auch die Präambel des Grundgesetzes, nachdem wir *»dem Frieden der Welt zu dienen«* haben. Andreas Engelmann, Bundessekretär der Vereinigung Demokratischer Jurist:innen (VDJ), und Rainer Rehak, Ko-Vorsitzender des Forums Informatiker:innen für Frieden und gesellschaftliche Verantwortung (FIfF), schreiben dazu: »Bis heute beinhaltet das Grundgesetz den normativen Auftrag, die Existenz einer Streitkraft mit dem Friedensgebot in praktische Konkordanz zu bringen. Der ausgerufene Primat der Aufrüstung und

4 Butterwegge, C., Die zerrissene Republik. Wirtschaftliche, soziale und politische Ungleichheit in Deutschland, Köln 2020

der exzessive Einsatz von öffentlichen Mitteln zu diesem Zweck verschiebt dieses prekäre Gleichgewicht in die Richtung einer Rückkehr des Militarismus. Deutschland hatte bereits zweimal eine kriegstüchtige Armee. Und lange vor dem Blutvergießen im Krieg beginnt die Militarisierung im Inneren.«[5]

Natürlich ist im Kapitalismus bei Krieg und Rüstung immer auch *Profit* im Spiel. Dieser erreicht nicht nur während des Krieges gigantische Höhen und bringt Menschen den Tod, schwerste Verletzungen und wirtschaftliche Verwüstungen und Elend. Am Ende bleibt es dabei. Im Kapitalismus, und ebenso in seiner *neoliberalen Spielart*, geht es, nicht nur beim »Bombengeschäft« Rüstung, um Erzielung von *Profit* und eine erweiterte Kapitalakkumulation für eine kleine Schicht von Eigentümern der Produktionsmittel. Karl Marx (1818-1883) zitiert in diesem Kontext im ersten Band seines Buches *Das Kapital* den englischen Arbeiterführer Thomas Joseph Dunning (1799-1873): »Das Kapital hat einen Horror vor Abwesenheit von Profit oder sehr kleinem Profit, wie die Natur vor der Leere. Mit entsprechendem Profit wird Kapital kühn. Zehn Prozent sicher, und man kann es überall anwenden; 20 Prozent, es wird lebhaft; 50 Prozent, positiv waghalsig; für 100 Prozent stampft es alle menschlichen Gesetze unter seinen Fuß; 300 Prozent, und es existiert kein Verbrechen, das es nicht riskiert, selbst auf Gefahr des Galgens.«[6]

Ende 2024 brach dann die Ampel-Koalition aus SPD, Grüne und FDP auseinander. Die Regierung scheiterte letztlich an der weiter betriebenen *neoliberalen Wirtschaftspolitik*. Die Finanzierung der *Energiewende* und die vielen *aufgestauten Missstände* im Land, von verrotteter öffentlicher Infrastruktur, unzureichender Digitalisierung über ungelöste Probleme bei Gesundheit, Rente, Pflege, Bildung und sozialem Wohnungsbau mit Milliarden an notwendigen Aufwendungen, waren ohne eine, zumindest gelockerte *Schulden-*

---

5 Engelmann, A., Rehak, R., Was wird aus dem Friedensgebot im Grundgesetz?, in: Frankfurter Rundschau vom 25. März 2025, S. 6

6 Dunning, T. J., in: Karl Marx, Das Kapital, Bd. 1, MEW 23, Berlin/Ost 1983, S. 788

bremse, die 2009 von »neoliberalen Geisterfahrern« im Grundgesetz verankert worden war, nicht im Ansatz zu bewältigen.

»Holt die Milliarden, wo sie liegen! Wenn Deutschland modernisiert und die Demokratie stabilisiert werden soll, müssen Reiche wieder angemessen zum Gemeinwesen beitragen«, schreiben Stefan Körzell, Vorstandsmitglied im DGB, und Yannick Haan, Publizist, Erbe und Mitglied der Initiative taxmenow.[7] *Steuererhöhungen* als staatliche Finanzierungsalternative bei den *Superreichen* sind im Kapitalismus mit der *politischen Herrschaftselite* aber nicht umsetzbar. Hier besteht nach den beiden großen deutschen Philosophen Theodor W. Adorno (1903-1969) und Max Horkheimer (1895-1973) eine »privilegierte Komplizenschaft«.

So war das System mal wieder am Ende. Bundesfinanzminister Christian Lindner (FDP) weigerte sich trotzdem, unterstützt aus der Opposition, von Friedrich Merz (CDU) und Markus Söder (CSU) sowie von der AfD, Veränderungen an der Schuldenbremse vorzunehmen. Ein von der FDP veröffentlichtes neoliberales »*Konzept für Wachstum und Generationengerechtigkeit*« veranlasste dann letztlich Bundeskanzler Olaf Scholz (SPD) Bundesfinanzminister Lindner zu entlassen. Das war das Ampel-Aus. Dass FDP-Konzept erinnerte stark an das »Scheidungspapier« aus dem Jahr 1982 vom damaligen Bundeswirtschaftsministers Otto Graf Lambsdorff (1926-2009) (FDP), das zum Bruch der sozialliberalen Koalition unter Bundeskanzler Helmut Schmidt (1918-2015) (SPD) führte. Nach der gescheiterten *Vertrauensfrage* von Scholz kam es dann am 23. Februar 2025 zu vorgezogenen *Neuwahlen* zum 21. Deutschen Bundestag und in Folge zur Bildung einer Regierung aus CDU/CSU und SPD. Alle Parteien, insbesondere die SPD, mussten Stimmenverluste hinnehmen. Wahlsieger war die AfD. Die neue »Große Koalition« kam nur noch auf 37,1 % der Stimmen aller Wahlberechtigten – von einer vom *Volk* breit getragenen Regierung konnte keine Rede mehr sein.

---

7 Vgl. Körzell, S., Haan, Y., Holt die Milliarden, wo sie liegen!, in: Frankfurter Rundschau vom 25. März 2025, S. 4

Dann passierte Unglaubliches: Mal wieder musste *Keynes* den *Neoliberalen* mit einem Deficit Spending helfen. Diesmal aber wie noch nie in der deutschen Geschichte zuvor. Es kam zu einem 1.000 Milliarden Euro Finanzpaket, finanziert durch *Staatsverschuldung*. 500 Milliarden Euro davon für *zivile Ausgaben* und 500 Milliarden Euro für *Rüstung*, *Militär* und *Zivilschutz*. Die *Sicherheit Deutschlands* sei angesichts des Ukraine-Krieges in Gefahr, so die immer lauter werdenden *Bellizisten* aus allen gesellschaftlichen Bereichen, forciert von den Leitmedien. Die Politikwissenschaftler Klaus Schnelle und Stephan Hensell von der Universität Bremen fragen: »Tappen wir in die Hysterie-Falle?«.[8] Nein, wir sind längst Gefangene und leiden unter Realitätsverlust. Der renommierte Philosoph Jürgen Habermas übt massive Kritik an den politischen Entscheidungsträgern in Europa. Er wirft ihnen vor, nicht genügend mit Russland und deren Präsidenten Putin verhandelt zu haben. Stattdessen habe man sich den Kriegszielen der Ukraine ausgeliefert.[9] Die nach einer kriegerischen Lösung des Konflikts rufen und damit den 3. Weltkrieg riskieren, sind Menschen- und Verfassungsfeinde.

Neben den von Deutschland schon bis Anfang 2025 verausgabten 44 Milliarden Euro für Kriegsgerät an die Ukraine, und das bei einer zunehmenden *Armutsquote* von heute rund 17 %, hoher *Kinderarmut* und *Armenspeisungen* durch sogenannte »Tafeln« in Deutschland,[10] stelle ich die Frage, wer den Gegenwert für die Milliarden Ukraine-Hilfen *erarbeitet* und wer die *Profiteure* sind. Für letzteres kann die Frage schnell beantwortet werden: Die *Rüstungsindustrie*. Dabei hat der Krieg bisher in Deutschland zu einem hohen *Wachstumsverlust* von rund 240 Milliarden Euro (nur für die Jahre 2022-2023) geführt und es wird zu weiteren ähnlich hohen Ver-

8 Schnelle, K., Hensell, S., Tappen wir in die Hysterie-Falle?, in: Frankfurter Rundschau vom 31. März 2025, S. 7

9 Vgl. Hesse, M., »Unverzeihliche Fehler«. Philosoph Jürgen Habermas hat sich zum Krieg, der Aufrüstung und der Zukunft Europas geäußert, in: Frankfurter Rundschau vom 24. März 2025, S. 19

10 Vgl. Schneider, U. (Hrsg.), Kampf um die Armut. Von echten Nöten und neoliberalen Mythen, Frankfurt a. M. 2015

lusten kommen, wenn der Krieg nicht schnellstens beendet wird. Zum gesamten politischen Rüstungsgebaren der Bundesregierung konstatiert der *Wissenschaftliche Dienst* des Deutschen Bundestags: Deutschland ist längst zur *Kriegspartei* geworden. »Die deutschen Ausgaben für Verteidigung (nach Nato-Kriterien) stiegen seit 2014 von 34,7 auf 57,7 Milliarden Euro im Jahr 2022. Das ist ein satter Anstieg um 66 Prozent in acht Jahren. Es ist ein Mythos, dass die Bundeswehr schlecht ausgerüstet ist, weil sie zu wenig Geld bekommt«, stellt der Konflikt- und Friedensforscher Herbert Wulf fest.[11]

Entgegen allen objektiven Fakten müssten wir schnellstens »*kriegstüchtig*« gemacht werden, so nicht nur der deutsche SPD-Verteidigungsminister *Boris Pistorius*. Bundeswehrsoldaten empfiehlt man, sie sollten vorsorglich schon mal ihr Testament machen und es sollen unterirdische Krankenhäuser gebaut werden. Das »*Reich des Bösen*«, damals noch die so vom neoliberalen US-Präsident Ronald Reagan (1911-2004) betitelte Sowjetunion, würde heute, bezieht man es auf Russland und Wladimir Putin, ganz Deutschland und Europa in eine russische Knechtschaft führen. An dieser Stelle kann man dann nur noch dringend empfehlen, sich mit der Geschichte und den Fakten auseinanderzusetzen. Russland hat Deutschland noch nie angegriffen. Umgekehrt war es aber zweimal der Fall.

Die Russische Föderation ist heute mit gut 143 Millionen Menschen *ökonomisch*, sieht man einmal von seinen Rohstoffen ab, lediglich ein Zwerg und bei der *konventionellen Rüstung* den Nato-Staaten, mit gut 970 Millionen Menschen, auch ohne die USA mit 340 Millionen Einwohnern, weit unterlegen. Die Nato-Staaten haben über 3 Millionen Soldaten unter Waffen (davon die USA 1,33 Millionen) und verfügen zugleich über ein riesiges Reservoir an Reservisten. Im Vergleich dazu hat Russland eine Personalstärke von gut 1,32 Millionen aktiven Soldaten und rund 2,0 Millionen Reservisten. Die Nato hat im Jahr 2023 2.443 Milliarden US-Dollar an Militärausgaben getätigt und Russland 109 Milliarden Dollar, das sind 4,5%.

11 Wulf, H., Haushalts-Déjà-vu, in: Wissenschaft & Frieden, 2023/4

Wie kann man vor diesen gesamten Indikatoren die Notwendigkeit einer massiven Aufrüstung gegen Russland herbeireden? Lediglich bei der *atomaren Rüstung* ist Russland auf Augenhöhe mit den USA, was im Zuge eines »Gleichgewichts der Kräfte« bisher einen potenziellen Dritten Weltkrieg verhindert hat. Hier seien insbesondere alle Geschichtsvergessene an die unsägliche Hochrüstungsspirale zwischen den Staaten der Nato (»Nato-Doppelbeschluss«) und dem Warschauer Pakt in den 1980er Jahren erinnert.

Das staatliche Ausgabenprogramm von 1.000 Milliarden Euro brauchte aber zur Umsetzung und *Umgehung der Schuldenbremse* weitere im Grundgesetz verankerte sogenannte »*Sondervermögen*« (richtig ist der Ausdruck Sonderschulden). Dazu wäre aber eine *Zwei-Drittel-Mehrheit* im neu gewählten Bundestag nicht zustande gekommen. Deshalb hat man die Grundgesetzänderung mit dem alten Bundestag am 18. März 2025 und ein paar Tage später am 21. März auch im Bundesrat in Windeseile durchgesetzt. Die Grünen haben hier für die nötige Mehrheit gesorgt, nachdem man ihnen 100 Milliarden Euro aus dem zivilen Ausgabenprogramm für Klimaschutz und Energiewende zugesagt hat. Für das größte *Aufrüstungsprogramm* Deutschlands nach dem Zweiten Weltkrieg war die ehemalige *Friedenspartei* sofort zu haben, auch dafür, die Schuldenbremse abzuschaffen. Die Verfasser des Grundgesetzes von 1949 würden sich im Grabe umdrehen, wenn sie wüssten, wie heute Politiker mit dem Grundgesetz umgehen.

Heinz-J. Bontrup
Witten, im Juni 2025

Kapitalismus und seine neoliberalen Spielarten

Der Kapitalismus basiert auf vielen Antagonismen. Nicht nur zwischen Kapital und Arbeit. Auch die Mehrwertbezieher sind sich Spinnefeind. Und ein Kapitalist schlägt viele andere tot. Der maximale Profit und die Herrschaft des Kapitals sind das Leitbild der kapitalistischen Ordnung. Das gilt alles auch für den Neoliberalismus, der nur eine Spielart dieser Ordnung ist, genauso wie für die soziale Marktwirtschaft mit ihrem mystifizierenden Unternehmerbild. Das kapitalistische System scheint unverwüstlich zu sein. Vielleich wollte Keynes deshalb den Kapitalismus auch nicht abschaffen, sondern nur vor sich selbst retten und auch ein »grüner Kapitalismus« zur Lösung der Klimakrise ist mehr Schein als Sein.

Die Eigentumsfrage

Nicht das Kapital, sondern den Menschen in den Mittelpunkt stellen

Eigentum und seine Entstehung

In der Urgesellschaft war die ursprüngliche Lebensform der Menschen noch kollektive Arbeit. »Da alle gemeinschaftlich arbeiteten, wurden auch alle Produktionsmittel und alle gewonnenen Güter *Kollektiveigentum* und nach kollektivem Ermessen verwendet.«[1]

1 Autorenkollektiv, Lehrbuch Politische Ökonomie, Vorsozialistische Produktionsweisen, 3. Aufl., Frankfurt a. M. 1975, S. 86.

Je mehr sich die Produktivkräfte *arbeitsteilig* entwickelten[2] und schließlich zum ersten Mal ein *Überschussprodukt* erwirtschaftet wurde, haben sich Einige mit brutaler Gewaltanwendung das Überschussprodukt kollektiver menschlicher Arbeit angeeignet. So entstand schließlich aus kollektivem *privates Eigentum. Karl Marx* beschreibt die Aneignung des Überschussprodukts aus einer feudalen Gesellschaftsstruktur zur Herausbildung eines frühkapitalistischen Systems »bluttriefend« im 24. Kapitel des Kapitals als *»sogenannte ursprüngliche Akkumulation«.*[3] Für Marx ist diese Akkumulation eine »Expropriation der unmittelbaren Produzenten« und damit »Verwandlung der feudalen in kapitalistische Expropriation.« Somit sind die lohnabhängigen Arbeiter im Kapitalismus, dies betonte 1776 auch schon *Adam Smith*, nur zu bedauern.

> »Der bedauernswerte Arbeiter, der gewissermaßen das ganze Gebäude der menschlichen Gesellschaft auf seinen Schultern trägt, steht in der untersten Schicht dieser Gesellschaft. Er wird von ihrer ganzen Last erdrückt und versinkt gleichsam in den Boden, so daß man ihn auf der Oberfläche gar nicht wahrnimmt.«[4]

Der französische Philosoph *Jean-Jacques Rousseau* hatte in seiner Abhandlung »Über den Ursprung und die Grundlagen der Ungleichheit unter den Menschen« schon vor Marx und Smith geschrieben:

> »Der erste, der ein Stück Land eingezäunt hatte und es sich einfallen ließ zu sagen: dies ist mein und der Leute fand, die einfältig genug waren, ihm zu glauben, war der wahre Gründer der

---

2 Die Arbeitsteilung hat eine gigantische Entwicklung der Produktivkräfte ermöglicht. Adam Smith macht dies anhand einer Stecknadelproduktion 1776 anschaulich. Er schreibt: »Die bedeutendste Steigerung der Produktivität der Arbeit und der Großteil der Geschicklichkeit, Fertigkeit und Umsicht, mit der sie überall eingesetzt oder verrichtet wird, dürften die Wirkungen der Arbeitsteilung gewesen sein.« Smith, A., Untersuchung über das Wesen und Ursachen des Reichtums der Völker, Tübingen 2005. S. 89, von Streissler, M. übersetztes Originalwerk von Adam Smith aus dem Jahr 1776 »Inquiry into the Nature and Causes of the Wealth of Nations«.

3 Marx, K., Das Kapital, Bd. 1, Berlin 1974, S. 741ff.

4 Smith, A., Untersuchung über das Wesen und Ursachen des Reichtums der Völker, a. a. O., S. 87.

bürgerlichen Gesellschaft. Wie viele Verbrechen, Kriege, Morde, wie viel Not und Elend und wie viele Schrecken hätte derjenige dem Menschengeschlecht erspart, der die Pfähle herausgerissen oder den Graben zugeschüttet und seinen Mitmenschen zugerufen hätte: ›Hütet euch, auf diesen Betrüger zu hören; ihr seid verloren, wenn ihr vergesst, das die Früchte allen gehören und die Erde niemanden.«[5]

Heute haben laut *Internationaler Hilfsorganisation Oxfam* nur acht Menschen so viel Eigentum wie 3,6 Milliarden Menschen auf der Erde zusammen – das ist die Hälfte der Menschheit. Nicht ganz so krass wie in der Welt ist in *Deutschland* das akkumulierte Kapital ungleich verteilt. Das Deutsche Institut für Wirtschaftsforschung (DIW) in Berlin hat in seinem letzten Vermögensbericht auf Basis des Sozio-oekonomischen Panels (SOEP) ermittelt, dass sich das *Nettovermögen* der privaten Haushalte in Deutschland insgesamt im Jahr 2012 auf 6,3 Billionen Euro belief. Knapp 28 Prozent der erwachsenen Bevölkerung verfügten dabei über kein oder sogar ein negatives Vermögen. In einer Untersuchung des Manager-Magazins für das Jahr 2016, bezogen auf die 500 reichsten Deutschen, wird festgestellt, dass diesen zusammen ein Nettovermögen in Höhe von 692,25 Milliarden Euro gehört. Pro Kopf fast 1,4 Milliarden Euro. Dies ist ein neuer Rekord – 5,87 Prozent mehr als 2015, schreibt das Magazin. An der Spitze stehen hier seit Jahren die Geschwister Quandt. Die u.a. BMW-Großaktionäre Stefan Quandt und Susanne Klatten kommen danach auf ein gemeinsames Vermögen von 30 Milliarden Euro.[6] Dem gigantischen konzentrierten Reichtum, der ökonomisch nur durch Ausbeutung erklärbar und nicht zu rechtfertigen ist, steht eine bittere *Armut und Verschuldung* gegenüber. Mehrfach hat schon der deutsche Paritätische Gesamtverband auf die Zunahme von Reichtum in Deutschland auf der einen und Armut auf der anderen Seite aufmerksam gemacht, und die Ent-

5 Rousseau, J. J., zitiert bei Harlander, N., Heidack, C., Köpfler, F., Müller, K.-D., Personalwirtschaft, 3. Aufl., Landsberg am Lech S. 24.

6 Vgl. Manager-Magazin, Heft Oktober 2016, S. 10ff.

wicklung scharf kritisiert. Die Armutsquote lag 2013 bei 15,5 Prozent. Fast jedes fünfte Kind wächst in Deutschland in Armut auf und es existieren rund 1.000 »Tafeln« zur Armenspeisung.[7] Gut 6,7 Mio. Menschen (älter als 18 Jahre) waren 2015 in Deutschland mit einer mittleren individuellen Schuldenhöhe von 34.000 Euro verschuldet. Dies bedeutet eine *private Schuldnerquote* von fast 10 Prozent, stellt die Creditreform fest. Zum dritten Mal in Folge ist damit in Deutschland die Verschuldung privater Haushalte spürbar angestiegen.[8]

Mit der *französischen Revolution* von 1789 war dann die rechtlich »freie« Arbeit der Menschen endgültig zu einem ökonomisch neuen abhängigen *Lohnarbeitsverhältnis* zwischen Unternehmer und Arbeiter geworden.[9] Die Arbeiter, mittellos und ohne Kapital, müssen seitdem ihre Arbeitskraft Kapitaleignern verkaufen. Die französische Nationalversammlung verkündete die natürlichen und unantastbaren *Menschen- und Bürgerrechte*: »Das Recht auf Freiheit, Eigentum, Sicherheit und das Recht auf Widerstand gegen Unterdrückung«. Dem Eigentum wurde noch ein gesonderter siebenzehnter Zusatzartikel gewidmet, in dem es als »ein unverletzliches und geheiligtes Recht« hervorgehoben wird, das »niemandem genommen werden« dürfe, es sei denn gegen »gerechte Entschädigung«.

Für den englischen Philosoph *John Locke*, einer der Väter des politischen Liberalismus, ist dagegen Eigentum die rechtliche Um-

7 Vgl. Paritätischer Gesamtverband, Berlin 2015, S. 19, Schneider, Ulrich (Hrsg.), Kampf um die Armut. Von echten Nöten und neoliberalen Mythen, Frankfurt a.M. 2015.

8 Vgl. Frankfurter Rundschau vom 11. November 2016, S. 16.

9 Eine *Koalition*, einen Zusammenschluss, der Einzelnen ansonsten den Kapitaleigentümern völlig unterlegenen abhängigen Beschäftigten war auch nach der Revolution nicht erlaubt. Die Nationalversammlung erließ 1791 ein *Koalitionsverbot*. René Guy Le Chapelier, einer der prominentesten Redner der Nationalversammlung, »räumte zwar ein, daß Lohnerhöhungen angesichts der Lage der Arbeiter, die nahezu der Sklaverei gleichkomme, wünschbar seien. Allein sie könnten aber nicht durch kollektive Aktionen durchgesetzt werden, mit denen die Freiheit der Arbeitgeber verletzt würde. Hierzu gab es in der Nationalversammlung außer einigen Nachfragen praktisch keine Diskussion. (…) So verabschiedete die Nationalversammlung das Gesetz am 14. Juni 1791 einstimmig.« Kittner, M., Arbeitskampf, Geschichte, Recht, Gegenwart, München 2005, S. 158f.

setzung der »*bürgerlichen Freiheit des Einzelnen*«, die ein nicht verhandelbares Menschenrecht sei. Beim Eigentumserwerb sah er aber, wie Aristoteles und Rousseau, eine individuelle (arbeitsbezogene) Grenze. Ausgehend davon, dass jeder Mensch ein natürliches Eigentum an seinem Körper hat, und daher Sklavenarbeit gesellschaftlich zu verachten ist, gehören dem jeweils arbeitenden Menschen auch die »Früchte seiner Arbeit«, die dann sein Eigentum werden. Legitimes Eigentum entsteht nach Locke also nur durch *eigene Arbeit.*

> »So viel Land ein Mensch bepflügt, bepflanzt, kultiviert und so viel er verwerten kann durch die Nutzung des Ertrages, so viel ist sein eigen.«[10]

»Das klingt sympathisch und revolutionär«, schreibt Sahra Wagenknecht, »zumal für einen Liberalen. Immerhin schufteten zu Lockes Lebzeiten in Europa die meisten Menschen auf Äckern, die ihnen nicht gehörten und deren Früchte sie nicht genießen konnten, so wie heute die Mehrheit in Unternehmen arbeitet, die ihnen nicht gehören und deren Erträge andere kassieren. Und schon zu Lockes Zeiten lag auf der Hand, dass Großeigentum wie etwa die riesigen Ländereien des Adels nie dadurch entstanden war, dass ihre Eigentümer oder auch nur deren Vorfahren Niemandsland durch persönliche Arbeit in Besitz genommen hatten. Forderte Locke mit seiner Theorie also die Enteignung des Ades und die Übergabe des Landes an die Bauern? Das tat er nicht. Er lieferte stattdessen eine besonders trickreiche Legitimierung der damaligen Eigentumsverhältnisse (…). Die Arbeitstheorie des Eigentums gilt nämlich bei Locke ausdrücklich nur für das, was er den *Naturzustand* nennt. Dieser Naturzustand wird mit der Einführung des *Geldes* verlassen. Mittels Geld hat jeder die Möglichkeit, weit mehr Eigentum zu erwerben, als er bearbeiten kann, denn er kann sein Eigentum durch bezahlte Arbeiter vermehren lassen. Je mehr er hat, desto mehr Leute kann er beschäftigen und desto schneller wächst sein Vermögen. Dieses Eigentum ist nach Locke trotzdem legitim, weil es jedem, dem diese

10 Locke, J., Über die Regierung in der Übersetzung von *W. H. Halles* 1906, in Wiederauflage, Reinbek bei Hamburg 1966, S. 30.

Ordnung und die mit ihr verbundene große Ungleichheit nicht passt, ja freistehe, in Weltgegenden auszuwandern, in denen es noch eigentümerlose Wiesen gibt, die man mit seiner Hände Arbeit in einen eigenen Acker verwandeln kann. Es muss also niemand auf anderer Leute Land schuften; wer es trotzdem tut, tut es also freiwillig und hat damit die bestehende Ordnung anerkannt.«[11]

Diese »Freiwilligkeit« ist natürlich blanker Unsinn. Als hätten alle Menschen die freie Wahl und Möglichkeit sich ein Stück Land zu suchen und in ihr Eigentum zu überführen. Spätestens als der Boden nicht mehr frei und Kapital angesammelt (akkumuliert) war, war dieser Ursprungszustand vorbei. *Adam Smith* schrieb dazu: Danach »verlangt der Grundherr einen Teil von fast allen Erträgnissen, die der Arbeiter durch Anbau oder Sammeln darauf erzielen kann. Die Rente des Grundbesitzers schmälert deshalb als erstes den Ertrag der Arbeit, die zur Bestellung des Bodens eingesetzt wird.«[12] Nur vor der Landnahme und der Ansammlung von Kapital in der Urgesellschaft, gehört dem Arbeiter der ganze Ertrag der Arbeit. Er muss daher auch nicht mit einem noch nicht existierenden Grundherren oder Unternehmer teilen. Und *Marx* stellt zu dem Ursprung fest:

> »In einer längst verfloßnen Zeit gab es auf der einen Seite eine fleißige, intelligente und vor allem sparsame Elite und auf der andren faulenzende, ihr alles und mehr verjubelnde Lumpen. (…) So kam es, dass die ersten Reichtum akkumulierten und die letzteren schließlich nichts zu verkaufen hatten als ihre eigene Haut. Und von diesem Sündenfall datiert die Armut der großen Masse, die immer noch, aller Arbeit zum Trotz, nichts zu verkaufen hat als sich selbst, und der Reichtum der wenigen, der fortwährend wächst, obgleich sie längst aufgehört haben zu arbeiten.«[13]

---

11 Wagenknecht, S., Reichtum ohne Gier, Wie wir uns vor dem Kapitalismus retten, Frankfurt a. M./New York 2016, S. 245f.

12 Smith, A., S. 56f.

13 Marx, K., Das Kapital, a. a. O., S. 741f.

Dabei ist, so *Rousseau*, der Gründungsakt der gesellschaftlichen Ungleichheit die Einführung des Privateigentums. Er unterschied Ungleichheit zwischen Menschen als »natürliche« Ungleichheit, die aus körperlichen und geistigen Geburtsgaben hervorgeht, und eben einer »gesellschaftlichen« Ungleichheit. »Wo immer sie auftaucht, richtet sie schreckliche Verwüstungen an«,[14] stellt *Jean Ziegler* fest. »Die Idee, dass die Ursache aller gesellschaftlichen Missstände, der Urfehler, die Einführung des Privateigentums ist, hat sich über die Jahrhunderte gehalten. *Pierre-Joseph Proudhon* schrieb in seiner 1846 erschienenen *Philosophie des Elends*: ›Eigentum ist Diebstahl‹. Und ein Jahrhundert später formulierte *Max Horkheimer*: ›Reichtum ist unterlassene Hilfeleistung‹.«[15] *Rousseau* formulierte über die aus Eigentum entspringende Ungleichheit: »Wir brauchen Mehl, um unsere Perücken zu pudern, deshalb haben so viele Menschen kein Brot.«[16]

Rousseau lehnte, genauso wie schon in der Antike *Aristoteles*, Privateigentum dennoch nicht ab. Er unterschied aber zwischen Eigentum an unseren »täglichen Gebrauchsgegenständen« und an Eigentum, das mit ökonomischer *Macht* daherkommt und es ermöglicht, andere für sich arbeiten zu lassen; also sich, ohne eine eigene Leistung zu erbringen, bereichern zu können. Dies lehnte Rousseau vehement ab. Heute schreibt dazu im Hinblick auf eine *Differenzierung des Eigentums* der Politikwissenschaftler *Alex Demirović*:

> »Es stellt einen Unterschied dar, ob einer Person die Nutzungsrechte an einem Sofa oder seinen CDs rechtlich garantiert werden oder aber die Verfügung über Produktionsmittel, die andere Menschen benötigen, um sich selbst zu erhalten. Die Verfügungsgewalt über Produktionsmittel erlaubt es, den Zugang zu ihnen zu beschränken oder sie in einer Weise einzusetzen, daß daraus Nachteile für große Gruppen der Bevölkerung entstehen. Dieser Aspekt nimmt an Bedeutung noch zu, wenn die

---

14 Ziegler, J., Ändere die Welt! Warum wir die kannibalische Weltordnung stürzen müssen, München 2014, S. 44.

15 Ebenda, S. 45.

16 Zitiert bei Ziegler, J., a. a. O., S. 46

> Produktionsmittel nicht breit verteilt sind auf eine Vielzahl von Eigentümern – wie das der klassische Liberalismus vor Augen hatte –, sondern sich aufgrund der Akkumulationsdynamik konzentrieren.«[17]

Auch *Aristoteles* restringierte das Eigentum, er sah hier eine Grenze, die immer dann überschritten sei, wenn Eigentum nicht nur zur Sicherung einer »Persönlichkeitsentfaltung« diene, sondern lediglich zur fortwährenden Steigerung eines individuellen Geldreichtums eingesetzt würde. Ein Mensch der danach trachtet, hielt *Aristoteles*, ebenso wie *Rousseau*, für eine ziemlich armselige Kreatur.

»Unter diesen Bedingungen«, schreibt Piketty, »ist es nahezu unvermeidlich, dass die *ererbten Vermögen* eine wesentlich größere Rolle spielen als die im Laufe eines Arbeitslebens gebildeten, und dass die *Kapitalkonzentration* ein derart hohes Niveau erreicht, dass sie mit dem *Leistungsprinzip* und den *Grundsätzen sozialer Gerechtigkeit*, die die Basis unserer modernen, demokratischen Gesellschaften bilden, potenziell nicht mehr vereinbar ist.«[18]

Warenproduktion und Arbeitskräfte

Von der Urgemeinschaft, über die Sklaverei und den Feudalismus kam es schließlich zum Ausbeutungskapitalismus bzw., wie *Karl Marx* es formulierte, zur »kapitalistischen Produktionsweise« und Warenproduktion.

> »Die Warenform der Arbeitsprodukte war bereits lange vor dem Kapitalismus, schon während des Zerfalls der Urgesellschaft entstanden, sie existierte schon in der Sklaverei und im Feudalismus. Doch hatte sie dort nur als ›ökonomische Zelle‹, als Ausgangsform existiert, und zwar erstens, weil die Warenproduktion eingeschränkt war, denn dort herrschten die Naturalformen der Produktion vor. Zweitens verlangten die vorkapitalistischen Produktionsweisen wegen ihrer inneren Struktur nicht, daß die

---

17 Demirović, A., Wirtschaftsdemokratie, Demokratie in der Wirtschaft, Positionen, Probleme, Perspektiven, Münster 2007, S. 16.

18 Piketty, T., Das Kapital im 21. Jahrhundert, a. a. O., S. 46.

> Arbeitsprodukte zu Waren wurden. Sie konnten deshalb unabhängig davon existieren, ob es Warenproduktion gab oder nicht. Drittens bildete die Warenform der Arbeitsprodukte unter den vorkapitalistischen Formationen eine Art ›Fremdkörper‹, der diese Produktionsweisen zersetzte, statt sie zu festigen. Erst im Kapitalismus wird die Ware zur ›ökonomischen Grundzelle‹, zum notwendigen Element dieses Systems, ohne das die Entstehung und Existenz des Kapitalismus unmöglich ist.«[19]

Nicht zuletzt deshalb beginnt das »Kapital« von *Marx* mit einer Genese der Warenform:

> »Der Reichtum der Gesellschaften, in welchen kapitalistische Produktionsweise herrscht, erscheint als eine ›ungeheure Warensammlung‹, die einzelne Ware als seine Elementarform. Unsere Untersuchung beginnt daher mit der Analyse der Ware.«[20]

In jeder Ware steckt ein *Doppelcharakter*, ein qualitativer Gebrauchswert, der durch seine konkrete Nützlichkeit zur Befriedigung von Bedürfnissen bestimmt wird, als auch ein Tauschwert, der das quantitative Verhältnis zu anderen Waren definiert. Ein Austausch von Waren findet immer nur dann statt, wenn die ausgetauschten Waren für die Tauschpartner jeweils einen Gebrauchswert haben. Mit fortschreitender gesellschaftlicher Arbeitsteilung und zunehmender Tauschwirtschaft interessiert die sich gegenüberstehenden Tauschpartner allerdings immer mehr nur noch der Tauschwert einer Ware, also was sich durch den Austausch der Ware gegen eine andere an Wert einlösen lässt; während der Gebrauchswert der Ware zum notwendigen Übel verkümmert.

Die kapitalistische (arbeitsteilige) Warenproduktion beruht dabei auf einer *Isoliertheit der jeweiligen Produzenten* und ihrer Verbindung über den Markt. Hier wird auch der Mensch zur Ware, der nichts anderes hat, als seine Arbeitskraft, die er ständig am Markt den Produktionsmitteleigentümern anbieten muss. Dies ist für die kapitalistische Ordnung systemkonstituierend, wie *Max Weber* schreibt:

---

19 Autorenkollektiv, Lehrbuch Politische Ökonomie, a. a. O., S. 140.

20 Marx, K., Das Kapital, Bd. 1, Berlin (Ost) 1974, S. 49.

> Im Kapitalismus sind »Personen vorhanden, die nicht nur rechtlich in der Lage, sondern auch wirtschaftlich genötigt sind, ihre Arbeitskraft frei auf dem Markt zu verkaufen. Im Widerspruch zum Wesen des Kapitalismus steht es, und seine Entfaltung ist unmöglich, wenn eine solche besitzlose und daher zum Verkauf ihrer Arbeitsleistung genötigte Schicht fehlt, ebenso, wenn nur unfreie Arbeit besteht.«[21]

Kapitalistische Lohnarbeit ist das notwendige Komplement des Kapitals selbst. Damit ist auch die immer wieder vorgetragene Behauptung, jeder könne ja schließlich in einer marktwirtschaftlich-kapitalistischen Ordnung Unternehmer (Kapitalist) werden und sich damit die *Mehrarbeit der abhängig Beschäftigten* als Mehrwert (Gewinn, Zins und Grundrente) aneignen, als eindeutig falsch verifiziert. Ja, jeder kann sich zwar theoretisch als Individuum selbstständig machen und Unternehmer werden, aber es können eben nicht viele und schon gar nicht alle! Dies ist ein immanentes kapitalistisches Paradoxon.

Nur wenn ein Unternehmer an den Arbeitsmärkten einen Lohnarbeiter nachfragt erhält dieser seinen ökonomischen Wert – ansonsten hat er keinen. Welch ein frustrierender Befund. Der Unternehmer kauft die von ihm abhängige Arbeitskraft dabei nur unter zwei Bedingungen ein. Erstens muss er Arbeit haben und zweitens muss diese Arbeit ihm einen *Mehrwert* produzieren. Diese »Plusmacherei« funktioniert nur deshalb, weil die Arbeitskraft mehr an Wert schafft, als sie zu ihrer eigenen Reproduktion benötigt. Die Kapitalisten betrügen hier nicht, sie tauschen Äquivalente bzw. sie bezahlen den korrekten Wert der Arbeitskraft, sieht man einmal von kriminellen Machenschaften ab. Woher stammt dann aber bei Gleichheit der Mehrwert? »Der Schlüssel zur Lösung dieses Problems liegt in der Überlegung, dass der Gebrauchswert, der dem Wert in Warenform gegenübersteht, nicht Arbeit, sondern nur die Arbeitskraft sein kann. (…) Denn ein Arbeiter verkauft nicht ›seine Arbeit‹ – eine solche besitzt er ja gar nicht. Hätte er ›Arbeit‹,

21 Weber, M., Wirtschaftsgeschichte, Leipzig 1924, S. 239f.

d. h. könnte er selbstständig arbeiten, ohne hierbei auf einen fremden Produktionsmittelbesitzer angewiesen zu sein, würde er sein Arbeitsprodukt auf einem Markt verkaufen, nicht aber seinen Lebensunterhalt als Lohnarbeiter verdienen. Vielmehr verfügt ein solcher Arbeiter lediglich über das Potenzial, wertschaffende Arbeit zu leisten. Dieses Potenzial, also seine Arbeitskraft, ist das einzige, das er verkaufen kann. Seine Arbeit schafft zwar Wert, aber erst nachdem die Arbeitskraft verkauft wurde. Arbeitshandlungen selber sind aber keine Waren und besitzen auch keinen Wert. Diese Eigenschaften kommen nur der Arbeitskraft zu, deren Gebrauchswert es ist, ein Arbeitsprodukt herzustellen.«[22]

Gefangene des Profits

Die lebendige Arbeit ist also immer die Quelle des Mehrwerts. Auch ohne *Marx* zu bemühen, kann hier mit dem Jesuitenpater und Ökonomen *Oswald von Nell-Breuning* die Ausbeutung der abhängig Beschäftigten anhand einer sektoralen wirtschaftlichen Analyse gezeigt werden. Dazu schreibt er:

> »In unserer Wirtschaft werden sowohl Konsumgüter als auch Kapital- oder Investitionsgüter produziert; die ersteren gehen, wie ihr Name besagt, in den Verbrauch, die letzteren dienen langfristiger Nutzung, für Wohnhäuser und dergleichen, oder dienen selbst wieder der Produktion, für Fabriken, Maschinen usw. An der Erzeugung beider Arten von Gütern wirken die Arbeitnehmer mit; für die Arbeitsleistung in diesen beiden Zweigen der Produktion zahlen die Unternehmer ihnen Arbeitslohn; dieser Arbeitslohn erscheint in der Erfolgsrechnung der Unternehmer als Kosten. Verwenden die Arbeitnehmer nun den ganzen Arbeitslohn zum Kauf der geschaffenen Verbrauchsgüter, so heißt das: die Unternehmer erhalten die ganze von ihnen als Kosten aufgewendete Lohnsumme zurück und geben dafür nur die produzierten Konsumgüter ab; die neugeschaffenen Kapital- oder

22 Fröhlich, N., Die Aktualität der Arbeitswerttheorie, Theoretische und empirische Aspekte, Marburg 2009, S. 61.

Investitionsgüter verbleiben ihnen sozusagen gratis und franko. Man könnte das auch so ausdrücken: die Arbeitnehmer schenken den Unternehmern die Kapital- oder Investitionsgüter und sind zufrieden, als Entgelt für ihre Leistung im Produktionsprozeß denjenigen Teil der produzierten Güter zu erhalten, der in Konsumgütern besteht. Auf diese Weise werden die Unternehmer reicher und reicher, die Arbeitnehmer bleiben Habenichtse.«[23]

Unternehmer können demnach ihren Anteil an der arbeitsteilig von ihren abhängig Beschäftigten geschaffenen Wertschöpfung immer auf zwei Wegen erhöhen: Erstens durch mehr Investitionen und zweitens durch ihren besonderen Kapitalistenkonsum. Schon der große britische Ökonom *John Maynard Keynes* hat dies mit seinem »Krug der Witwe«, der unerschöpflich ist wie der Profit der gesamten Unternehmerschaft, kreislaufmäßig und makroökonomisch dargelegt – egal wie viel davon auch von den Kapitaleigentümern zum Vergnügen ausgegeben wird. Der bekannte Ökonom *Karl Georg Zinn* bemerkt dazu: »Diese gesamtwirtschaftliche Selbsterzeugung der Unternehmereinkommen durch Unternehmerausgaben ist selbstverständlich für die einzelne Investitionsentscheidung irrelevant. Investiert wird gemäß den konkreten, einzelwirtschaftlichen Erwartungen über (steigende) Absatzchancen und/oder Kostenreduktionen durch Rationalisierungen.«[24]

Den »Krug der Witwe« für die abhängig Beschäftigten gibt es im Kapitalismus leider nicht. Die Ordnung heißt ja auch Kapitalismus. Hier sind die Abhängigen mit ihrem Einkommen auf das investive und konsumtive Verhalten der Unternehmer angewiesen. Selbst wenn sie Konsumverzicht üben und sparen, bringt den Beschäftigten das am Ende nur *Negatives* ein. Denn der Verzicht auf Konsum von Gütern führt zu einem Nachfrageausfall und zu einem Rückgang der Beschäftigung mit Arbeitslosigkeit.

---

23 Nell-Breuning, O. von, Kapitalismus und gerechter Lohn, Freiburg i. Br. 1960, S. 140f.

24 Zinn, K. G., Wie Reichtum Armut schafft. Verschwendung, Arbeitslosigkeit und Mangel, Köln 1998, S. 37.

Der im Vergleich zu Keynes nicht minder große österreichische Ökonom, *Joseph A. Schumpeter*, zeigte, dass man den Stand eines Kapitaleigentümers niemals durch *Sparen aus seinem Arbeitsentgelt* erreichen kann. »Die Masse der Akkumulation«, so Schumpeter, »stammt aus Profiten und setzt darum Profite voraus, – dies ist in Wirklichkeit der Grund für die Unterscheidung von Sparen und Akkumulieren.« Und die Beschäftigten können auch nicht durch höhere Reallöhne eigenes Kapital anhäufen. Sie können zwar für eine gewisse Zeit mehr konsumieren, die Unternehmer werden dies aber nicht lange akzeptieren. Steigen die Reallöhne mehr als die Produktivität wächst, werden sie durch Preissteigerungen den realen Mehrkonsum der abhängig Beschäftigten wieder kappen.

Schränken die Kapitaleigentümer aber aus welchen Gründen auch immer ihre Konsumtion ein und verfallen insbesondre in einen *Investitionsattentismus*, dann steigt in Folge die gesamtwirtschaftliche Sparquote wodurch letztlich das gesamtwirtschaftliche Gleichgewicht von Investitionen und Ersparnis in Form einer *deflatorischen Lücke* gestört wird und Arbeitslosigkeit entsteht. Nur der *Staat* kann dann noch mit einer entsprechenden Staatsnachfrage aus der Krise führen. Das einzelwirtschaftliche Denken einer Profitmaximierung unterliegt hier einer *einzelwirtschaftlichen Rationalisierungsfalle*.[25] »Die einzelwirtschaftliche Rationalität, d.h. das, was der Einzelne mit seinem Handeln beabsichtigt, und die gesamtwirtschaftliche Rationalität, d.h. das, was sich für die Gesamtheit als Ergebnis einstellt, fallen auseinander.«[26]

Machtmissbrauch gegen abhängig Beschäftigte

In der kapitalistischen Ökonomie spielt nicht nur die Macht und deren Missbrauch auf den Märkten durch eine *Monopolisierung* oder *Oligopolisierung* zur Erzielung von Extraprofiten und ihr Ein-

---

25 Vgl. Bontrup, H.-J., Einzelwirtschaftliche Rationalitätsfalle, in: Ossietzky, 19. Jg., Heft 21/2016, S. 754ff.

26 Bofinger, P., Wir sind besser, als wir glauben. Wohlstand für alle, 3. Aufl., München 2005, S. 108.

satz gegenüber dem Staat (der Politik) eine Rolle,[27] sondern auch bei der *Machtausübung gegenüber den abhängig Beschäftigten* in den Unternehmen. So kommt die Verteilung der in den Unternehmen arbeitsteilig geschaffenen Wertschöpfungen ins Spiel. Hier stellt der zurzeit vieldiskutierte französische Ökonom, *Thomas Piketty*,[28] zur Aufregung vieler Kapitalapologeten und ihrer Claqueure fest:

> »Wenn das Kapitaleigentum nach streng egalitären Gesichtspunkten verteilt wäre und jeder Arbeitnehmer den gleichen Anteil an den Gewinnen zusätzlich zu seinem Lohn erhielte, würde die Frage des Verhältnisses zwischen Gewinnen und Löhnen (fast) niemanden interessieren. Wenn die Trennung zwischen Kapital und Arbeit so viele Konflikte verursacht, dann vor allem wegen der extrem hohen Konzentration des Kapitaleigentums. (…) Sie verstößt eklatant gegen die gängigen Vorstellungen von ›gerecht‹ und ›ungerecht‹, so dass es nicht verwunderlich ist, dass es manchmal zu physischer Gewalt kommt. Diejenigen, die nur ihre Arbeitskraft besitzen und häufig in bescheidenen, ja armseligen Verhältnissen leben, wie die Bauern im 18. Jahrhundert oder die Minenarbeiter von Marikana, können nur schwer akzeptieren, dass die Kapitalbesitzer – die mitunter selber bloß Erben sind – sich einen beträchtlichen Teil der erwirtschafteten Werte aneignen können, ohne selbst zu arbeiten. Der den Kapitalbesitzern zufließende Anteil kann häufig ein Viertel oder die Hälfte der Produktion, in kapitalintensiven Wirtschaftszweigen wie dem Bergbau mitunter sogar mehr als die Hälfte ausmachen, und er ist noch höher, wenn Monopole es den Kapitalbesitzern erlauben, einen noch größeren Teil abzuschöpfen.«[29]

---

27 Vgl. dazu ausführlich Bontrup, H.-J., Wo geht es hier bitte zur Marktwirtschaft? Marktwirtschaftliche Ordnung, Wettbewerb und Wirtschaftsmacht, Bergkamen 2012.

28 Piketty, T., Das Kapital im 21. Jahrhundert, München 2014. Vgl. dazu auch die Rezension von Bontrup, H.-J., Pikettys Kapitalismus-Analyse. Warum die Reichen immer reicher und die Armen immer ärmer werden, Bergkamen 2014.

29 Piketty, T., Das Kapital im 21. Jahrhundert, a. a. O., S. 63.

Eigentum an den Produktionsmitteln entscheidet

Soll aus dieser insgesamt verhängnisvollen ungleichen Verteilungsentwicklung von Einkommen und Vermögen ausgebrochen werden, so muss in konsequenter Haltung die *Eigentumsfrage* gestellt werden. Natürlich nur im Hinblick auf eine Differenzierung des Eigentums an den *Produktionsmitteln* und nicht am privaten Gebrauchseigentum. Ökonomisch begründet wird dabei die Kritik am Eigentum der Produktionsmittel erst seit dem 19. Jahrhundert. Hier wird insbesondere durch *Karl Marx* und *Friedrich Engels* die systematische Ausbeutung von Menschen durch Menschen im kapitalistischen Produktionsprozess mit der absoluten und relativen Mehrwerttheorie aufgezeigt.[30]

Zur Durchsetzung der ökonomischen Eigentumsverhältnisse zwischen den jeweiligen Lohn-Gewinn-Interessen bedarf es aber einer rechtlichen übergeordneten *staatlichen Gewalt*, die wiederum in allen kapitalistischen Ländern durch eine entsprechende *Eigentumsverfassung* gegeben und normiert ist. In Deutschland ist dies im Artikel 14 des Grundgesetzes der Fall. Hier werden das Privateigentum im Allgemeinen und das *unternehmensbestimmte Eigentum* an den Produktionsmitteln sowie deren ökonomische Nutzbarkeit im Besonderen garantiert. Problematisch ist dabei aber, dass durch die Nutzung des Eigentums immer auch die *Verfügungsrechte anderer Personen* und auch die der *Natur* beeinträchtigt werden. Wenn Unternehmer maximale Profite in der Produktion durchsetzen und am Markt realisieren wollen, so sind nicht nur die Rechte der abhängig Beschäftigten, sondern auch die Rechte von anderen Unternehmern und von Konsumenten negativ tangiert. Auch die *Umwelt* wird durch die Nutzung der Eigentumsrechte, sowohl in Produktion als auch während der Konsumtion, regelmäßig belastet bzw. es kommt zu einer *Externalisierung* individuell verursachter Kosten. Daher muss der *Staat* (die Politik) intervenieren und für einen Ausgleich sorgen. Im Artikel 14 Abs. 2 GG heißt es:

---

30 Vgl. Marx, K., Kapital, Bd. 1, Berlin 1974, S. 531-541.

»Eigentum verpflichtet. Sein Gebrauch soll zugleich dem Wohle der Allgemeinheit dienen.« Und im Artikel 14 Abs. 3 GG ist eine Enteignung zum Wohle der Allgemeinheit möglich sowie nach Artikel 15 GG eine Sozialisierung von Grund und Boden sowie von Produktionsmitteln.

Nur die Kapitaleigner bestimmen – dies ist widersprüchlich

In marktwirtschaftlich-kapitalistischen Ordnungen – auch in einer *sozialen Marktwirtschaft*[31] – bestimmt aber letztlich, trotz dieser verfassungsrechtlichen Eigentumsrestriktionen, ausschließlich der *Eigentümer* (Unternehmer, Kapitaleigner, Investor) über die Verwendung der im Kapitalverwertungs- und Akkumulationsprozess eingesetzten Produktionsmittel und über die abhängigen Arbeitskräfte sowie über die Gewinnverwendung. Der Eigentümer der Produktionsfaktoren Kapital und Boden verfügt hier über das entscheidende »*Investitionsmonopol*« (Erich Preiser). Er legt im Rahmen seiner *unternehmerischen Freiheit* nach Art. 12 GG fest, *wie, wann* und *wo* investiert wird. Das Ziel ist dabei immer möglichst maximale Gewinne zu erzielen und das Konkurrenzverhältnis auszuschalten. Die Interessen der *abhängig Beschäftigten* – die soziale Dimension von Arbeit als *Existenzgrundlage* für den Arbeitskraftbesitzer – spielen hier kaum eine Rolle. Sie werden vielmehr den Gewinninteressen untergeordnet. Die *Unternehmensverfassung* ist eine auf die Belange und Interessen der Unternehmer (Kapitaleigner) einseitig zugeschnittene Ordnung.

»In dieser Welt sind Arbeitsplätze und Löhne nur als Restgröße akzeptabel. Deshalb werden Koalitions- und Arbeitskampffreiheit zwar ab dem Eintritt einer Gesellschaft in die Phase der parlamentarischen Demokratie anerkannt, sie werden jedoch nie irreversibel garantiert, sondern bleiben situationsbedingt disponibel.«[32]

31 Zu den unterschiedlichen Ordnungssystemen vgl. Bontrup, H.-J., Volkswirtschaftslehre, 2. Aufl., München, Wien 2004, S. 96-147.

32 Kittner, M., Arbeitskampf, Geschichte, Recht, Gegenwart, München 2005, S. 722.

So ist es dann auch wenig erstaunlich, dass bei der unternehmerisch vorgenommenen Entlassung von abhängig Beschäftigten die freie (profitorientierte) Unternehmerentscheidung durch die Rechtsprechung des Bundesverfassungsgerichts erst dann moniert wird, wenn sie als *»unternehmerisch willkürlich«* einzustufen ist oder explizit gegen Rechtsvorschriften wie z. B. dem *Kündigungsschutzgesetz* verstößt. Der Gewinn der Eigentümer kommt in marktwirtschaftlich-kapitalistischen Ordnungen eindeutig vor der Beschäftigung.[33] Selbst bei einer bestehenden Gewinnsituation, wenn die Unternehmer den Gewinn durch Entlassungen und Existenzberaubung von Menschen noch zusätzlich steigern wollen. Daran ändern auch in Deutschland die Artikel 14 Abs. 3 GG und Artikel 15 GG sowie das *Sozialstaatsprinzip*[34] (Artikel 20 und 28 GG) nichts.[35] Eine Überraschung löste hier ein einmalig rechtskräftig gewordenes Urteil des Arbeitsgerichtes Gelsenkirchen aus, das der Veba Oel AG (Gelsenkirchen) verbot, betriebsbedingte Kündigungen auszusprechen, da das Unternehmen eine gute Ertrags- bzw. Gewinnlage vorzuweisen hatte. Das Gericht sah hierin einen Verstoß gegen das Sozialstaatsgebot gemäß Art. 20 und 28 GG als auch einen Verstoß gegen § 2 Sozialgesetzbuch III, wonach es die Verantwortung des Arbeitgebers ist, Entlassungen möglichst zu vermeiden.[36]

Aus dem »Sozialstaatsprinzip« oder einer »sozialen Marktwirtschaft« lassen sich jedoch letztlich kein einklagbares »Recht auf Arbeit« ableiten. Dies würde auch an ökonomisch praktikable Gren-

---

33 Vgl. Groh, M., Shareholder Value und Aktienrecht, in: Der Betrieb, Heft 43/2000, S. 2.153ff.

34 Vgl. Meister, R., Das Sozialstaatsprinzip des Grundgesetzes, in: Blätter für deutsche und internationale Politik, Heft 5/1997, S. 608ff.

35 Vgl. Bitter, W., Der Kündigungsrechtliche Dauerbrenner: Unternehmerfreiheit am Ende? in: Der Betrieb, Heft 23/1999, S. 1.214ff., sowie die Urteile des Bundesverfassungsgerichts, in: Der Betrieb, Heft 37/1999, S. 1.909ff., sowie Heft 9/2000, S. 476ff.

36 Vgl. dazu ausführlich Bontrup, H.-J., Dammann, K., Gewinne, Beschäftigungsabbau und Sozialstaatsprinzip, in: Sozialer Fortschritt, 48. Jg., Heft 5/1999, S. 114ff.

zen der Umsetzung stoßen.[37] Zwar könnte man analog zur Eigentumsgarantie der Kapitaleigentümer damit argumentieren, dass den *Eigentümern des Arbeitsvermögens* ein gleicher Schutz eingeräumt werden muss. »Die Garantie eines ›Rechts auf existenzsichernden Vermögenseinsatz‹ rechtfertigte nur dann nicht die Garantie eines ›Rechts auf existenzsichernden Arbeitseinsatz‹, wenn das Vermögen gleich verteilt wäre. Gibt es aber eine mehr oder weniger zufällige Schichtung in der Gesellschaft in Besitzende und Nicht-Besitzende, und ist der marktwirtschaftliche Prozess darauf ausgerichtet, dass sich diese Schichtung stabilisiert und eher akzentuiert, so ist die Eigentumsgarantie für den Nicht-Besitzenden wertlos. Die Garantie eines existenzsichernden Arbeitseinsatzes, also das Recht auf Arbeit, lässt sich dann folgerichtig als Pendant zur Eigentumsgarantie begreifen.«[38] Nur ist das *Vermögen* realiter, wie beschrieben, weit von einer auch nur einigermaßen Gleichverteilung entfernt, sondern hoch konzentriert bei wenigen,[39] so dass die verfassungsmäßige Eigentumsgarantie für den Menschen ohne Produktionsmittel, der zur Reproduktion nur auf seine Arbeitskraft angewiesen ist, *völlig wertlos* ist.

Dem steht aber entgegen, dass der ausschließliche Kapitaleinsatz ohne Beschäftigte nur ein Produktionsergebnis von Null zeigen würde. Denn nur durch die drei Produktionsfaktoren Arbeit (A), Kapital (K) und Boden bzw. Naturgebrauch (Umwelt) (U) sowie deren Einsatz (Kombination) entsteht in der Produktion ein ökonomisch tauschbarer Gebrauchswert in Form von Waren und damit *Einkommen* zum Kauf der produzierten Waren. *Wie, wann* und *wo* produziert wird, bestimmen, wie bereits erwähnt, aber unter kapitalistischen Bedingungen ausschließlich die *Kapitaleigner*, obwohl für jede Produktionsfunktion gilt, dass nur mit dem

37 Vgl. Glasstetter, W., Recht auf Arbeit – Plausibilität versus Umsetzbarkeit, in: Das Wirtschaftsstudium, Heft 4/1998, S. 478ff.

38 Ebenda, S. 478.

39 Piketty, T., Das Kapital im 21. Jahrhundert, München 2015, sowie den blog. arbeit-wirtschaft.at, Die Verteilungsfrage. Von Reichtum, Krisen und Ablenkungsmanövern, Wien 2016.

Faktor Kapital (ohne menschlichen Arbeitseinsatz) und Naturgebrauch kein Produktionsoutput möglich ist (Produktionsoutput = f (A, K, U) = f (*0*, K, U) → Null). Dies gilt aber umgekehrt auch bei einem Kapitaleinsatz von Null (Produktionsoutput = f (A, K, U) = f (A, *0*, U) → Null). Ohne Menschen, nur mit Kapital – egal wem es gehört – lässt sich das eingesetzte bereits zuvor durch Arbeit entstandene Kapital nicht in Bewegung setzen, um es über eine Mehrwertproduktion zu vermehren. Ein Unternehmen ohne Menschen ist kein Unternehmen, allenfalls ein *Museum*. Privatwirtschaftliche Unternehmen bestehen immer aus Kapitalinvestoren (Eigentümern) *und* abhängig Beschäftigten, die zwar kein Kapital, wohl aber ihre Arbeitskraft und -leistung einbringen, woraus sich die »Existenz eines kooperativen Akteurs« (so der Personalwissenschaftler Günther Schanz) im Rahmen betrieblicher *Kooperationsbeziehungen* zwischen Kapital und Arbeit ableitet.[40]

Dies gilt aber nicht nur für privatwirtschaftliche, sondern auch für *staatliche* und *genossenschaftliche Unternehmen*. Auch in staatlichen Unternehmen erhalten die abhängig Beschäftigten nicht den vollen Wert ihrer Arbeit, sondern auch hier nur ihren Tauschwert als Lohn. Der dadurch geschaffene »Mehrwert« fließt aber an den Staat und damit an die Gesellschaft und nicht an private Kapitalisten. Das ist der entscheidende Unterschied! Ähnlich verhält es sich in Genossenschaften, wo der Mehrwert an die »Genossen« der jeweiligen Genossenschaft geht. Den Unterschied macht also bei der Verteilung des Mehrwerts die *Eigentümerschaft des Kapitals* aus: Einmal ist sie privat und zum anderen öffentlich (staatlich) oder genossenschaftlich. »Aus dem Kapitalcharakter der Produktionsmittel ergibt sich dabei das objektive Interesse der Eigentümer an der höchstmöglichen Verwertung ihres Kapitals. Bei Dominanz kapitalistischer Eigentumsverhältnisse folgt daraus, dass die Profitinteressen die Grundrichtungen der ökonomischen, sozialen und ökologischen Entwicklung bestimmen, die zunehmend den Interessen der Bevölkerungsmehrheit und den Erfordernissen einer zu-

40 Vgl. Schanz, G., Personalwirtschaftslehre, 2. Aufl., München 1993, S. 518ff.

kunftsorientierten Gestaltung der Bedingungen menschlichen Lebens widersprechen.«[41] Um hier die heutige Dominanz des privaten Eigentums an den Produktionsmitteln zurückzudrängen, sollte die Wirtschaft aus einer breiteren *Mischung* von privaten, öffentlichen und genossenschaftlichen Eigentum bzw. Unternehmen bestehen.[42] »In einem Sozialismus des 21. Jahrhunderts«, schreibt der Ökonom Klaus Steinitz, haben die verschiedenen Eigentumsformen, einschließlich des privaten Eigentums, eine langfristig gesicherte Existenzberechtigung. Sie werden jeweils bestimmte Funktionen erfüllen. In diesem Sinne sollte sich eine sozialistische Eigentumskonzeption durch *Eigentumspluralismus* auszeichnen.«[43]

Demokratisierte und verteilungssolidarische private Unternehmen

Nur eine gute Mischung der Eigentumsformen reicht aber noch nicht. Insbesondere privatwirtschaftliche Unternehmen müssen in ihrer Binnenstruktur, in ihrer Unternehmensverfassung, demokratisiert und verteilungssolidarisch gemacht werden. Hier kann man eine geistige Anleihe bei dem großen Physiker *Ernst Abbe* (1840-1905), dem Gründer der Carl-Zeiss-Stiftung, nehmen, der schon im 19. Jahrhundert erkannte, dass Unternehmen immer hochgradig arbeitsteilig sind, die durch die Arbeit aktueller und früherer Beschäftigten geprägt werden, von den Managementqualitäten der Führungskräfte und das technische Wissen und Können der Facharbeiter abhängen und schließlich auch von den Ergebnissen aus universitären Forschungsleistungen leben sowie von gesellschaft-

41 Steinitz, K., Konzepte und Grundzüge sozialistischen Eigentums. Herausforderungen an eine sozialistische Politik zur Veränderung der Eigentumsverhältnisse, in: Brie, M./Detje, R./Steinnitz, K. (Hrsg.), Wege zum Sozialismus im 21. Jahrhundert. Alternativen - Entwicklungspfade - Utopien, Hamburg 2011, S. 97.

42 Vgl. Wagenknecht, S., Reichtum ohne Gier. Wie wir uns vor dem Kapitalismus retten, Frankfurt a. M. 2016, S. 241ff.

43 Steinitz, K., Konzepte und Grundzüge sozialistischen Eigentums. Herausforderungen an eine sozialistische Politik zur Veränderung der Eigentumsverhältnisse, in: Brie, M./Detje, R./Steinnitz, K. (Hrsg.), S. 111.

lich angesammelten Kenntnissen und Erfahrungen aus vielen Jahrzehnten abhängig sind. Deshalb war Abbe überzeugt, dass der *Gewinn* eines Unternehmens »vor einem strengen Sittlichkeitsideen genügenden Eigentumsbegriff als ›*öffentliches Gut*‹ betrachtet und behandelt« werden müsste. Der Anspruch des Gründers und Unternehmenslenkers sollte sich auf »das Maß des *angemessenen Lohnes* für die persönliche Tätigkeit« beschränken.[44] Dem entspricht heute in der Betriebswirtschaftslehre auf Basis des wertmäßigen Kostenbegriffs der *kalkulatorische Unternehmerlohn* als Bezahlung für die *Arbeitskraft des Unternehmers*, wenn er diese dem Unternehmen zur Verfügung stellt, und nicht nur der Kapitalgeber ist und damit selbst nichts leistet. Wem gehört dann aber der Gewinn? Nach Abbe der *Gesamtbelegschaft*. Hierfür sprach sich zu Beginn des 20. Jahrhundert auch noch die Betriebswirtschaftslehre eindeutig aus. Nämlich für eine materielle Partizipation der abhängig Beschäftigten an den Unternehmensgewinnen. Bei dem hier vorliegenden *Selbstverständnis* der ersten betriebswirtschaftlichen Autoren (wie Eugen Schmalenbach, Heinrich Nicklisch, Rudolf Dietrich u.a.) wurde noch die Auffassung vertreten, dass es nicht die Aufgabe der Betriebswirtschaftslehre sei, zuzuschauen, »ob und wie irgendjemand sich ein Einkommen oder Vermögen verschafft. Sinn unserer Lehre, schrieb *Eugen Schmalenbach*, ist lediglich zu erforschen, wie und auf welche Weise der Betrieb seine gemeinwirtschaftliche Produktivität beweist.«[45]

Heute kommt *Arbeit* in der allgemeinen Betriebswirtschaftslehre nur noch in »Spurenelementen« vor. Und auch in der speziellen *Personalbetriebswirtschaftslehre* wird Arbeit lediglich als kostenverursachender Produktionsfaktor abgehandelt, der in der richtigen Menge und Qualität am richtigen Ort und zur richtigen Zeit einzusetzen sei und den man ständig motivieren und leistungsanreizen müsse. Der Mensch steht hier aber nicht im Mittelpunkt, nein, er ist bloß ein »Mittel« zur Realisierung maximaler Unternehmer-

44 Zitiert nach Wagenknecht, S., Reichtum ohne Gier, a.a.O., S. 269.

45 Schmalenbach, E., Dynamische Bilanz, 5. Aufl., Leipzig 1931, S. 94.

gewinne.[46] Für *Heinrich Nicklisch* ist es dagegen die Aufgabe von Unternehmen eine *wirtschaftliche Bedarfsdeckung* sicherzustellen und nicht dafür Sorge zu tragen, möglichst maximale Gewinne zu erzielen. Gewinn könne auf »anständige oder unanständige Weise (z. B. durch Raubbau an Natur und Menschen) entstehen. *Wirtschaftlichkeit* ist immer anständig.«[47] Die Verteilung von Gewinn wird hier noch aus der Vorstellung vom Unternehmen als *Gemeinschaft* von Kapital und Arbeit abgeleitet. So fordert auch der Betriebswirt *Rudolf Dietrich* in konsequenter Haltung: *Empfänger des Gewinns sei das Unternehmen* und nicht, wie allgemein angenommen, dessen *Kapitaleigner*. Die Beschäftigten hätten, weil sie ihre Arbeitskraft und ihr geistiges Kapital im Betrieb einsetzten, die *gleichen Eigentumsrechte* am Ertrag wie der »Betriebsherr«. Deshalb sei dieser auch weder den Beschäftigten noch dem Gewinn gegenüber uneingeschränkter Herrscher.[48] Eine ähnliche Argumentation vertritt Nicklisch: Vom Standpunkt der *»Betriebsgemeinschaft«* betrachtet seien Löhne und Gehälter keine Kosten, sondern *vorgeschossene Ertragsanteile*.[49] Lohn- und Gehaltszahlungen bildeten deshalb nur den ersten Akt der Ertragsverteilung. Den zweiten Akt »Maßnahmen der Gewinnverteilung« auf die abhängig Beschäftigten, die Nicklisch als »natürliches Recht« bezeichnet. Der Begriff »Betriebsgemeinschaft« findet sich dabei zuerst bei Rudolf Dietrich. Nicklisch hat ihn betriebswirtschaftlich ausgebaut. Er betont dabei den »wertschaffenden Charakter der Arbeit«, lehnt entsprechend den liberalistischen Lohnmechanismus als Lohnfindungsgrundlage ab, fordert eine Ertragsbeteiligung der Beschäftigten, bestreitet eine Berechtigung des Kapitalgewinns ohne eigene Arbeit und begrüßt

46 Vgl. Breising, T./Schweres, M., Über 50 Jahre »Wöhe« – von Arbeit nur Spurenelemente – Das Fach im Spiegel des Lehrbuchs »Allgemeine Betriebswirtschaftslehre von Günter Wöhe, in: Zeitschrift für Arbeitswissenschaft, 69. Jg., Heft 4/2015, S. 233ff.

47 Nicklisch, H., Die Betriebswirtschaft, 7. Aufl., Stuttgart 1932, S. 6.

48 Vgl. Dietrich, R., Betriebs-Wissenschaft, München, Leipzig 1914, S. 402.

49 Vgl. Nicklisch, H., Die geistige Haltung der Betriebswirtschaftler, in: Der praktische Betriebswirt, Heft 5/1934, S. 489.

die Mitbestimmungsregelungen des Betriebsrätegesetzes von 1920 und des Artikels 165 der Weimarer Verfassung über die Einrichtung von Arbeiter- und Wirtschaftsräten auf betrieblicher, bezirklicher und volkswirtschaftlicher Ebene.[50]

Alternativen sind dringend geboten

Grundlage für die *politischen Schlussfolgerungen und Empfehlungen*, die aus den vorhergehenden Darlegungen folgen, ist die doppelte Überzeugung, dass erstens unkontrollierte *private Macht* zum Missbrauch verleitet und daher verhindert werden muss und zweitens, dass *unkontrollierter Wettbewerb* aus sich heraus keine optimale ökonomische und soziale Entwicklung gewährleistet, sondern sich, wie aufgezeigt, durch *Konzentrations- und Zentralisationsprozesse* zunehmend selbst zerstört. Markt und Wettbewerb sind aber notwendige Instrumente für eine leistungsanreizende Wirtschaft, dies hat nicht zuletzt der Untergang der Sowjetunion und der DDR gezeigt.

Markt und Wettbewerb benötigen aber einen *politischen und gesellschaftlichen Rahmen*, in dem nicht nur wettbewerbliches Verhalten der Unternehmen erzwungen, sondern auch Entscheidungen über die Hauptrichtungen der ökonomischen Entwicklung – z. B. der Energieversorgung, der Verkehrsinfrastruktur, der Ausbildungs-, Gesundheits- und Rentensysteme – auf der Grundlage *demokratischer Diskussions- und Willensbildungsprozesse* getroffen werden, die sich nicht nach *rein ökonomischen Profit-Kriterien*, sondern nach *gesellschaftlichen Präferenzen* richten. Deshalb ist das Eigentum an den Produktionsmitteln, wie erwähnt, durch eine breite Mischung an privaten, öffentlichen und genossenschaftlichen Unternehmen gesellschaftlich aufzustellen. So macht es beispielsweise keinen Sinn, die Gesundheitsversorgung nach privatwirtschaftlichen Profitinteressen zu organisieren.[51]

---

50 Vgl. Krell, G., Vergemeinschaftende Personalpolitik, München und Mering 1994, S. 57ff.

51 Vgl. Deppe, H.-U., Kommerzialisierung oder Solidarität? Zur grundlegenden Orientierung von Gesundheitspolitik, in: Deppe, H.-U., Burkhardt, W. (Hrsg.), Solidarische Gesundheitspolitik, Hamburg 2002.

Die *Anforderungen an die Politik* zur Korrektur der bisher drastisch aufgelaufenen Fehlentwicklungen in Sachen Markt, Wettbewerb, Konzentration und Zentralisation sind demnach vielfältig. Wettbewerb darf kein *Selbstzweck* sein, dass zeigt die weltweite Realität. Er führt letztlich nur zu zufälligen Ergebnissen, die weder prognostizierbar noch theoretisch eindeutig positiv zu bewerten und schon gar nicht demokratisch legitimiert sind. Wettbewerb benötigt daher die *starke »staatliche Hand«* der politischen Kontrolle. Dazu muss dringend das *Gesetz gegen Wettbewerbsbeschränkungen (GWB)* verschärft werden. Kartelle müssen strafrechtlich und nicht nur mit Bußgeldern sanktioniert werden[52] und die *Marktanteile* zur vorbeugenden Fusionskontrolle sind merklich herabzusetzen. Auch *Entflechtungen* von Unternehmen zur Zerschlagung bereits bestehender unerträglicher wirtschaftlicher Macht sind dringend geboten.[53] Eine *verfassungsrechtliche Sperre* ist hier nicht gegeben, wie der ehemalige Präsident des Bundesverfassungsgerichts, Hans-J. Papier, feststellt. Dient die Entflechtung einer Rückgängigmachung einer im Einzelnen unzulässigen Fusion, so liegt darin kein verfassungswidriger Eigentumseingriff vor. Dies gilt auch für Entflechtungen, um ohne Fusionierung eingetretene Überschreitungen bestehender und zulässigerweise bestimmter Marktanteilsgrenzen rückgängig zu machen. Hier hatte 2009 der damalige Bundeswirtschaftsminister Rainer Brüderle (FDP) mit einer angekündigten Gesetzesnovelle im GWB zur Entflechtung einen richtigen politischen Vorstoß gemacht, er scheiterte aber an der eigenen Wirtschaftslobby kläglich und der Entwurf verschwand in den Schubladen.[54]

Die notwendigen Änderungen zur Eindämmung wirtschaftlicher Macht müssen dabei natürlich in einer konzertierten Aktion

52 Vgl. Bontrup, H.-J., Das Kartellrecht novellieren: Strafrechtliche Konsequenzen für Kartelltäter!, in: Orientierungen zur Wirtschafts- und Gesellschaftspolitik, Zeitschrift der Ludwig-Erhard-Stiftung, Bonn, Heft 3/2010, S. 17ff.

53 Vgl. Papier, H.-J., Wirtschaftsordnung und Grundgesetz, in: Aus Politik und Zeitgeschichte (APuZ), 13/2007, 26.03.2007, S. 7f.

54 Vgl. Bergius, M., Entflechtungsgesetz, Brüderle droht den ganz Großen, in: Frankfurter Rundschau vom 15.12.2009.

auf *europäischer Ebene* für die ganze EU umgesetzt werden. Und nicht zuletzt bedarf es hier einer flankierenden unternehmensinternen Kontrolle durch einen *Ausbau der wirtschaftlichen Mitbestimmung*, durch mehr Wirtschaftsdemokratie.[55] Hier reichen das vom DGB gestartete Mitbestimmungsprojekt »Offensive Mitbestimmung« und die daraus abgeleiteten Mitbestimmungsforderungen bei weitem nicht aus. Auch der Antrag der Bundesländer Nordrhein-Westfalen, Bremen, Niedersachsen, Schleswig-Holstein und Thüringen vom 7. Dezember 2016 »Mitbestimmung zukunftsfest gestalten«[56] rüttelt hier in keiner Weise an der einseitig bestehenden und missbräuchlich zum Einsatz kommenden Kapitalmacht. Schon 1965 schrieb im Kontext von Mitbestimmung der herausragende deutsche Ökonom Erich Preiser: »Wenn wir wünschen, dass der Mensch im Wirtschaftsprozess nicht bloß Objekt ist, sondern als Subjekt an den Entscheidungen mitwirkt und an der Verantwortung teilnimmt, sei es auch nur in der gleichen abgeschwächten Form, in der wir von unseren politischen Rechten Gebrauch machen können. Was würden wir sagen, wenn uns plötzlich das Wahlrecht entzogen würde? In der Wirtschaft gibt es etwas Vergleichbares nicht, und wir denken uns nur deshalb nichts dabei, weil es immer schon so war.«[57] Deshalb wird es höchste Zeit, dass die Beschäftigten bzw. ihre demokratisch gewählten Vertreter in den Unternehmen eine uneingeschränkte gleichberechtigte Mitbestimmung erhalten. Das Kapital darf nicht mehr wie es heute der Fall ist, das alleine Sagen haben. In Unternehmen ab 2.000 Beschäftigten sollte der Aufsichtsrat außerdem nicht nur mit VertreterInnen der Kapital- und Mitbestimmungsseite, sondern auch mit VertreterInnen aus *Verbraucher- und Umweltschutzverbänden* besetzt werden.

---

55 Vgl. dazu ausführlich: Bontrup, H.-J., Arbeit, Kapital und Staat. Plädoyer für eine demokratische Wirtschaft, 5. Aufl., S. 206-262.

56 Vgl. Bundesrat, Drucksache 740/16 vom 07.12.2016.

57 Preiser, E., Theoretische Grundlagen der Vermögenspolitik, in: Leber, Georg, Vermögensbildung in Arbeitnehmerhand, Frankfurt a.M. 1965, S. 23.

Ein durch Mitbestimmung demokratisiertes Unternehmen verlangt aber auch nach einer Verteilung des versteuerten Gewinns. Bezüglich einer wirtschaftlich rationalen Besteuerung der arbeitsteilig geschaffenen Wertschöpfung macht die *Arbeitsgruppe Alternative Wirtschaftspolitik* seit Jahren Vorschläge für eine gerechtere Steuerpolitik. Dies ist aber nur eine *Sekundärverteilung*, die nie vollständig eine unvollkommene und machtintendierte *primäre Marktverteilung* rektifizieren dann. Nicht nur deshalb muss der Gewinn auch zwischen Kapital und Arbeit in den Unternehmen nach der Versteuerung aufgeteilt werden. Erst dann liegt ein umfassend solidarisches und mitbestimmtes Unternehmen vor. Der von den abhängig Beschäftigten geschaffene Gewinn gehört auch den Beschäftigten. Eine »Abspeisung« aus der Wertschöpfung nur mit Lohn ist zu wenig und wird den objektiven ökonomischen Tatbeständen nicht gerecht. Hier ist mit dem Ökonom *Joseph A. Schumpeter*, wie bereits erwähnt, darauf hinzuweisen, dass man den *Stand eines Kapitaleigners* nicht durch Sparen aus seinem Arbeitslohn je erreichen kann. »Die Masse der Akkumulation«, so Schumpeter, »stammt aus Profiten und setzt darum Profite voraus, – dies ist in Wirklichkeit der vernünftige Grund für die Unterscheidung von Sparen und Akkumulieren.«[58] Und Erich Preiser schreibt: »Konsequent durchdacht, muß sich die Forderung mitzubestimmen in die Forderung verwandeln mitzubesitzen. Keine wirtschaftliche Tätigkeit ist denkbar ohne die Verfügung über Produktionsmittel. Ihr Eigentümer hat notwendigerweise ein Übergewicht über den, den er an diesen Produktionsmitteln beschäftigt. Das bloße Mitreden ist eine halbe Sache – erst die Teilhabe an den Produktionsmitteln schafft klare Verhältnisse.[59] Diese kann durch verschiedene jeweils unternehmensbezogene Modelle einer *Gewinn- und/oder Kapitalbeteiligung* erfolgen.[60] Hier würden die ab-

58 Schumpeter, J. A., Kapitalismus, Sozialismus und Demokratie, Tübingen 2005, S. 35.

59 Preiser, E., Theoretische Grundlagen der Vermögenspolitik, a. a. O., S. 24.

60 Vgl. dazu ausführlich Bontrup, H.-J., Springob, K., Gewinn- und Kapitalbeteiligungen. Eine mikro- und makroökonomische Analyse, Wiesbaden 2002.

hängig Beschäftigten neben einem vorab erhaltenen tarifgebundenen Arbeitsentgelt zusätzlich (on top) am Unternehmensgewinn nach Steuern partizipieren, wobei dann die Beschäftigten ihre Gewinnbeteiligung in eine Eigen- und/oder Fremdkapitalbeteiligung umwandeln können. Wandeln die Beschäftigten ihre Gewinnanteile dabei in *Eigenkapital* um, so würden sie automatisch *Miteigentümer* und hätten zukünftig, neben ihrem Anspruch auf Gewinnanteile als Beschäftigte, zusätzlich noch Anspruch auf Gewinnanteile als Kapitaleigner. Gleichzeitig haften sie dann auch für Unternehmensverluste mit ihren jeweiligen Gewinnanteilen. Dies gilt bei einer Fremdkapitalbeteiligung nur im Insolvenzfall. Zur Überwindung des Widerspruchs zwischen Lohn- und Gewinninteressen wäre in Anlehnung an den tschechischen Ökonomen *Ota Šik* auch eine »*Kapitalneutralisierung*« denkbar und möglich.[61] »Neutralisierung des Kapitals bedeutet (dabei die) Überführung des sich ständig neubildenden Geld- und Produktivkapitals in ein unteilbares Vermögen der Unternehmenskollektive. Seine Verwaltung erfolgt durch Treuhänder, die vom jeweiligen Kollektiv der Mitarbeiter eines Unternehmens gewählt werden. Die großen Kapitalgesellschaften sollen sich allmählich zu *Mitarbeitergesellschaften* umwandeln, die allein auf neutralisiertem Kapital basieren. Die mittleren Unternehmen werden zu Mischgesellschaften umgestaltet, in denen privates und neutralisiertes Kapital verbunden wird. Die kleinen Unternehmen bleiben in privatem Eigentum.«[62] Das neutralisierte Kapital gehört dem Unternehmen als Gesamtheit, also den Beschäftigten und den originären Kapitalgebern und darf von niemand gekauft, verkauft, vererbt oder mutwillig zerstört werden. Dadurch würden die Eigentumsrechte sukzessive in der Wirtschaft immer mehr neutralisiert.

Wie auch immer eine Gewinn- und Kapitalpartizipation der abhängig Beschäftigten aussehen würde, sie würde auf jeden Fall

61 Vgl. dazu auch Scheunemann, E., Ota Šiks Modell einer Humanen Wirtschaftsdemokratie, in: Brie, M., Detje, R., Steinnitz, K. (Hrsg.), Wege zum Sozialismus im 21. Jahrhundert. Alternativen – Entwicklungspfade – Utopien, Hamburg 2011, S. 172ff.

62 Šik, O., Humane Wirtschaftsdemokratie. Ein Dritter Weg, Hamburg 1979, S. 15.

beim notwendigen Ausbau der *Mitbestimmung* die auftretenden *verfassungsrechtlichen Eigentumsprobleme* gemäß Art. 14 GG beseitigen. Werden nämlich die Beschäftigten in den Unternehmensträger- oder Eigentümerverband und damit in die Gewinn- und Risikogemeinschaft eines Unternehmens inkorporiert, so *Hans-J. Papier*, dann würden die Binnenstrukturrichtlinien des Art. 14 GG es nahelegen, »dass Mitträgerschaft und Mitbestimmung im Unternehmen aus subjektiven Privatrechten fließen, die den verfassungsrechtlichen Eigentumsvorstellungen entsprechen. Das heißt, sie sollten ihrem Träger einen Anteil an privatautonomer Rechts- und Wirtschaftsgestaltung gewährleisten. Entsprechend den Funktionen der auf Privateigentum basierenden Autonomie sollten sie ferner die Steuerungs- und Kontrollmechanismen von Gewinnmöglichkeit einerseits und Verlust- oder Haftungsrisiko andererseits aufweisen.«[63] Das Ergebnis einer materiellen Gewinn- und Kapitalpartizipation wäre dann ökonomisch auf jeden Fall eine sich immer mehr egalisierende Verteilung des gesellschaftlichen Einkommens und Vermögens. Die beschriebene bestehende große Ungleichheit von Einkommen und Vermögen und ihre kontraproduktiven makroökonomischen Wirkungen könnten damit beseitigt und Wohlstand für alle geschaffen werden.

Widerspruch, Münchner Zeitschrift für Philosophie, Heft 64/2017

Widersprüche, nichts als Widersprüche

Die kapitalistische Ordnung impliziert eine zutiefst widersprüchliche Welt. Dabei zeigt sich der entscheidende Widerspruch täglich in den Unternehmen. Hier bekommen die abhängig Beschäftigten, die man ökonomisch völlig widersinnig »*Arbeitnehmer*« nennt (vgl. dazu

63 Papier, H.-J., Wirtschaftsordnung und Grundgesetz, in: Aus Politik und Zeitgeschichte (APuZ), Heft 13/2007, S. 3-9.

den Beitrag »Arbeitnehmer- Arbeitgeber«), für ihre Arbeit lediglich einen Lohn, einen Tauschwert für ihre Arbeitskraft, der nicht dem verkaufbaren Arbeitswert (Gebrauchswert) ihrer geleisteten Arbeit entspricht. Dieser liegt regelmäßig über dem ausgezahlten Lohn, so dass ein Mehrwert entsteht, den der Unternehmer beziehungsweise Kapitaleigner einstreicht. Und warum? Weil er Eigentümer der Produktionsmittel ist, die schon in der Vergangenheit durch menschliche (ausgebeutete) Arbeit erst geschaffen werden mussten. Wie das ablief, dazu sei der Leser auf die von Karl Marx beschriebene »sogenannte ursprüngliche Akkumulation« im 24. Kapitel des »Kapitals« (Band 1) verwiesen. Diese »ursprüngliche Akkumulation« ist »nicht das Resultat der kapitalistischen Produktionsweise, sondern ihr Ausgangspunkt«, schrieb Marx.

Je mehr, bis heute, der Unternehmer die Arbeitskraft ausbeutet, umso größer wird dabei der Mehrwert an der insgesamt produzierten und am Markt erlösten Wertschöpfung sein und umso kleiner fällt der Lohnanteil aus. Was der eine bekommt, kann der andere nicht mehr haben. Mehr Widerspruch geht nicht! Und selbst wenn der Unternehmer keinen Gewinn erzielt, schuftet der abhängig Beschäftigte immer noch für Kapitaleigner, die sich aus dem Mehrwert die zu zahlenden Zinsen und die Grundrente aneignen.

Wer den Mehrwert im Kapitalismus erhält, kann eben andere Menschen für sich arbeiten lassen und muss selbst den Finger nicht mehr krumm machen. Voraussetzung dafür ist: Die Produktionsmittel dürfen den abhängig Beschäftigten nicht gehören. Sie müssen auf die Bereitstellung der Maschinen und Anlagen durch Kapitaleigner angewiesen sein. Ihr Lohn darf nur ihre Reproduktionskosten decken. Ein paar Ausnahmen lässt das Kapital hier zu. Aber auch nur deshalb, weil die Kapitaleigner zur Machtausübung und -erhaltung auf Stellvertreter durch Vorstände und Geschäftsführer sowie auf Führungskräfte im Produktionsprozess angewiesen sind, was jede Hierarchie in einem Unternehmen sofort erklärt und gleichzeitig einen weiteren Widerspruch offenbart: Auch die Stellvertreter und Führungskräfte sind und bleiben nämlich abhängig Beschäftigte, sie sind keine Kapitaleigentümer; fühlen sich häufig in einer Selbstmystifikation aber so. Dabei ist dann ihr tägliches Verhalten gegenüber den anderen völlig ohnmächtigen abhängig Beschäftigten nicht selten sogar viel schlimmer als das der Eigentümer des Kapitals. Diese »Systemzwerge« (Rudolf Hickel) wollen halt dem Kapital gefallen.

Einen Mehrwert, so die kapitalistische Ideologie, sollen aber nur die besten Kapitalisten erhalten. Dass das auch geschieht, dafür sorge die *Konkurrenz*, das genialste »Entmachtungsinstrument« (Franz Böhm) innerhalb der Ordnung. Wer im Wettbewerb nicht mithalten könne, der werde untergehen. Richtig, stellte dazu schon Karl Marx fest: »Ein Kapitalist, schlägt viele andere tot.« Hierdurch entsteht aber nur ein neuer Widerspruch. Dadurch, dass immer mehr Unternehmen aus dem Markt ausscheiden und auch nicht wirkliche Konkurrenten durch Neugründungen nachkommen, konzentriert sich die Wirtschaft immer mehr. Gleichzeitig gehorcht die kapitalistische Produktion der Massenfertigung und benötigt immer größere Unternehmen, die nicht zuletzt sich auch deshalb zusammentun beziehungsweise fusionieren. Am Ende entstehen so durch Konzentration und Zentralisation große und marktmächtige Unternehmen, die die Konkurrenz aufheben. Und sollte dies kurz- und mittelfristig noch nicht gelingen, so schafft man eine Kartellsituation. Heute fahren weltweit zehn Prozent aller Unternehmen rund 80 Prozent aller Gewinne ein. Es ist ökonomisch naiv zu glauben, das Monopol sei eine »Entartung« des Systems. Im Gegenteil: »Die Neigung zum Monopol entspringt der Grundnatur des kapitalistischen Erwerbes selbst. Das Prinzip der Rendite vollendet sich im Monopolgewinn; so wie sich der andauernde Krieg der Konkurrenz, der Hoffnung eines jeden der Streitenden, in der Überwältigung der anderen erfüllt. Dem Verhältnis der freien Konkurrenz wohnt damit von allem Anfang an die Tendenz seiner Selbstaufhebung inne« (Werner Hofmann). Dabei entstehen heute sogar durch das Internet in kürzester Zeit, mit Duldung der Politik, Riesenunternehmen wie Apple, Google, Facebook, Amazon oder Microsoft mit einer ungeheuren Marktmacht und einem Umverteilungspotenzial zu Gunsten dieser »Monsterunternehmen«. Und wer glaubt, die Macht dieser Unternehmen würde nur immanent in der Wirtschaft selbst zum Einsatz kommen und nicht den *Staat*, die demokratisch gewählte Politik, angreifen, der ist ein zweites Mal naiv.

Da Widersprüche in einer bestehenden Ordnung nicht aufgehoben werden können, entscheidet letztlich immer der Stärkere, der mit mehr Macht, wie viel er sich vom verteilbaren Kuchen der arbeitsteilig geschaffenen Wertschöpfung nimmt. Mit seit über 40 Jahren in Deutschland vorliegender Massenarbeitslosigkeit ist die Machtfrage zwischen Kapital und Arbeit geklärt und der empirische Befund evident. Die Lohnquote sinkt zu Gunsten der Mehrwertquote. Seit der deutschen Wiedervereinigung hat man den abhängig Beschäftigten circa 1,8 Billionen Euro Einkommen genommen und zu den Mehrwerteinkommen umverteilt. Ergebnis: Ausfallende nationale Nachfrage bei immer produktiverer Produktion. Arbeitszeitverkürzung will man aber nicht. Selbst die Gewerkschaftsspitzen wollen die Arbeit nicht verknappen!

So wirkt dann auch auf internationaler Ebene der kapitalistisch immanente Widerspruch ausfallender nationaler Massennachfrage, worauf das System nun einmal angewiesen ist, weiter. Einige Länder, wie insbesondere Deutschland, können sich hier zwar – zumindest temporär – einen Exit verschaffen. Dazu muss man aber *Handelsüberschüsse in der Leistungsbilanz* erwirtschaften und so die ausfallende nationale Nachfrage durch das Einkommen der Ausländer ersetzen. Aber auch dies ist wieder ein Widerspruch, weil so letztlich die Importüberschussländer in die Verschuldung und die absolute Abhängigkeit ihrer Gläubiger getrieben werden. Griechenland lässt hier u. a. grüßen!

Wenn die Zahl der Reichen steigt, geht das nicht ohne Anstieg der Zahl der armen Menschen. Und steigt die öffentliche Armut durch Staatsverschuldung, so legen automatisch die Guthaben auf den Konten der Staatsgläubiger und eh schon Reichen zu. Der britische Ökonom John Maynard Keynes, der den Kapitalismus vor sich selbst retten wollte, hat dies schon in den 1920er Jahren erkannt. Das System benötigt, vor allem in der Krise, die kompensierende Staatsnachfrage auf Kredit. Der Staat muss sich antizyklisch verhalten. Dies gebietet die widersprüchliche »*einzelwirtschaftliche Rationalitätsfalle*«. Die Privaten sind in der Krise unfähig, diese zu beseitigen. Ein Unternehmer verhält sich eben kapitalistisch absolut rational, indem er die Löhne senkt und Beschäftigte entlässt. Ja, er kann gar nicht anders, will er betriebswirtschaftlich betrachtet nicht in die Insolvenz geraten und untergehen. Auch der Unternehmer ist aufgrund der kapitalistischen Konkurrenzverhältnisse ein »Gefangener« des Systems. Im Vorwort zum ersten Band des »Kapitals« schreibt dazu Karl Marx:

> »Zur Vermeidung möglicher Mißverständnisse ein Wort. Die Gestalten von Kapitalist und Grundeigentümer zeichne ich keineswegs in rosigem Licht. Aber es handelt sich hier um die Personen nur, soweit sie die Personifikation ökonomischer Kategorien sind, Träger von bestimmten Klassenverhältnissen und Interessen. Weniger als jeder andere kann mein Standpunkt, der die Entwicklung der ökonomischen Gesellschaftsformation als einen naturgeschichtlichen Prozeß auffaßt, den einzelnen verantwortlich machen für Verhältnisse, deren Geschöpf er sozial bleibt, sosehr er sich auch subjektiv über sie erheben mag.«

Verhalten sich systemisch nun aber alle Unternehmer betriebswirtschaftlich rational, so sitzen sie alle in der »Falle« und schädigen sich am Ende selbst. Wenn in der Krise sämtliche Unternehmer auf Austerität, auf Kürzen und Kostensenken, setzen, dann sind auch alle Verlierer. In der Krise muss es aber noch jemanden geben, der mehr ausgibt als er selbst einnimmt. Dies kann nur der Staat sein, so Keynes. Er muss helfen und die Krise mit zusätzlichen Staatsausgaben auf Kredit beenden. Die herrschende Politik setzt heute dagegen auf »Schuldenbremsen« und einen ausgeglichenen Staatshaushalt – eine Politik der »schwarzen Null«. Mehr ökonomische Borniertheit geht nicht.

Und was unternimmt ansonsten die demokratisch gewählte bürgerliche Politik in dieser widersprüchlichen Welt des Kapitalismus? Sie sichert den Widerspruch für die Profiteure des Systems durch eine entsprechende Politik im heute vom Finanzkapital getriebenen staatsmonopolistischen Kapitalismus ab. Zum Beispiel durch ein kapitalfreundliches Steuersystem mit niedrigsten Gewinnsteuersätzen und einer nicht adäquaten Besteuerung von Vermögen und Erbschaften, mit Steueroasen und einer Beseitigung aller Kapitalverkehrskontrollen. Auch das Arbeitsrecht hilft den Kapitalprofiteuren. Gleichberechtigte Mitbestimmung zwischen Kapital und Arbeit ist deshalb Fehlanzeige. Dafür aber eine Beschneidung des Sozialstaats und eine Bekämpfung von Arbeitslosen umso beliebter.

Auch die schwere Finanz- und Weltwirtschaftskrise von 2007 bis 2010, die bis heute nicht richtig bewältigt ist, wurde bezüglich ihrer Krisenlast vor allem den Ärmsten und abhängig Beschäftigten aufgebürdet. Dies haben die herrschende Politik und das Kapital entschieden: Wohl mehr aber das Kapital, weil die Politik eigentlich heute nichts mehr zu sagen hat und auf Sprechblasen reduziert worden ist. Längst ist der Primat der Politik auf die Wirtschaft übergegangen. Womit auch die grundsätzliche und wesentliche Ursache für den nach 2008 einsetzenden Rechtsrutsch in Europa identifiziert ist und die jüngsten Wahlergebnisse in der EU dies nur noch weiter bestätigt haben. Die »einfachen« Menschen haben in Politik schlicht kein Vertrauen mehr und zusätzlich immer mehr Existenzangst, also Angst – auch wegen der weitgehend kriegsbedingten Fluchtbewegungen –, das Wenige, das sie eh nur haben und dass ihnen das Kapital zugesteht, auch noch zu verlieren. Dies ist in der Sache natürlich dumm. Subjektiv gefühlt aber nicht ohne Wirkung auf ihr politisches Verhalten. Anstatt jedoch links zu wählen und das zu beseitigen, was Ursache des Ganzen ist, nämlich den Kapitalismus, wählt das »einfache Volk« auch noch seinen »Schlächter« selbst. Wie sagte schon 1931 Kurt Tucholsky ist seinem Gedicht »An das Publikum«, kurz vor der Machtübergabe der herrschenden Politik an einen faschistischen Diktator zur großen Genugtuung der damaligen Kapitaleliten? »O hochverehrtes Publikum, sag mal: bis du wirklich so dumm, wie uns das an allen Tagen alle Unternehmer sagen?« Und ein chinesisches Sprichwort stellt resignierend fest: »Die Dummheit kann sich leider Kraft ihrer selbst nicht erkennen.« Auch Albert Einstein hatte wenig Hoffnung, als er über den Menschen befand: »Zwei Dinge sind unendlich: Das Universum und die Dummheit der Menschen. Beim

Ersten bin ich mir aber nicht ganz sicher.« Und trotzdem gilt es, gegen diese Dummheit anzukämpfen und das Volk, vor allen Dingen in Sachen Ökonomie, aufzuklären. Wir brauchen hier ein umfassendes *Alphabetisierungsprogramm*!

Ossietzky. Zweiwochenschrift für Politik/Kultur/Wirtschaft, Heft 12/2019

Maximale Rentabilität

Worum es im Kapitalismus vor allem geht

Die marktwirtschaftliche Fundamentalthese von der »*Herrschaft der Konsumenten*« über die Produzenten, geht auf den liberalen Ökonom Adam Smith (1723-1790) zurück und determiniert bis heute marktwirtschaftliche Ideologie. Für Smith ist Konsumenteninteresse ein Allgemeininteresse, während das Produzenteninteresse lediglich als ein Partialinteresse von Unternehmern eingestuft werden könne. Dies ist jedoch blanker Unsinn. In einer marktwirtschaftlich-kapitalistisch Ordnung geht es nicht um die Befriedigung von Verbrauchern, sondern realiter um eine *maximale Expansion und Rentabilität von Kapital*. Dies verlangt nach einem ständigen Zwang zur Produktion (Wachstum) und Realisierung von Mehrwert. Die Verbraucher sind dazu nur notwendiges Übel, genauso wie der abhängig Beschäftigte vom Unternehmer zur Produktion von Mehrwert benötigt wird. Das gesellschaftlich Unglaubliche ist dabei jedoch, dass Verbraucher und Beschäftigte, die auch noch beides in einer Person verkörpern, dies nicht verstehen oder wahrhaben wollen und sich täglich mystifizieren lassen. Die naive Vorstellung, die Konsumbedürfnisse der Bevölkerung mit niedrigen Preisen, maximalen Mengen und besten Warenqualitäten optimal zu befriedigen, steht völlig widersprüchlich zum Ziel nach einer maximalen Profitrate eines jeden Unternehmers. Unternehmer wollen Konsumenten nicht bedarfsgerecht versorgen bzw. wirtschaftliche

Knappheiten mindern, sondern im Gegenteil künstliche durch Anwendung subtiler Marketing- und Werbeinstrumente laufend neu schaffen. Dazu stellte schon 1959 der Betriebswirt Wilhelm Rieger (1878-1971) fest: »Dass eine Unternehmung sich als Aufgabe die Versorgung des Marktes setzt, ist eine ganz unmögliche Vorstellung. (…) Von den Unternehmern (…) könnte man eher behaupten, dass sie es außerordentlich bedauern, wenn sie den Markt versorgen; denn je länger er nicht versorgt ist, desto länger die Aussicht auf Absatz und Gewinn. Nichts hört der Kaufmann so ungern wie dies: Es gibt keinen Bedarf, der Markt ist versorgt.« So scheuen denn auch am Ende Unternehmer zur Absatzsteigerung selbst vor Korruption und schwersten kriminellen Handlungen nicht zurück. Und fliegt ihr Handeln auf, sind alle entsetzt. Dies manifestiert dann allerdings nur noch ein vollständiges Nichtwissen um die Dinge, um die es im Kapitalismus geht.

Frankfurter Rundschau, 4. September 2019

Das Zocken an den Börsen geht weiter

Seit Anfang 2020 ist es zu einer weltweiten Virus-Pandemie gekommen, die die Weltwirtschaft, wie noch nie zuvor, durch eine politische Intervention, in die schwerste Wirtschaftskrise seit 1929 versetzt hat. Dieser exogene Schock hat sowohl die Angebots- als auch die Nachfrageseite der Märkte von heute auf morgen ausgebremst. Es wurden Produktions- als auch Konsumtionsverbote verhängt. Die ökonomischen Ausmaße der Pandemie kann heute noch keiner überschauen. Die politischen und insgesamt gesellschaftlichen Folgen auch nicht. In Deutschland wird das reale Bruttoinlandsprodukt 2020 wohl um rund –9,0 v.H. einbrechen. Auf dem Höhepunkt der Finanz-, Immobilen- und Wirtschaftskrise 2009 waren es »nur« –5,7 v.H. In solch einer Situation nicht auch den *Börsenhandel* unter »Quarantäne« zu stellen bzw. auszusetzen, ist ökonomisch völlig unverständlich. Die produzierende Wirtschaft bricht dramatisch ein und die Börsianer wetten auf eine schnelle oder auch auf keine schnelle Erholung der Krise. Gibt es einen V- oder U-Verlauf? Erholt sich die Wirtschaft schnell (V-Verlauf) oder muss mit einer längeren Durststrecke (U-Verlauf) gerechnet werden? Selbst das spekulieren mit Leerverkäufen geht munter weiter und es kommt zu Bereicherungen an einzelnen Aktien- und damit Unternehmenswerten, die ausschließlich coronabedingt sind und realiter mit der eigentlichen Performance der Unternehmen nichts zu tun haben. Dies nutzen auch Konzernchefs aus. Viele CEOs im DAX notierter Unternehmen haben den kurzzeitigen Kurssturz an der Börse als Gelegenheit gesehen, um reicher zu werden. Sie kauften Aktien ihrer Unternehmen im Tiefpunkt und »wetteten« auf einen Kursanstieg, der dann auch eintrat. So erwarb der Metro-Chef Olaf Koch im März 2020 Aktien des Düsseldorfer Handelskonzerns für mehr als 1,1 Millionen Euro oder der RWE-Chef Rolf Martin Schmitz kaufte Anteilsscheine des Essener Energieversorgers im Gesamtvolumen von 586.000 Euro, als der Börsenkurs von RWE vergleichsweise niedrig war. Auch Christian Kullmann, Chef des Essener Chemiekonzerns Evonik, steckte in der Corona-Krise privates Geld in den Kauf von Aktien des Unternehmens, das er selbst führt. »Einen besonders starken Kursanstieg hat der Düsseldorfer Rüstungs- und Industriekonzern Rheinmetall in den vergangenen Wochen verzeichnet. Als Vorstandschef Armin Papperger am 19. März Aktien des Unternehmens für rund 151.600 Euro kauft, liegt der Kurs bei 44,60 Euro. Aktuell sind es rund 80 Euro«, schrieb die WAZ am 10. Juni 2020. Auch international gab es Corona-Gewinner. Der Eigentümer der Softwarefirma Zoom, Eric Yuan, die eine Plattform für digitale Konferenzen anbietet, hat sein Vermögen auf mehr als sieben Milliarden Euro verdoppelt. Facebook legte an der Börse um 60 Prozent zu, Netflix um 46, Amazon um 45 und Appel um 31 Prozent. Die Besitzer der Tech-Firmen sind ein ganzes Stück reicher geworden. Amazon-Chef Jeff Bezos, der eh schon reichste Mann der Welt, gewann rund 35 Milliarden US-Dollar. Auch Ex-Microsoft-Chef Steve Ballmer und Oracle-Chef Larry Ellison profitierten kräftig, stellte die *Frankfurter Rundschau* fest. Und laut einer Berechnung des Magazins Forbes wuchs das Vermögen der 600 reichsten Amerikaner zwischen dem 18. März und dem 19. Mai 2020 um insgesamt 434 Milliarden US-Dollar, was einem Plus von fast 15 Prozent entspricht. Zeitgleich verloren fast 39 Millionen Amerikaner wegen der Krise ihren Job und in keinem anderen Land gibt es so viele mit Covid-19 infizierte oder daran gestorbene Menschen wie in den USA.

OXI. Wirtschaft anders Denken, Ausgabe 8/2020

Preisgleichung und Profitrate – Empirische Befunde für Deutschland

In der Ökonomie gibt es eine einfache Preisgleichung. Preise ergeben sich hier gesamtwirtschaftlich aus der Addition von Lohnstückkosten und einer Mehrwertverrechnung pro Stück. Im Mehrwert sind dabei Gewinne, Zinsen und Grundrenten enthalten. Die Preisgleichung zeigt demnach die *Verteilung der Produktionsergebnisse.* Wer erhält wie viel von der zuwachsenden Produktivität, die sich aus dem preisbereinigten Bruttoinlandsprodukt, der Summe aller Güter und Dienste, je geleisteter Arbeitsstunde bzw. dem Arbeitsvolumen (Beschäftigte multipliziert mit der Arbeitszeit je Beschäftigten) ergibt?

$$p = \frac{\dfrac{\text{Arbeitnehmerentgelt}}{\text{Arbeitsvolumen}} \text{ (= Lohnsatz)}}{\dfrac{\text{reales BIP}}{\text{Arbeitsvolumen}} \text{ (= Produktivität)}} \text{ (Lohnstückkosten)}$$

$$+ \frac{\text{Mehrwert (Gewinn, Zins, Grundrente)}}{\text{reales BIP}}$$

Steigen in der Gleichung die Lohnstückkosten, so werden sich die Preise erhöhen, wenn die Mehrwertbezieher ihren Mehrwert pro Stück konstant halten wollen, wovon wir grundsätzlich ausgehen müssen. Sollen die Preise nicht steigen, so müssen sie aber verzichten. Bevor sie das allerdings tun, werden Mehrwertbezieher bei nur geringen Produktivitäten die Lohnsätze der abhängig Beschäftigten senken.

Wie war hier aber, vor diesen theoretischen Möglichkeiten, der empirische Befund: Nun, zunächst einmal nahm von 2005 bis 2020 die verteilbare Produktivität in der Preisgleichung jahresdurchschnittlich nur um 0,7 Prozent zu. Warum war die Produktivität so niedrig? Die Ursachen könnten in einem nachlassenden Wettbewerb liegen und/oder einem Strukturwandel zu immer mehr produktivitätsschwachen Dienstleistungen und einem damit schrumpfenden industriellen Sektor. Auch die stark gewachsene Teilzeitbeschäftigung könne einen Teil erklären. »Seit mehr als einem Jahrzehnt beklagen Politik und Wissenschaft ein gesamtwirtschaftlich sich immer weiter abschwächendes Produktivitätswachstum – nicht nur in Deutschland, sondern auch in vielen anderen Ländern. Lag das Wachstum der Arbeitsproduktivität in Deutschland Anfang der 1990er Jahre bei jährlich durchschnittlich 2,5 Prozent, sankt es in der Folgezeit kontinuierlich und liegt seit etwa 2010 dauerhaft unter einem Prozent. Das ist umso überraschender, als es in den zurückliegenden Jahrzehnten viele bahnbrechende Innovationen insbesondere im Bereich der Digitalisierung gab, die eher positive Produktivitätseffekte erwarten ließen. Diese reichen vom flächendeckenden Einsatz von Computern über die vielfältige Nutzung des Internets bis hin zur Robotik und der künstlichen Intelligenz« (Kritikos u. a. 2021, S. 356). Hier liegt dann im Kontext mit Digitalisierung offensichtlich ein *»Produktivitätsparadoxon«* vor (vgl. dazu ausführlich Brödner 2021, S. 114ff). Laut einer neuen Studie des Deutschen Instituts für Wirtschaftsforschung (DIW) ist die Produktivität bei den *wissensintensiven Unternehmensdienstleistungen* zwischen 1995 und 2014 sogar um über 40 Prozent gesunken und erholt sich danach nur leicht. »Unternehmen in diesem Wirtschaftszweig (die rund 8,5 Prozent zur nominalen Wertschöpfung als viertgrößter Wirtschaftszweig in Deutschland) beitragen) arbeiten heute mit einer um mehr als ein Drittel niedrigeren Effizienz als Mitte der 1990er

Jahre. Größere Unternehmen verzeichnen höhere Produktivitätsverluste als kleinere. Gestiegene Vorleistungen bei gleichbleibender Beschäftigung erklären etwa die Hälfte des Rückgangs. Gewachsene Teilzeitbeschäftigung erklärt einen kleinen Teil«, schreibt das DIW (2021, S. 355).

Bleiben die Produktivitätsraten hinter den realen Wachstumsraten des BIP zurück, dann kommt es bei gleichbleibenden Arbeitszeiten zu *positiven Beschäftigungseffekten.*

In Wachstumsraten (ω)

ω Arbeitsvolumen (Beschäftigte * Arbeitszeit je Beschäftigten) = ω reales BIP – ω Produktivität

Dies ist empirisch für Deutschland zu beobachten.

ω 0,9 % = ω 1,9 % – ω 1,0 % (2010-2019)

Das Beschäftigungswachstum, verbunden mit einem Rückgang der Arbeitslosenzahlen, war aber ein weitgehend *prekäres Wachstum*, das nicht auf »guter Arbeit«, die von Gewerkschaften zu Recht eingefordert wird, basierte, sondern außerdem auch noch auf *schlecht bezahlter Arbeit* beruhte. Dies wiederum erklärt sich aber aus den nur zur Verteilung stehenden *geringen Produktivitätszuwächsen* aus prekärer Arbeit. Mehr Arbeit (prekäre Arbeit) wurde also mit geringen Löhnen erkauft, die den davon betroffenen Menschen weder heute noch im Alter ein auch nur einigermaßen auskömmliches Leben ermöglichen.

Insgesamt stiegen die nominalen Löhne pro Arbeitsstunde (Lohnsätze) der abhängig Beschäftigten von 2005 bis 2020 jahresdurchschnittlich um 2,3 Prozent. Wie geht das, wenn die *verteilbare Produktivität* nur bei 0,7 Prozent lag. Dividiert man hier die Produktivität durch den Lohnsatz, so erhält man die ökonomisch entscheidenden *Lohnstückkosten*, deren Wachstum im Jahresdurchschnitt bei 1,6 Prozent lag. Unterstellt die Mehrwertbezieher hätten im oben genannten Zeitraum keinen Mehrwertzuwachs erhalten, so hätten die *Preise* in der Preisgleichung folglich jahresdurchschnittlich um 1,6 Prozent steigen müssen. Sie haben aber nur um 1,4 Prozent zugelegt, so dass der Mehrwert je Stück um 0,2 Prozent im Jahresdurchschnitt zurückging.

p = Lohnstückkosten + Mehrwert je Stück
In Wachstumsraten (ω)
ω p = ω Lohnstückkosten + ω Mehrwert je Stück
ω 1,4 % = ω 1,6 % – ω 0,2 % (von 2005-2020)

Dabei wissen wir statistisch nicht, welche Größe im Mehrwert je Stück in der Preisgleichung davon betroffen war. Es ist jedoch zu vermuten, dass es nicht die *Gewinne* und *Grundrenten*, sondern aufgrund der Geldpolitik die *Zinsen* waren. Im Gegenteil, die Gewinne der Unternehmen sind von 2005 bis 2016 (neuere Werte liegen noch nicht vor) gestiegen, was übrigens sowohl für große und mittelgroße sowie kleine Unternehmen gilt (vgl. Bontrup/Marquardt 2021, S. 316f.). Und auch die Grundrenten dürften in Anbetracht der verknappten Wohn- und Immobilienmärkte eher gestiegen als denn gesunken sein.

Die obige *Verteilungsrechnung* in der Preisgleichung ist aber eine nominale Rechnung. Real (inflationsbereinigt) hatten die abhängig Beschäftigten je geleisteter Arbeitsstunde nämlich nicht 2,3 Prozent pro Jahr mehr, sondern nach Abzug der *Inflationsrate* waren es nur 0,9 Prozent. Das heißt, die Lohnstückkostensteigerungen, verursacht durch zu hohe nominale Lohnsätze in Relation zu den niedrigeren Produktivitätsraten, wurden über *Preiserhöhungen* an alle Nachfrager:innen von Gütern und Diensten bis auf 0,2 Prozentpunkte im Jahresdurchschnitt überwälzt, die dann zu Lasten der Mehrwertbezieher:innen gingen. Oder anders ausgedrückt: Die durchschnittlichen realen Steigerungsraten der Lohnsätze um 0,9 Prozent lagen noch um 0,2 Prozentpunkte über den jahresdurchschnittlichen Produktivitätsraten. Diese Umverteilung deckt sich dann in etwa mit dem Anstieg der gesamtwirtschaftlichen *Lohnquote* (Arbeitnehmerentgelte in Relation zum Volkseinkommen) von 67,5 Prozent (2005) auf 73,4 Prozent (2020).

Da aber in der *Mehrwertquote,* die sich immer zu 100 Prozent zur Lohnquote ergänzt, nicht nur Gewinne, sondern auch Zinsen und Grundrenten enthalten sind, kann man vor dem Hintergrund *gestiegener Gewinne* davon ausgehen, das von 2005 bis 2020 die Unternehmen trotzdem von ihrer *Preissetzungsmacht* reichlich gebraucht machen konnten, um so die sich im empirischen Befund zeigenden Lohnstückkostensteigerungen plus reichlicher Mehrwertsteigerungen pro Stück über Preiserhöhungen haben überwälzen können. Sollte allerdings zukünftig die *Produktivität* nicht wesentlich zulegen, so dürften die *Verteilungskämpfe* noch härter werden, als sie es heute schon sind – zumal auch nicht alle Unternehmen über eine marktbeherrschende Preissetzungsmacht verfügen. Dies verstärkt dann asymmetrische Verteilungen nicht nur zwischen Kapital und Arbeit, sondern auch innerhalb der Klassen. Und gleichzeitig wird an der gesamtwirtschaftlichen Preisgleichung der nur enge Internalisierungsspielraum für die *Umweltkrise* überdeutlich.

Hinzu kommt die Profitratenproblematik, wobei die *Profitrate* im Kapitalismus die entscheidende Größe ist. Sinkt die Profitrate, so gerät das ganze kapitalistische System unter einen enormen Druck. Wie in der Preisgleichung ist auch die Profitrate von der Produktivitätsentwicklung und der Verteilung der Wertschöpfungen auf Arbeit und Kapital abhängig.

Gesamtwirtschaftlich lässt sich dabei die Profitrate wie folgt definieren:

$$\text{Profitrate} = \frac{\dfrac{\text{reales BIP}}{\text{Arbeitsvolumen}}}{\dfrac{\text{Kapitaleinsatz}}{\text{Arbeitsvolumen}}} = \frac{\text{Produktivität}}{\text{Kapitalintensität}}$$

$$= \text{Kapitalproduktivität x Mehrwertquote}$$

In der Profitrate zeigen sich die Verteilungsverhältnisse, ausgedrückt in der Lohn- bzw. Mehrwertquote (1 = Lohnquote + Mehrwertquote), und die jeweilige Kapitalproduktivität als Verhältnis von Produktivität und Kapitalintensität. Dabei gibt es nur dann einen positiven Effekt auf die Profitrate, wenn bei konstanten Verteilungsverhältnissen die Wachstumsrate der Kapitalintensität ω K/AV kleiner ausfällt als die Wachstumsrate der Produktivität ω reales BIP/AV. Nur dann steigen die Wachstumsrate ω der Kapitalproduktivität und die Wachstumsrate ω des Kapitalkoeffizienten als Kehrwert der Kapitalproduktivität sinkt.

ω K/AV < ω reale BIP/AV → ω Kapitalproduktivität steigt
→ ω Kapitalkoeffizient sinkt

Dabei sind insgesamt mehrere Varianten und Entwicklungen möglich:

a) Bei konstanter Kapitalproduktivität lässt sich die Profitrate nur durch eine Senkung der Lohnquote (= Erhöhung der Mehrwertquote) erhöhen.

b) Sinkt gar die Kapitalproduktivität, so muss bei einer geforderten höheren Profitrate die Lohnquote noch mehr abgesenkt werden. Beide Varianten werden durch reale Lohnsteigerungen unterhalb der Produktivitätsrate erreicht. Das heißt, es kommt zu einer Umverteilung zu Lasten der abhängig Beschäftigten.

c) Steigt dagegen die Kapitalproduktivität, so kann auch insgesamt mehr verteilt werden und Lohn- und Mehrwertquote können zulegen.

Durch eine ständige *konkurrenzgetriebene* Substitution von lebendiger Arbeit durch vergegenständlichte Arbeit in Form von Kapital steigt die *Kapitalintensität* (nach *Marx* die »organische Zusammensetzung des Gesamtkapitals«). Ziel der Substitution ist, mit immer mehr Technik und damit in Folge mit mehr Kapitaleinsatz eine Erhöhung der *Produktivität* sowie *Wirtschaftlichkeit* zu erzielen. Beruft man sich hier auf *Marx*, so können die im Kapitalismus angelegten Produktions- und damit Eigentumsverhältnisse zunehmend in Widerspruch zu den Produktivkräften geraten. Ausdruck würde dies letztlich in einem *»tendenziellen Fall der Profitrate«* finden (vgl. dazu ausführlich Marx 1894, 1974, S. 222ff.). Wenn immer mehr Technik (Maschinerie) zum Einsatz kommt, wird selbst bei unverändertem Ausbeutungsgrad der Beschäftigten die »organische Zusammensetzung« des Gesamtkapitals steigen, d.h. das Verhältnis von variablem und konstantem Kapital wird in Richtung letzterem zulegen. Dadurch kommt es vermehrt zu einer *Einsparung lebendiger Arbeit*, deren *Ausbeutung* aber die einzige Quelle für die erweiterte Kapitalverwertung bzw. Kapitalakkumulation ist.

Wie hat sich dabei die Profitrate unter ihren Bestimmungsgrößen empirisch entwickelt? Gibt es hier einen »*tendenziellen Verfall*«, wie ihn *Marx* langfristig für das System vorhergesagt hat, wodurch sich das System aus ökonomisch immanenten Gründen selbst zerstört? Dieser Verfall ist nach dem Zweiten Weltkrieg in der Bundesrepublik Deutschland durchaus zu beobachten, was aber für eine Verifikation der Marx'schen Implikationen nicht ausreichend ist. So ist die gesamtwirtschaftliche Profitrate von 30,1 v. H. (1950) auf 12,1 v. H. (1975) sogar extrem stark gesunken. Dies hatte wesentlich zwei Gründe:

Erstens war die *Kapitalproduktivität*, also das Verhältnis aus Produktivität und Kapitalintensität, ab 1960 negativ. Von 1950 bis 1960 zeigte die Kapitalproduktivität noch mit durchschnittlich 3,4 v. H. eine positive Entwicklung. Von 1960 bis 1973 lag sie bei –1,6 v. H. und von 1973 bis 1980 ebenfalls bei –1,6 v. H. Von 1980 bis 1989, also bis zur Wiedervereinigung, blieb die Kapitalproduktivität abgeschwächt mit –0,9 v. H. weiter negativ. Zweitens war die Entwicklung der um Abschreibungen berichtigten *Lohnquote* seit dem Zweiten Weltkrieg bis zum Ende der alten Bundesrepublik von 45 v. H. (1950) bis 57,4 v. H. (1970) und 62,5 v.H. (1980) stark positiv. Dazu hat die *Vollbeschäftigung* bis Mitte der 1970er Jahre beigetragen. Es ist also zu einer *Umverteilung* von den Mehrwert- zu den Arbeitseinkünften gekommen. Von 1980 bis Ende der 1980er Jahre sank dann aber in der alten Bundesrepublik die Lohnquote auf 58,1 v. H. (1991) (vgl. zu den Zahlenwerten ausführlich Krüger 2019, 2007).

Nach der Wiedervereinigung setzte sich von 1991 bis 2018 die negative Entwicklung der *Kapitalproduktivität* mit jahresdurchschnittlich –1,9 v. H. weiter fort. Jetzt ging auch die *Lohnquote* bis 2007 auf 52,6 v. H. stark zurück. Es kam also zu einer Umverteilung von den Arbeits- zu den Mehrwerteinkünften. Trotzdem sank die entscheidende *Profitrate* von 11,4 v. H. (1991) auf 9,6 v. H. (2007). Die Umverteilung konnte demnach die stark negative Kapitalproduktivität nicht kompensieren. Der Rückgang der Profitrate bis 2007 ging danach bis 2018 (7,1 v. H.) weiter. Dies lag zum einen an einem Wiederanstieg der Lohnquote von 52,6 v. H. (2007) auf fast 57,0 v. H. (2018) und zweitens einer weiter negativen durchschnittlichen Kapitalproduktivität von –1,8 v. H. (2008 bis 2018).

Was heißt das alles in *Conclusio*? Offensichtlich musste im Verlauf der Zeit seit 1950 in Deutschland immer mehr Kapital (Maschinerie) eingesetzt werden, um eine zusätzliche Einheit Arbeitsproduktivität zu erzielen. Damit entsprach die Substitution von Arbeit durch Kapital nicht wirklich einem *arbeitssparenden technischen Fortschritt*. Hier wird in der ökonomischen Theoriegeschichte immer wieder darauf verwiesen, dass diese Substitution besonders stark wird, wenn die Arbeitenden »übermäßig hohe Löhne fordern«, womit sie sich dann schließlich selbst schaden würden (vgl. Hofmann 1971, S. 61ff.). Steigt aber die Kapitalproduktivität, auch weil ein *kapitalsparender technischer Fortschritt* vorliegt (der Kapitaleinsatz verbilligt sich hier preismäßig auf Grund von economics of scale), und die Wachstumsrate des Bruttoinlandsprodukts kann mit einer reduzierten *Investitionsquote* realisiert werden, dann hat dies Folgen für die gesamtwirtschaftliche *Sparquote*, die zur Finanzierung der Sach- und Technikinvestitionen zu Gunsten des privaten Konsums und bisher unterversorgter öffentlicher Bereiche und Güter, die keiner Profitintention unterliegen, abnehmen bzw. umgeschichtet werden kann. *Rudolf Hickel* bemerkt dazu: »Verteilungspolitisch folgt daraus, daß der Anteil der unternehmerischen Profite am Volkseinkommen (die *Profitquote*) sinken kann, ohne daß die *Profitrate* – also der Anspruch auf Gewinne im Verhältnis zum eingesetzten Kapital – abnimmt. Hier liegt also eine durch den arbeits- und kapitalsparenden technischen Wandel eröffnete Möglichkeit, die Einkommen an die Stellen bisher *unterversorgten Bedarfs* zu lenken, um dort die Produktion zu ermöglichen. Damit ergibt sich vor allem auch ein Spielraum zur Finanzierung von *Arbeitszeitverkürzung*« (Hickel 1987, S. 105).

Dies alles passierte realiter in Deutschland aber nicht! Sondern die nicht in technikinvolvierten Sachinvestitionen angelegten Profite landeten auf den hoch spekulativen *Finanzmärkten* und lösten

2007 eine schwere weltweite *Finanz-, Immobilien- und Wirtschaftskrise* aus (vgl. dazu ausführlich u. a. Zeise 2009, Bontrup 2011, 2016). Und heute, ist hier in Zukunft eine wesentliche Veränderung zu erwarten? Wohl kaum. Die kapitalistische Krise geht also weiter, was auch für die Umweltkrise gilt.

Anmerkungen

Bontrup, H.-J., (2011): Zur größten Finanz- und Wirtschaftskrise seit achtzig Jahren. Ein kritischer Rück- und Ausblick mit Alternativen, Hannover

Bontrup, H.-J. (2016): Krisenkapitalismus und EU-Verfall, 2. Aufl., Köln

Bontrup, H.-J., Marquardt, R.-M. (2021): Volkswirtschaftslehre aus orthodoxer und heterodoxer Sicht, Berlin, Boston 2021

Brödner, P. (2021): Das Produktivitätsparadoxon der Computertechnik, in: Bontrup, H.-J., Daub, J. (Hrsg.), Digitalisierung und Technik. Fortschritt oder Fluch? Perspektiven der Produktivkraftentwicklung im modernen Kapitalismus, Köln

Hickel, R., (1987): Ein neuer Typ der Akkumulation? Anatomie des ökonomischen Strukturwandels – Kritik der Marktorthodoxie, Hamburg

Hofmann, W., (1971): Einkommenstheorie. Vom Merkantilismus bis zur Gegenwart, 2. Aufl., Berlin

Kritikos, A. S., Schiersch, A., Stiel, C. (2021): Produktivität ist bei den wissensintensiven Unternehmensdienstleistungen erheblich gesunken, in: DIW Wochenbericht, Nr. 21

Krüger, S. (2007): Konjunkturzyklus und Überakkumulation, Hamburg

Krüger, S. (2019): Profitraten und Kapitalakkumulation in der Weltwirtschaft, Hamburg

Marx, K. (1894, 1974): Das Kapital, Bd. III, Berlin Ost

Zeise, L. (2009): Ende der Party. Die Explosion im Finanzsektor und die Krise der Weltwirtschaft, 2. Aufl., Köln

Online-Zeitschrift MAKROSKOP vom 24. Juli 2021

Marx und Keynes – zwei große Ökonomen

Über keinen Philosophen und Nationalökonomen ist bis heute so viel geschrieben worden wie über den deutschen Karl Marx (1818-1883), der in dem Jahr starb, als der wohl größte Ökonom des 20. Jahrhunderts, der Brite Sir John Maynard Keynes, geboren wurde. Übrigens kam 1883 ein weiterer großer Ökonom, nämlich der Österreicher Joseph A. Schumpeter, zur Welt.

»Ganze elf Trauergäste versammelten sich am 17. März 1883«, schreibt der Marx-Biograf Francis Wheen, »um Marx das letzte Geleit zu geben.« Er war, wie Engels berichtete, kurz zuvor, am 14. März, »sanft in seinem Lehnstuhl eingeschlafen«. Engels prophezeite an Marx' Grab auf dem Londoner Friedhof Highgate zu Recht, dass dessen »Name und Werk durch die Jahrhunderte fortleben« werden.

Das Sterbedatum und die Geburtsdaten von Marx, Schumpeter und Keynes sind sicher reiner Zufall. Marx und Keynes gemeinsam ist jedoch eine regelrechte Angst der Herrschaftseliten vor ihren Theorien. Vielleicht wird Marx auch deshalb in der Wirtschaftswissenschaft geradezu totgeschwiegen. Kein angehender Ökonom muss ernsthaft im Examen damit rechnen, nach seinem Hauptwerk, »Das Kapital«, tiefgehend befragt zu werden. Und unter der heute an Hochschulen vorliegenden Dominanz des neoliberalen Mainstreams gilt dies auch weitgehend für Keynes beziehungsweise den nach ihm benannten Keynesianismus und seinen vielfältigen postkeynesianischen Varianten.

Keynes will keine nur dem Markt und sich selbst überlassene Kapitalisten, sondern einen starken in den Markt intervenierenden und kontrollierenden Staat. Marx dagegen erblickte im bürgerlichen Staat nur einen Kapitalvasallen und hielt im Kommunismus die staatliche Obrigkeit für völlig überflüssig. Hier besteht zwischen den beiden ein gewaltiger Unterschied. Es gibt aber auch durchaus Gemeinsamkeiten. Marx sah auf Basis seiner Arbeitswerttheorie [nur der arbeitende Mensch schafft in der Produktion einen Mehrwert (Gewinn, Zins und Grundrente)] den Kapitalismus immanent am tendenziellen Fall der Profitrate zu Grunde gehen. Die kapitalistische Tendenz zu immer mehr Technikeinsatz führt zu einer ständigen Substitution von Arbeit durch Kapital. »Diese erzeugt«, so schrieb Marx, »mit der fortschreitenden relativen Abnahme des variablen Kapitals gegen das konstante eine steigend höhere organische Zusammensetzung des Gesamtkapitals, deren unmittelbare Folge ist, dass die Rate des Mehrwerts bei gleichbleibendem und selbst bei steigendem Exploitationsgrad der Arbeit sich in einer beständig sinkenden allgemeinen Profitrate ausdrückt« (Karl Marx, Das Kapital, Bd. 3, Berlin (Ost) 1974, S. 223). Der Verfall ist hier, nach Marx, unabhängig von einer nur unzureichenden Nachfrage zu sehen – wie Keynes sie unterstellt. Die Ursache liegt nicht in einer nur unzureichenden Realisierung des Mehrwerts am Markt, sondern sie ist produktionsseitig veranlasst.

Eine Parallele zum tendenziellen Sinken der Profitrate ergibt sich bei Keynes aber doch in der von ihm prognostizierten »abnehmenden Grenzleistungsfähigkeit des Kapitals«. Gemeint ist damit die Rendite des in einem Investitionsvorhaben eingesetzten Kapitals, die sich als Erwartungsgröße aus den abgezinsten Erträgen einer Investition ergibt und deren Barwert (Gegenwartswert) gleich der Investitionssumme sein muss. Keynes begründet die abnehmende Grenzleistungsfähigkeit damit, dass bei steigenden Investitionen und einem daraus folgenden zunehmenden Güterangebot die zukünftigen Erträge konkurrenzbedingt abnehmen und gleichzeitig die Kosten des Kapitaleinsatzes bei erhöhter Investitionsnachfrage noch steigen werden. Dies stellt, so Keynes, den Kapitalismus vor immer größere Probleme.

Außerdem muss das System permanent eine schwerwiegende »einzelwirtschaftliche Rationalitätsfalle« verkraften. Demnach verhalten sich Kapitalisten betriebswirtschaftlich völlig rational, wenn sie ständig danach trachten, die Löhne zu senken und Arbeit durch Kapital zu ersetzen (siehe oben), um so ihre Profitraten zu steigern. Da dies alle machen, laufen sie gesamtwirtschaftlich jedoch in ihre »eigene Falle« beziehungsweise lösen immer wieder Überproduktionskrisen aus. Es kommt durch das Umverteilen von den Arbeits- zu den Mehrwerteinkünften am Ende schlicht zu Nachfrageausfällen. Keynes sieht hier die Krisenursache in der Realisationssphäre, auf der Nachfrageseite, während Marx sie auf der Angebots- beziehungsweise Produktionsseite verortet (vergleiche oben).

Mit Marx und dem Marxismus haben sich weltweit außerhalb des akademischen Lehrbetriebs immer wieder (überwiegend) linke Ökonomen und Sozialwissenschaftler beschäftigt. Der US-Amerikaner Paul Johannes Tillich schreibt hier zum Marxismus treffend: »Seit seiner Entstehung […] sind mindestens drei Formen des Marxismus in Erscheinung getreten. Die erste Form ist die, die im ursprünglichen und vor allen Dingen im jüngeren Marx bis zum ›Kommunistischen Manifest‹ vorliegt. Die zweite Erscheinungsform des Marxismus ist der von Marx selbst in seinen späteren Schriften entwickelte wissenschaftliche Marxismus. Die dritte Erscheinungsform ist die von Lenin vorbereitete und von Stalin durchgeführte Zerstörung der ursprünglichen Impulse von Marx und die Benutzung seiner Gedanken zur Fundierung eines Systems totalitärer Herrschaft. Wenn man daher heute von Marxismus und Marx spricht, muss man angeben, welche der drei Erscheinungsformen man meint« (Paul Johannes Tillich, Der Mensch im Christentum und im Marxismus, München 1952, S. 18). Dies machen selbstverständlich seine vielen populistischen und ihn diskreditierenden Kritiker nicht. Sie beschränken sich zumeist auf die von Marx nicht mehr beeinflussbar gewesene dritte Erscheinungsform des Marxismus, um ihn so bewusst schlechtzureden und berufen sich hier dann gern auf die von ihm geforderte »Diktatur des Proletariats«, womit Marx aber nicht auch nur im Geringsten eine pervertierte totalitäre Herrschaft von Oligarchen, wie sie in der Sowjetunion oder in der DDR gegeben war, gemeint hat. Im Gegenteil: Diese wäre ihm mit Sicherheit völlig zuwider gewesen.

Marx' wissenschaftlicher Marxismus, mit dem sich die Wenigsten auseinandergesetzt haben, weil auch am schwierigsten, beruhte auf einer philosophischen Verbindung von Dialektik und historischem Materialismus, die nicht auf Einzelheiten der bestehenden gesellschaftlichen Ordnung abhebt, sondern auf diese als Ganzes (holistisch), in allen ihren Lebensäußerungen, fixiert ist. Dies bringt Marx 1859 zum Ausdruck, wenn er schreibt: »In der gesellschaftlichen Produktion ihres Lebens gehen die Menschen bestimmte, notwendige, von ihrem Willen unabhängige Verhältnisse ein, Produktionsverhältnisse, die einer bestimmten Entwicklungsstufe ihrer materiellen Produktivkräfte entsprechen. (…) Die Produktionsweise des materiellen Lebens bedingt den sozialen, politischen und geistigen

Lebensprozess überhaupt. Es ist nicht das Bewusstsein, das ihr Sein, sondern umgekehrt ihr gesellschaftliches Sein, das ihr Bewusstsein bestimmt« (Karl Marx, Das Kapital, Bd. 1, Berlin (Ost) 1974, S. 8f.) Daher wirft Marx auch den Kapitalisten und Grundeigentümern im Vorwort des »Kapitals« nicht ihr individuelles Handeln vor. Sie sind »Gefangene des Systems«, und ihr gesellschaftliches Sein »produziert« ständig ihr kapitalistisches Bewusstsein.

Das größte Problem in seinen uns hinterlassenen Schriften, nicht nur im gemeinsam mit Friedrich Engels (1820 bis 1895) auf wenigen Seiten gedrängt erarbeiteten und am Vorabend der Revolution von 1848 herausgegebenen »Kommunistischen Manifest«, ist jedoch in der Tat die von Marx nicht geleistete konkrete Darlegung, wie in einer sozialistischen oder gar utopisch anmutenden kommunistischen Gesellschaft – als Alternative zum Kapitalismus –, das Allokations-, Koordinierungs- und Verteilungsproblem, die es in jeder Ökonomie gibt, gelöst werden sollen. Hinzu kommen noch, in einer sich immer nur arbeitsteilig darstellbaren Gesellschaft, komplexe Leistungs- und Interessenprobleme, die es ebenfalls auszusteuern gilt. Hier hat es sich Marx leicht gemacht oder seine Kräfte haben im Laufe seines schwierigen Lebens einfach nicht mehr ausgereicht. So wie sich die Wirtschafts- und Gesellschaftsordnungen (Sklaverei, Feudalismus) vor dem Kapitalismus auch systemimmanent beseitigt haben, so werde sich nach Marx letztlich das kapitalistische System durch eine höhere Ordnung, die er sich als eine kommunistische Nicht-Klassengesellschaft vorstellte (wünschte), halt selbst auflösen. Hier gilt für ihn die Dialektik: Kapitalismus als These, Sozialismus als Antithese und Kommunismus als Synthese. Wie sich jedoch konkret diese Dialektik umsetzen soll, klagte schon Lenin am Vorabend der russischen Revolution, darüber hätte der »geistige Vater« des Kommunismus so gut wie nichts hinterlassen.

So entstand ab 1917 mit der zentralen staatlichen Planwirtschaft eine künstliche Gegenordnung zur bereits lange zuvor organisch gewachsenen kapitalistischen (dezentralen marktwirtschaftlichen) Ordnung und damit in Folge ein unerbittlicher Systemkrieg zwischen Ost und West, der erst 1989 mit dem Zusammenbruch der

Sowjetunion und der DDR sein Ende fand. Im Hinblick auf die etablierte staatliche Planwirtschaft hätte Marx aber wohl kritisiert, dass es durch eine Verstaatlichung der Produktionsmittel längst noch nicht zu einer sozialistischen oder gar kommunistischen Gesellschaft kommt, sondern dass hier zunächst nur eine Verstaatlichung von Kapital als Kapital stattfindet. Auch als nicht privates Eigentum haben Produktionsmittel weiter einen Kapitalcharakter. Nur indem sie den Eigentümer wechseln und dem Staat gehören und von diesem kontrolliert werden, verlieren sie den Kapitalcharakter noch nicht. Es findet zwar keine erweiterte private Kapitalakkumulation mehr statt, dennoch bleibt ein Mehrwert produzierendes System erhalten. Die Lohnarbeit wird in einer staatlichen Planwirtschaft nicht abgeschafft. Ökonomisch besteht hier formal kein großer Unterschied zum Kapitalismus, abgesehen von der zentralen staatlichen Kontrolle des Mehrprodukts beziehungsweise des Mehrwerts, die, und das ist die sich realiter offensichtlich einstellende große Gefahr, jetzt womöglich durch eine Einheitspartei und ihre Funktionäre abgesichert, zu einer neuen sich bereichernden und herrschenden Klasse von Funktionärs-Oligarchen im Staatsapparat führt. Die Partei beziehungsweise die Spitzenfunktionäre haben das absolute Entscheidungsrecht, dem sich jedes normale Parteimitglied bedingungslos unterzuordnen hat. Die Partei hat immer Recht. Das von Marx formulierte demokratische Prinzip, dass »die Erzieher selbst erzogen werden müssen«, widerspricht dabei vehement einer solchen Diktatur der Einheitspartei über das Proletariat. Hier wären Marx und Keynes wohl einer Meinung gewesen. Als politisch Liberaler lehnte Keynes alles Totalitäre ab. Bezogen auf den »russischen Kommunismus« erwartete er zudem keine wesentlichen theoretischen (wissenschaftlichen) Impulse für die Nationalökonomie, während er mit Marx wohl sofort übereingekommen wäre, dass der auf Privatinitiative gründende Kapitalismus sich selbst nicht regulieren kann, sondern krisenimmanent ist. Dies kann auch zu einer dauernden Arbeitslosigkeit führen. Marx spricht hier von einer arbeitslosen »Reservearmee« und Keynes von einem »gesamtwirtschaftlichen Gleichgewicht bei Unterbeschäftigung«.

Der nie existente Kommunismus, wie immer sich ihn Marx auch vorgestellt haben mag, ist wohl endgültig mit dem Untergang der Sowjetunion zu Grabe getragen worden. Jetzt gibt es quasi nur noch die kapitalistische Ordnung, die keinen Feind mehr hat, außer sich selbst. Dies ist aber noch nicht das Ende der Geschichte. Der Kapitalismus ist jedenfalls kein taugliches Zukunftssystem für den Erdball. Er muss dringend ersetzt werden. Der Ökonom Ota Šik hat uns einen »Dritten Weg« zwischen Kapitalismus und Kommunismus aufgezeigt. Dazu, so seine Botschaft, ist die heute einseitig kapitalistisch geprägte Wirtschaft dringend zu demokratisieren und zu humanisieren, und es muss zu einer Überwindung des Gegensatzes zwischen Lohn- und Mehrwertinteressen kommen. Zentraler Plan und dezentraler Markt sind dazu durch eine strenge staatliche Regulierungspolitik zu versöhnen. Dies hätte auch Keynes gefallen.

Ossietzky. Zweiwochenzeitschrift für Politik/Kultur/Wirtschaft, Heft 17/2017

Keynes und der »Krug der Witwe«

Unternehmer können ihren Anteil an der arbeitsteilig von ihren Beschäftigten geschaffenen Wertschöpfung immer auf zwei Wegen erhöhen: Erstens durch mehr Investitionen und zweitens durch ihren besonderen Kapitalistenkonsum. Schon der große britische Ökonom John Maynard Keynes hat dies mit seinem »Krug der Witwe«, der unerschöpflich ist wie der Profit der gesamten Unternehmerschaft, kreislaufmäßig und makroökonomisch dargelegt – egal wie viel davon auch von den Kapitaleigentümern zum Vergnügen ausgegeben wird. Dieses Paradies gilt für die abhängig Beschäftigten leider nicht. Die Ordnung heißt ja aber auch Kapitalismus. Hier sind die Abhängigen mit ihrem Einkommen auf das investive und konsumtive Verhalten der Unternehmer angewiesen. Selbst wenn sie

Konsumverzicht üben und sparen, bringt den Beschäftigten das am Ende nur Negatives ein. Denn der Verzicht auf Konsum von Gütern führt zu einem Nachfrageausfall und zu einem Rückgang der Beschäftigung mit Arbeitslosigkeit.

Der im Vergleich zu Keynes nicht minder große österreichische Ökonom, Joseph A. Schumpeter, zeigte, dass man den Stand eines Kapitaleigentümers niemals durch Sparen aus seinem Arbeitsentgelt erreichen kann. »Die Masse der Akkumulation«, so Schumpeter, »stammt aus Profiten und setzt darum Profite voraus, – dies ist in Wirklichkeit der Grund für die Unterscheidung von Sparen und Akkumulieren.« Und die Beschäftigten können auch nicht durch höhere Reallöhne Kapital anhäufen. Sie können zwar für eine gewisse Zeit mehr konsumieren, die Unternehmer werden dies aber nicht lange akzeptieren und durch Preissteigerungen den realen Mehrkonsum wieder kappen.

Welch ein frustrierender Befund. Dennoch gibt es eine Lösung für die Beschäftigten: Durch Sparen *ohne* Konsumverzicht. Dazu müssten sie neben ihrem Arbeitsentgelt einen Teil des Gewinnes erhalten und diesen, wie es die Unternehmer machen, für den Kauf von Investitionsgütern verwenden, die heute die Beschäftigten den Unternehmern als Profit schenken. Dies verlangt nach einer Beteiligung der Beschäftigten am Produktivvermögen durch eine Gewinn- und Kapitalpartizipation. Die Forderung ist nicht neu, aber die einzige Möglichkeit die Beschäftigten aus ihrem Abhängigkeitsverhältnis vom Investitions-und Konsummonopol des Kapitals zu befreien.

Frankfurter Rundschau, 28. Januar 2017

Unverwüstlicher Kapitalismus und die Herrschaft des Kapitals

Viele fragen sich, warum es den Kapitalismus immer noch gibt. In seinem Ordnungssystem wird alles ausgebeutet. Egal ob aus Menschen, Boden, Flora und Fauna – der Profit steht über Allem. Das kapitalzentrierte System ist für schwerste Kriege, Wirtschafts- und Umweltkrisen, Massenarbeitslosigkeit und soziales Elend verantwortlich und nicht zuletzt unterminiert das System durch eine inhärente Kapitalkonzentration und -macht den demokratisch verfassten Staat. Selbst China und Russland setzen mittlerweile auf eine kapitalistische Wirtschaft. Hier fördert ein Ein-Parteienstaat »die Interessen der Bourgeoisie, allerdings nur so lange, wie diese seinen Zielen nicht zuwiderlaufen (das heißt den Zielen der politischen Elite, die den Staat kontrolliert)«, schreibt der Ökonom und ehemalige Leiter der Forschungsabteilung der Weltbank Branko Milanović. Unklare Eigentumsverhältnisse, fehlende Rechtsstaatlichkeit und Korruption sind die entscheidenden Merkmale für einen politischen Staatskapitalismus. Man darf in diesem System Kapitalist und Oligarch sein. Aber nur mit Zustimmung der Partei, und sich nicht dagegen in Opposition bringen.

Karl Marx und Friedrich Engels haben dem Kapitalismus nur ein begrenztes Haltbarkeitsdatum ausgestellt. Er würde an seinen immanenten Widersprüchen zu Grunde gehen. Dennoch bescheinigten sie dem System eine fast unglaubliche Dynamik bei der Entwicklung der Produktions- und Produktivkräfte. In ihrem Kommunistischen Manifest von 1848 schreiben sie: »Die Bourgeoisie hat in ihrer kaum hundertjährigen Klassenherrschaft massenhaftere und kolossalere Produktionskräfte geschaffen als alle vergangnen Generationen zusammen.« Ja, in der Tat, der Kapitalismus ist ein hochproduktives und gleichzeitig flexibles System. Er ist in seinem Ausbeutungscharakter anpassungsfähig und er wird politisch sowie rechtlich (weltweit) abgesichert und gestützt. Deshalb gibt es ihn auch immer noch.

Der spezielle deutsche Kapitalismus wird nach dem Zweiten Weltkrieg als ein »sozial temperierter Kapitalismus« bezeichnet. Trotzdem ist die »Soziale Marktwirtschaft« von Anfang an ein Etikettenschwindel gewesen, der spätestens mit der rot-grünen Agenda 2010 manifest wurde. Die entscheidenden Merkmale einer kapitalistischen Ordnung, die freie Unternehmerschaft und ihre Gier nach maximaler Profitrate und Kapitalakkumulation sind hier nie in Frage gestellt worden – trotz verfassungsrechtlichem Sozialstaatsprinzip. Und auch der 1967 ins Stabilitäts- und Wachstumsgesetz (StabG) (vgl. dazu den Beitrag zum StabG) festgeschriebene »Hydraulik-Keynesianismus«, mit seinem antizyklischen Deficit Spending, hat daran grundsätzlich nichts geändert. Im Gegenteil: selbst der nur dürftige und halbherzig praktizierte »Bastard-Keynesianismus« (Joan V. Robinson) hat das kapitalistische System in Westdeutschland eher stabilisiert, dies war auch die Intention von John Maynard Keynes. Er wollte mit seiner Wirtschaftspolitik den Kapitalismus retten und nicht abschaffen.

Mit der deutschen Wiedervereinigung wurde dann eine große Chance für ein nicht-kapitalistisches Wirtschaftssystem in Deutschland verspielt, obwohl hier mit dem Artikel 146 im Grundgesetz die Möglichkeit bestanden hätte. Der Mythos Soziale Marktwirtschaft und der abgewirtschaftete DDR-Sozialismus waren politisch und gesellschaftlich jedoch zu wirkmächtig, als dass denn ordnungstheoretisch etwas Neues entstehen konnte. So blieb es bei einer Übertragung des schon seit Mitte der 1970er Jahre in Westdeutschland sukzessive vollzogenen neoliberalen Paradigmenwechsels auf Ostdeutschland. Die Markt- und Machtgesetze der kapitalistischen Ordnung sollten auch hier endlich wirken können. Damit war klar, die schon lange bestehende Herrschaft (Dominanz) des Kapitals, ausgeübt in der Wirtschaft, durch das entscheidende »Investitionsmonopol« (Erich Preiser) in den Unternehmen, wurde nicht angetastet. Eine *Demokratisierung der Wirtschaft* ist nicht einmal im Ansatz diskutiert worden. Selbst ein einfacher Ausbau der bestehenden betrieblichen und unternehmerischen Mitbestimmungsgesetze in eine tatsächliche paritätische (qualifizierte) Mitbestimmung zwischen Kapital und Arbeit waren und sind bis heute ein Tabu (vgl. dazu die Beiträge zur Mitbestimmung).

Auch der gesellschaftlich höchst gefährliche *Machteinfluss der Kapitaleigner gegenüber der demokratisch gewählten Politik*, im staatlichen Überbau, ist mit der Wiedervereinigung nicht im Geringsten angegangen und abgeschafft worden. Somit leben wir realiter im vereinten Deutschland in einer »*Postdemokratie*« (Colin Crouch), in der das nicht durch Wahlen demokratisch legitimierte Kapital, der aus dem Volk gewählten Politikerelite, die zu praktizierende Politik vorgibt. Und dies wird nicht nur vom dominant gewordenen und weltweit vagabundierenden Finanzkapital eingefordert, sondern ist der gesamten Kapitalistenklasse inhärent. Der ehemalige Präsident der Deutschen Bundesbank, Hans Tietmeyer, sagte es vor vielen Staatspräsidenten so: »Ich habe bisweilen den Eindruck, dass sich die meisten Politiker immer noch nicht darüber im Klaren sind, wie sehr sie bereits heute unter der Kontrolle der Finanzmärkte stehen und sogar von diesen beherrscht werden.« So verwerflich sich das hier auch anhört, aber Tietmeyer formulierte nur, was schon 1996 Realität geworden war. Auch der Finanzwissenschaftler Marc Chesney kommt in einem Interview mit der *Neuen Zürcher Zeitung* (NZZ) zu einem verheerenden Befund, wenn er sagt: »Die Finanzlobbys sind in der Lage, ihre Interessen der Gesellschaft aufzuzwingen. In Europa oder in Nordamerika ist es ganz gleich, ob man links oder rechts wählt – am Ende des Tages gibt es nur eine Finanzpolitik, und zwar diejenige, welche die Finanzmärkte (die Vermögenden, HJB) befriedigt. Das ist gefährlich für die Demokratie.« Und 2020 sagte in diesem Kontext der aus dem Macron-Kabinett zurückgetretene französische Umweltminister Nicolas Hulot auf die Frage, warum er sein Amt aufgegeben habe. »Ich merkte, dass die Politik entmachtet worden ist durch die Finanzwelt.« Trotzdem tut die herrschende Politik so, als wäre sie noch voll im Besitz des staatlichen Gewaltmonopols. Das muss man dann wohl als politischen Populismus etikettieren.

Wir müssen aufpassen, wollen wir am Ende unsere noch verbliebene Rest-Demokratie nicht auch noch verlieren. Es reicht mit der AfD im Bundestag und allen Landesparlamenten. Jedenfalls darf die Mehrheit im Volk nicht auch noch das Rest-Vertrauen in die Politik endgültig aufgeben. »Wir« sind nicht mehr der Staat. Der Politikwissenschaftler und Soziologe Klaus Dörre stellt dazu fest: »Ein Verzicht auf das vereinnahmende ›Wir‹, das zumal wenn es um den Staat geht, völlig fehl am Platze ist, wäre dazu ein erster kleiner Schritt.« »Der Staat«, schreibt Dörre weiter, »um es mit dem bekannten französischen marxistischen Denker Nicos Poulantzas zu sagen, ist ein *soziales Verhältnis*. Er beruht auf der materiellen Verdichtung von Kräfteverhältnissen zwischen Klassen und Klassenfraktionen, die sich in unterschiedlichen Staatsformen ausdrücken können.« Das heißt, der Kapitalismus verträgt sich auch mit einer Diktatur im staatlichen Überbau. Darüber wissen auch wir Deutsche viel zu berichten.

Karl Marx würde über den Befund nicht erstaunt sein. Für ihn war klar, dass der Staat, wie immer er auch im Überbau konstituiert ist, in einer kapitalistischen Wirtschaft letztlich nur ein »Ausschuss«, ein »Büttel«, zur Wahrung der profitgetriebenen privaten Kapitalakkumulation ist. Der Staat und seine Politik sind eben abhängig von der Wirtschaft und ihrer Entwicklung. Sie sind wie durch eine Nabelschnur verbunden.

Dabei gab und gibt es in Wissenschaft und Politik eine lange Auseinandersetzung um die Wirkmächtigkeit des Staates auf die Wirtschaft. Das Kontinuum reicht hier von einem liberalen »Nachtwächterstaat« (den Ferdinand Lassalle verspottete) bis zu einem in die Wirtschaft intervenierenden Staat im Sinne des Keynesianismus. Hier hat sich heute mit dem neoliberalen Paradigmenwechsel weltweit der Irrglaube durchgesetzt, dass der »keynesianische Staat« abgeschafft gehört. Er behindere die notwendige freie Entwicklung der privaten Wirtschaft und sei zudem mit seinen Sozialausgaben der »Kostgänger« der Wirtschaft. Außerdem könne der Staat, die Politik, nicht mit Geld umgehen. Dies zeigten die hohen Haushaltsdefizite bzw. die sich immer mehr auftürmende Staatsverschuldung. Daher habe sich der Staat aus der Wirtschaft herauszuhalten. »Wirtschaft findet in der Wirtschaft statt«, so der ehemalige Bundeswirtschaftsminister Günter Rexrodt von der FDP.

An diesem grundsätzlichen, zum Teil marktradikalen, Denken ändern auch die beiden weltweiten Krisen, die Finanzmarkt- und die Coronakrise, nichts. Eine von vielen erhoffte »Wiedergeburt« des »keynesianischen Denkens« auf Grund der jetzt insbesondere wegen der Pandemie veranlassten staatlichen Konjunktur- und Stützungsprogramme ist damit nicht verbunden. Die blanke politische Not bzw. die Gefahr eines »Systemgaus« lies vielmehr den neoliberalen

Machtinhabern keine Option, als die keynesianische »Rückkehr des Meisters« (Robert Skidelsky) widerwillig zu akzeptieren. So ist es dann auch wenig überraschend, dass bei nicht einmal vollständiger Krisenüberwindung schon wieder die ersten Stimmen laut werden, dass man schnell zum neoliberalen Denken und einer staatlichen Austeritätspolitik zurückfinden müsse. Der Abbau der in der Krise zusätzlich aufgebauten Staatsverschuldung hätte höchste Priorität. Nach der Finanzkrise 2007 bis 2010 war es nicht anders. Auch hier kam es zu einer verheerenden Austeritätspolitik mit völlig widersinnigen Haushaltsüberschüssen. Und wer den Abbau der öffentlichen Verschuldung zukünftig finanzieren bzw. bezahlen soll, ist dabei für die Kapitaleigner und ihre Interessenvertreter in den Parlamenten längst ausgemachte Sache – nämlich die lohnabhängige Klasse und die vom Sozialstaat Abhängigen. Die Kapitaleigner wollen dagegen, wie schon nach der Finanzkrise, die Krisenlast nicht schultern, obwohl dies mit einer einmaligen Vermögensabgabe und der Wiedereinführung der 1997 ausgesetzten Vermögensteuer und adäquater Erbschaftsteuersätze möglich und dringend erforderlich ist. Dazu wird es aber nicht kommen, auch nach der Bundestagswahl im September 2021 nicht. Egal wer die Wahl gewinnt. Politik hat eben nichts (mehr) zu sagen.

Online-Zeitschrift Makroskop, 24. März 2021

Das Unternehmerbild in der Sozialen Marktwirtschaft

Vortrag vor der Handwerkskammer Düsseldorf

Privateigentum haftet, schafft aber auch Exklusion und die Möglichkeit zum Machtmissbrauch

Privateigentum kann bei schlechtem individuellen Wirtschaften oder auch durch allgemeine Wirtschaftskrisen untergehen. Insofern haftet Privateigentum bei Verlusten. Privateigentum impliziert aber auch ein *Ausschließungsrecht* nach §§ 903 BGB. Wer Privateigentum hält, kann Dritte von der Nutzung an einer Sache ausschließen. Es kommt zu einer Exklusion. Hierbei ist allerdings in der Bedeutung zwischen Konsumgütern und Produktionsmitteln oder Kapitalgütern zu differenzieren. Eigentum an Konsumgütern verschafft allenfalls einen gesellschaftlichen Status und persönliche Befriedigung. Das Privateigentum an Produktionsmitteln impliziert dagegen Macht und damit potenziell auch die Möglichkeit eines Machtmissbrauchs.

Privateigentum führt zu Externalitäten und suboptimalen Ergebnissen

Auch garantiert die private Verfügung über Produktionsmittel kein gesamtwirtschaftliches Optimum. Man denke hier nur an negative externe Effekte wie Umweltverschmutzungen. Das aus dem Privateigentum resultierende Eigennutzstreben verhindert hier eine Internalisierung über entsprechende Preise. Erwähnt seien auch die individuellen und gesellschaftlichen Kosten von Arbeitslosigkeit als Folge einer freien (privaten) Nutzung der eingesetzten Produktionsmittel, deren Verwertung womöglich in einer unbeschränkten Gier nach privatwirtschaftlichem Profit ihren Exzess findet. Auch Fehlallokationen durch missbräuchliche Anwendung von Marktmacht werden durch das Privateigentum gedeckt. Und nicht zuletzt kommt es zu Rationalitätsfallen, zu einer Divergenz aus einzelwirtschaftlich rationalem Verhalten, getrieben von einer Akkumulation privaten Eigentums, und einem gesamtwirtschaftlich negativen Ergebnis. Senken beispielsweise alle Unternehmen ihre Personalkosten, so schaden sie sich damit alle selbst. Sie beachten schlicht den Doppelcharakter von Personalkosten nicht.

Privateigentum muss verfassungsrechtlich dem Wohl der Allgemeinheit dienen – schafft realiter aber Ungleichheit zwischen Kapital und Arbeit

Privateigentum steht weltweit unter verfassungsrechtlichem Schutz. Auch das deutsche Grundgesetz verfügt in Art. 14 Abs. 1 eine Eigentumsgarantie; spricht in Abs. 2 aber von einer Verpflichtung zum sozialen Gebrauch. Der Eigentumsgebrauch »soll zugleich dem Wohle der Allgemeinheit dienen.« Nach Art. 15 GG besteht außerdem die Möglichkeit einer Sozialisierung von Produktionsmitteln zum gesellschaftlichen »Allgemeinwohl«. Dies aber nur in Verbindung mit einer staatlichen Entschädigung. Insgesamt wird die verfassungsrechtlich festgelegte *Relativierung der Eigentumsgarantie* von der höchstrichterlichen Rechtsprechung aber eher zurückhaltend (konservativ) ausgelegt. Man kann von einer einseitigen Interpretation zu Gunsten der Eigentümer sprechen. Dies ist vor dem Hintergrund einer völlig disproportionalen Verteilung der Produktionsmittel unter den Bürgern und Bürgerinnen in Deutschland mehr als ein gesellschaftspolitisches Ärgernis. Wenn nur etwa 3 Prozent der Bevölkerung über 80 Prozent der alles entscheidenden Produktionsmittel verfügen, dann sind in einer Gesellschaft, in einer Wirtschaftsordnung – die übrigens im Grundgesetz nicht explizit festgeschrieben worden ist[64] – nicht nur Gerechtigkeitsvorstellungen tangiert, dann geht es vielmehr um gesellschaftliche Machtverteilung, dann geht es um Abhängigkeiten, um Herrschaftsausübung, um ökonomischen und auch um politischen Einfluss auf das Primat des demokratisch verfassten Staates gegenüber der Wirtschaft. Dann geht es um die Verteilung gesellschaftlich (arbeitsteilig) entstandener Wertschöpfungen und damit letztlich um die Verteilung von Lebenschancen. Der bedeutende Ökonom und Jesuitenpater, Oswald von Nell-Breuning, hat diese Zusammenhänge in einer

64 Dennoch wird »aus der vollzogenen Gesamtschau der grundrechtlich verbürgten Freiheiten für die wirtschaftliche Betätigung« geschlossen, so der amtierende Präsident des Bundesverfassungsgerichts, Hans-Jürgen Papier, »dass in der Bundesrepublik Deutschland eine bestimmte Wirtschaftsordnung sicher nicht entstehen kann: eine Wirtschaftsordnung, die eine Koordination der Volkswirtschaft prinzipiell im Wege der Zentralverwaltung und in einem System imperativer und zentralisierter Staatsplanung bewerkstelligen sollte. Das Grundgesetz ist also nicht in dem Sinne neutral, dass die vorgefundene und gewachsene Wirtschaftsordnung prinzipiell in eine Zentralverwaltungs- oder Zentralplanwirtschaft umstrukturiert werden könnte.« Papier, H.-J., Wirtschaftsordnung und Grundgesetz, in: Aus Politik und Zeitgeschichte. Beilage zur Wochenzeitung Das Parlament, Heft 13 vom 26. März 2007, S. 5.

marktwirtschaftlich-kapitalistischen Wirtschaftsordnung kreislauftheoretisch beschrieben und die Ungleichheit zwischen Kapital und Arbeit auf den Punkt gebracht:

> »In unserer Wirtschaft werden sowohl Konsumgüter als auch Kapital- oder Investitionsgüter produziert; die ersteren gehen, wie ihr Name besagt, in den Verbrauch, die letzteren dienen langfristiger Nutzung, für Wohnhäuser und dergleichen, oder dienen selbst wieder der Produktion, für Fabriken, Maschinen usw. An der Erzeugung beider Arten von Gütern wirken die Arbeitnehmer mit; für die Arbeitsleistung in diesen beiden Zweigen der Produktion zahlen die Unternehmer ihnen Arbeitslohn; dieser Arbeitslohn erscheint in der Erfolgsrechnung der Unternehmer als Kosten. Verwenden die Arbeitnehmer nun den ganzen Arbeitslohn zum Kauf der geschaffenen Verbrauchsgüter, so heißt das: die Unternehmer erhalten die ganze von ihnen als Kosten aufgewendete Lohnsumme zurück und geben dafür nur die produzierten Konsumgüter ab; die neugeschaffenen Kapital- oder Investitionsgüter verbleiben ihnen sozusagen gratis und franko. Man könnte das auch so ausdrücken: die Arbeitnehmer schenken den Unternehmern die Kapital- oder Investitionsgüter und sind zufrieden, als Entgelt für ihre Leistung im Produktionsprozeß denjenigen Teil der produzierten Güter zu erhalten, der in Konsumgütern besteht. Auf diese Weise werden die Unternehmer reicher und reicher, die Arbeitnehmer bleiben Habenichtse« (Nell-Breuning 1960, S. 140f.)

Die Quelle des Privateigentums wird systematisch fehlinterpretiert – nur menschliche Arbeit schafft ein Überschussprodukt

Trotz dieses ökonomischen Tatbestandes wird das Privateigentum einseitig mit dem Prinzip der ungehinderten (freien) Verfügung über Produktionsmittel und der Haftungsfrage in Einklang gebracht und daraus schließlich die unternehmerische Freiheit abgeleitet. Dabei wird aber in Conclusio das Entstehen und die Vermehrung von Eigentum regelmäßig ökonomisch fehlinterpretiert. Für alle klassischen Ökonomen, von Petty, Smith, Ricardo bis zu Marx und dem letzten nicht der »subjektiven Wertlehre« anheimgefallenen John Stuart Mill, war noch klar, dass nur *menschliche Arbeit* in der Lage ist, einen Überschuss bzw. ein Mehrprodukt über die eigenen Reproduktionskosten hervorzubringen. Heute wird dagegen der »Faktor« Arbeit mit den anderen Produktionsfaktoren Boden und Kapital gleichgestellt und der Profit damit moralisch auf die gleiche Stufe des Lohns gehoben. Der Ökonom Otto Conrad hat 1934 diese Sicht als die »*Todsünde der Nationalökonomie*« bezeichnet und sich gegen eine solche Gleichstellung der Produktionsfaktoren mit dem allein neuwertschaffenden Menschen zu Recht verwahrt: Niemand käme auf die Idee, dass eine Geige »geigt« oder ein Fernrohr »sieht«. Produktionsmitteln aber werde zur Verklärung der nur arbeitsteilig ableitbaren Wertschöpfung eine eigenständige Leistung zugeordnet. Nicht selten sogar eine ausschließlich unternehmerische Leistung. Um in Anbetracht des Privateigentums an Produktionsmitteln den *Unternehmergewinn* theoretisch zu rechtfertigen wurden dann *Unternehmerfunktionen* definiert, die gleichzeitig der Zerlegung des Überschussproduktes aus Arbeit dienen sollten. Für das eigene Einbringen der unternehmerischen Arbeitskraft steht der *kalkulatorische Unternehmerlohn*, für das ins Unternehmen eingebrachte Fremdkapital der *Zins* und für gemietete und gepachtete Gegenstände die *Grundrente*. Der Haftung für das eingesetzte Eigenkapital wurde eine Risikoprämie (*kalkulatorische Wagnisse*) gegenübergestellt und außerdem für die alternative Verwendungsmöglichkeit des Eigenkapitals als Opportunitätskosten die kalkulatorischen *Eigenkapitalzinsen*. Kapital und Boden geben als Produktionsfaktoren zwar während des Produktionsprozesses einen Wert im Rahmen ihrer jeweiligen Nutzung in Form von Abschreibungen ab, sie schaffen aber nur durch den Einsatz von lebendiger Arbeit einen entsprechenden *Neuwert* oder Mehrwert (Zins, Miete, Pacht und einen Gewinn). Denn Geld oder in Kapital umgewandeltes Geld »arbeiten« nicht, sie »erwirtschaften« auch keine Rendite. Vielmehr stellen diese vermeintlich selbstständigen Dinge nur unterschiedliche Erscheinungsformen des Mehrwerts, also menschliche Mehrarbeit, dar. Die Arbeit (Arbeitskraft) ist hier als Inbegriff der physischen und geistigen Fähigkeiten zu begreifen, die in der Leiblichkeit, der lebendigen Persönlichkeit eines Menschen existieren und die er in Bewegung setzt, so oft er Gebrauchswerte irgendeiner Art herstellt. Dabei produziert die Arbeitskraft mehr an Wert, als zu ihrem Unterhalt, zu ihrer Reproduktion, erforderlich ist. Der »Wert der Arbeit« (= Wert des Arbeitsproduktes) übersteigt somit den »Wert der Arbeitskraft« (= Arbeitslohn als jeweiliger Marktpreis der Arbeitskraft). Die Bezahlung der Arbeit ist demnach nicht wertgleich (äquivalent) mit dem Wert bzw. Ertrag der Arbeit, der am Markt in der Zirkulationssphäre über den Verkauf des Arbeitsproduktes erzielt wird. Die rechtliche Determinierung des Privateigentums an den Produktionsmitteln garantiert dabei die Zuweisung der ökonomischen Ergebnisse. Für Adam Smith kommen deshalb die Arbeiter im Kapitalismus systematisch immer viel zu kurz:

> »Der bedauernswerte Arbeiter, der gewissermaßen das ganze Gebäude der menschlichen Gesellschaft auf seinen Schultern trägt, steht in der untersten Schicht dieser Gesellschaft. Er wird von ihrer ganzen Last erdrückt und versinkt gleichsam in den Boden, so daß man ihn auf der Oberfläche gar nicht wahrnimmt« (Smith 1776, 1978, S. 87).

Hochinteressant ist in diesem Kontext die Sicht der Betriebswirtschaftslehre zu Beginn des 20. Jahrhunderts. Bei dem hier vorliegenden Selbstverständnis der ersten betriebswirtschaftlichen Autoren (Schmalenbach/Nicklisch/Dietrich u. a.) wurde noch im Gegensatz zu heute die Auffassung vertreten, dass es nicht die Aufgabe der Betriebswirtschaftslehre sei, zuzuschauen, »ob und wie irgendjemand sich ein Einkommen oder Vermögen verschafft. »Sinn unserer Lehre«, schrieb Schmalenbach, »ist lediglich zu erforschen, wie und auf welche Weise der Betrieb seine gemeinwirtschaftliche Produktivität beweist« (Schmalenbach 1931, S. 94). Die Verteilung von Gewinn wird hier noch aus der Vorstellung vom Unternehmen als »*Gemeinschaft von Arbeit und Kapital*« abgeleitet, wobei den Menschen die Hauptrolle zugeschrieben wurde. »Nicht das Kapital, sondern der Geist der Arbeit ist die Seele der Unternehmung« (Nicklisch 1922, S. 56). In der Tat wird ein Unternehmen erst durch seine *Beschäftigten* zu einem *Unternehmen*. Ansonsten wäre es ein Unternehmen mit einem Solounternehmer. Und nur die Kapitalausstattung impliziert allenfalls eine »Ausstellung« oder ein »Museum«. Würde ein Unternehmer Solounternehmer bleiben, so müsste er ausschließlich aus dem selbst geschaffenen Überschussprodukt leben und sein Unternehmen entwickeln. Wachstum wäre kaum möglich. Der Solo-Unternehmer könnte nicht aus der Überschussproduktion anderer einen Gewinn erzielen und entsprechend Eigentum akkumulieren. Dabei fragt der Unternehmer übrigens nur dann abhängig Beschäftigte nach, wenn a) für die Beschäftigten Arbeit, sprich Nachfrage, vorhanden ist und b) ihm die Arbeitskraft ein Überschussprodukt, einen Mehrwert, erwirtschaftet. Das Wertgrenzprodukt der Arbeit muss somit dem ausgezahlten Arbeitsentgelt des zuletzt Eingestellten entsprechen. Wird dieses kapitalistisch-rationale Kalkül verletzt, fragt der Unternehmer auch keine Arbeitskräfte nach oder entlässt sie. Wer haftet dann? Doch nicht der Unternehmer, sondern die Beschäftigten mit dem *Verlust ihres Arbeitsplatzes* oder mit Lohnkürzungen. Und dies bereits dann, wenn die Privateigentümer nur Gewinnrückgänge haben hinnehmen müssen und es noch nicht zu Verlusten, also zu einer Verminderung des Eigenkapitals, zu einer Haftung, gekommen ist. Der Betriebswirt Dietrich fordert in diesem Kontext in konsequenter Haltung bezüglich des Verhältnisses von Unternehmer und Beschäftigten: Empfänger des Gewinns sei das Unternehmen und nicht – wie allgemein angenommen dessen Kapitaleigner bzw. der Unternehmer. Die Beschäftigten hätten, weil sie ihre Arbeitskraft und ihr geistiges Kapital im Unternehmen einsetzten, die gleichen Eigentumsrechte am Ertrag wie der sog. »Betriebsherr«. Deshalb sei dieser auch weder den Beschäftigten noch dem Gewinn gegenüber uneingeschränkter Herrscher. Eine ähnliche Argumentation vertritt Nicklisch. Löhne und Gehälter seien keine Kosten, sondern vorgeschossene Ertragsanteile. Sie bildeten deshalb erst den ersten Akt der Ertragsverteilung. Den zweiten Akt »Maßnahmen der Gewinnverteilung auf die Arbeitnehmer«, die Nicklisch als »natürliches Recht« bezeichnet (Dietrich 1914, S. 402).

Die Haftungsfrage ist zu relativieren

Vor dem Hintergrund der Überschussproduktquelle relativiert sich die unternehmerische Haftungsfrage. Diese beschränkt sich auf das *originär* ins Unternehmen eingebrachte Eigenkapital. Die danach sich ergebene Mehrung (Akkumulation) in Form von Gewinn ist dem arbeitsteilig im Unternehmen vollzogenen Arbeitsprozess und der Mehrproduktproduktion sowie deren Realisierung am Markt geschuldet. Die erbrachten und realisierten Wertschöpfungen sind dabei keine reinen *Unternehmerleistungen*, sondern sie sind arbeitsteilige unternehmensbezogene Leistungen aller in einem Unternehmen Beschäftigten. Welche Rolle spielt dabei überhaupt ein Unternehmer? Allgemein könnte man sagen, ein Unternehmer ist der, der unter Einsatz seiner eigenen Arbeitskraft, seinem innovativen Potenzial und seiner fachlichen Kompetenz und der daraus abgeleiteten Autorität, die Willensbildung eines im marktwirtschaftlich-kapitalistischen Wirtschaftssystem agierenden Unternehmens von dessen hierarchischer Spitze aus leitet. Diese Eigenschaften setzen aber sämtlich weder Privateigentum noch Haftung voraus. Auch angestellte Manager oder staatliche Manager in öffentlichen Unternehmen können diese Eigenschaften erfüllen. Lediglich die klassisch-liberale Theorie bestand im 19. Jahrhundert als Ziel zur Befreiung der Wirtschaft von staatlichem Zwang darauf, dass nur ein Eigentümer auf Grund des ihm unterstellten *Eigennutzstrebens* im Wettbewerb mit anderen Eigentümern erwarten ließe, dass er seine Leistungsfähigkeit und -bereitschaft voll in den Dienst der Mehrung seines Eigentums stellen würde. Dies bedeutet dann aber im Umkehrschluss, dass alle Nicht-Eigentümer weder leistungsfähig noch leistungsbereit sind. Ein absurdes Ergebnis! Aber selbst, wenn wir hiervon abstrahieren, wie realistisch ist heute noch ein *individueller leistungsbezogener (unternehmerischer) Ansatz*? Die so genannten Pionierunternehmer mit ihren einzelnen, häufig bahnbrechenden, Erfindungen gibt es so gut wie nicht mehr. Innovationen werden arbeitsteilig in F&E-Abteilungen generiert. Sie sind jedenfalls einer einzelnen Person, einem Unternehmer, nicht mehr zuzuordnen. Und selbst die nur repetitiven unternehmensbezogenen Prozesse können auf Grund der Komplexitäten in der Produktion und Logistik sowie der vielschichtigen Marktabhängigkeiten und -konstellationen von nur einer einzelnen Person, ob nun Eigentümer-Unternehmer oder Manager-Unternehmer, nicht mehr überblickt und ohne Mithilfe vieler anderer Führungskräfte und Beschäftigter in einem Unternehmen ausgesteuert bzw. gemanagt werden.

Wettbewerb soll den Einfluss (die Macht) des Privateigentums in Grenzen halten

Lediglich der *Zusatzgewinn*, nach Schumpeter der temporär erzielte Innovationsgewinn, der auf einer prozessualen Monopolstellung basiert, kann als der »eigentliche« Unternehmergewinn bezeichnet werden. Dieser Gewinn soll im wettbewerblichen Marktgleichgewicht immer wieder auf null gebracht werden. Geschieht dies nicht, so ist die Indikation für eine *Marktvermachtung* gegeben. Der erzielte Zusatzgewinn basiert dann nicht auf einer besonderen unternehmerischen Leistung, sondern lediglich auf einen *Marktmachtmissbrauch*. So wie ehemals klassisch-liberale Ökonomen behaupten heute wieder Neoliberale, dass der Einfluss bzw. die ökonomischen und politischen Möglichkeiten einer Gewinnerzielung letztlich durch Wettbewerb in Grenzen gehalten würde. Die Eigentümer sollen in diesem Duktus in ihrem Gewinninteresse durch eine untereinander angelegte *Machtkontrolle* in Form von Wettbewerb restringiert werden. Dies setzt aber einen funktionierenden und fairen Wettbewerb voraus. Eine Prämisse, die realiter längst nicht mehr erfüllt ist. Marktmächtige oder gar marktbeherrschende Unternehmen können heute mehr denn je missbräuchlich ihre Macht gegen Konkurrenten, aber auch gegenüber ihren Nachfragern auf der Marktgegenseite einsetzen. Die Instrumente sind dabei vielfältig. Dies gilt sowohl für den Einsatz von *Nachfragemacht* an den Beschaffungsmärkten als auch von *Angebotsmacht* an den Absatzmärkten. Hierdurch kommt es zu Umverteilungen innerhalb des Mehrprodukts und schließlich zu immer mehr *Unternehmenskonzentration* in der Wirtschaft. Dadurch verschiebt sich zunehmend die Struktur innerhalb des Gesamtkapitals zum Nachteil der kleinen und mittleren

Unternehmen. Diese sind letztlich nur noch Ausbeutungsmasse. Hier ist der *Staat* gefordert. Jedoch reichen die heute gegebenen Gesetze (GWB und UWG) zum Erhalt von Wettbewerb absolut nicht aus.

Alternativen sind überfällig

Die Kontroverse zwischen Eigentümer-Unternehmer und Manager-Unternehmer ist künstlich. Tatsächlich sind auch nicht die – wenn auch sicher überzogenen – Managergehälter in den großen Kapitalgesellschaften das Problem. Dies ist vielmehr die *Macht von Managern*. Diese setzen sie missbräuchlich in der Wirtschaft selbst (immanent) als auch gegenüber der Politik ein. Deshalb muss es endlich zu einer *Aufhebung der Dichotomie* zwischen einem demokratisch verfassten staatlichen Überbau als politisch handelnde Ebene und einer bis heute autokratisch oder paternalistisch geführten privaten Wirtschaft als gesellschaftlicher Unterbau kommen. Die Wirtschaft muss *demokratisierte Strukturen* aufbauen. Dass heute bestehende »Investitionsmonopol des Kapitals« (Erich Preiser) muss durch *Mitbestimmung* in den Unternehmen – unabhängig von der Rechtsform und Größe – in Richtung einer wirklichen Parität zwischen Kapital und Arbeit ersetzt werden. Es muss also zu einer erhöhten immateriellen Partizipation aller in einem Unternehmen arbeitenden und neuwertschaffenden Menschen kommen. Unternehmen dürfen nicht weiter als eine ausschließlich private Veranstaltung von Unternehmern zur einseitigen Befriedigung privater Gewinn- und Eigentümerinteressen oder auch verselbstständigter Managerinteressen betrachtet werden. Unternehmen sind gesellschaftliche Institutionen, die deshalb auch der Gesellschaft zu dienen haben. Und es muss neben einer immateriellen Partizipation auch zu einer *materiellen Partizipation* kommen – dies ist mindestens genauso wichtig. Letztere impliziert eine *Gewinn- und/oder Kapitalbeteiligung* der in den Unternehmen abhängig Beschäftigten. Diese müssen mit mehr als nur ihren Lohn- und Gehaltszahlungen an den Wertschöpfungen »ihrer« arbeitgebenden Unternehmen materiell beteiligt werden.

Anmerkungen

Conrad, O. (1934): Die Todsünde der Nationalökonomie, Leipzig/Wien
Dietrich, R. (1914): Betriebs-Wissenschaft, München/Leipzig
Nicklisch, H. (1922): Wirtschaftliche Betriebslehre, 6. Aufl., Stuttgart
Nicklisch, H. (1934): Die geistige Haltung der Betriebswirtschaftler, in: Der praktische Betriebswirt, Heft 5
Nell-Breuning, O. von (1960): Kapitalismus und gerechter Lohn, Freiburg i. Br.
Schmalenbach, E. (1931): Dynamische Bilanz, 5. Aufl., Leipzig
Smith, A. (1776, 1978): Der Wohlstand der Nationen. Eine Untersuchung seiner Natur und seiner Ursachen, München, deutsche Übersetzung von Recktenwald H. C., des 1776 erstmals von Adam Smith erschienenen Werks mit dem Originaltitel: An Inquiry into the Nature and Causes of the Wealth of Nations, London

Aus: Handwerkskammer Düsseldorf (Hrsg.): Das Unternehmerbild in der Sozialen Marktwirtschaft und die Managerhaftung, Düsseldorf 2009

Grüner Kapitalismus: Mehr Schein als Sein

Von einer sozial-ökologischen Transformation sind wir in Deutschland weit entfernt. Wer soll diese Transformation unter kapitalistischen Systembedingungen auch finanzieren?

Immer mehr schädigen Menschen die Umwelt als »Gratisproduktivkraft« (Karl Marx). Die Ursache: ein unbegrenztes Wirtschaftswachstum. Dabei sind die »Grenzen des Wachstums« (Club of Rom) lange bekannt. Sie werden aber nicht zuletzt auch durch eine Bevölkerungsexplosion angeheizt. 1950 war die Erde mit 2,53 Milliarden Menschen geradezu noch »leer«. Heute sind es 7,72 Milliarden. Das entspricht einer Wachstumsrate von 205 Prozent.

Dabei sind weder Wirtschafts- und Bevölkerungswachstum noch der Raubbau an der Natur über die 196 Länder der Erde gleichverteilt. Reiche Länder wachsen heute weniger als arme Länder und trotzdem verbrauchen die reichen Länder pro Kopf mehr Rohstoffe, Primärenergie und produzieren eine wesentlich größere Menge an Kohlendioxid-Emissionen durch den Verbrauch nicht-regenerativer fossiler Brennstoffe. Dies provoziert Nationalismen wie unter anderem »America first«.

Die beiden herausragenden Ökonomen Robert Malthus (1766-1823) und John Maynard Keynes (1883-1946) haben schon vor langer Zeit vor einem unbegrenzten Wirtschaftswachstum und einer Überbevölkerung gewarnt. Karl Georg Zinn schreibt hier zur Vernachlässigung des »Langfrist-Keynes«:

> »Der Wahrnehmungsschwäche der Keynesianer für die wachstumsskeptische Sicht ihres Meisters fiel dann auch seine malthusianische Warnung vor einer Übervölkerung zum Opfer, als wäre dieses Problem mit der Abschwächung des Bevölkerungswachstums der reichen Länder zugleich weltweit verschwunden. Ausgeklammert wurde damit nicht nur Keynes malthusianische Befürchtung vor Übervölkerung und des daraus folgenden Wohlstandsverlusts verbunden mit struktureller Arbeitslosigkeit, sondern auch seine historische Einordnung des Kapitalismus als Übergangsphase mit absehbarem Ende. Keynes war also wahrlich kein ›Kurzfristtheoretiker‹.«

Durch die weltweite Ungleichverteilung an Einkommen, Vermögen und Naturressourcen rückt die Verteilungsfrage (immer mehr) in den Mittelpunkt. Wer hat die Gewalt (Macht) über die Verteilung der Ressourcen? Die Antwort ist in einer heute fast unisono kapitalistisch gewordenen globalen und kriegerischen Welt einfach: die weltweiten Kapitaleigentümer mit ihrer profitgetriebenen erweiterten Kapitalakkumulation natürlich – unterstützt von den politischen Eliten in den einzelnen Staaten, die immer mehr zu einer »privilegierten Komplizenschaft« (Theodor Adorno/Max Horkheimer) geführt hat.

Für Karl Marx war der bürgerliche Staat ohnehin nur ein »Ausschuss«, der einseitig die Profitinteressen des Kapitals vertritt. Dies hat, schreibt der Politikwissenschaftler Christoph Butterwegge in seinem Buch »Ungleichheit in der Klassengesellschaft«, schon lange vor Karl Marx, der liberale herausragende schottische Ökonom Adam Smith (1723-1790) im Grundsatz nicht anders gesehen, wenn er schreibt:

> »Die bürgerliche Regierung ist, insofern sie zur Sicherung des Eigentums eingeführt wurde, (…) zur Verteidigung des Reichen gegen den Armen oder dessen, der Eigentum hat, gegen den, der keines hat, eingeführt worden.«

Der Profit steht immer über Allem

Der tiefe Antagonismus der Ordnung zwischen abhängig verrichteter und von Kapitalisten ausgebeuteter Arbeit, denen die entscheidenden Produktionsmittel gehören und damit einseitig die Entscheidungsmacht über Menschen und Natur haben, aber auch über die politischen Erfüllungsgehilfen im staatlichen Überbau, verhindert am Ende eine konstruktive und holistische Lösung für die Menschheit als Ganzes.

Egal ob aus Menschen, Boden, Flora und Fauna – der Profit steht immer über Allem. Das kapitalzentrierte System ist bis heute und auch weiter in der Zukunft für schwerste Kriege, Wirtschafts- und Umweltkrisen, Massenarbeitslosigkeit und soziales Elend verantwortlich. Und nicht zuletzt spannt das System – durch eine inhärente Kapitalkonzentration und einen daraus ableitbaren Machtmissbrauch – den zwar formal demokratisch verfassten Staat, faktisch aber nur für die Interessen der Kapitalisten, immer wieder ein.

Viele fragen sich deshalb, warum die Mehrheit der Weltbevölkerung, bei dem Elend in der Welt, den Kapitalismus immer noch akzeptiert. Die Antwort: Weil der Kapitalismus mit seinem inhärenten Ausbeutungssystem immer noch hoch flexibel und anpassungsfähig ist. Und er zudem politisch sowie rechtlich (weltweit) abgesichert und gestützt wird. Dafür sorgen eben, wie es schon Marx und Smith gesehen haben, die Machteliten des Kapitals. Dabei ist es dem Kapital egal, wie sich der Staat konstituiert: Monarchistisch, diktatorisch oder demokratisch. Der Kapitalismus schafft seinen staatlichen Überbau. »Wer aber vom Kapitalismus nicht reden will, sollte (dann) auch vom Faschismus schweigen« (Max Horkheimer).

Im Ergebnis geht es deshalb im Kapitalismus auch nicht »nur« um eine vom System ausgelöste *Umwelt- und Bevölkerungskrise*. Dafür müssen, so der Postwachstumstheoretiker Ulrich Brand, »demokratische Strukturen und Prozesse, das Politische und der Staat derart verändert werden, dass die öffentlichen Angelegenheiten kollektiv und ohne Diskriminierung organisiert werden. Das sind Kernelemente eines öko-sozialistischen Projekts.« Und das

Ganze müsse in einem internationalen Kontext gesehen und gelöst werden, vor allen Dingen wegen einer »imperialen Produktions- und Lebensweise« der materiell reichen Länder der Erde. Und dann lässt er uns mit seiner normativen Forderung allein zurück. Wie das weltweit umgesetzt werden soll, die Antwort bleibt Brand schuldig. Aber zumindest erkennt er:

> »Ein gutes Leben für alle ist eine internationale und internationalistische Aufgabe, die unter kapitalistischen Bedingungen nicht zu bewältigen ist.«

In der Tat, Kapitalisten akzeptieren bei der Befriedigung ihrer einseitigen maximalen Profitinteressen keinen Stillstand. Sie setzen auf Wachstum, ja sie müssen im Zuge einer maximalen Profitrate und erweiterten Kapitalakkumulation systemisch-inhärent auf Wachstum setzen. Auch ein umweltorientiertes »grünes« Wachstum, das wegen kontrafaktischen Rebound-Effekten nicht die wirkliche Lösung ist, verlangt unter kapitalistischen Bedingungen nach einer Mehrwertproduktion und damit einer weiteren Ausbeutung der Arbeitskräfte. Birgit Mahnkopf spricht zu Recht von einer »Nebelkerze Green New Deal – Die leeren Versprechungen eines ›grünen Kapitalismus‹«.

Die Logik der kapitalistischen Ordnung interessiert die Umweltbewegung nicht

Die systemimmanente Logik der kapitalistischen Ordnung interessiert aber die gesamte Umweltbewegung nicht bzw. sie hat die Logik mit ihren ökonomischen Implikationen nicht im Ansatz verstanden. Das Bevölkerungswachstum wird hier im Kontext der Umweltbelastung übrigens überhaupt nicht thematisiert. Gerade sind die Chinesen offiziell von einer Ein-Kind auf eine Drei-Kind-Politik umgeschwenkt. Das Wachstum sei bei rund 1,4 Milliarden Menschen in China gefährdet.

Auch die Corona-Pandemie hat für Viele aus der Umweltbewegung ihren Ursprung in der Naturzerstörung. Deshalb seien die ökonomischen Auswirkungen von Corona auch nicht ein exogener Systemschock, sondern endogen verursacht. Dabei gibt es Coronaviren schon seit mehreren Hundert Jahren und der heutige Ausbruchsherd von Covid-19 (seit Anfang 2020) ist immer noch nicht eindeutig ermittelt worden. Die Washington Post berichtete, dass ein von Joe Biden angeforderter Geheimdienstbericht zum Ursprung des Coronavirus – nämlich ob das zuerst in China festgestellte Virus durch Tiere auf den Menschen übertragen wurde oder aus einem Labor stammen könnte – keine eindeutigen Ergebnisse gebracht habe. Solche nicht eindeutigen wissenschaftlichen Befunde lassen Verschwörungstheorien ins Kraut schießen.

Was ist hier nicht schon alles, auch in einem ökonomischen Kontext, über Corona veröffentlicht worden. Von Untergangsszenarien bis zu esoterischen Sehnsüchten nach einer anderen Welt ist alles dabei. Was fehlt, ist jedoch ökonomische Substanz. Dazu nur ein paar Fakten: Von einem Zusammenbruch der kapitalistischen Ordnung sind wir nicht nur in Deutschland noch weit entfernt. Am Reichtum Deutschlands (in Summe) hat sich trotz Corona-Pandemie nichts Wesentliches verändert. Im Gegenteil, die Reichen sind noch reicher und die Armen noch ärmer geworden. Okay, der gesamtwirtschaftliche Befund zeigt uns 2020 beim verfügbaren Einkommen einen Rückgang um –138,7 Milliarden Euro bzw. um –4,8 Prozent zum Vorjahr. In prozentual gleicher Höhe ging auch das reale (preisbereinigte) Bruttoinlandsprodukt (BIP) zurück. Das ist nicht wenig, aber auch für die Gesamtwirtschaft Deutschlands – der Rückgang gilt nur für ein Jahr – nicht als dramatisch einzustufen.

Da das verfügbare Einkommen immer seine Verwendung in Konsum und Sparen findet, ist es interessant zu wissen, wie sich hier 2020 der Einkommensverlust auf Konsum und Sparen aufteilt. Nun, von den 138,7 Milliarden Euro entfielen auf den Konsum 51,8 Milliarden (das waren 37,3 Prozent) und auf Sparen 86,9 Milliarden (62,7 Prozent). Legten 2019, vor Corona, die Deutschen insgesamt 348,4 Milliarden auf die hohe Kante, so waren es im Corona-Jahr immer noch 261,5 Milliarden. Die Sparquote ging von 12,2 auf 9,6 Prozent zurück. Sie wird aber 2021 und 2022 wieder auf rund 11 Prozent steigen (vgl. nachfolgende Tabelle).

Tab.: Verfügbares Einkommen, Konsum und Sparen vor und nach Corona

	2018	2019	*2020*	2021	2022
Verfügbares Einkommen	2.793	2.860	*2.721*	2.850	3.016
Konsum	2.426	2.511	*2.460*	2.524	2.684
Sparen	367	349	*261*	326	332
Sparquote in %	13,2	12,2	*9,6*	11,4	11,0
Bruttoinvestitionen	724	738	*681*	707	760
Abschreibungen	610	640	*658*	670	686
Nettoinvestitionen	114	98	*23*	37	74
Nettoinvestitionen - Ersparnis	253	251	*238*	289	258

Quelle: Statistisches Bundesamt, DIW Wochenbericht 11/2021, eigene Berechnungen

Und auch an der starken binnenwirtschaftlichen Unterinvestierung bzw. Überersparnis hat sich durch Corona nichts Entscheidendes verändert. Die Ersparnis ist weiter wesentlich größer als die Nettoinvestitionen (Bruttoinvestitionen minus Abschreibungen). Das zeigt der gesamtwirtschaftliche Finanzierungsüberschuss, der selbst auch im Corona-Jahr 2020 bei 238,2 Milliarden Euro lag. Dieser gewaltige Überschuss, wie in den Jahren 2018 und 2019, und auch für die Jahre 2021 und 2022, fließt zur Finanzierung der deutschen Leistungsbilanzüberschüsse als Kapitalexporte ins Ausland ab, womit sich das Ausland in Deutschland verschuldet und für die Volkswirtschaften, die mit Deutschland eine negative Leistungsbilanz haben, zu einem Problem werden kann. Durch die deutschen Überschüsse wird ein Teil des inländischen Sparens für die Güterversorgung des Auslandes verwendet.

Trotz dieser aus deutscher Sicht positiven Entwicklung, auch noch im Corona-Jahr 2020, wurden weiter das in Deutschland vorgehaltene Produktionspotenzial nicht ausgelastet und es lag weiter Massenarbeitslosigkeit vor. Diese stieg 2020 gegenüber 2019 von jahresdurchschnittlich 3.200.000 registrierten Arbeitslosen und sogenannten »Unterbeschäftigten« (laut Definition Bundesagentur für Arbeit) auf 3.519.000, um 319.000 bzw. um 10 Prozent, an. Hinzu kam Kurzarbeit mit einem zuvor noch nie erreichten Höchststand im April 2020 mit knapp 6 Millionen Personen, das entsprach 18 Prozent aller sozialversicherungspflichtig Beschäftigten. In der weltweiten Finanz-, Immobilien- und Wirtschaftskrise 2008/09 lag der Höchststand »nur« bei 1,4 Millionen Personen oder gut 4 Prozent der sozialversicherungspflichtig Beschäftigten.

Auch »grüne« Investitionen müssen sich rechnen

Ohne Mehrwerterwartung geben Kapitalisten kein Geld für Investitionen aus. Auch »grüne« Investitionen müssen sich hier rechnen. Und auch der Staat, auf den viele setzen und offensichtlich politisch für »neutral« halten – eine grausame naive Vorstellung –, kann hier in der kapitalistischen Logik nicht unbegrenzt den »Gesamtkapitalisten« (Friedrich Engels) für Umweltinvestitionen spielen und diese finanzieren, wie sich das offensichtlich viele erträumen.

Der Staat verlangt nach Steuern und/oder muss sich verschulden. Beides hat jedoch ökonomische und gesellschaftliche Grenzen. Die Verschuldungen der Staaten schießen jetzt schon durch die Decke und haben, auch im Zuge der gerade ablaufenden Corona-Pandemie, in so mancher Volkswirtschaft ihre Grenze erreicht. Zur zusätzlichen Verschuldung in Deutschland schreibt das Statistische Bundesamt:

> »Im Jahr 2020 betrug das Finanzierungsdefizit des Staates nach ersten Berechnungen 158,2 Milliarden Euro, nachdem der Staat im Jahr 2019 noch einen Überschuss in Höhe von 52,5 Milliarden Euro erzielt hatte. (…) Nach acht Jahren mit Finanzierungsüberschüssen verzeichnete der Staat im Jahr 2020 erstmals wieder ein Finanzierungsdefizit. Es war das zweithöchste seit der deutschen Vereinigung, nur übertroffen vom Rekorddefizit des Jahres 1995, in dem die Treuhandschulden in den Staatshaushalt übernommen wurden.«

Im ersten Halbjahr 2021 haben Bund, Länder, Kommunen und Sozialversicherungen insgesamt weitere 80,9 Milliarden Euro Schulden gemacht. Gemessen am BIP lag damit die Nettoneuverschuldung bei 4,7 Prozent, erlaubt sind gemäß Euro-Stabilitäts- und Wachstumspakt nur 3,0 Prozent. In Deutschland darf laut Schuldenbremse der Bund sogar nur noch 0,3 Prozent neue Schulden machen und die Länder und Kommunen haben einen ausgeglichenen Haushalt vorzulegen. Auch im zweiten Halbjahr 2021 und auch 2022 wird es zu weiteren hohen Defiziten beim Staat kommen. Das unternehmernahe Institut der deutschen Wirtschaft (IW) geht für die Jahre 2020 bis 2022 von insgesamt 650 Milliarden Euro neuer Schulden beim Bund, Länder, Kommunen und Sozialversicherungen wegen der Corona-Pandemie aus. Ende 2022 wäre Deutschland dann insgesamt mit 2,7 Billionen Euro, so das IW, verschuldet. Trotzdem bliebe die gesamte Verschuldungsquote unter 80 Prozent.

Deutschland muss sich da keine Sorgen in Sachen Staatsverschuldung machen. Das sieht in anderen Ländern allerdings anders aus. Wer dagegen die Schulden nicht will oder gar Schulden abbauen möchte, der muss die Steuern drastisch erhöhen oder einen Kapitalschnitt bei den Vermögenden machen. Dies wird aber in Deutschland nicht passieren, dafür sorgt die vom Kapital beherrschte Politik. Und selbst sogenannte Linke fordern keine Steuererhöhungen, sondern setzen auf weitere Staatsverschuldung und eine zu modifizierende oder auch abzuschaffende Schuldenbremse. Diese ist noch bis Ende 2021 wegen der Corona-Pandemie ausgesetzt und sie wird auch 2022 noch ausgesetzt bleiben müssen. Das sehen selbst rechte und liberale Politiker so.

Dann aber, so ist zu befürchten, wird wieder die »Keule« Austeritätspolitik geschwungen werden, wie schon nach der weltweiten Finanz-, Immobilien- und Wirtschaftskrise ab 2007ff. Die ohnehin schon Schwachen werden ökonomisch noch mehr geschwächt. Die Diskussion um Austerität hat dabei schon längst begonnen. Nur ein Beispiel: Für die Beschäftigten im öffentlichen Dienst ist kein Geld für Gehaltserhöhungen da und auch die anderen abhängig Beschäftigten hätten sich in den kommenden Tarifverhandlungen in Bescheidenheit zu üben. Am Ende stehen dann eine noch mehr »zerrissene Republik« (Christoph Butterwegge) und ein autoritärer Kapitalismus (Frank Deppe).

So sind wir von einer dringend notwendigen sozial-ökologischen Transformation in Deutschland weit entfernt. Wer soll diese Transformation unter kapitalistischen Systembedingungen auch finanzieren? Ungeachtet dessen, so Birgit Mahnkopf, »wird das Narrativ vom ›grünen Kapitalismus‹ wohl noch einige Zeit als Beruhigungsmittel seine Wirkung tun – obwohl der Pfad des fossil-atomaren Kapitalismus faktisch nicht verlassen wird.«

Und dazu gibt es wirklich keine Alternative? Doch die gibt es. Die Abschaffung des Kapitalismus! Der kann sich nach Karl Marx aber leider nur selbst abschaffen. Wer darauf entgegen Marx aber nicht warten will, der muss zumindest die Wirtschaft demokratisieren, das heißt die Herrschaft des Kapitals beenden, und die demokratisch gewählte Politik aus den Abhängigkeiten und Fängen der Wirtschaft, genauer der Kapitalisten, befreien. Nur, wo ist die Partei in Deutschland, die das zur Bundestagswahl thematisiert und mit einem konkreten Konzept einfordert? Ich hätte da einen Vorschlag: Ota Šiks Buch »Humane Wirtschaftsdemokratie – Ein dritter Weg« und danach Heinz-J. Bontrup »Arbeit, Kapital und Staat – Plädoyer für eine demokratische Wirtschaft« studieren und dann den Inhalt beider Bücher in einer Synthese umsetzen.

Online-Zeitschrift Makroskop, 1. September 2021

Kapitalistische Konkurrenz versus Marktmacht

Das Konkurrenzprinzip soll die divergierenden Interessen der Wirtschaftsteilnehmer zum Ausgleich bringen. Der Verkäufer hat andere Interessen als der Käufer. Konkurrenz wäre hier das genialste Entmachtungsinstrument. Richtig ist aber: Aus Konkurrenz folgt immanent Zentralisation und Konzentration des Kapitals, die Ursachen für Marktmacht und Ausbeutung der Markteilnehmer. Das Ziel aller kapitalistischen Unternehmen ist dabei das Monopol oder Monopson, die deshalb als Marktformen auch keine Systementartungen widerspiegeln – genauso wie Kartelle nicht, die von der Politik nicht einmal strafrechtlich bekämpft werden.

Der tödliche Stachel der Konkurrenz

Unternehmen kannibalisieren sich gegenseitig, wenn sie nur dem Gesetz des Wettbewerbs folgen. Der Staat muss einen Handlungsrahmen für den Markt vorzeichnen.

Die wesentliche Ideologie des heute gegebenen neoliberalen Regimes ist die Betonung freier (wettbewerblicher) Märkte. Dies würde, ohne staatliche Interventionen und Steuerungen, für die größte ökonomische Effizienz sorgen. Ein dogmatisch gewordener Glaube an das vermeintlich segensreiche Wirken des Wettbewerbsprinzips ist weit verbreitet. Die daraus resultierenden Irrtümer und Illusionen haben sich bei vielen Akteuren aus Wirtschaft, Politik und Medien zu einer Unfähigkeit gesteigert, die Wirklichkeit richtig wahrzunehmen. »Es ist dieser *Realitätsverlust*, der sie zu unschuldigen Betrügern macht«, stellte der vor kurzem verstorbene US-amerikanische Ökonom John Kenneth Galbraith fest. Alles müsse in einer Gesellschaft dem Wettbewerbsprinzip ausgesetzt werden. Wir erleben geradezu eine *Wettbewerbshysterie*, die sogar über den Bereich der Privatwirtschaft hinausgeht. Man will offensichtlich im neoliberalen Duktus fast alle gesellschaftlichen Bereiche, sogar bisher uneingeschränkt eingestufte öffentliche Güter dem Nichtausschluss- und Nichtrivalitätsprinzips entziehen. Selbst der Bildungssektor bleibt nicht davon verschont. Schon der britische Nationalökonom John Maynard Keynes konnte dagegen mit seiner »New Economics« aufzeigen, dass das Markt- und Wettbewerbsprinzip, das »*Laissez-faire*«, der »Krieg aller gegen alle« oder wie Karl Marx es formulierte, »*ein Kapitalist schlägt viele andere tot*«, nicht hinreichend ist, um die immer wieder behaupteten optimalen ökonomischen und gesellschaftlichen Ergebnisse, vor allem eine *vollbeschäftigte Wirtschaft*, zu realisieren. Dennoch sind heute Markt und Wettbewerb wieder zu zentralen Kampfbegriffen in der wirtschaftspolitischen Diskussion avanciert. Hierbei wird entscheidend nicht bedacht, dass Privatinteressen und Gesellschaftsinteressen nicht konformgehen und es auch nicht automatisch über eine »*unsichtbare Hand*« (Adam Smith) zu einer gesamtwirtschaftlichen und gesellschaftlichen Harmonie kommt. Zu Recht verweist Hans-Jürgen Wagener, Leiter des Instituts für Transformationsstudien an der Universität Viadrina in Frankfurt/Oder darauf hin, dass nicht »Wettbewerb und Märkte«, sondern »Begierde und Macht« die »Triebkräfte der Welt« sind. Letzte ergeben sich aber nur aus einem den Menschen zuwiderlaufenden Wettbewerbsprinzip. Der Mensch strebt nicht nach Konkurrenz. Er ist ein *soziales Wesen*, und deshalb ist sein Leben grundsätzlich auf Solidarität, auf Gemeinschaft und Kooperation gepolt.

Märkte und Wettbewerb sind trotz aller Behauptungen nicht einmal konsequent effizient. Sie sorgen vielleicht für Produkt- und Prozessinnovationen, dafür vertragen sie sich aber kaum mit *sozialen Innovationen*, die auf eine immaterielle Teilnahme (Mitbestimmung) und materielle Teilhabe der Menschen in der Wirtschaft setzen. Markt und Wettbewerb schaffen es auch nicht, ein *Preissystem* zu etablieren, das die jeweils knappen Güter in die optimalen Verwendungsrichtungen lenkt und das alle *Externalitäten* wie z. B. Umweltverschmutzungen ins Preissystem aufnimmt. Außerdem fordert der »*Stachel der Konkurrenz*« immer Verlierer und Opfer, genauso wie das Markt- und Wettbewerbsprinzip nicht nur Leistungseinkommen produziert, sondern auch ungerechte Einkommen, die auf Machtmissbrauch und Ausbeutung basieren und damit für eine nicht akzeptable gesellschaftliche Verteilung der arbeitsteilig geschaffenen Überschusswerte sorgen. Das sich selbst überlassene Marktsystem, so Keynes, steht dafür, »dass die erfolgreichsten Profitmacher durch einen unbarmherzigen Kampf ums Dasein nach oben kommen, einen Kampf, der mit einer Auslese der Tüchtigen durch den Bankrott der minder Tüchtigen endet. Diese Methode stellt die Kosten des Kampfs selbst nicht in Rechnung, sondern hat nur die Vorteile des Endresultates im Auge, die man für dauernde hält.«

Völlig vernachlässigt bei der blinden Wettbewerbsgläubigkeit wird der Tatbestand eines gefährlichen wettbewerbsimmanenten *Konzentrations- und Fusionsprozesses*, der letztlich immer mehr *Marktmacht* und *Ausbeutungspotenzial* entstehen lässt. »Die Neigung zum Monopol entspringt der Grundnatur des kapitalistischen Erwerbes selbst. Das Prinzip der Rendite vollendet sich im Monopolgewinn; so wie sich der andauernde Krieg der Konkurrenz, der Hoffnung eines jeden der Streitenden nach in der Überwältigung der anderen erfüllt«, stellt der Soziologe und Ökonom Werner Hofmann fest. Daher muss aus Unternehmersicht Wettbewerb ausgeschaltet werden. Entweder wird der zu schwache Grenzanbieter aus dem Markt gedrängt – in der Regel sind dies kleine mittelständische Unternehmen. Oder Unternehmen werden friedlich oder feindlich aufgekauft und schließen sich zusammen – sie fusionieren. Auch sind ständig illegale Kartellvereinigungen das Ziel von Unternehmensleitungen, um dem unerwünschten Wettbewerb aus dem Wege zu gehen (vgl. dazu den Beitrag »Kartelle müssen endlich strafrechtlich behandelt werden«). Nicht ohne Grund hat Adam Smith schon 1776 vor Unternehmern und ihren Geschäftspraktiken gewarnt, die sich gegen die Öffentlichkeit wenden.

Marktmacht und Konzentration zerstören nicht nur das Wettbewerbsgefüge selbst, indem sie innerhalb des Unternehmenssektors zu Umverteilungen von den marktbeherrschenden (ausbeutenden) zu den marktohnmächtigen (ausgebeuteten) Unternehmen führen. Dass es dabei temporär zu Phasen erhöhter Wettbewerbsintensität, sogar zu einer ruinösen Konkurrenz, mit stark fallenden Preisen kommt, ist kein Widerspruch, sondern systemisch angelegt. Dies hat mit der Nachfrageseite zu tun. Bei immer mehr *Umverteilung von unten nach oben* kommt es zu Wachstumsausfällen und in Folge zu einer gesamtwirtschaftlich gefährlichen deflatorischen Entwicklung. Dies insbesondere dann, wenn zu wenige wachstumsfördernde Innovationen gegeben sind und sich die »Intelligenz« der angeblich »schöpferischen Unternehmer« (Joseph A. Schumpeter) auf rein repetitive Produktions- und Verwertungsprozesse beschränkt.

Gleichzeitig kommt es mit dem Ansteigen privatwirtschaftlicher Macht auch zu einer Unterminierung des in Demokratien einzig legitimierten *Staats* und seiner parlamentarisch erstrittenen Politik, die für alle Bürger und Bürgerinnen eine Wohlstandsmehrung bereitstellen und ermöglichen soll und nicht nur die Partikularinteressen der Wirtschaft bzw. einer hier kleinen Machtelite zu vertreten hat. Wir müssen zur Vernunft zurückkehren. *Markt* und *Wettbewerb* dürfen sich nicht selbst überlassen werden. Sie brauchen einen *starken regulierenden Staat*, der den Handlungsrahmen vorzeichnet, Machtmissbrauch sanktioniert und Verteilungsergebnisse berichtigt. Und was genauso wichtig ist, ist endlich die *Einführung einer Wirtschaftsdemokratie*. Es reicht nicht aus, nur einen politisch demokratischen (parlamentarisch-repräsentativen) Überbau in der Gesellschaft zu haben. Auch die Wirtschaft muss demokratisiert werden. Bis heute steht der Mensch in den Unternehmen, trotz vielfältiger politischer Sonntagsreden, nicht im Mittelpunkt, sondern er ist nach wie vor nur Mittel (Instrument) zur Gewinnmaximierung im Interesse einer kleinen gesellschaftlichen Schicht. Die wichtige Machtbalance zwischen Kapital und Arbeit hat sich zudem unter dem neoliberalen Herrschaftsregime zugunsten des Kapitals aufgelöst. Galbraith hat vor der im dominant gewordenen Shareholder-Kapitalismus entstandenen Machtkonzentration auf Seiten des Kapitals eindringlich gewarnt. Er forderte eine wirksamere gesellschaftliche Kontrolle. Diese kann nur durch Gegenmachtbildung (»Countervailing power«) erreicht werden. Dazu muss der »Faktor« Arbeit im Unternehmen aber mit Macht ausgestattet werden. Nicht nur durch eine modifizierte verbesserte Mitbestimmungsgesetzgebung, sondern durch die uneingeschränkte rechtliche Gleichstellung von Arbeit und Kapital auf unternehmens- und betriebsbezogener Ebene. Dies ist die wichtigste europäische Integrationsaufgabe, soll es zukünftig zu einer wirklichen Wohlfahrtsentwicklung für alle Menschen in der EU kommen.

Frankfurter Rundschau, 11. August 2007

Kartelle müssen endlich strafrechtlich behandelt werden

Der Neoliberalismus wollte neben einer Umverteilung der Wertschöpfungen zu Gunsten der Gewinn- und Kapitaleinkünfte auch eine größere *Liberalisierung* und *Deregulierung* der Märkte durch mehr Wettbewerb. Es wurde das hohe Lied von den »Selbstheilungskräften des Marktes« gesungen und seitdem gilt die Formel »Markt vor Staat«. Schon vor etwa 250 Jahren betonte der Begründer der klassischen Nationalökonomie, Adam Smith, die Idee vom Wettbewerb als »unsichtbare Hand« in marktwirtschaftlichen Ordnungen. Durch Wettbewerb würden nicht nur die unternehmerische Freiheit, die wirtschaftliche (individuelle) Entfaltungsmöglichkeit sowie Leistungsanreize und -kontrolle ständig gewährleistet sein, sondern auch eine im gesamtwirtschaftlichen Interesse gelegene innovative Leistungserstellung umgesetzt. Der Unternehmer-Egoismus nach maximalen Profiten, soll durch das Wettbewerbsprinzip nicht nur in den Dienst der Gesamtheit gestellt werden, sondern die einzelwirtschaftlichen Gewinne sollen auch auf ein Minimum durch niedrige Preise bei bester quantitativer und qualitativer Marktversorgung reduziert werden. Adam Smith lobte aber nicht nur den Wettbewerb. Er warnte gleichzeitig auch vor einer Zerstörung durch marktbeherrschende Unternehmen und Kartelle. 1776 schrieb er: »Geschäftsleute des gleichen Gewerbes kommen selten, selbst zu Festen und zur Zerstreuung zusammen, ohne dass das Gespräch in einer Verschwörung gegen die Öffentlichkeit endet oder irgendein Plan ausgeheckt wird, wie man die Preise erhöhen kann.«

Wie recht Smith schon damals hatte, zeigen nicht erst in letzter Zeit einige besonders spektakuläre Kartellfälle. So verhängte das Bundeskartellamt gegen sechs Zementhersteller ein Rekordbußgeld über 661 Mio. Euro (die Strafe wurde aber später durch ein Gericht halbiert). Ebenso sollen fünf der Preisabsprache beschuldigte Brillenglashersteller, darunter die Firmen Rodenstock und Carl Zeiss, 115 Mio. Euro zahlen und auch gegen drei führende Kaffee-Konzerne (Tchibo, Melitta und Dallmayr) läuft ein Kartellverfahren, wo den Unternehmen insgesamt ein Bußgeld von 160 Mio. Euro droht. Auf europäischer Ebene stehen die Beamten der EU-Kommission gerade vor dem Abschluss einer sechs Jahre andauernden Ermittlungsarbeit gegen Unternehmen der Sanitärbranche. Auch hier droht den marktführenden Unternehmen Grohe, Hansgrohe und Duravit ein dreistelliges Bußgeld. Im Jahr 2006 haben die EU-Beamten ein besonders dreistes Kartell in den Niederlanden ausgehoben. Hier hatten Firmen über Jahre die Preise mit einem generalstabsmäßig ausgeklügelten System für diverse Baumaterialien, insbesondere für Bitumen zur Asphaltherstellung, abgesprochen und so nicht nur private, sondern auch die öffentlichen Nachfrager massiv geschädigt. Auch der ThyssenKrupp-Konzern musste 2007 wegen seiner Beteiligung an einem Kartell für Fahrstühle und Rolltreppen allein ein Bußgeld in Höhe von 480 Mio. Euro zahlen. Die EU-Kommission verhängte hier insgesamt für vier marktführende Konzerne (neben ThyssenKrupp waren der US-Branchengigant Otis, die Schweizer Firma Schindler und das finnische Unternehmen Kone am Kartell beteiligt) das bisher höchste Bußgeld von insgesamt gut 993 Mio. Euro, das von der EU-Kommission festgelegt wurde. Die Unternehmen hatten sich zwischen 1995 und 2004 den Markt für Fahrstühle und Rolltreppen in Deutschland, Belgien, Luxemburg und den Niederlanden aufgeteilt und vereinbart, wer jeweils einen Auftrag bekommen sollte. Dass ThyssenKrupp allein so ein hohes Bußgeld zahlen musste, lag daran, dass eine Wiederholungstäterschaft vorlag. Das Unternehmen war 1998 bereits wegen Kartellabsprachen im Edelstahlsektor bestraft worden. Trotz dieser Aufdeckungserfolge kann man nicht zufrieden sein. Die Kartelldunkelziffer dürfte so groß sein, dass der Volkswirtschaft jedes Jahr ein Schaden im hohen zweistelligen Milliardenbereich entsteht. Aber nicht nur Kartelle richten hohe Schäden an. Auch der Missbrauch einer marktbeherrschenden Stellung führt über Angebots- als auch über Nachfragemacht von Unternehmen zu Ausbeutungsprozessen. So rügte der ehemalige Kartellamtschef Ulf Böge deutsche Spitzenmanager bezüglich ihrer zunehmenden Rücksichtslosigkeit im Kampf um Marktanteile. Die »Gier nach schnellem Geld« habe in den Management-Etagen offenbar dem »Handeln mit Augenmaß« den Rang abgelaufen. Nur so lasse sich die Vielzahl der Verfahren der Wettbewerbshüter aus Bonn wegen Missbrauchs der Marktposition erklären. Kartellmitglieder, die Preise, Produktionsmengen, Produktqualitäten und Absatzgebiete absprechen, tun dies jeweils zur Erzielung hoher Profitraten zu Lasten der Allgemeinheit. Es ist eben schlicht und ergreifend für jeden Unternehmer verlockend ohne Leistungserbringung Profite zu erzielen. So träumt er jede Nacht davon, einmal Monopolist zu sein. Besonders anfällig für Ausbeutungen anderer Marktteilnehmer sind dabei Hersteller homogener Massenproduktionen, die sich durch ihre Produkte von anderen Unternehmen im Wettbewerb nicht abheben können. Und auch in der Wirtschaftskrise, bei insgesamt rückläufiger Nachfrage mit einer deflatorischen Tendenz, steigt der Hang die Preise durch illegale Absprachen zu stabilisieren oder sogar zu erhöhen.

Deshalb ist es geradezu naiv zu glauben, mit *Bußgeldbescheiden*, auch nach Einführung einer Kronzeugen-Regelung, hinreichend potenziellen Kartellen den Garaus machen zu können. Im Gegenteil: Die Kartellmitglieder planen im Rahmen eines »return pricing system« die wo möglichen Bußgelder – sollte das Kartell auffliegen – ex ante in den Preisen bereits so ein, dass am Ende der Nachfrager durch die völlig überhöhten Preise das Bußgeld schon längst mit bezahlt hat. Das Kartell bzw. seine Mitglieder haben damit nicht den geringsten Schaden zu fürchten, sondern sind ausschließliche Gewinner durch die Erzielung von Extraprofiten, die ohne jeden Leistungs- oder gar Innovationsbezug sind. Juristisch pervers ist das Ganze auch noch. In der Regel schließen nämlich die Kartellmitglieder bei einem Notar einen »wasserdichten« Kartellvertrag ab – man traut sich halt untereinander nicht. Schließlich müssen die Ausbeutungsgewinne exakt unter den Mitgliedern abgerechnet werden.

Monetäre Bestrafungen von »Kartellbrüdern« durch Bußgelder sind demnach zweifelhaft. Auch weil sie, fallen sie extrem hoch aus und konnten sie doch nicht in den Preisen vorab untergebracht werden, wo möglich die Existenz des Unternehmens und damit die Arbeitsplätze bedrohen. Dies gilt vor allem dann, wenn die erzielten Extraprofite in schöner Regelmäßigkeit an die Kapitaleigner ausgeschüttet wurden. Kommt dann noch eine finanzielle Belastung der Unternehmen durch die in der Diskussion sich befindende Erleichterung von nachträglichen zivilrechtlichen Schadensersatzklagen von Nachfragern gegen einzelne Kartellmitglieder hinzu, so könnten die ertappten Unternehmen letztlich in beträchtliche Schwierigkeiten kommen, die dann nicht nur die Kapitaleigner bestraft, sondern auch die nicht verantwortlichen Beschäftigten. Daher ist es endlich geboten, Kartellabsprachen, aber auch die Ausnutzung einer marktbeherrschenden Stellung von Unternehmen, nicht wie heute im Sanktionskatalog des Gesetzes gegen Wettbewerbsbeschränkungen (GWB) vorgesehen – dies gilt auch für die europäische Ebene – einem Ordnungswidrigkeitsverfahren mit Bußgeldbescheid zu unterziehen, sondern dem Strafgesetzbuch. Demnach müssten Kartell- und Marktmachtmissbräuche, wie es noch der »Josten-Entwurf« zum GWB von 1949 vorsah, grundsätzlich für die handelnden Personen mit Freiheitsentzug bestraft werden. In besonders schweren Fällen auch mit langjährigen Haftstrafen. Dann würden sich Kapitaleigner und Geschäftsführer oder auch andere beteiligte Personen mit Sicherheit überlegen, ob es sich noch »lohnt« den Wettbewerb, das systemkonstitutive Element einer marktwirtschaftlichen Ordnung, widerrechtlich auszuschalten um sich so auf Kosten der Allgemeinheit zu bereichern.

VDI-Nachrichten, 2. Juli 2010

Keine Erfolgsgeschichte

Heinz-J. Bontrup kritisiert, dass das deutsche Kartellgesetz den Wettbewerb nicht genügend schützt

Herr Bontrup, in diesem Jahr wird das Gesetz gegen Wettbewerbsbeschränkungen (GWB) 60 Jahre alt. Der frühere Bundeswirtschaftsminister Ludwig Erhard soll das GWB einmal als das »Grundgesetz der Marktwirtschaft« bezeichnet haben. Wie sieht Ihr Fazit 60 Jahre später aus? Ist das GWB tatsächlich eine Erfolgsgeschichte?

Eher nicht. Ein Wettbewerbsgesetz sollte den Wettbewerb schützen. Dies hat das GWB in den letzten 60 Jahren nie vermocht. Auch wenn Erhard es völlig überzogen als das »Grundgesetz der Marktwirtschaft« stilisiert hat. Denn dann hätte es im nach hinein betrachtet, viele »Verfassungsverletzungen« gegeben. Die wichtigsten Märkte sind heute alle hochgradig vermachtete Märkte. Fast überall gibt es nur noch wenige Anbieter, deren Marktanteile so groß sind, dass man schon allein deshalb von einer, den Wettbewerb pervertierenden Marktmacht, ausgehen muss. Und wer einmal Marktmacht realisiert hat, der bringt sie auch missbräuchlich zum Einsatz. Übrigens nicht nur in der Wirtschaft selbst, sondern auch gegenüber der Politik.

Heute dominieren internationale Großkonzerne wie Google, Facebook und Amazon die digitale Welt, Autohersteller und Banken treiben die

Politik vor sich her. Ist das Kartellamt dann überhaupt noch die richtige Adresse zur Bekämpfung wirtschaftlicher Macht?

Natürlich nicht. Vor allen Dingen, wenn man bedenkt, dass die großen Konzerne international unterwegs sind. Die Möglichkeiten des deutschen Kartellamtes in Bonn sind dann schnell ausgereizt. Und auf europäischer Ebene gibt es nicht einmal ein Kartellamt, sondern nur eine Wettbewerbskommissarin und eine völlig unzureichende EU-Fusionskontrollverordnung.

Im vergangenen Jahr hat das Bundeskartellamt Ordnungsstrafen von insgesamt 60 Millionen Euro verhängt. Abgeschlossen wurden Verfahren gegen Hersteller von Industriebatterien, Autozulieferer und Hafenschlepper.

Die Ordnungsstrafen sind lächerlich niedrig. Die betroffenen Unternehmen haben sie in der Regel längst eingepreist, so dass sie von uns allen als Kunden über die Preise, die die Unternehmen in Rechnung stellen, bezahlt werden. Und bis heute ist auch noch nicht die steuerrechtliche Abzugsfähigkeit von Bußgeldern geklärt. Werden sie als Betriebsausgaben anerkannt, mindern sie den Gewinn und damit die Steuerzahlungen.

Bereits 1949 hatte der damalige Ministerialdirektor im Bundeswirtschaftsministerium, Paul Josten, einen ersten Gesetzentwurf vorgelegt, der sogenannte Josten-Entwurf. Dennoch wurde das GWB erst neun Jahre später eingeführt. Warum ist diese Verzögerung heute noch von Bedeutung?

Schon damals haben die Wirtschaftsbände, allen voran der BDI, ein scharfes Kartellrecht abgelehnt. Deshalb hat es auch von 1949 bis 1958 gedauert, bis das GWB im Bundestag endlich völlig verwässert, im Vergleich zum durchaus passablen »Josten-Entwurf«, verabschiedet werden konnte. Der damalige BDI-Präsident Berg schrieb tatsächlich an Erhardt, dass Kartelle zur Erhaltung und Förderung einer gesunden Marktwirtschaft unerlässlich seien. Ob der heutige BDI-Präsident Kempf das auch noch so sieht, müsste man ihn einmal fragen.

Das GWB umfasste zunächst das Kartellverbot und die Missbrauchsaufsicht für marktbeherrschende Unternehmen. 1973 kam dann die Fusionskontrolle hinzu. Ihrer Meinung nach zu spät. Warum?

Viel zu spät. Die Missbrauchsaufsicht ist bis heute noch an viel zu hohe Marktmachtschwellen geknüpft und eine vorbeugende Fusionskontrolle hätte es von Anfang an geben müssen. Auch hier sind die Verbotshürden viel zu hoch angesetzt. So kann heute beispielsweise ein Unternehmen einen Marktanteil bis zu 40 Prozent haben, ohne dass dies als Marktmacht interpretiert wird. Geradezu ein schlechter Witz.

Mittlerweile gab es neun Gesetzesnovellen, die jüngste 2017. Hat sich dadurch etwas grundlegend verbessert, oder sehen Sie noch immer bedeutende Schwachstellen im GWB?

Eine wirksame Verbesserung war sicher die »Kronzeugenregelung« zur Aufdeckung von Kartellen, die in der Wirtschaft Milliardenschäden verursachen. Dadurch konnten bisher ein paar spektakuläre Kartelle aufgedeckt werden. Unter den vielen Schwachstellen würde ich bis heute ein fehlendes Instrumentarium gegen Nachfragemachtmissbrauch benennen. Dadurch werden täglich kleine und mittelgroße Zulieferbetriebe von ihren nachfragemächtigen Unternehmen aufs schlimmste ausgebeutet und nicht selten sogar in die Insolvenz getrieben.

Wenn Sie der Wirtschaftsminister der künftigen Bundesregierung wären, welche erste Änderung würden Sie am GWB vornehmen?

Das GWB würde ich sofort in der Sanktion dem Strafgesetzbuch unterwerfen und nicht wie heute nur einem Bußgeldverfahren. Wer gegen das GWB verstößt müsste dann in schweren Fällen nicht nur mit einem Bußgeld, sondern mit Haftstrafen rechnen. Einen schweren Verstoß sehe ich dabei bei allen missbräuchlichen Kartellbildungen als erfüllt an.

Neues Deutschland, 22. Februar 2018

Unmut an den Tankstellen

Mit der zunehmenden Industrialisierung zu Beginn des 20. Jahrhunderts und der immer mehr einsetzenden Motorisierung wurde Öl, das »schwarze Gold«, zum wichtigsten Rohstoff. Die Geschichte um die Gewinnung und Verarbeitung von Erdöl ist dabei von Machtmissbrauch und Ausbeutung geprägt. Die Mineralölbranche ist gleichzeitig ein Lehrbuchbeispiel für die Unterminierung des Staates zur Generierung partieller Profitinteressen von Konzernen, die im Ergebnis zu Lasten der gesamten Gesellschaft gehen.

Die Macht der Ölgiganten

Von Anfang an beherrschten sieben internationale Ölkonzerne (Standard Oil, Shell, Mobil, Gulf, BP, Standard Oil of California und Exxon) das Geschäft, um sich mit ihren Profiten, die selbstverständlich maximal sein sollen, auf Kosten der Natur und Menschen zu bereichern. Die »Seven Sisters« kontrollierten Anfangs nicht nur die gesamte Erdölförderung und Raffineriekapazität in und außerhalb der USA, sondern den sieben Ölgiganten gelang es auch die gesamte Verfahrenstechnik, das Know-how und die Technologie für die Raffinerien auf sich zu vereinen und die Weltabsatzmärkte untereinander aufzuteilen. Sie provozierten mit ihrer unendlichen Gier nach höchstem Gewinn aber eine »Gegenmacht« – die am 14. September 1960 in Bagdad von Saudi-Arabien, Iran, Irak, Kuwait und Venezuela gegründete »Organisation der Erdölexportierenden Länder« (OPEC). Später schlossen sich der OPEC noch die Länder Katar, Libyen, die Vereinigten Arabischen Emirate, Algerien, Nigeria und Angola an. Ecuador war von 1973 bis 1992 Mitglied und Gabun von 1975 bis 1992. Am 17. November 2007 kehrte Ecuador nach 15-jähriger Pause in die OPEC zurück. Indonesien ist im Januar 2009 ausgetreten. Der Sitz des Länderkartells ist seit 1965 Wien. Das Ziel der OPEC war von Anfang an eine Monopolisierung des Ölmarktes, um durch abgesprochene Förderquoten für die Mitgliedsstaaten den Erdölpreis zur Profitmaximierung entsprechend auszusteuern.

Mit ihrer kartellierten Preispolitik löste die OPEC im Jahr 1973 sogar die erste schwere internationale Ölkrise und in Folge eine Weltwirtschaftskrise aus. Innerhalb von fünf Monaten erhöhte sich der Ölpreis um das Vierfache und es kam in der Wirtschaft zu einer Stagflation, dem gleichzeitigen Auftreten von wirtschaftlicher Stagnation, Arbeitslosigkeit und Inflation. Daraus hat die OPEC allerdings, die sich damit selbst schadete, gelernt und bis heute kein Lieferembargo mehr verhängt. Die OPEC verfügt heute etwa über 75 % der weltweiten Erdölreserven. Aber auch die anderen nicht zur OPEC gehörenden Ölstaaten erkannten welche Macht und welcher Profit mit dem Erdöl verbunden sind, und gingen zunehmend dazu über ihre Ölwirtschaft zu verstaatlichen. Heute kontrollieren die internationalen privaten Ölkonzerne nur noch 16 % der bestätigten Weltölreserven, während staatliche Ölkonzerne auf einen Anteil von 65 % kommen.

Die Wertschöpfungskette bis zum Spritpreis

Will man den Preis für Benzin und Diesel an den Tankstellen verstehen, so muss man bei der Erdölgewinnung, und damit beim Rohölpreis (der auch vom US-Dollar-Kurs beeinflusst wird) ansetzen. Sowohl die Ölstaaten als auch die Ölkonzerne erzielen hier am Bohrloch bereits ihre enorm hohen Gewinne. Auch zu Lasten einer gigantischen Umweltverschmutzung die bei der Erdölförderung durch das »Gas Flaring« entsteht. Das Abfackeln führt zu einem jährlichen CO_2-Ausstoß, der rund 500 Millionen Autos entspricht. Obwohl für das unverantwortliche »Gas-Abfackeln« durch die Öl-Produzenten seit Langem eine technische Alternative durch eine Umwandlung des wie Öl nicht-regenerativen Erdgases in Strom möglich ist, verweigern sich aus Profitgier dennoch die Ölkonzerne und -staaten dieser Möglichkeit. Eine lobenswerte Ausnahme ist hier neuerdings Ecuador. Die internationale Politik schaut dabei tatenlos der Zerstörung von Natur und damit der Lebensgrundlagen von Menschen zu. Im Nigerdelta in Nigeria und in Russland (Sibirien) ist es diesbezüglich besonders schlimm.

Nach der Erdölförderung wird das Rohöl zur Kraftstofferzeugung von den Ölkonzernen in Raffinerien bearbeitet. Auch hier fällt Profit ab. Dennoch machen die Beschaffungs- und Transportkosten inkl. der hier enthaltenden Gewinne bezogen auf den Benzin- und Dieselendpreis an den Tankstellen nur etwa gut ein Drittel aus. Wenn dabei die Mineralölgesellschaften die Preissteigerungen an den rund 14.700 Straßen- und 340 Bundesautobahntankstellen in Deutschland mit gestiegenen Beschaffungs- und Transportkosten begründen und rechtfertigen, vergessen sie aber regelmäßig zu sagen, dass sie hier bereits kräftig verdient und Gewinn gemacht haben. Zum einen eben am Bohrloch und zum anderen bei der Produktion in ihren Raffinerien sowie mit ihren eigenen Transportkapazitäten. Dazu stellt das Bundeskartellamt fest: Die Ölkonzerne sind »nicht nur im Einzelhandel (an den Tankstellen, d.V.), sondern auch in der Erzeugung, im Großhandel und im Transportsektor tätig. Insbesondere auf diesen vorgelagerten Marktstufen finden sich Strukturmerkmale, die stark dämpfend auf den Binnen- und den Außenwettbewerb insgesamt und damit auch auf die hier interessierenden Endverbrauchermärkte wirken, indem einerseits ein hohes Vergeltungspotenzial eröffnet und andererseits eine überragende Marktstellung der marktbeherrschenden Unternehmen geschaffen wird.« Dabei gilt außerdem: »Verflochtene Unternehmen können Informationen über Geschäftsstrategien, -ziele und kurzfristige Maßnahmen leichter austauschen. Dritte haben keinen Zugang zu den gemeinschaftlich gehaltenen Erzeugungs- und Pipelinekapazitäten der vertikal integrierten Mineralölunternehmen.« Dies erschwert auch den exakten Nachweis des erzielten Gewinns, der im Einzelnen über die Wertschöpfungsstufen nicht rück verfolgbar ist. Ein Blick in die Bilanzen sowie Gewinn- und Verlustrechnungen der international agierenden Ölmultis, die über interne Verrechnungspreise zwischen den Wertschöpfungen ihre Gewinne in Niedrigsteuerländer verlagern können, macht dies deutlich. Die Gewinne der staatlichen Ölgesellschaften liegen dabei sogar völlig im Dunklen.

Nach den Raffinerien erfolgt der Verkauf von Benzin und Diesel über den Groß- und schließlich über den Einzelhandel an Tankstellen. Auch dieser Vertrieb wird in Deutschland von den Mineralölgesellschaften beherrscht. Die noch verbleibende Marge am Ende der langen Wertschöpfungskette ist dabei aber nicht mehr entscheidend. Der Gewinn soll hier – laut Mineralölbranche – bei nur rund einem Cent je Liter verkauftem Kraftstoff in Deutschland liegen. Das Bundeskartellamt hat dies bestätigt. Die dabei von den Mineralölkonzernen abhängigen Tankstellenpächter sind halt auch nur ausgebeutete, sie »leben« nicht vom Verkauf des Sprits, sondern von ihrem zusätzlichen Geschäft mit Zeitungen, Tabakwaren und Lebensmittel etc.

Den größten Anteil am Spritpreis in Deutschland machen aber trotz aller erzielten Profite über die einzelnen Wertschöpfungsstufen mittlerweile die Steuern aus. Der gesamte Steueranteil liegt dabei über 60 %. Durch die Mehrwertsteuer und eine zusätzlich erhobene indirekte Energiesteuer. Allein das Aufkommen der Energiesteuer lag dabei im Jahr 2011 in Deutschland bei gut 40 Mrd. Euro. Das Aufkommen der Körperschaftsteuer und der Veranlagten Einkommensteuer waren hier mit 47,6 Mrd. Euro nicht beträchtlich größer. Dabei ist die Form der extrem hohen indirekten Besteuerung höchst problematisch. Dies zeigt allein schon der Tatbestand der preisunelastischen Nachfrage, die überwiegend an einer fehlenden Substitutionierbarkeit der zum Automobil oder zum Motorrad komplementären Kraftstoffe liegt. Man ist schlicht auf die Nachfrage von Benzin und Diesel angewiesen. Und es kommt bei der indirekten Besteuerung noch etwas Ungerechtes hinzu: Auf Grund des regressiven Charakters der Umsatz- und Energiesteuer werden die niedrigen Einkommensempfänger mit Sparquoten von Null, beim Einkauf von Kraftstoffen am meisten belastet. Dies wird auch nicht durch die z. Z. vom Staat gewährte Entfernungspauschale zur Arbeit in Höhe von 0,30 Euro je Kilometer kompensiert, zumal die Pauschale nur für die einfach gefahrenen Kilometer gilt.

Oligopolistisches Parallelverhalten

Um die Wertschöpfungskette am Markt letztlich beim Endkunden über die Spritpreise an den Zapfsäulen durchzusetzen, sind die vertikal integrierten Mineralölkonzerne permanent bemüht, den störenden Wettbewerb, das »geniale Entmachtungsinstrument« (Franz

Böhm) in marktwirtschaftlichen Ordnungen, auszuschalten. Dabei stört die Konzerne der hohe Steueranteil, weshalb sie ständig dagegen opponieren und geschickt den Staat für die hohen Kraftstoffpreise verantwortlich machen, um damit von ihrer Marktmacht und ihren dadurch nicht wettbewerblich erzielten Profiten abzulenken. Ein enges Oligopol[1] gemäß § 19 Abs. 2 Satz 2 Gesetz gegen Wettbewerbsbeschränkungen (GWB) macht mit einem Marktanteil von 65 % in Deutschland dabei eine hohe Gewinnrealisierung möglich.[2] Nach den Fusionen der deutschen Gesellschaften von Shell/Dea und BP/Aral im Jahr 2002 (die von der Politik nie hätten erlaubt werden dürfen) war hier endgültig der Weg zu einem oligopolistischen Parallelverhalten frei. Wie bei einer direkten verbotswidrigen Kartellabsprache, die in Deutschland unverständlicherweise strafrechtlich aber nicht sanktioniert ist (vgl. dazu den Beitrag »Kartelle müssen strafrechtlich behandelt werden«), wird hier der Wettbewerb zum Schaden der Nachfrager ausgeschaltet. »Vor allem dank der hohen Markttransparenz können die Oligopolisten jegliche Preisbewegungen der Konkurrenten genau beobachten, abweichendes Verhalten von Oligopol Mitgliedern schnell entdecken und wirtschaftlich bestrafen.« In dem vorgefundenen oligopolistischen Umfeld der Mehrheit der Straßen- und Autobahntankstellen in Deutschland, so das Bundeskartellamt, sind die Preise deshalb höher als es bei funktionierendem Wettbewerb der Fall wäre. »Die festgestellte Preisbildung mit ihren Zyklen im Tages- und Wochenverlauf ist entgegen der Deutung von Mineralölkonzernen (…) keineswegs Ausdruck von wesentlichem Wettbewerb. Vielmehr ist daran ablesbar, wie das Oligopol seinen Gleichgewichtspreis auf höherem Niveau als zuvor durchzusetzen sucht.«

---

1 Bestehend aus den Mineralölkonzernen BP (Aral), Shell, ExxonMobil (Esso), ConocoPhilipps (Jet) und Total.

2 Der verbleibende Marktanteil entfällt auf die Marken und (Unternehmen) Star (Orlen), HEM (Tamoil), Agip (Eni), Q1 und avanti24 (OMV) sowie auf die Unternehmen Avia und Westfalen. Daneben sind noch die freien Tankstellen zu nennen, die bei den großen Mineralölgesellschaften ihren Sprit einkaufen und entsprechend abhängig sind.

Politik ist machtlos

Wer glaubte, die Politik würde bei dem vorliegenden und vom Bundeskartellamt festgestellten Marktversagen am Kraftstoffmarkt in Deutschland eingreifen und das GWB entsprechend verschärfen, der irrte allerdings gewaltig. Was will Politik aber auch vor dem Hintergrund der aufgezeigten Wertschöpfungskette ausrichten? Sie ist machtlos! Die Ölstaaten und -konzerne haben die Macht längst übernommen und diktieren ihre Profitansprüche. Vom in Marktfragen zuständigen Bundeswirtschaftsminister, Philipp Rösler (FDP), kam deshalb bezüglich der Feststellungen des Bundeskartellamtes auch nichts Substanzielles. An den Autobahntankstellen soll lediglich das bestehende Quotenverteilungsmodell, das heute einseitig die großen Ölgesellschaften bevorteilt, durch ein Auktionsmodell ergänzt und ein Teil der Autobahntankstellen von der staatlichen Gesellschaft Tank & Rast im Rahmen einer Selbstbelieferung ab 2013 bewirtschaftet werden. Und bei den Straßentankstellen will das Bundeskartellamt strenger über das enge Oligopol wachen um die anderen kleinen und mittleren Mineralölunternehmen sowie die »freien« Tankstellen vor Behinderungen der Großen schützen. Daneben »hält das Bundeskartellamt gleichwohl direkte kartellbehördliche Maßnahmen zur Senkung von Kraftstoffpreisen für nicht erfolgversprechend«, weil sie nach § 19 Abs. 4 Nr. 2 GWB kaum praktikabel seien und man die Preise eh nur auf das Niveau der »freien« Tankstellen drücken könne. Dann sei es ordnungspolitisch sinnvoller, der Autofahrer fährt gleich selbst zur »freien« Tankstelle. Diese fast zynische Empfehlung kommt nicht nur einer kartellrechtlichen Bankrotterklärung gleich, sondern zeigt auch noch einmal die gesamte politische Ohnmacht gegenüber den Ölmultis und -staaten (vgl. dazu den folgenden Beitrag »Benzinpreise«).

Jetzt will die »schwarz-gelbe« Bundesregierung auf Grund der in den letzten Monaten stark gestiegenen Spritpreise eine beim Bundeskartellamt ansässige »Markttransparenzstelle« einrichten. Hierdurch soll insbesondere die Behinderung »freier« Tankstellen durch die Ölkonzerne in Form von sogenannten »Preisscherenverkäufen« unterbunden werden. Der Mineralölwirtschaftsverband spricht bezüglich der »Preismeldestelle« von einem »Bürokratiemonster«. In der Tat ist es geradezu lächerlich, sich hierdurch an den Zapfsäulen Preissenkungen zu erhoffen. Wenn Politik den Autofahrern mit einer Absenkung der Spritpreise wirklich helfen wollte, dann ginge dies durch eine Absenkung des Steueranteils. Dies würden aber die Ölkonzerne sofort zu ihren Gunsten ausnutzen. Ihr Preiserhöhungs- und damit Profitspielraum würde steigen. Außerdem kann der Staat auf den Steueranteil nicht verzichten, es sei denn, er erhöht andere indirekte oder direkte Einkommens-, Gewinn- und Vermögenssteuern. Der Befund ist demnach klar: Die Preise an den Tankstellen werden in Deutschland allein auf Grund der aufgezeigten internationalen Machtverhältnisse rund ums Erdöl weiter zulegen. Außerdem besagen Studien (wenn auch mit unterschiedlich starken Ergebnissen), dass das Erdöl knapper wird, dass der Höhepunkt der Förderung (»Peak Oil«) erreicht ist, und es dadurch selbst bei gleichbleibender Nachfrage schon zu Preissteigerungen kommt. Diese fallen noch entsprechend höher aus, wenn es bei dem auf Öl basierenden hohen und nicht ökologisch ausgerichteten Wirtschaftswachstum in Indien und China bleibt. »In dem Maße, wie Öl zur Mangelware wird und gleichzeitig alle Welt in vermehrtem Maße und daher auch immer gieriger darauf zurückgreifen muss, weil Alternativen der Energieversorgung viel zu wenig entwickelt worden sind, spitzen sich Konflikte um die Verteilung der Mangelware zu.« Daher ist, und dies wird nicht mehr lange dauern, ein Spritpreis von 2 Euro je Liter in Deutschland hochwahrscheinlich. Hieran würde auch eine vergesellschaftete deutsche Mineralölbranche nichts ändern. Abhängig von der Entwicklung des Erdölpreises würden wir dennoch bleiben. Was bleibt dann noch an Möglichkeiten? Einzig eine drastische Senkung der Verbräuche an Benzin und Diesel. Hier helfen sogar steigende Preise an den Zapfsäulen dem Umweltschutz und veranlassen hoffentlich die Automobilindustrie sparsame und mehr elektrobetriebene Autos anzubieten.

ifo Schnelldienst, Heft 11/2012

Benzinpreise: Kein Fehlurteil des Kartellamts aber Politikversagen

Das vom Bundeskartellamt vorgelegte Gutachten zur Preissetzung durch Mineralölkonzerne an den Tankstellen ist eine wirtschaftswissenschaftlich hervorragende empirische Arbeit. Zum ersten Mal liegt uns Ökonomen ein sauberer und differenzierter Befund zur Preispolitik der Ölkonzerne vor. Das Kartellamt hat diesbezüglich den deutschen Markt für Kraftstoffe auf Wettbewerb untersucht und kommt unmissverständlich zu dem empirischen Ergebnis, dass hier ein wettbewerbsfeindliches oligopolistisches Parallelverhalten der Anbieter vorliegt. Ein solches Verhalten kommt dadurch zustande, dass im engen Oligopol von drei bis fünf Anbietern der Marktanteil jedes Produzenten so groß ist, dass seine Konkurrenten reagieren müssen, wenn er seine Preise oder Produktqualitäten ändert. Senkt ein Oligopolist seine Preise, so werden seine Wettbewerber ihre Preise ebenfalls senken müssen, wenn sie nicht Nachfrage verlieren wollen. Also unterlassen die Produzenten solche Preissenkungen. Sie verlieren am Ende alle. Erhöht der Oligopolist aber seine Preise, so erhalten die anderen einen Spielraum für eigene Preiserhöhungen und mehr Profit. Hier muss nur ein Anbieter bei der Preiserhöhung vorgehen. Die Anderen folgen dann gerne, weil sie hier alle Gewinner zu Lasten der Nachfrager sind.

In der Wirtschaftswissenschaft ist dies hinlänglich bekannt und unbestritten. Ein oligopolistisches Parallelverhalten ist ein gesicherter Indikator für einen wettbewerbslosen Zustand. Dies ist aber eine vielfache Katastrophe, weil so das systemkonstitutive Element einer marktwirtschaftlichen Ordnung ausgeschaltet wird und damit Wettbewerb nicht mehr als »schöpferische Zerstörung« am Markt wirken kann. Damit ist letztlich das gesamte System bedroht. Es kommt zu mehreren wirtschaftlichen Pervertierungen. Nicht leistungsorientierte Preise implizieren nicht nur eine Ausbeutung von Nachfragern und führen zu gesamtwirtschaftlichen Fehlallokationen, sondern sie führen auch zu Profiten, die keinerlei ökonomische Rechtfertigung haben. Der Preismissbrauch ist dabei die schlimmste Pervertierung des Systems. Preiserhöhungen bieten den Unternehmen nämlich schlicht die Möglichkeit den Umsatz und bei gleichen Kosten den Profit zu steigern, ohne dafür Leistungen zu erbringen.

Das wichtige Gutachten des Kartellamtes ist aber leider bereits nach kurzer öffentlicher Diskussion wieder in der Versenkung verschwunden. Insofern muss man Florian Hoffmann dankbar sein, dass er mit seinem Standpunkt (»Benzinpreise: Fehlurteil des Kartellamts«, in: FAZ, 20.12.2011), noch einmal das Gutachten in Erinnerung gerufen hat. Dabei ist Hoffmann zuzustimmen, dass die reale Welt mehrheitlich längst durch oligopolistische Marktstrukturen geprägt ist. Gigantische horizontale, vertikale und diagonale Konzentrationsprozesse durch Fusionen von Unternehmen und dem Ausscheiden von Grenzanbietern haben in der Tat die Märkte, dies gilt für Absatz- und Beschaffungsmärkte, immer enger werden lassen. Dies ist aber nicht im Interesse der Konsumenten, wohl aber im Interesse der Produzenten, die Wettbewerb scheuen, wie der Teufel das Weihwasser. Dies beschreibt Adam Smith schon 1776 in seinem großen Werk »Der Wohlstand der Nationen«. Hoffmann findet dagegen den Prozess der Oligopolisierung und Marktverengung nicht verwerflich. Hier muss man ihm vehement widersprechen. Vor allen Dingen auch deshalb, weil er, wie oben ausgeführt, ohne jede wirtschaftswissenschaftliche Fundierung argumentiert. Seine vorgetragenen volkswirtschaftlichen Plattitüden reichen da nicht aus. Hoffmann unterstellt dem Bundeskartellamt eine »ideologische Voreingenommenheit«, weil das Amt »seine Beurteilung aus einer Marktformenlehre (Monopole, Oligopole, Polypole)« beziehe, »die zwar in der Theorie fest verankert, von der Realität aber – wie vieles in den Theorien der Volkswirtschaftslehre – meilenweit entfernt ist.« Ob Theorien, auf die jede Wissenschaft basiert, der Realität standhalten, kann nur durch eine empirische Überprüfung festgestellt werden. Genau das hat die Kartellbehörde verdienstvollerweise getan.

Das Problem ist hierbei nur, dass das Gesetz gegen Wettbewerbsbeschränkungen (GWB) eine Gesetzeslücke aufweist, um dem vorliegenden missbräuchlichen Parallelverhalten der Ölkonzerne bei ihrer Preissetzung rechtlich beizukommen. Im Gegensatz zu direkten Kartellabsprachen ist das in der Wirkung genauso schlimme oligopolistische Verhalten kartellrechtlich nicht sanktionierbar. Hier besteht demnach ein dringender rechtlicher Handlungsbedarf durch eine Novellierung des GWB. Politik denkt aber offensichtlich nicht daran, auf das Gutachten in adäquater Weise zu reagieren. Somit liegt mal wieder *Politikversagen* und damit ein handfester Skandal vor.

Frankfurter Allgemeine Zeitung (FAZ), 29. Dezember 2011

Die Macht der Elektrizitätsunternehmen

Seit langem gibt es eine Diskussion über Marktmacht der stromliefernden Elektrizitätsversorgungsunternehmen (EVU). Der Aufkauf der deutschen Texaco durch die Rheinisch-Westfälische Elektrizitätswerk AG (RWE) hat einmal mehr die enorme Wirtschaftskraft der Stromgiganten verdeutlicht. Rund zwei Mrd. DM konnte das RWE, ohne seine Aktionäre zur Kasse zu bitten oder den Kapitalmarkt zu beanspruchen, auf den Tisch legen. Zusammen verfügen die Marktführer der Strombranche, die großen acht Verbundmonopolisten (vgl. Tab.) über ein Stromnetz von 60.930 km. Mit ihren Kapazitäten beherrschen sie den Strommarkt in der Bundesrepublik völlig. Ihr Marktanteil an der öffentlichen Stromversorgung (also ohne industrielle Eigenanlagen, Bundesbahn und Einfuhrüberschüsse) liegt bei ca. 85 Prozent. Sie beschäftigten gut 63.000 Mitarbeiter. Ihr bilanzielles Grundkapital beträgt über 7,2 Mrd. DM. Ihre Umsatzrenditen liegen weit über denen anderer Wirtschaftsbereiche. Von 1980 bis 1986 betrug ihr Umsatzwachstum 73,1 Prozent, während das Wachstum aller Aktiengesellschaften (in der Abgrenzung der Bundesbankstatistik) in der Bundesrepublik einen Wert von 20,2 Prozent aufweist. Im gleichen Zeitraum realisierten die acht Stromgiganten eine Gewinnsumme vor Steuern in Höhe von 16,6 Mrd. DM.

Tab.: Die acht Verbundmonopolisten am Elektrizitätsmarkt

Unternehmen	Nutzbare Stromabgabe
RWE AG	123,3 TWh
Preußische Elektrizitäts AG (PREAG)	49,4 TWh
Bayernwerk AG	31,7 TWh
Vereinigte Elektrizitätswerke Westf. AG (VEW)	25,6 TWh
Energieversorgung Schwaben AG	16,8 TWh
Badenwerk AG	16,8 TWh
Hamburgische Elektrizitätswerke (HEW)	11,9 TWh
Berliner Kraft und Licht AG (BEWAG)	8,4 TWh

Quelle: Deutsche Verbundgesellschaft Heidelberg, Bericht 1986, S. 20

Aber nicht nur die großen acht Verbund-Monopolisten profitieren am Strommarkt. Auch regionale und Kommunale EVU genießen eine konkurrenzlose Idylle. Durch ein fein ausgearbeitetes *Demarkationssystem* halten sich die einzelnen EVU jede Konkurrenz vom Leib. Der Markt für Strom wird durch *Gebietskartelle* gesteuert. Selbst bei der Verabschiedung des Kartellgesetzes wurde die Strombranche ausgenommen. Da man Doppelinvestitionen beim Leitungsnetz und den Kraftwerken vermeiden wollte, wurde der Wettbewerb kurzerhand ausgeschlossen. Um die EVU aber dennoch kontrollieren zu können, wurde ein *Preisrecht* installiert, das als ein Wettbewerbssurrogat die Marktmacht der EVU einschränken sollte. Dennoch wird heute am Strommarkt von den EVU eine Preisgestaltung umgesetzt, die preisdiskriminierende Praktiken zulässt, nicht gerechtfertigte Kostenabrechnungen erlaubt und eine stromverbrauchsfördernde Tarifierung ermöglicht.

Bereits 1976 mahnte die Monopolkommission die Undurchsichtigkeit der Preisstruktur an. Bis heute hat sich daran nichts geändert. Die EVU betrieben auf Kosten der ca. 27 Millionen Haushaltskunden zugunsten der Industrie und natürlich zugunsten ihrer eigenen Gewinne eine Politik der massiven Preisdiskriminierung. Industrielle Nachfrager oder sogenannte Sondervertragskunden zahlen weniger für die Ware Strom als die Tarifkunden. Während

Haushalte und Kleinverbraucher ihren Strom nach Tarifen bezahlen, deren Modalitäten in der *Bundestarifordnung Elektrizität* festgeschrieben sind, können die EVU mit Großabnehmern Sonderverträge aushandeln. So zahlt ein privater Haushaltskunde etwa 24 Pf/kWh, während ein Industriekunde nur gut 13 Pf/kWh zu zahlen hat. Außerdem wird der Strom für Heizzwecke aufgrund einer hohen Substitutionskonkurrenz intern subventioniert. Hier verlangen die EVU im Durchschnitt die niedrigsten Strompreise.

Um von dieser preisdiskriminierenden Politik abzulenken, wird von der Elektrizitätswirtschaft mit einer wirtschaftlichen Heterogenität der Ware Strom, die unterschiedliche Kostenstrukturen und damit auch differenzierende Preisstellungen implizieren würde, argumentiert. Der wirkliche Grund ist aber ein anderer: Je größer nämlich die Substitutionskonkurrenz bei der Verwendung von Strom, umso größer ist die Preiselastizität und damit die Diskriminierungsmöglichkeit. Dies hängt mit den unterschiedlichen Wettbewerbssituationen der Ware Strom zu anderen Energieträgern zusammen. Dort wo Strom zur Schallerzeugung (Rundfunk, Fernsehen etc.) sowie für Licht- und Kraftwerke benötigt wird, besitzt die Elektrizitätswirtschaft eine absolute Monopolstellung. Auf dem Wärmemarkt konkurriert Strom dagegen mit den Energieträgern Kohle, Öl und Gas. Hier ist die Gefahr der Produkt-Substitution gegeben, während es bei den anderen Verwendungszwecken für die Nachfrager keine Ausweichmöglichkeiten gibt. Die Strompreise auf dem Wärmemarkt sind daher auch um ein Vielfaches geringer – was einem ökologischen Skandal aufgrund der hohen Umwandlungsverluste von einem Primärenergieträger in Elektrizität gleichkommt – als die Strompreise für andere Verwendungsarten.

Damit aber nicht genug. Bei den Kosten der EVU gilt zusätzlich eine nicht wettbewerbliche Abwälzung über die Strompreise. Gemäß einer staatlichen »*Arbeitsanleitung zur Darstellung der Kosten- und Erlösentwicklung in der Stromversorgung*« aus dem Jahr 1981 können sowohl effektive Kosten als auch sogenannte kalkulatorische Kosten in den Strompreisen zur Verrechnung kommen. Da es sich bei den kalkulatorischen Kosten aber zu einem Großteil nicht um effektive

Kosten handelt, ermöglicht deren Verrechnung zusätzliche Gewinne. Dies gilt vor allem bei solchen Kostenarten wie Zinsen auf das eingesetzte Eigenkapital und Abschreibungen. Außerdem drängt sich bei der staatlichen Verordnung der Eindruck eines Kostenerstattungscharakters auf. Ist es für sich im Wettbewerb befindende Unternehmen keine Selbstverständlichkeit, dass alle anfallenden Kosten – selbst bei einer wirtschaftlichen Betriebsführung – gedeckt werden, können die EVU ohne jeglichen Druck alle Kosten über die Strompreise erlösen. Eine solche »Schlaraffenlandsituation« führt in der Regel zum Kostenmachen; der Leistungsanreiz fehlt. Als Beispiel für jegliche Kostenabwälzung seien hier die Umweltschutzkosten angeführt. Für die EVU ist es eine absolute Selbstverständlichkeit, dass Kostenbelastungen für die Reinhaltung der Luft natürlich die Strompreise erhöhen und nicht eventuell aus den überproportional hohen Gewinnen der EVU – zumindest anteilig – mit abgedeckt werden.

Insbesondere sind auch an den energierechtlichen Bestimmungen die Gestaltungsmöglichkeiten für die EVU bei den Stromtarifen zu kritisieren. Trotz aller Energiesparappelle belohnen nämlich die Stromtarife nach wie vor den Vielverbrauch von Strom. Wer einen hohen Verbrauch an Kilowattstunden hat, zahlt für die einzelne Stunde weniger. Dies liegt daran, dass sich die Stromtarife aus zwei Preiskomponenten zusammensetzen: dem *Grundpreis* und dem *Arbeitspreis*. Der Arbeitspreis bezieht sich jeweils auf den verbrauchten Strom je bezogener Kilowattstunde, und ist damit verbrauchsabhängig, während der Grundpreis für die Bereitstellung der Kraftwerke und der Leitungsnetze auch dann berechnet wird, wenn der Kunde keine Kilowattstunde vom EVU bezogen hat. Diese Verbrauchsabhängigkeit macht etwa 30 bis 40 der Stromrechnung aus. Gegen eine Veränderung dieses *»zweigliedrigen Tarifs«* wehren sich die EVU mit allen ihnen zur Verfügung stehenden Machtmitteln. Und die sind nicht gerade gering. Dies musste bereits 1976 der damalige Bundeskanzler Helmut Schmidt (SPD) feststellen, als er in seiner Regierungserklärung versprach, er werde das Energiewirtschaftsgesetz (EnWG), dessen Paragrafenwerk noch aus der Zeit des Hitler-Faschismus stammt, ändern. Auch der Wirtschaftsminister von Nordrhein-Westfalen, Reimut Jochimsen (SPD), bekam, nachdem er 1980 Novellierungsvorschläge unterbreitete, die Macht der EVU zu spüren. Resigniert konnte er nur feststellen: »Es wäre müßig, jetzt einzusteigen in die Grundsatzdebatte über Leitungsmonopole, Demarkationen und Konzessionen. Wir würden uns nur verkämpfen an einer Front, die allein aufzubrechen selbst das Land Nordrhein-Westfalen nicht stark genug ist« (zitiert bei Eckardt, N., Die Stromdiktatur, Hamburg 1985, S. 20). Welch eine politische Bankrotterklärung!

Wenn auch einige EVU, allen voran die Saarbrücker Stadtwerke, in einem Modellversuch einen »*linearen zeitvariablen Stromtarif*« einführen wollen, so sind die überwiegende Mehrheit der Stromkonzerne sowie die Vertreter im Branchenverband, der Vereinigung Deutscher Elektrizitätswerke (VDEW), gegen eine Linearisierung der Tarife. Ein solcher Tarif verzichtet auf den fixen Grundpreis, so dass die Stromrechnung allein von der Zahl der wirklich verbrauchten Kilowattstunden abhängt. Dadurch erzielt der vielverbrauchende Stromkunde keinen Degressionseffekt mehr. Jede Kilowattstunde – die erste als auch die letzte – wird mit dem gleichen Preis bezahlt. Um die tagesunterschiedlichen Lastspitzen eines Kraftwerkes zusätzlich besser auslasten zu können, müsste der Strompreis zudem »*zeitvariabel*« ausgerichtet sein. Dadurch, so rechnen die Saarbrücker Stadtwerke vor, ist es zur Zeit der größten Stromnachfrage zwischen 9 und 13 Uhr am teuersten, elektrische Geräte zu nutzen, da um diese Zeit die kostenintensiven Öl- und Gaskraftwerke für den Spitzenbedarf am Netz sind. Verlegen die Verbraucher ihren Strombedarf in die Lasttäler, wo der Stromverbrauch insgesamt nur sehr gering ist, so verringert sich für die Kunden die Stromrechnung und die EVU können teure Kraftwerkskapazitäten einsparen.

Dass dennoch entgegen einer solchen rationellen Energiepolitik die EVU eine Preispolitik der nichtlinearisierten Tarife, der Preisdiskriminierung und der risikolosen Kostenabwälzung über die Strompreise bis heute praktizieren können, liegt wie bereits angeführt an der immensen Macht der in der Bundesrepublik herrschenden EVU. Will man aber eine rationelle Strompolitik staatlicherseits umsetzen – und dafür wird es höchste Zeit –, so ist der Gesetzgeber zu einer umfangreichen Neuordnung der Elektrizitätswirtschaft aufgerufen. Ganz oben auf der Tagesordnung muss eine Novellierung des Energiewirtschaftsgesetzes und der Bundestarifordnung Elektrizität sowie preis- und kartellrechtlicher Vorschriften stehen.

Memo-Forum, Heft 13/1988

Gewinne für sich, Verluste für alle

Die Energieriesen werden von den Kosten für Atomendlager weitgehend befreit – eine politische Fehlentscheidung.

Lange Zeit konnten die vier Energieriesen E.ON, RWE, EnBW und Vattenfall, die »Big 4«, in der Stromversorgung auf ein unterreguliertes System und ihre unerträgliche Marktmacht gegenüber den Stromnachfragern bauen. Dies auch deshalb, weil selbst die Politik vor den Unternehmen kuschte und die staatlichen Preis- und Kostenkontrollen der als »natürlich« eingestuften *Gebietsmonopolisten* allenfalls suboptimal waren. Bis Ende des zurückliegenden Jahrzehnts liefen so – trotz der Strommarktliberalisierung ab 1998 – die Geschäfte blendend. Nicht zuletzt wegen des *Atomstroms*, dessen wahre Kosten immer höher waren, als behauptet wurde.

Dann forcierte wegen des Klimawandels die Politik *erneuerbare Energien* und in Japan kam es zum Atom-Gau, der in Deutschland endgültig den Atomausstieg bis 2022 besiegelte. Aus dieser neu entstandenen Gemengelage musste dann die Frage nach der *Entsorgung und den Kosten des Atommülls* beantwortet werden. So bescherte uns kurz vor Weihnachten die schwarzrote Bundesregierung, mit Zustimmung der Grünen, ein unglaubliches Gesetz. Es wird den Steuerzahler Milliarden Euro kosten – und der Bundesrechnungshof schläft bei der Finanzierung des Endlagers. Es war allen Beteiligten in Politik und Wirtschaft klar, dass der ewig strahlende Atommüll irgendwann endgelagert werden muss. Und es war auch klar, dass die »Big 4« dafür in ihren Bilanzen Vorsorge treffen müssen. Dies haben sie auch mit gewinnreduzierenden Aufwandsrückstellungen getan und damit dem Staat jährlich weniger Gewinnsteuern überwiesen.

Jetzt erhalten die Energieriesen ein weiteres Milliarden-Geschenk von der Bundesregierung, ausgerechnet mit Zustimmung der Grünen, die ihre Gründung als Partei der Anti-AKW-Bewegung verdanken. In den Vorstandsetagen der »Big 4« sind die Champagnerkorken geflogen. Obwohl die AKW-Betreiber verpflichtet waren, sämtliche Kosten für den Rückbau der Kernkraftwerke sowie die Entsorgung des erzeugten radioaktiven Abfalls einschließlich der Endlagerung selbst zu tragen, schließlich konnten sie dafür gewinnsteuermindernde Rückstellungen bilden, müssen sie jetzt laut Gesetz nur noch bis Mitte 2017 einmalig insgesamt gut 23,5 Milliarden Euro in einen extra dafür geschaffenen staatlichen Fonds einzahlen und sind damit von den Kosten der Endlagerung des Atommülls für immer befreit. Die 23,5 Milliarden Euro ergeben sich letztlich aus einer Abzinsung (Barwertbestimmung) der bis 2099 hochgerechneten Kosten von knapp 170 Milliarden Euro. Hier wurde ein viel zu hoher durchschnittlicher Zinssatz von 4,58 Prozent in Ansatz gebracht, der den Barwert als Gegenwartswert der Kosten senkt. Außerdem strahlt der Atommüll auch nach 2099 weiter und somit fallen weiter Kosten der Endlagerung an, die heute in keiner Weise berücksichtigt wurden. Lediglich die Kosten für den Rückbau der AKWs sowie die Verpackung des Atommülls bis zur Übergabe in Zwischenlager verbleibt laut beschlossenem Gesetz bei den Energiekonzernen. RWE hat schon bereitwillig signalisiert, seinen Anteil von 6,8 Milliarden Euro in den Staatsfonds einzuzahlen. Dies überrascht bei dem gemachten Geschenk auf Kosten der Steuerzahler allenfalls die Naiven.

Warum machen die Bundesregierung und die Grünen aber den »Big 4« ein solches Geschenk? Sie befürchten, völlig unbegründet, ein Insolvenzrisiko der Unternehmen. Zwar haben die »Big 4«

selbstverschuldete wirtschaftliche Probleme, weil sie schlicht aus Machtarroganz die Energiewende ignoriert haben. Sie aber mit einer Insolvenz in Verbindung zu bringen, ist völliger Unsinn. Zusammen verfügen sie noch über ein bilanzielles Reinvermögen von 81,3 Milliarden Euro.

Bei einem unterstellten Insolvenzrisiko ist außerdem die Fondskonstituierung inkonsequent. Warum bezieht man dann nicht auch den Rückbau der AKWs in den Fonds ein? Außerdem nimmt der Fonds den Unternehmen durch den Geldabfluss die Finanzierungsmasse für den notwendigen ökologischen Umbau. Ob das Fondsgeld darüber hinaus an den Finanzmärkten durch Spekulation eine höhere Rendite erwirtschaftet als in den Energiekonzernen, ist mehr als zweifelhaft. Verwerflich ist aber auf jeden Fall, dass der Staat in Zukunft zur Finanzierung von Atommüll an den Finanzmärkten zocken gehen muss.

Endgültig zu einem politischen Tollhaus wird es, wenn unsere Volksvertreter offensichtlich eine Rückstellung nicht von einer Rücklage unterscheiden können. Rückstellungen, sagte der RWE-Chef, Peter Terium, zu Recht, »müssen erst noch erwirtschaftet« werden. Ihnen stehen keine zurückgelegten baren Mittel gegenüber. Rückstellungen sind rein buchtechnische Fremdkapitalposten auf der Passivseite der Bilanz, denen keine wertadäquaten Vermögensposten auf der Aktivseite entsprechen. Rücklagen bilden dagegen Eigenkapital aus versteuerten und dann thesaurierten Gewinnen. Diese Rücklagen hätten von Anfang an entweder als eine unternehmensinterne Fondsbildung mit konkreter Zweckbindung geschaffen oder gleich in einen Staatsfonds eingezahlt werden müssen. Beides fand aber nicht statt, sondern den »Big 4« wurde in Sachen Atommüll eine völlig untaugliche Rückstellungspolitik erlaubt, die jetzt auch noch für den Rückbau der AKWs den Energieriesen weiter ermöglicht wird. Lediglich soll für mehr Rückstellungstransparenz gesorgt werden. Hier ist politische Borniertheit nicht mehr zu toppen!

Frankfurter Rundschau, 1. Februar 2019

Preise und pervertierte Märkte

Über Preise sollen Angebot und Nachfrage zum Ausgleich gebracht werden, so die idealtypische Vorstellung. Märkte und damit auch Preise unterliegen aber vielfältigen Pervertierungen. Die Natur hatte lange Zeit nicht einmal einen Preis. Schon Adam Smith wusste 1776, dass der Preis die »schärfste Waffe« des Unternehmers ist. Hinter Preiserhöhungen stehen keine Leistungen, sie entsprechen Gewinnsteigerungen und bedeuten gleichzeitig Inflation und Umverteilung.

An Geiz ist gar nichts geil

Es sind die Beschäftigten, die für Dumpingpreise zahlen

Wer bezahlt eigentlich den Flug von Düsseldorf nach Mallorca für 29,50 Euro und wer das T-Shirt für 5,10 Euro, wer die Heckklappenscharniere im Auto für 5,70 Euro das Stück oder den Burger für 2,90 Euro, den Joghurt für 0,14 Euro den Becher und die Pizza für 3,50 Euro – ins Haus gebracht natürlich – usw., usw.? »*Geiz ist Geil*« lautet gesellschaftlich der hohle und neoliberale Spruch. Hier endet die Geschichte aber nicht. Jetzt fängt sie ökonomisch erst an, weil die oben angeführten Preise sämtlich die wirklichen Produktionskosten nicht annähernd decken. Wir brauchen also einen *Finanzier* für das alltäglich gewordene *Preisdumping*. Den finden wir schnell. Es sind die *Beschäftigten*, die diese Niedrigpreise finanzieren müssen, ansonsten macht der Unternehmer keinen Profit, auf den er auch bei Dumpingpreisen nicht verzichten will. Seine abhängig Beschäftigten zahlen mit ihren Niedrigstlöhnen die Niedrigstpreise. Und sie zahlen sogar zweimal. Einmal heute sofort und später im Rentenalter mit einer mickerigen Rente noch einmal. Denn wer heute nichts verdient, den schicken wir wissentlich in die Altersarmut.

Die Zahl der Hartz-IV-Empfänger, zurzeit sechs Millionen betroffene Menschen, ist nicht gesunken, stellt das Deutsche Institut für Wirtschaftsforschung (DIW) in Berlin fest. Trotz Mindestlohn sinkt die Zahl der arbeitenden Menschen kaum, die ihren Verdienst mit Hartz-IV-Leistungen aufstocken müssen. Ja, diese Menschen sind auf niedrigste Preise zum Überleben angewiesen. Hier zeigt der Kapitalismus dann seine ganze Flexibilität und gleichzeitig seine hässliche Fratze, indem er selbst die längst vom System »Externalisierten« noch abkassiert. Das geht natürlich nur mit ganz kleinen Preisen und einer zusätzlichen Unterstützung von »Suppenküchen« und »Tafeln«.

Dann schließt sich zumindest ökonomisch der Kreislauf. Die dadurch entstehenden gesellschaftlichen Probleme mit am Ende womöglich katastrophalen politischen Ergebnissen, die Vorboten sind bereits da, werden dagegen einen hohen Preis haben. Übrigens, über die in den Niedrigpreisen auch nicht abgebildete bzw. internalisierte Umwelt haben wir bei dem Ganzen noch gar nicht gesprochen. Ist Geiz jetzt immer noch geil?

Frankfurter Rundschau, 21. September 2018

Pervertierte Märkte. Warum dulden wir Ausbeutung?

In der Ökonomie gilt das wirtschaftliche Rationalprinzip. Wer dagegen verstößt schädigt nicht nur sich selbst, sondern auch die ganze Gesellschaft. *Wirtschaftlichkeit ist immer anständig.* Hier gilt, *systemunabhängig*, bei geringstmöglichen Einsatz an Produktionsfaktoren (Arbeit, Kapital, Umwelt) einen vorgegebenen Gütertrag zu erwirtschaften (Minimalprinzip) oder dass bei einem gegebenen Aufwand an Produktionsfaktoren der größtmögliche Gütertrag zu erzielen ist (Maximalprinzip). Beide Prinzipien sorgen für Produktivitätssteigerungen. Ohne sie gibt es keine gesellschaftliche Entwicklung, das verstehen erstaunlich viele Menschen nicht. Eine rein technische Produktivität hat hier aber keine praktische Bedeutung, da sie ohne eine *preisliche Bewertung* der eingesetzten Produktionsfaktoren zu Fehlallokationen führt. Extrem sehen wir das bei der Umwelt, die bis heute nicht mit Knappheitspreisen versehen wird und es in Folge zu gesellschaftlich maximalen Schäden kommt.

Preise bilden sich am Markt, der vielfältigen Pervertierungen unterliegt. Die größte ist hier wohl der *Machtmissbrauch*. Marktteilnehmer wissen, wer die größte Macht hat, der bestimmt den Preis und kann alle anderen ausbeuten. Das gilt auf Güter-, Dienstleistungs-, Geld- und Finanzmärkten, für alle Märkte, auch für Wohnungsmärkte. Besonders extrem findet dabei Ausbeutung auf den *kapitalistischen Arbeitsmärkten* statt. Hier steht die Ausbeutung systemimmanent schon fest, bevor es realiter überhaupt zu einer Nachfrage und einen Arbeitsvertrag zwischen einem Unternehmer und abhängig Beschäftigten kommt. Letzterer erhält nie den vollen *Wert seiner Arbeit*, sondern lediglich den *Wert seiner Arbeitskraft*. Wäre es anderes, gäbe es keinen Profit, Zins und Grundrente, also keinen Mehrwert.

Wenn der Preis und der Lohn demnach für Alles in der Wirtschaft so wichtig ist und potenziell immer die Gefahr von Inflation (Preissteigerungen) besteht, wie gerade die hohe Inflationsrate zeigt, wieso überlassen wir dann die Preisbildung den machtpervertierten Märkten und warum dulden wir die Ausbeutung auf Arbeitsmärkten und in den Unternehmen? Wir sollten damit endlich aufhören. Sonst wird das nichts mit den ständigen Forderungen nach einer gerechten Welt. Sie hängt am Preis und Lohn für Arbeit.

Frankfurter Rundschau, 19./20. November 2022

Wenn Inflation auf eine zerrissene Gesellschaft trifft

Inflation ist in aller Munde. Nicht nur in Deutschland. Viele Jahre waren Preissteigerungen kein wirtschaftspolitisches Thema mehr. Seit der Wiedervereinigung bis 2020 lag der Deflator des Bruttoinlandsprodukts mal gerade bei jahresdurchschnittlich 1,5 Prozent, also unterhalb der von der Europäischen Zentralbank geforderten *Zielinflationsrate* von 2 Prozent. Das preisbereinigte Wirtschaftswachstum und damit die Nachfrage waren zu schwach, um das zur Verfügung stehende Angebot auszulasten. Das drückte auf die Preise. Selbst marktstarke Unternehmen tun sich dann mit Preissteigerungen schwer.

Wachstumsschwäche und Arbeitslosigkeit

Über der Wachstumsrate liegende Produktivitätsraten sorgten außerdem für hohe Arbeitslosigkeit. Die Antwort darauf waren nicht Arbeitszeitverkürzungen bei vollem Lohn- und Personalausgleich, sondern eine Prekarisierung von Arbeit. Teilzeit, befristete Arbeit, Leiharbeit und Flexibilisierung von Arbeit (auch mit Ladenöffnungszeiten bis 22.00 Uhr und vermehrter Sonntagsarbeit) wurden verstärkt. Die Gewerkschaften konnten dies auf Grund fehlender Machtpotenziale (immer weniger Mitglieder) nicht verhindern. Es fehlte aber auch an einer holistisch fundierten strategischen Orientierung außerhalb einer kapitalistischen Wirtschaft. Die Forderung nach einer Wirtschaftsdemokratie ist hier bis heute kein Thema. Schon 2004 schrieb der herausragende Sozialphilosoph und Soziologe Oskar Negt: »Um ihre Zukunft müßten sich die Gewerkschaften keine Sorgen machen, würden sie mit Willen und Bewußtsein (auch mit ein bißchen Mut und Leidenschaft) die Bewältigung jener Aufgaben in Angriff nehmen, die sich ihnen, (...) geradezu entgegendrängen. Erst dadurch könnten sie aus der Angststarre der Verteidigung heraus und müßten auf die bitter-ironische Frage *Wozu noch Gewerkschaften?* nicht fortwährend nach Verlegenheitsantworten suchen.«

Chronische Arbeitslosigkeit blieb so den Kapitaleignern als Disziplinierungsinstrument gegen Arbeitslose und Beschäftigte erhalten. Heute sind immer noch 3 Millionen Menschen arbeitslos (davon viele Langzeit-Arbeitslose), die nicht zur gesellschaftlichen Wertschöpfung beitragen und Milliarden an fiskalischen Kosten durch ihre Alimentierung, Steuer- und Sozialversicherungsausfall verursachen. Gleichzeitig fehlen auf vielen Teilarbeitsmärkten, nicht zuletzt wegen schlechter Bezahlung, Fachkräfte. Die Arbeitsmärkte sind gespalten. Arbeitslosigkeit und schlecht bezahlte prekäre Beschäftigung sorgen hier für Nachfrageausfall, der in Deutschland aber immerhin durch gigantische Exportüberschüsse, durch Auslandseinkommen, teilweise kompensiert werden konnte. Aber auch die Ausländer hatten das Einkommen nicht, es musste ihnen mit deutschen Krediten zur Verfügung gestellt werden. Die dadurch realisierte Wertschöpfung haben sich jedoch nur die Exportunternehmen und ihre Kapitaleigner einverleibt. Ihre Profitquoten und -raten stiegen. Dabei waren die Exportkapitalisten bereit, den Beschäftigten ein wenig von den Wertschöpfungen abzugeben, um diese zu befrieden und bei Laune zu halten.

Ausgeglichene Terms of Trade

Sind hierbei von den Exportüberschüssen inflationäre Effekte ausgegangen? Dies wäre immer dann der Fall, wenn sich die Importgüter, für Deutschland sind das insbesondere der Energieimport und der im Ausland gemachte Urlaub, in Relation zu den Exportgütern, mehr verteuern würden. Steigen die Preise für Exportgüter stärker als die Preise der Importgüter, dann spricht man von einer Verbesserung der Terms of Trade (et vice versa), wobei diese neben den Preisen auch von den jeweiligen Wechselkursen beeinflusst werden. Die jahresdurchschnittlichen Deflatoren der Exporte in Relation zu den Deflatoren der Importe lagen dabei unter Berücksichtigung der Wechselkurse von 2005 bis 2021 in Deutschland bei plus/minus null, d.h. die Terms of Trade waren lehrbuchmäßig ausgeglichen. Es gingen damit vom Außenbeitrag Deutschlands keine inflationären Impulse auf die Binnenwirtschaft aus. Ob dies zukünftig bei veränderten Energieimporten (u.a. Abkopplung von preiswerten Einkäufen aus Russland) so bleiben wird, muss allerdings in Frage gestellt werden.

Umverteilung zu den Kapitaleinkünften

Insgesamt, gesamtwirtschaftlich, kam es seit der Wiedervereinigung zu einer gigantischen Umverteilung der Wertschöpfungen von rund 1,4 Billionen Euro zu Lasten der abhängig Beschäftigten. Das Geld, dass letztlich bei den Mehrwertempfängern, also Zins-, Grundrente- und Profitempfängern gelandet ist, wurde jedoch überwiegend nicht in Deutschland reinvestiert, weder privat noch staatlich, sondern floss, wie schon erwähnt, zur Finanzierung der Exportüberschüsse ins Ausland ab. Dabei lag die gesamtwirtschaftliche Ersparnis von 1991-2021 bei kumuliert 8.905,5 Mrd. Euro, das waren jahresdurchschnittlich 287,3 Mrd. Euro, womit alle Netto-Investitionen in Deutschland hätten finanziert werden können. Realiter waren das aber nur kumuliert 2.934,6 Mrd. Euro, jahresdurchschnittlich 94,7 Mrd. Euro. Die Differenz von 5.970,9 Mrd. Euro bzw. jährlich 192,6 Mrd. Euro ist über Kapitalexporte zur Finanzierung der bei uns von Ausländern getätigten Einkäufe (Exportüberschüsse) abgeflossen. Der Staat, also der Bund, die Länder und Gemeinden haben in Deutschland seit der Wiedervereinigung mal gerade jahresdurchschnittlich 2,2 Mrd. Euro an Netto-Investitionen getätigt. In vielen Jahren kam es hier sogar zu Desinvestitionen mit einem Substanzverzehr, d.h., hier waren die Abschreibungen (der Werteverzehr) sogar größer als die Brutto-Investitionen. Nicht nur der Verfall der öffentlichen Infrastruktur, den man bereits mit bloßem Auge sehen kann, zeigt dies jeden Tag.

Geldpolitik hilft nicht bei exogenen Inflationsursachen

Vor diesem gesamten Hintergrund von Wachstumsschwäche, Arbeitslosigkeit, Umverteilung zu den Kapitaleinkünften und Exportüberschüssen ist es in Deutschland zu einer *»zerrissenen Republik«* (Christoph Butterwegge) gekommen. Und jetzt kommt auch noch Inflation hinzu. Der Deflator des Bruttoinlandsprodukts ist 2021 um 3,1 Prozent gestiegen und 2022 werden es wohl um die 5 Prozent sein. Wie erklärt sich das? Nun, die momentane Inflation, die Kaufkraft kostet, hat keine endogenen, sondern *exogene Ursachen*: Pandemie und Krieg. Das weltweite Angebot ist dadurch verknappt worden, die internationale Arbeitsteilung mit ihren Lieferketten ist fast zusammengebrochen und es kam bei weiter potenziell bestehender Nachfrage zu einer *angebotsseitigen Inflation*; nicht nur in Deutschland. Werden demnach die exogenen Ursachen beseitigt, so wird die Inflation auch wieder verschwinden. Daher wäre es jetzt ein Wahnsinn, wenn die Notenbanken auf die steigenden Preise mit einer restriktiven Geldpolitik reagieren würden. Es ist unglaublich, wie der gerade bestellte Bundesbankpräsident Joachim Nagel mehrere Leitzinserhöhungen noch in diesem Jahr durch die EZB einfordert. Dies zeugt von keinem ökonomischen Sachverstand. Zinserhöhungen und das Einstellen der Aufkäufe von notleidenden Staatsanleihen durch die Notenbanken würden an den momentan auftretenden exogenen Inflationsursachen nichts verändern. Im Gegenteil, eine restriktive Geldpolitik würde den wirtschaftlichen Aufschwung schwer konterkarieren und die *Stagflationskrise* noch verschärfen. Die zinsreagible Bau- und Immobilienwirtschaft käme ich arge Not und dass bei einem großen Wohnraummangel. Aber auch für den Staat würden sich die Kredite verteuern und damit die Zinsausgaben erhöhen. Für notwendige Investitionen in Infrastruktur und Klimaschutz wäre dann weniger Geld da; zumal die Ampel-Regierung in einer nicht zu überbietenden wirtschaftspolitischen Borniertheit an der Schuldenbremse und keinen Steuererhöhungen festhält. Die jetzt zwischen der Ampel-Regierung und der CDU/CSU-Faktion beschlossene Verfassungsänderung zur Umgehung der Schuldenbremse, um ein 100-Milliarden-Euro-Rüstungsprogramm zu finanzieren, reiht sich dann nur noch in die Borniertheit von sogenannten VolksvertreterInnen ein.

Inflationshärten

Natürlich kommt es bei Inflation zu Härten, insbesondere bei denen, die eh so gut wie nichts an Einkommen, geschweige denn an Vermögen, haben – bei Arbeitslosen, Rentnern und den schon seit langem prekarisierten und verarmten Menschen in Deutschland. Das sind Millionen. Auch ohne Inflation waren diese Menschen aber schon bitterarm, was nicht nur die über tausend Tafelvereine in Deutschland bekunden. Sie könnten jetzt den Ansturm der Verarmten wegen der Inflation nicht mehr bewältigen und bekämen immer weniger Wegwerfwaren von Spendern, so der Vorstand der Tafeln e.V. Dabei regt sich über die längst etablierten »Tafeln« zur Armenspeisung und auch über die sogenannten »Sozialkaufhäuser« so gut wie niemand mehr auf. Ein klassisches Beispiel für das Fehlen eines kausalen Denkens in der Gesellschaft mit Realitätsverlust. Anstatt nach den *Ursachen*, auch für Hartz IV, zu fragen und diese zu beseitigen, kommt es nur noch zu einem *symptomhaften* Denken und einer nicht einmal hinreichenden Palliativpolitik. Hier hat jetzt die neoliberale Ampel-Regierung auf die Inflation an verschiedenen Stellen mit Entlastungen reagiert:

- Eine Entlastung in der Lohn- und Einkommensteuer durch einen Anstieg des Arbeitnehmerpauschbetrags um 200 Euro, des Grundfreibetrags um 363 Euro sowie der Entfernungspauschale für Fernpendler auf 38 Cent ab dem 21. Kilometer.
- Ein einmaliger Heizkostenzuschuss für Wohngeldbezieher in Höhe von 200 Euro in Ein-Personen-Haushalten bzw. von 350 Euro für einen Zwei-Personen-Haushalt (zuzüglich 70 Euro je weitere Person) und von 230 Euro für BAföG beziehende Auszubildende bzw. Studierende.
- Der raschere Wegfall der EEG-Umlage ab Anfang Juli 2022.
- Die Energiepreispauschale, wonach alle Einkommensteuerpflichtigen eine allerdings zu versteuernde Einmalzahlung von 300 Euro im Jahr 2022 erhalten.
- Eine Einmalzahlung für Sozialhilfeempfänger von 200 Euro im Jahr 2022.
- Ein Kinderbonus in Höhe einer Einmalzahlung von 100 Euro pro Kind im Jahr 2022.
- Einführung eines 9-Euro-Tickets für den ÖPNV.
- Eine auf drei Monate befristete Senkung der Energiesteuer auf Kraftstoffe.

Jetzt will Arbeits- und Sozialminister Hubertus Heil (SPD) zusätzlich für alle Einkommensempfänger mit einem monatlichen Bruttoeinkommen von unter 4.000 Euro (verheiratete unter 8.000 Euro) ein *»soziales Klimageld«* einführen. Hier sollte man wissen, dass 2021 das jahresdurchschnittliche Bruttoarbeitsentgelt bei nur 3.177 Euro im Monat lag. Wie Heil demnach sein »Klimageld« finanzieren will, weiß wohl nur er. Auch ein Bürgergeld, das Hartz IV abschaffen soll, sei hier mit 40 bis 50 Euro aufzustocken. Immerhin erkennt Heil aber, dass Senkungen von indirekten Steuern, von der Umsatz- bis zur Mineralölsteuer, zur Inflationsentlastung völlig ungeeignet sind. Ganz einfach deshalb, weil von diesen Senkungen auch die einkommensstarken und Vermögenden profitieren würden. Vorausgesetzt die Unternehmen würden überhaupt die Steuersenkungen an ihre Kunden weitergeben. Da wird dann deutlich, warum kapitalfreundliche Parteien und Kapitaleigner mit ihren Lobbyorganisationen solche indirekten Steuersenkungen trotzdem fordern. Insgesamt ist der Ampel-Regierung mittlerweile aber wohl aufgegangen, dass, unabhängig von den exogenen Ursachen Pandemie und Krieg, auch eine *Energiewende* zur Bekämpfung der Klimakrise die *Preise* massiv erhöhen wird und dies in der »zerrissenen Republik« Deutschland zu noch mehr gesellschaftspolitischen Verwerfungen führen wird.

Blick in die Preisgleichung hilft weiter

Um das Ganze zu verstehen, müssen wir nur einen Blick in die allgemeine Preisgleichung werfen. Hier setzt sich der Preis (p) zwischen den einzelnen Wirtschaftszweigen jeweils aus den Stückkosten (K/q), also aus den Gesamtkosten und den damit produzierten Mengen (q) (inkl. Produktqualitäten), und dem Mehrwert je Stück (M/q) zusammen. Dabei enthält der Mehrwert (M) die Zinsen (Z), Grundrenten (G_r) und die Profite (P).

$$p = \frac{K}{q} + \frac{M\,(Z + G_r + P)}{q}$$

Weil in den Stückkosten der einzelnen Wirtschaftszweige, neben den Arbeitsentgelten für die abhängig Beschäftigten, immer auch *Vorleistungen* der liefernden Wirtschaftszweige enthalten sind, kommt es hier zu Doppelzählungen, wenn diese nicht beseitigt werden.

So sind beispielsweise in den eingekauften Materialaufwendungen der Automobilhersteller neben den Rohstoffen, die Personalaufwendungen, Abschreibungen und Mehrwertverrechnungen der Stahl liefernden Unternehmen enthalten. Man muss sich hier immer wieder wundern, dass dieser triviale Tatbestand offensichtlich selbst so manchem Ökonomen nicht geläufig ist. Ansonsten würde hier nicht ständig die Personalintensität (Personalaufwand in Relation zum Umsatz) mit der Lohnquote (Personalaufwand in Relation zur Wertschöpfung) verwechselt. Betriebswirtschaft ist eben keine Volkswirtschaft.

Die finale, um die Vorleistungen, bereinigte gesamtwirtschaftliche Preisgleichung reduziert sich deshalb immer auf die verbleibenden Lohnstückkosten (L/q) und dem verrechneten Mehrwert je Stück $(M(Z+G_r+P))/q$.

$$p = \frac{L}{q} + \frac{M\,(Z+G_r+P)}{q}$$

$$W = p * q = L + M\,(Z+G_r+P)$$

Hier zeigt sich dann im Ergebnis die *Verteilung der Wertschöpfung* (W) zwischen den Lohnempfängern und den Mehrwertempfängern vor staatlicher Umverteilung. Was die einen bekommen, können die anderen nicht mehr haben. Steigt dabei die Wertschöpfung inflationär, so steht auch nominal mehr zur Verteilung zwischen Kapital und Arbeit zur Verfügung. Preise sind Verteilungsmasse. Wer am Ende die Preissteigerungen erhält, entscheidet in der kapitalistischen Ökonomie aber immer die *Machtfrage*. Wer die größte Macht hat, bekommt auch am meisten ab. Können hier die Gewerkschaften die gestiegenen Preise in den Lohnverhandlungen nicht kompensieren, sinken also die Reallöhne, so kommt es zu einer Umverteilung zu den Mehrwertempfängern, wobei es auch hier einen inhärenten Verteilungskampf der »feindlichen Brüder« (Karl Marx) gibt. Dies erklärt u.a. den Frust der Geldkapitaleigner beim Vorliegen negativer Realzinsen und freut die Immobilieneigentümer, wenn die nominalen Mieten mehr steigen als die Inflationsrate. Der Preis ist im Kapitalismus eben die *schärfste Waffe* eines jeden Unternehmers, hat uns schon 1776 der liberale und herausragende Ökonom Adam Smith ins Stammbuch geschrieben. Nicht nur dass der Unternehmer, ausgestattet mit einer verfassungsrechtlich abgesicherten unternehmerischen Freiheit, den Preis für seine Produkte am Markt bestimmt, nein, er weiß natürlich auch, wenn er die Preise erhöht, dass er mit seinem Unternehmen nichts zusätzlich dafür leisten muss. Die Kosten nehmen ohne Mehrproduktion nicht zu und es kommt so zu einer *leistungslosen Profiterhöhung*.

Deshalb sollen Preiserhöhungen, so jedenfalls die marktwirtschaftliche Ideologie, durch *Wettbewerb* verhindert werden. Dieser sorge schließlich dafür, dass die Preissetzungsmacht der Unternehmer restringiert würde. Wettbewerb sei das »genialste Entmachtungsinstrument« (Franz Josef Böhm) in einer marktwirtschaftlich-kapitalistischen Ordnung. Und außerdem sei da noch die Marktgegenseite, die der Nachfrager. Hier müssten selbst marktmächtige Unternehmen die Preiselastizität der Nachfrage beachten. Das ist richtig, wenn denn eine solche Preiselastizität gegeben ist. Bei einer überwiegend anzutreffenden unelastischen Nachfrage ist dies aber nicht der Fall. Und von einer hohen marktimmanenten Konzentration, von Zentralisationsprozessen und daraus folgenden Marktmachtmissbräuchen auf der Angebotsseite, geschweige denn von Kartellen, wollen die Marktapologeten hier natürlich auch nichts wissen. Sie erkennen zwar die empirisch nicht zu leugnende Problematik und sprechen von unschönen »marktwirtschaftlichen Entartungen«, sie wollen es aber dennoch einfach nicht wahrhaben, dass die Ausschaltung von Wettbewerb, letztlich das Monopol oder Monopson, nicht eine »Entartung«, sondern das *permanente Ziel* aller Unternehmer ist. Schließlich ist der Preis eines Monopolisten immer der höchste und der Einkaufspreis eines Monopolisten der niedrigste, was übrigens auch die Ambivalenz von Preisen zeigt. Der Verkäufer freut sich über Preissteigerungen und der Nachfrager ärgert sich, et vice versa.

Um die Beschäftigten, aber aus ideologischen Gründen auch die allgemeine Öffentlichkeit, im Verteilungskampf um Wertschöpfungen über Preise möglichst zu mystifizieren, wurde hier die Mär von einer *Lohn-Preis-Spirale* erfunden. Lägen die Nominallohnsteigerungen oberhalb der Arbeitsproduktivitätszuwächse, dann käme es zu lohnkosteninduzierten Preissteigerungen. Eine solche Argumentation übersieht jedoch wissentlich, dass jede Preisgleichung, wie dargelegt, immer aus Lohnstückkosten und Stückgewinnen besteht, wenn wir einmal die Zinsen und die Grundrente als Mehrwertgrößen in der Gleichung außen vorhalten. Steigen hier dann tatsächlich in der Gleichung die Lohnstückkosten, dann kommt es aber nur dann zu Preissteigerungen, wenn die Stückgewinne der Kapitaleigner konstant bleiben sollen. Genau das wollen sie natürlich und deshalb wurde die Lohn-Preis-Spirale erfunden. Würde es dagegen zu einer Umverteilung von den Gewinn- zu den Lohneinkommen kommen, und in Folge würden die Stückgewinne sinken, dann gäbe es auch keine Preissteigerungen. Und zu Preissteigerungen muss es auch nicht kommen, wenn die Arbeitsentgelte mit der Produktivitätsrate zulegen. Dann erhöhen sich nämlich mit exakt gleicher Rate auch die Gewinne.

Fazit

Die *exogenen Ursachen* (Pandemie, Krieg) der Inflation müssen hingenommen werden. Zur Abfederung von Inflationshärten muss es aber zu einem *gezielten Ausgleich* aller einkommensschwachen Haushalte (auch der Rentner-, Arbeitslosen- und Studierendenhaushalte) kommen. Die hier bisher von der Ampel-Regierung aufgelegten Entlastungen reichen weder aus, noch sind sie zielgenau. Indirekte Steuersenkungen, wie manche fordern, sind hier kontraproduktiv.

Von den exogenen Inflationsursachen sind die *endogenen (internalisierten) Preissteigerungen* auf Grund der Energiewende zum Klimaschutz zu unterscheiden. Diese halten sich bis heute noch in Grenzen. Es wird hier aber mittel- und langfristig zu kräftigen Preiserhöhungen kommen müssen. Auch diese werden die einkommensschwachen Haushalte in einer insgesamt zerrissenen Gesellschaft aber Übergebühr hart treffen. Der Ausgleich kann dabei nicht mehr durch eine *staatliche Sekundärverteilung* erfolgen. Dies entspräche lediglich einer nicht zielführenden *Symptompolitik*. Notwendig ist hier eine *ursachenorientierte Politik*, die auf Basis der allgemein gültigen Preisgleichung die *Primärverteilung* berücksichtigt bzw. in den wirtschaftspolitischen Fokus rückt. Hier sind die Gewerkschaften gefordert. Sie werden aber politische Unterstützung brauchen. Ziel muss mindestens eine *Verteilungsneutralität* zwischen Kapital und Arbeit sein. Dann gibt es auch keinen Grund für Preissteigerungen bzw. Inflation. Und selbst bei einer Umverteilung zu Gunsten der Beschäftigten mit steigenden Lohnstückkosten müssen die Preise nicht steigen. Im Ergebnis würden so lediglich die Stückgewinne sinken. Dies wäre dann ein Beitrag in die richtige Richtung. In eine verbesserte und gegen eine ansonsten noch zunehmende zerrissene Gesellschaft, in der der Umwelt- und Klimaschutz dann auch keine Chance mehr hat.

Online-Zeitschrift MAKROSKOP, 1. Juni 2022

Dominanz des Kapitals und seiner Manager

Der Kapitalismus heißt als Ordnung Kapitalismus, weil es hier letztlich nur die Herrschaft der Kapitaleigentümer gibt. Sie haben das Sagen. Nicht alle Kapitalisten arbeiten aber heute selbst noch in ihren Unternehmen. In Kapitalgesellschaften mit einer breiten Eigentümerstruktur, wie in großen Aktiengesellschaften, ist das auch nicht mehr möglich. Die Eigentümer lassen hier ihre Unternehmerfunktion durch angestellte Manager ausüben, die wenig innovativ sind und mehr verwaltend arbeiten. Für Joseph A. Schumpeter wird damit die Dynamik der unternehmerischen »schöpferischen Zerstörung« untergraben und der Kapitalismus letztlich untergehen.

Wie Manager die Wirtschaft belasten

Politiker und Funktionäre von Unternehmerverbänden sehen die Arbeitslosigkeit im Wesentlichen darin begründet, dass der Arbeitsmarkt »rechtlich verkrustet« und »durch ein Tarifkartell zementiert« sei. Dabei übersehen sie regelmäßig, dass sich der Mensch, der auf dem Arbeitsmarkt seine Arbeitskraft anbietet, gegenüber dem nachfragenden Unternehmen in einer wesentlich schlechteren Verhandlungsposition befindet. Er ist dringender auf das Zustandekommen eines Arbeitsvertrages angewiesen als das nachfragende Unternehmen. Er braucht lebensnotwendig ein Einkommen und kann weniger lange warten als der Unternehmer mit seinem laufenden Geschäftsbetrieb. Außerdem hat er in der Regel eine geringere Auswahl an möglichen Kontraktpartnern und mehr Konkurrenten. Das gilt besonders bei Massenarbeitslosigkeit. Trotz dieser strukturellen ökonomischen Nachteile des »Faktors Arbeit« haben Politiker und erst recht die Unternehmer offensichtlich keine Probleme, die ohnehin schwache Position der abhängig Beschäftigten noch weiter zu schwächen und damit die Ausbeutungsrate zu erhöhen. Für die Massenarbeitslosigkeit machen sie gern mangelnde Flexibilität der Arbeitskräfte verantwortlich – als könne davon ernsthaft die Rede sein, wenn pro Jahr in Deutschland rund sechs Millionen Menschen ihren Unternehmer wechseln.

Die Politik sollte sich vielmehr mit den Strukturproblemen und Schwächen im deutschen Management beschäftigen. Denn da mangelt es wahrlich an Flexibilität. Doch das scheint ein Tabuthema in der deutschen Debatte zu sein. Das einzige, was deutschen Unternehmern und so genannten Top-Managern – häufig »Nieten in Nadelstreifen«, wie Günther Ogger sie nennt – zur immer wieder geforderten Stärkung der Wettbewerbsfähigkeit deutscher Unternehmen einfällt, ist der Ruf nach Lohnkürzungen, Steuersenkungen und staatlichen Subventionen. Derartige Forderungen sind nichts anderes als der Ausdruck für ein rein repetitives Denken und nicht selten sogar für absolute Unfähigkeit. Kreative Unternehmer im Sinne des vielzitierten österreichischen Nationalökonomen Joseph A. Schumpeter bringen ihre Unternehmen durch Innovationen nach vorne. Sie wissen – und es wird auch noch gelegentlich in Sonntagsreden zitiert –, dass man Vorsprungsgewinne und die Substanz eines Unternehmens in einer Wettbewerbswirtschaft langfristig nur sichern kann, wenn man »den Menschen in den Mittelpunkt des Unternehmens stellt« und ihn nicht nur als ein Ausbeutungsobjekt sieht. Unternehmer sollten auch wissen, dass nur die Arbeitskraft in der Lage ist, im Unternehmensprozess einen verkaufbaren Neuwert zu schaffen, und dass es dazu motivierter Mitarbeiter bedarf, die von sich aus innovative Veränderungen anstoßen und umsetzen. Lohnzurückhaltung und staatliche Alimentierung dagegen wirken ökonomisch wie eine Prämie für innovationsfaule Unternehmen, Lohnkostenabbau mindert die Konsumnachfrage und behindert damit die Einführung neuer, besserer Produkte. Aus Untersuchungen ist hinlänglich bekannt, dass das Top-Management die meiste Zeit mit Korrespondenz, Besprechungen, Datenüberprüfungen sowie Konflikt- und Reklamationsbereinigung verbringt. So ist es nicht erstaunlich, dass Hochkreative in den Führungsetagen eine kleine Minderheit sind. Häufiger trifft man hier auf Bewahrer ohne Risikobereitschaft – theoretisch die Tugend des Unternehmers/Managers schlechthin – und nicht selten gar auf sture Bedenkenträger mit tödlicher Verwaltungsmentalität. In Managementunternehmen zählt der neue Fünfjahresvertrag für das Vorstandsmitglied oder den Geschäftsführer mehr als alles andere. Allein die »Elite-Vorstände« Breuer, jetzt Ackermann (Deutsche Bank), Schrempp (Daimler-Chrysler), Wiedeking (Porsche), Neukirchen (MG Technologies) und Schumacher (Infineon) kassieren im Jahr zusammen 34 Millionen Euro an Einkommen. Gerade dadurch verlieren sie offenbar alle Skrupel, andere Menschen zu entlassen und berechtigte, ökonomisch notwendige Tariflohnforderungen von Gewerkschaften als »völlig überzogen« zurückzuweisen. Tausendfaches Missmanagement – viel zu wenig thematisiert, auch nicht von den Gewerkschaften – gehört mit zu den Ursachen von Massenarbeitslosigkeit, wirtschaftlicher Stagnation, öffentlicher Verschuldung und Sozialabbau (siehe exemplarisch den aktuellen Fall der Berliner Bankenkrise). Nicht selten entsteht es aus reinem Macht- und Prestigedenken. Das gilt auch für manche betriebswirtschaftlich irrationelle Fusion, die sich schnell als Flop erweist. Leidtragende sind dann nicht die Manager, sondern die Beschäftigten in den Unternehmen, die ihre Arbeitsplätze verlieren – ganz zu schweigen von der Kapitalvernichtung, der Enteignung von Anlegern.

Es ist deswegen nicht verwunderlich, dass der Deutschland-Chef von McKinsey, Herbert Henzler, die viel zu wenig unternehmenden »Unternehmer« als Standortnachteil beklagt. Und dieses Urteil trifft nicht nur für Konzernmanager zu. Auch in den mittelständischen

Unternehmen, die vom Eigentümer selbst gemanagt werden – oft als das Rückgrat der deutschen Wirtschaft gerühmt –, ist der Gewinn die alles verdrängende und damit entscheidende Handlungsdevise. Auch hier reduzieren sich unternehmerische Konzepte zumeist auf destruktiven Personalabbau und Kostenmanagement. Die Entwicklung neuer Produkte und Produktionsverfahren, neuer Märkte und Vertriebswege kommen nur in Ausnahmefällen als Plangröße vor. In der Regel fehlt hier selbst ein betriebliches und mitarbeiterzentriertes Ideenmanagement. Viele Unternehmen werden autoritär-patriarchalisch »nach Gutsherrenart« geleitet. Den Beschäftigten wird offene Information und damit jegliche wirksame Partizipation vorenthalten. Wie kann sich aber in einem Klima der Einschüchterung und Existenzangst Motivation von Mitarbeitern entfalten? Eine Betriebswirtschaft, die Beschäftigte nur als Kostenfaktoren sieht und ihre Fähigkeiten, Erfahrungen, Ideen, Interessen, Bedürfnisse missachtet, verzichtet auf entscheidende Impulse wirtschaftlicher Entwicklung. Mit diesen schwerwiegenden Strukturproblemen sollte sich Politik beschäftigen. Als Warnsignal müssten auch Nachrichten aus den USA wirken: Mit Bilanzfälschungen und andere Betrügereien haben viele Manager versucht, unternehmerische Leistungen vorzutäuschen. Zurzeit wird dort gegen mehr als 60 Großunternehmen wegen Bilanzfälschung ermittelt.

Ossietzky. Zweiwochenschrift für Politik/Kultur/Wirtschaft, Heft 22/2002

Unternehmer sind »erfinderisch«

Der nur in der Produktion durch Ausbeutung des abhängig Beschäftigten entstehende Mehrwert, bestehend aus Gewinn, Zins und Grundrente, muss auf dem Markt realisiert werden. Dies ist, unter Konkurrenzbedingungen, ein Risikoprozess. Hier können Verluste entstehen, für die, so der neoliberale Ökonom Friedrich

August von Hayek, der Unternehmer zu haften habe. Schließlich würde ihm im Kapitalismus, auf Grund seines Eigentums an den Produktionsmitteln, auch der Gewinn zufallen. Die Haftungsfrage ist hier schon immer von Ökonomen ideologisch als Gewinnrechtfertigung eingebracht worden. Sie ist aber eine Mär bzw. beschränkt sich allenfalls nur auf die originäre Eigenkapitaleinlage bei Gründung eines Unternehmens. Die danach thesaurierten Gewinne zur Eigenkapitalerhöhung stammen nicht mehr von den Unternehmern. Dies suggerieren sie aber der Öffentlichkeit, die daran offensichtlich glaubt, selbst die Gewerkschaften. Heute empfinden die meisten Unternehmer schon einen Gewinnrückgang als »Verlust« und kürzen das Einkommen der Beschäftigten oder entlassen sogar ihr Personal.

Und ist der Verwertungsprozess ihres Kapitals auf den Märkten besonders risikoreich, dann greifen sie (insbesondere immer mehr mittelständische Unternehmer) zu einem ganz neuen aber besonders schäbigen Trick. Sie gliedern die Assets, also ihre Maschinen und Grundstücke, aus ihren Unternehmen aus und bringen diese in eine Besitzgesellschaft ein. Damit haben die nach Hayek haftenden Unternehmer ihr unternehmerisches Risiko, ihr angeblich eingesetztes Eigenkapital zu verlieren, völlig eliminiert. Was bleibt, ist eine reine Produktionsgesellschaft mit abhängig Beschäftigten. Diese ist aber bei der Produktion auf die Assets der Besitzgesellschaft angewiesen und muss sie deshalb von der Besitzgesellschaft pachten, was eine zumeist hohe Pachtzahlung bedeutet. Ein weiterer positiver Effekt für die risikolosen Eigentümer der Assets bzw. der Besitzgesellschaft. Und treten bei der Produktionsgesellschaft womöglich Verluste auf, dann müssen ausschließlich die Beschäftigten das Risiko mit Einkommenskürzungen und Entlassungen tragen. Denn über Eigenkapital verfügt die Produktionsgesellschaft nicht, was dann besonders bei einer Insolvenz für die Beschäftigten wehtut, weil sie nicht einmal mehr einen Sozialplan zu erwarten haben. Da soll noch einer sagen, Unternehmer seien nicht »erfinderisch«.

Frankfurter Rundschau, 27. Juni 2019

Die Ideologie der Verbände

Da beklagen sich der Verband der Chemischen Industrie oder auch andere Industrieverbände über zu hohe Energie- insbesondere Stromkosten. Die Wettbewerbsfähigkeit der deutschen Industrie sei hochgradig bedroht. Die Industrielobbyisten wissen, dass dies ökonomischer Unsinn ist und setzen dabei ideologisch zur Durchsetzung ihrer Interessen auf die Unwissenheit der Öffentlichkeit. Worin besteht der Unsinn? Erstens: Unsere Wirtschaftsordnung basiert auf Wettbewerb. Wollen die Verbände diesen abschaffen? Natürlich wollen sie das! Das Ziel von Unternehmern ist immer Ausschaltung von Konkurrenz – das Monopol. Zweitens: Eine Branche und ihre Unternehmen können in einer Volkswirtschaft durch Kostenerhöhungen in den Vorleistungen im Wettbewerb nicht bedroht werden, weil alle Unternehmen mit den gleichen Kostenerhöhungen konfrontiert werden. Ein Wettbewerbsnachteil könnte allenfalls in einem internationalen Kontext entstehen. Dieser ist aber bei gigantischen Exportüberschüssen der deutschen Industrie nicht im Geringsten erkennbar. Drittens: Ordnungsinhärent sollen Kostenerhöhungen durch Produktivitätssteigerungen kompensiert werden. Steigen hier die Energie- und Stromkosten, so sind die nachfragenden Unternehmen dieser Vorleistungen aufgefordert diese Kostenarten in ihren Unternehmen durch Einsparungen zu senken. Preise haben in funktionierenden marktwirtschaftlichen Ordnungen eine Lenkungs- und Allokationsfunktion. Viertens: Jede Preisgleichung besteht aus Stückkosten und Mehrwert je Stück. Steigen hier die Stückkosten, so müssen nicht auch die Preise steigen und damit ein Wettbewerbsnachteil auf internationalen Parket entstehen. Wie wäre es mit Mehrwertabsenkungen pro Stück? Ach ja, das geht aus Kapitalistensicht natürlich nicht. Fünftens: Am Ende wird in der Ökonomie erst abgerechnet. Hier sind Kostensteigerungen des einen die Gewinnsteigerungen des anderen. Es gilt die Gleichung Kosten gleich Einkommen. Dies zeigen uns die Wertschöpfungsrechnungen in und zwischen den einzelnen Wirtschaftsbranchen. Deshalb bleiben in der gesamtwirtschaftlichen Rechnung immer auch nur das

Arbeitsentgelt sowie die Unternehmergewinne und Vermögenseinkommen übrig. Sechstens: Die Verteilung der Wertschöpfungen ist extrem widersprüchlich und geht in der Regel zu Lasten der abhängig Beschäftigten aus. Und damit ist dann insgesamt auch die Ideologie der Verbände erklärt.

Frankfurter Rundschau, 29. September 2021

Abhängig Beschäftigte und Kapitalismus

Der Kapitalismus ist nur dann als System möglich, wenn es Menschen gibt, die zwar rechtlich frei, aber wirtschaftlich genötigt sind, jeden Tag ihre Arbeitskraft an Kapitaleigentümer verkaufen zu müssen. Sie sind systemkonstituierend, wie der Soziologe Max Weber schrieb. Der abhängig Beschäftigte wird vom Kapitaleigner aber immer nur dann auf den Arbeitsmärkten nachgefragt, wenn zwei Bedingungen erfüllt sind: Für den Abhängigen muss Arbeit vorhanden sein und die Arbeitskraft muss dem Kapitalisten einen Mehrwert erbringen. Fehlt eine Bedingung, so gibt es keine Nachfrage nach Arbeitskräften oder bei zuvor erfolgter Einstellung ihre Entlassung.

»Arbeitnehmer« – »Arbeitgeber«

Sprache ist die Fähigkeit zur Kommunikation. Mit Sprache wird aber manipuliert, suggeriert und mystifiziert. Exemplarisch sei hier in der Ökonomie auf das in den allgemeinen Sprachgebrauch übergegangene Begriffspaar »Arbeitnehmer-Arbeitgeber« verwiesen. Damit wird eine ökonomische Realität aufs Schlimmste verdreht und Verdummung betrieben. Der »Arbeitgeber«, so wird hier suggeriert, ist der Gute. Er gibt die Arbeit, den Arbeitsplatz. Und der »Arbeitnehmer«, der die Arbeit nimmt, hat dafür stetig dankbar zu sein. In Wirklichkeit ist aber der sogenannte »Arbeitnehmer« derjenige, der dem »Arbeitgeber« seine Arbeitskraft anbietet (gibt). Der »Arbeitgeber« ist der Nachfrager. Er kann überhaupt keine Arbeit geben. Die einzige Arbeit die er geben kann, ist seine eigene Arbeitskraft, weil diese, wie bei jedem Menschen, mit ihm untrennbar verbunden ist. Ökonomisch entscheidend ist, dass es im Kapitalismus abhängige Menschen gibt, die bezüglich ihrer Arbeitskraft, auf die Nachfrage von Kapitaleigentümern (Unternehmern) angewiesen sind. Ohne diese Abhängigen gäbe es das System überhaupt nicht. Die Unternehmer haben systemisch das »Investitionsmonopol« (Erich Preiser). Nur ihnen gehören die sächlichen Produktionsmittel, ohne die sich die Arbeitskraftanbieter im Produktionsprozess nicht verwerten können. Werden sie von Unternehmern an den Arbeitsmärkten nicht nachgefragt, haben sie ökonomisch keinen Wert. Dies zeigt sich brutal bei den Millionen von Arbeitslosen, deren Arbeitszeit zwanghaft auf null gesetzt ist bzw. die nicht nachgefragt werden. Unternehmer fragen dabei immer nur dann Arbeitskräfte nach, wenn sie für diese Arbeit haben und wenn der für die Arbeit gezahlte Lohn kleiner ist als der verkaufbare Wert der Arbeit – die Unternehmer also aus den Beschäftigten einen Mehrwert saugen können. Man muss daher den Unternehmern nicht dankbar sein. Sie sind keine Altruisten. Sie geben keine Arbeit, sie nehmen die Arbeit. Und dies nur zur eigenen Bereicherung. Wir sollten deshalb mit der sprachlichen Mystifikation aufhören und nur noch von abhängig Beschäftigten und Unternehmern bzw. Kapitaleignern reden. Alles andere hat mit der wirtschaftlichen Realität nichts zu tun. Schon gar nicht der pervertierte Begriff eines »Arbeitskraftunternehmers«.

Frankfurter Rundschau, 30. November 2016

Bewusstsein gesucht

Karl Marx schrieb: »Das Sein bestimmt das Bewusstsein.« Was heißt das aber heute, in einem hochentwickelten sowie global und finanzmarktgetriebenen Kapitalismus mit stark zunehmenden digitalen

Verwerfungen in einer jetzt beginnenden vierten industriellen Revolution? Klassenbewusstsein ist, wenn überhaupt, nur noch schwerlich identifizierbar. Das Wort Proletarier ist dagegen schon eher zu einem Schimpfwort geworden, wo sich doch alle im Kapitalismus nach Besserem und Höherem sehnen. Wie soll es aber in einer widersprüchlichen und konkurrenzgetriebenen Ordnung Allen bessergehen? Hier gibt es immer Gewinner und damit auch Verlierer. Adam Smith schrieb schon 1776: »Was die einen bekommen, können die anderen nicht mehr haben.« Und Bertolt Brecht brachte es auf den Punkt: »Reicher Mann und armer Mann standen da und sah'n sich an. Da sagt der Arme bleich: Wäre ich nicht arm, wärst du nicht reich.« Eigentlich ist es eine triviale ökonomische Erkenntnis, dass in einer *Konkurrenzwirtschaft* nicht alle gegeneinander erfolgreich sein können. Kapitalisten wissen das natürlich, und sie reagieren darauf mit Internationalisierungen, Monopolisierungen und Kartellierungen. Mitte des 19. Jahrhunderts haben schon Karl Marx und Friedrich Engels und zu Beginn des 20. Jahrhunderts Wladimir Iljitsch Lenin alles dazu Notwendige aufgeschrieben. Internationale und transnationale Konzerne sind das heutige Ergebnis. Deren originäre Gründer haben noch Marx, Engels und Lenin studiert. So wussten sie, was sie im Kapitalismus zu tun und umzusetzen hatten.

Die Forderung »*Proletarier aller Länder, vereinigt euch*«, sozusagen als universelle »Countervailing power« (John Kenneth Galbraith) in kapitalistischen Ordnungssystemen, blieb dagegen eine Vision von Marx und Engels, beschrieben 1848 im »Kommunistischen Manifest«. Das Manifest ist heute berechtigterweise, neben dem epochalen Werk »Das Kapital. Kritik der politischen Ökonomie« von Marx, ein Weltkulturerbe der UNESCO. Und trotzdem ist die Marxsche Lehre als fester Bestandteil im Curriculum an wirtschaftswissenschaftlichen Hochschulfakultäten, mit Ausnahme von China, nicht zu finden, und angehende Ökonomen müssen in Folge u.a. auch nicht befürchten, den »tendenziellen Fall der Profitrate« erklären zu müssen. Das ist schlicht ein wissenschaftlicher Skandal und zeigt uns den heute an Hochschulen gelehrten Kontext einer »Vulgärökonomie« (Marx). Selbst der bürgerliche Ökonom und Brite Sir John Maynard

Keynes, der von Marx nicht viel hielt, wird heute allenfalls mit seiner »Bastard-Keynesianischen« (Joan V. Robinson) Variante eines antizyklischen staatlichen Verhaltens in Bezug auf konjunkturelle Zyklen in der Wirtschaft gelehrt, um ihn dann aber sofort wieder mit staatlichen Schuldbremsen in »Gefangenschaft« zu nehmen. Und wo bleiben da die heute abhängig Beschäftigten? Abhängig von den Verwertungsbedingungen und Launen des Kapitals? Wo bleibt da die Solidarität unter Beschäftigten, die von der Nachfrage der Kapitaleigentümer abhängig sind? Wie soll es hier, in einem das Ganze überlagernden Konkurrenz-Kapitalismus Solidarität geben? Das ist ein Paradoxon, das sich auch darin zeigt, dass nur jeder *siebte abhängig Beschäftigte* in einer der acht DGB-Gewerkschaften organisiert ist. Darunter leidet dann nicht nur die Streikbereitschaft. Geschwächte Gewerkschaften rufen fast nur noch zu kurzen Streikaktionen auf und scheuen offensichtlich einen unbefristeten oder zumindest längeren Streik per Urabstimmung, denn der könnte in Anbetracht von dann zu zahlenden hohen Streikgeldern teuer werden und womöglich nicht mehr finanzierbar sein. Die Tarifbindung liegt mal gerade noch bei 50 Prozent, und es gibt immer mehr betriebsratslose Betriebe. Rund 20 Millionen Beschäftigte müssen ihr Arbeitsentgelt und ihre Arbeitszeit individuell mit dem Unternehmer verhandeln. Wer da der Verlierer ist, muss hier nicht ausgeführt werden. Die »Verhandlungen« kommen mehr einem Betteln gleich. Warum verstehen die systemisch Abhängigen nicht, dass sie nur in einer Koalition bessere Möglichkeiten haben?

Dies erklärt sich aus einer »Trittbrettfahrer-Mentalität« der Beschäftigten. Der individualisierte Abhängige fragt sich, warum soll ich mich mit einer Gewerkschaftsmitgliedschaft solidarisch an dem Zustandekommen und an der Finanzierung des kollektiven Tarifvertrages beteiligen, wenn ich auch ohne Mitgliedschaft das Ergebnis des (womöglich auch noch nur schlechten) Tarifabschlusses erhalte? Das Ergebnis ist dann eine das Kollektiv insgesamt schädigende Entsolidarisierung. Und natürlich hat auch schon immer eine hohe chronische Arbeitslosigkeit ihren Anteil an der Entsolidarisierung und nicht zuletzt auch das mit dem neoliberalen Paradigma geschaffene Arbeitsprekariat. Jeder fünfte Beschäftigte in Deutschland zählt mittlerweile dazu – Solidarität fehl am Platze. Im Gegenteil: Die Mitglieder der Unterschicht, die es nach Franz Müntefering, dem ehemaligen SPD-Vorsitzenden mit Realitätsverlust, gar nicht gibt, bekämpfen sich noch untereinander, anstatt die Verursacher ihres Elends anzugehen. Diese bleiben unerkannt. Sie sitzen heute irgendwo in der Welt und verstecken ihr Vermögen in anonymen Kapitalfonds und/oder halten Anteile in Unternehmen, nicht selten als stille Teilhaber. Dabei haben sie willige Helfer in der Politik und halten sich Wissenschaftler, die für einen freien Kapitalverkehr in der Welt sorgen. Und die Presse? Wem gehört sie? Natürlich Kapitaleignern, die man hier Verleger nennt. Und was wollen diese in ihren Zeitungen lesen?

Kapitalismus, das sollte man wissen, basiert auf vielen systeminhärenten Widersprüchen und Ausbeutungsmechanismen, funktional zwischen Arbeit und Kapital sowieso, aber auch innerhalb der Klassen beuten hier Arbeiter Arbeiter und Kapitalisten Kapitalisten aus und beide in einer unheilvollen Koalition die Natur. Im Kapitalismus, dafür braucht man Marx nicht, das steht selbst in jedem BWL-Buch, geht es immer nur um maximalen Profit für ein paar wenige Kapitaleigner und deren erweiterte Kapitalakkumulation. Die BWL erklärt hier ausführlich, wie das geht. Sinkt die Profitrate, so reagiert das Kapital im System mit seinen immanenten kapitalzentrierten einzelwirtschaftlichen Mechanismen. Schließlich kommt es zu einem Investitionsattentismus, zu Arbeitslosigkeit und Lohnverfall, Arbeitszeitverlängerungen und schlechteren Arbeitsbedingungen, bis auch hier die Grenzen erreicht sind. Abgesichert wird dies durch ein in der Ökonomie wirkendes Rechtssystem, das letztlich auf unternehmerischer Freiheit und Privateigentum an Produktionsmitteln basiert und das Kapital hofiert. Trotz einer Pseudo-Mitbestimmung, sowohl betrieblich als auch unternehmerisch, haben die abhängig Beschäftigten in den Einzelwirtschaften nichts zu sagen. Kapitaleigner (und ihre angestellten und hochbezahlten Top-Manager) können die abhängigen und machtlosen Beschäftigten jederzeit gegeneinander ausspielen, wenn es um Arbeitsentgelte,

Arbeitsplätze und Investitionen zum Erhalt der Unternehmen und ihrer Standorte geht. Die Beschäftigten werden so bewusst entsolidarisiert und schließlich individualisiert, und sie träumen dennoch von Freiheit. Hier kann man dann wohl mit Kurt Tucholsky sagen: »Oh hochverehrtes Publikum, sagt einmal, bis du wirklich so dumm, wie uns das an allen Tagen alle Unternehmer sagen.« Die Abhängigen verstehen nicht, dass sie systemkonstituierend sind, wie der Soziologe Max Weber schon 1924 schrieb. Der Kapitalismus funktioniert als System nur dann, wenn es Menschen gibt, die zwar rechtlich frei, aber wirtschaftlich genötigt sind, ihre Arbeitskraft jeden Tag verkaufen zu müssen. Dabei verkaufen sie aber nicht den Wert ihrer Arbeit, der ihnen gar nicht gehört, sondern nur die Bewertung ihrer darunterliegenden Arbeitskraft. Die Differenz, den Mehrwert (Zins, Grundrente, Profit), bekommen ausschließlich die Kapitaleigner.

Wie schrieb schon der liberale englische Ökonom, John Stuart Mill? Der Grund des Mehrwerts ist, dass die Arbeit mehr produziert als zu ihrem Unterhalt, für ihre Reproduktion, erforderlich ist. Das ist der tiefe ökonomische Kern, den abhängig Beschäftigte und auch ihre Gewerkschaften selbst heute offensichtlich immer noch nicht verstanden haben oder wahrhaben wollen und deshalb natürlich auch kein Bewusstsein dafür entwickeln können. Man muss schon, würde Marx sagen, sein eigenes Sein, seine Realität erkennen, um überhaupt Bewusstsein entstehen zu lassen. Sonst bleibt man für immer ein mystifizierter Verlierer und ein auf ewig System-Gefangener und gehört zu den »Habenichtsen« (Oswald von Nell-Breuning). Hier gibt es keine Lösung in einem widersprüchlichen System. Weder für die arbeitenden Menschen noch für die Natur. Wer daher in Conclusio nicht die Systemfrage stellt, ist entweder ein Systemprofiteur oder versteht von den Dingen nichts. Im Befund manifestiert sich dann aber nur wieder das kapitalistische Gewinner- und Verlierer-Ergebnis. Wen wundert es da noch, dass es die Gewerkschaften in den Tarifverhandlungen unter dem heute verschärft neoliberal betriebenen Ausbeutungssystem vielfach nicht einmal mehr schaffen, einen Inflationsausgleich bei den Arbeitsentgelten durchzusetzen, ganz zu schweigen von einer Produktivitätspartizipation. Das Ergebnis heißt hier nur noch Umverteilung von den Arbeits- zu den Kapitaleinkommen. Seit der Wiedervereinigung zeigt das Kapital hier seine Durchsetzungsmacht. Auf Basis der gesamtwirtschaftlichen Lohnquote von 1993 haben die Beschäftigten in Deutschland von 1991 bis 2023 kumuliert über 4,1 Billionen Euro an Einkommen einbüßen bzw. an die Kapitaleigentümer abgeben müssen. Diese Umverteilung ist die Ursache für eine mittlerweile »zerrissene Gesellschaft« (Christoph Butterwegge) in Deutschland. Sie hat auf der einen Seite eine vermehrte Armut und auf der anderen Seite mehr funktionslosen Reichtum bewirkt. Dies hat nicht nur negative sozioökonomische, sondern auch demokratiezerstörende politische Wirkungen. Diese sind längst eingetreten und haben sich bereits im parlamentarischen Raum einer indirekten Demokratie verfestigt. Wie sagte der große deutsche Nachkriegssozialphilosoph Max Horkheimer: »Wer aber vom Kapitalismus nicht reden will, sollte auch vom Faschismus schweigen.«

Ossietzky. Zweiwochenschrift für Politik/Kultur/Wirtschaft, Heft 3/2024

Streik nur ein Palliativmittel im Kapitalismus

Der Arbeitskampf hat in einer widersprüchlichen kapitalistischen Ordnung eine entscheidende Voraussetzung: die von den Kapitaleignern abhängig Beschäftigten müssen erkennen und ein Bewusstsein dafür entwickeln, dass sie nur in einer Koalition, in einem gewerkschaftlichen Zusammenschluss, ihrer individuellen Unterlegenheit gegenüber den Kapitalisten etwas entgegensetzen können. Denn nur mit der Möglichkeit einer kollektiven (solidarischen) Verweigerung von Arbeit, mit Streik (aus dem Englischen »to strike work« – »die Arbeit hinschmeißen«), ist eine wirksame gewerkschaftliche Interessenvertretung gegenüber dem Kapital überhaupt möglich. Die wichtige solidarische Macht von Arbeitern beschreibt hier schon das 1863 von Georg Herwegh verfasste Gedicht und Bundeslied für den Allgemeinen Deutschen Arbeiterverein. »*Mann der Arbeit, aufgewacht! Und erkenne deine Macht! Alle Räder stehen still, wenn dein starker Arm es will!*«

Man kann dies auch ganz nüchtern aus der allgemeinen ökonomischen Produktionsfunktion ableiten. Ohne den Input der menschlichen Arbeitskraft kommt es hier zu keinem Output bzw. einer verteilbaren Wertschöpfung. Das wissen natürlich auch alle Kapitaleigner und deren Helfer in Politik, Wissenschaft und Medien und daher ist für sie auch jeder Streik ein Streik zu viel. So spekulierte 2003 der jetzige CDU-Vorsitzende und schon damalige Fraktionsvorsitzende der CDU/CSU im Deutschen Bundestag, Friedrich Merz, sogar ernsthaft über die Abschaffung des Streikrechts und bekam u.a. von der hilfswilligen Juristin Gisela Wild wohlwollende Unterstützung. »Was gibt den Gewerkschaften ihre Macht, obschon nur noch um die 20 Prozent der Beschäftigten bei ihnen Mitglied sind? Es ist vor allem die Drohung mit Streik. Die Zeit ist reif, diesen Schrecken zu bannen und die Rechtsgrundlagen des Streiks in Frage zu stellen, auch wenn die Gewerkschaften aufheulen mögen.«

Jeder Streik kostet dem Kapitalisten schlicht Mehrwertproduktion und damit Ausbeutung der Arbeitskräfte. Aber auch die Streikenden müssen Einkommensverluste hinnehmen und jeder Streik hat mittelbare Auswirkungen. Streiken die Lokführer warten die Zugreisenden am Bahnhof und streikt das Krankenhauspersonal warten die Patienten. Auch Lieferketten im industriellen Produktionsprozess können durch Streikmaßnahmen empfindlich mit hohen volkswirtschaftlichen Schäden unterbrochen werden. Dies alles aber nur, wenn auch länger und nicht nur kurzfristig die Arbeit verweigert wird.

Es hat lange gedauert, bis sich in Deutschland (Sachsen (1861) und Norddeutscher Bund (1865)) nach Abschaffung des Koalitionsverbots im 19. Jahrhundert überhaupt Gewerkschaften gründen konnten und so eine Gegenmacht zum Kapital entstand. Die erste gegründete Gewerkschaft war dabei 1865 der Allgemeine Zigarrenarbeiter-Verein. Der ehemalige Hochschullehrer für Wirtschafts-, Arbeits- und Sozialrecht sowie langjährige Justiziar der IG Metall, Michael Kittner, hat die lange Geschichte des Streiks in seinem Buch »Arbeitskampf, Geschichte, Recht, Gegenwart« aufgeschrieben. Der Befund ist allerdings ernüchternd, aber auch nicht überraschend: »Frieden im Kapitalismus mit den arbeitenden Menschen gibt es nicht.« Es bleiben am Ende vom Kapital ausgebeutete Lohnabhängige zurück. Deshalb müssen Kapitalisten und ihre Claqueure eigentlich auch nicht nervös werden. Der herausragende liberale Ökonom Adam Smith hat ihnen das schon 1776 in seinem epochalen Werk »Der Wohlstand der Nationen« gesagt, wer am Ende den Arbeitskampf immer gewinnt. »Es lässt sich leicht vorhersehen«, schrieb Smith, »welche der beiden Parteien unter normalen Umständen einen Vorteil in dem Konflikt haben muss und die andere zur Einwilligung in ihre Bedingungen zwingen wird. Die Unternehmer, der Zahl nach weniger, können sich viel leichter zusammenschließen. (...) In allen Lohnkonflikten können zudem die Unternehmer viel länger durchhalten. Ein Grundbesitzer, ein Pächter, ein Handwerksmeister, ein Fabrikant oder ein Kaufmann, ein jeder von ihnen könnte, selbst wenn er keinen einzigen Arbeiter beschäftigt, ohne weiteres ein oder zwei Jahre vom bereits ersparten Vermögen leben. Dagegen könnten viele Arbeiter ohne Beschäftigung nicht einmal eine Woche, wenige einen Monat und kaum ein ganzes Jahr überstehen. Für längere Zeit mag zwar der Unternehmer genauso auf den Arbeiter angewiesen sein wie umgekehrt dieser auf ihn, für kurze Zeit ist er es aber nicht.«

Zu einem ähnlich deprimierenden Befund für die Arbeiter und Gewerkschaften kam Karl Marx, wenn es um den Arbeitskampf geht. »Gleichzeitig und ganz unabhängig von der allgemeinen Fron, die das Lohnsystem einschließt,« schrieb der Philosoph aus Trier, »sollte die Arbeiterklasse die endgültige Wirksamkeit dieser tagtäglichen Kämpfe nicht überschätzen. Sie sollte nicht vergessen, daß sie gegen *Wirkungen* kämpft, nicht aber gegen die *Ursachen* dieser Wirkungen; daß sie zwar die Abwärtsbewegung verlangsamt, nicht aber ihre Richtung ändert; daß sie Palliativmittel anwendet, die das

Übel nicht kurieren.« Mit anderen Worten: Unter kapitalistischen Bedingungen gibt es keine Hoffnung für die Beschäftigten ihrer Ausbeutung zu entkommen. Sie haben für die Kapitalisten den Mehrwert zu produzieren und erhalten selbst nur einen Lohn, der regelmäßig unter dem Wert ihrer Arbeit liegt. So werden dann systeminhärent die Unternehmer reicher und reicher und die Arbeiter bleiben für immer »Habenichtse« (Oswald von Nell-Breuning).

Marx und auch Friedrich Engels sahen die Bedeutung von Gewerkschaften und Streik allerdings nicht nur in Bezug auf Arbeitsbedingungen und die Lohn- und Arbeitszeitfrage, sondern auch vor allen Dingen in ihrer politischen Rolle als »Sammelpunkte des Widerstands gegen die Gewalttaten des Kapitals.« Dazu führte Marx 1853 aus: »Um den Wert von Streiks und Koalitionen richtig zu würdigen, dürfen wir uns nicht durch die scheinbare Bedeutungslosigkeit ihrer ökonomischen Resultate täuschen lassen, sondern müssen vor allen Dingen ihre moralischen und politischen Auswirkungen im Auge behalten. (…) ohne ständigen Kampf zwischen Fabrikanten und Arbeitern, der in genauer Übereinstimmung mit jenen Schwankungen in den Löhnen und Profiten verläuft, würde die Arbeiterklasse Großbritanniens und ganz Europas eine niedergedrückte, charakterschwache, verbrauchte, unterwürfige Masse sein, deren Emanzipation aus eigner Kraft sich als ebenso unmöglich erweisen würde wie die der Sklaven des antiken Griechenlands und Roms.«

Und heute, wo ist das politische Bewusstsein der abhängig Beschäftigten in einem hochentwickelten und konzentrierten sowie gleichzeitig global und finanzmarktgetriebenen Kapitalismus mit stark zunehmenden digitalen Zügen noch zu finden? Das Bewusstsein ist bei den meisten Beschäftigten schlicht nicht (mehr) da. Sie sind in den letzten dreißig bis vierzig Jahren durch das von den Herrschenden in Politik und Wirtschaft gewollte und durchgesetzte neoliberale (marktradikale) Paradigma, durch einen Shareholder-Kapitalismus, entsolidarisiert bzw. individualisiert worden. Hier ist der arbeitende Mensch nur noch eine »Restgröße«. Helmut Kohls 1982 im Bundestag ausgerufene »Geistig moralische Wende« und die Forderung des Bundespräsidenten Roman Herzog, es müsse ein »Ruck durch Deutschland« gehen, haben hier nicht nur in der Ökonomie tiefe neoliberale negative Spuren befeuert, sondern auch in der gesamten Gesellschaft. Mit der marktradikalen »Wendepolitik« einher ging ein massiver politischer Angriff auf die Gewerkschaften und den Sozialstaat.

Das Kapital konzentrierte und zentralisierte sich immer mehr. Die Internationalisierung und Globalisierung der Wirtschaft machte diesen Prozess zur Absicherung von Kapitalinteressen und maximaler Profite notwendig. Hinzu kamen neue Finanzmarkt-Kapitalisten wie BlackRock & Co sowie Private-Equity-Investoren und Hedgefonds. Man kann hier empirisch zeigen, dass schon nur die Ankündigung des Europäischen Binnenmarkts eine riesige Fusionswelle allein in Deutschland ausgelöst hat. Immer mehr transnational aufgestellte Konzerne, die höchste Form der Wirtschaftskonzentration, entstanden in Folge. Thilo Bode, ehemaliger Geschäftsführer von Greenpeace Deutschland und International, spricht hier zu Recht von der »Diktatur der Konzerne«. Die Beschäftigten sind dabei die Verlierer. Kapitaleigner und ihre Manager:innen können die abhängigen und machtlosen Beschäftigten jederzeit gegeneinander ausspielen, wenn es um Arbeitsentgelte, Arbeitsplätze und Investitionen zum Erhalt der Unternehmen und ihrer Standorte weltweit geht. Jede angebliche Solidarität der Konzern-Beschäftigten und der »Mitbestimmungsgremien« untereinander, ist hier nicht einmal mehr ein Lippenbekenntnis. Der Europäische Betriebsrat hat nichts zu sagen und tut sich schon schwer, überhaupt an wirtschaftliche Konzerndaten zu kommen. Das ökonomische Wissen geht hier in der Regel gegen null. Und auch auf nationaler deutscher Ebene gibt es unter den Beschäftigten und Betriebsräten in den Konzernen, Unternehmen und Betrieben keine Solidarität. Wird ein Betrieb in einem Unternehmen oder ein Unternehmen im Konzern geschlossen, schauen die anderen tatenlos zu und »freuen« sich, dass der Kelch an ihnen vorübergegangen ist. Natürlich hat das Ganze auch was mit einer fehlenden Mitbestimmung zu tun. In Deutschland gibt es zwar zwei betriebliche und drei unternehmensbezogene Mitbestimmungsgesetze. Bis auf das Montan-Mitbestimmungsgesetz (dies gilt aber nur noch für 0,2 Prozent aller Beschäftigten) implizieren jedoch alle Gesetze keine paritätische Mitbestimmung zwischen Kapital und Arbeit. Deshalb kann man nicht von Mitbestimmung sprechen, sondern nur von einer Mystifikation.

Die Solidarität der abhängig Beschäftigten hat aber auch ein immanentes Problem: Arbeit ist nicht homogen. Die vielfältig anzutreffende Heterogenität von Arbeit und auch ihre organisatorische Hierarchie in den Unternehmen, und ebenso zwischen den unterschiedlichen Wirtschaftszweigen, entsolidarisiert die arbeitenden Menschen. So liegt traditionell der gewerkschaftliche Organisationsgrad bei den außertariflich und leitenden Angestellten fast bei null und die Gewerkschaften haben es auch nie geschafft einen Großteil der Ingenieure zu gewinnen, die für technische Veränderungen stehen. Und warum sollen sich Beschäftigte und ihr Betriebsrat eines Automobilkonzerns mit den Beschäftigten und Betriebsräten eines Zulieferers solidarisieren, wenn das Management des Automobilkonzerns Nachfragemachtmissbrauch betreibt und vom Zulieferer niedrigste Preise zu maximalen Mengen mit höchster Produktqualität verlangt? Schließlich profitieren irgendwie auch die Beschäftigten des Automobilkonzerns von dem Machtmissbrauch mit Profitverlagerungen. Siehe hier die hohen Prämienzahlungen der Autokonzerne am Ende des Geschäftsjahres an die Beschäftigten. Das sind dann beispielsweise bei Porsche schon mal 8.000 Euro pro Kopf.

Natürlich hat auch die hohe *chronische Arbeitslosigkeit* ihren Anteil an der Entsolidarisierung. Und zur Schwächung der Beschäftigtenkoalition hat ebenso massiv die Prekarisierung von Arbeit beigetragen. Jeder fünfte Beschäftigte ist hier in Deutschland im Prekariat gelandet. Das Ergebnis insgesamt führte zu einer Umverteilung der Wertschöpfungen zu Lasten der Arbeitsentgelte und zum Vorteil der Kapitaleinkommen. Dass die Gewerkschaften in den Tarifverhandlungen vielfach nicht einmal mehr einen Inflationsausgleich durchsetzen konnten, ganz zu schweigen von einer Produktivitätspartizipation, hat schließlich mit dazu geführt, dass heute nur jeder siebte abhängig Beschäftigte in einer der acht DGB-Gewerkschaften organisiert ist. Die Tarifbindung liegt mal gerade noch bei fünfzig Prozent und viele betriebsratslose Betriebe zeigen eine weitere bittere Wahrheit. Man beobachtet das Tarifgeschehen, wobei bei vielen Beschäftigten eine kontraproduktive »Trittbrettfahrer-Mentalität« an den Tag gelegt wird. Warum soll ich mich an dem Zustandekommen des kollektiven Tarifvertrages ohne Ausschlussprinzip mit einer Gewerkschaftsmitgliedschaft beteiligen, wenn ich auch ohnedem das Ergebnis des (nur schlechten) Tarifabschlusses erhalte? Das individuelle Verhalten fällt dann entsprechend aus. Darunter leidet auch die Streikbereitschaft. Im letzten Jahr waren es mal gerade 18 Streiktage auf 1.000 Beschäftigte und in den Jahren zuvor im Durchschnitt auch nicht mehr. Hinzu kommt, dass Gewerkschaften fast nur noch zu kurzen Stundenstreiks aufrufen und offensichtlich einen richtigen Streik per Urabstimmung scheuen, denn der könnte in Anbetracht von dann zu zahlenden Streikgeldern teuer werden und womöglich nicht mehr finanzierbar sein.

Und nicht zuletzt bildet auch das herrschende Recht Streikrestriktionen. Zwar billigt das Bundesarbeitsgericht (BAG) in Anbetracht der Tarifautonomie im Grundgesetz (Art. 9 (3) GG) den gewerkschaftlichen Streik. Betriebsräte dürfen hier gemäß § 74 (2) Betriebsverfassungsgesetz nicht streiken. Aber das Recht gesteht den Unternehmern auch die Aussperrung von Beschäftigten zu. Für das BAG ist dies eine notwendige »Kampfparität«. Dass das höchste Arbeitsgericht hier von einer Herstellung »gleicher Verhandlungschancen« spricht bzw. diese einfordert, zeugt aber entweder von einer völligen Negierung wirtschaftlicher Realitäten (hier sei dem Gericht zur Lektüre Adam Smith empfohlen) und/oder von einer einseitigen Vertretung von Kapitalinteressen. In diesem Kontext ist auch wohl das 1995 vom Bundesverfassungsgericht gefällte Urteil zur Abschaffung des § 116 Arbeitsförderungsgesetz (AFG) einzustufen. Der Arbeitsrechtler Ulrich Zachert sieht in dem Urteil des Verfassungsgerichts eine »weitgehende Abschaffung des Streikrechts auf kaltem Wege«.

Was ist die Conclusio aus dem Ganzen? Nun, im Kapitalismus ist der Streik allenfalls ein *Palliativmittel* und seine Ergebnisse ändern an den grundsätzlichen Ausbeutungsursachen des Lohnsystems gar nichts. Die Tinte unter dem Tarifvertrag ist gerade trocken, ein kurzer Moment der Befriedung zwischen Kapital und Arbeit tritt ein, und danach ist der inhärente Systemwiderspruch schon wieder da. Will man daher die Ursachen der Ausbeutung beseitigen, so muss mit einer umzusetzenden Wirtschaftsdemokratie die kapitalistische Herrschaft beendet werden. Dazu sind die Gewerkschaften und Beschäftigten aufgerufen. Will man dies nicht, und es sieht ganz danach aus, so muss zumindest die Streikbereitschaft und auch -fähigkeit der Gewerkschaften massiv gesteigert werden. Dazu bedarf es der politischen Unterstützung. Als da wären: Beseitigung der Aussperrung von Beschäftigten durch Unternehmer. Pflichtmitgliedschaft aller Beschäftigten in einer Gewerkschaft. Ausbau der betrieblichen und unternehmensbezogenen Mitbestimmung, nicht zuletzt in transnationalen Konzernen. Will man dies auch nicht bzw. es kommt zu keiner Umsetzung, so wird die weitere Abwärtsspirale der Gewerkschaften nicht aufzuhalten sein. Der Sozialphilosoph und Soziologe Oskar Negt stellte schon 2004 in seinem Buch die bitter-ironische Frage »*Wozu noch Gewerkschaften?*«. Und er konstatierte eine innergewerkschaftliche »Orientierungskrise«, die sich bis heute offensichtlich noch verschärft hat.

OXI. Wirtschaft anders denken, Ausgabe 6/2022

Rechtsstaat und Kapitalismus

Die Abhängigkeit der Beschäftigten im Kapitalismus ist im Grundgesetz festgeschrieben und tief verankert. Das Grundgesetz und in Folge die einfache Gesetzgebung sind einseitig kapitalorientiert. Selbst die völlig unzureichende unternehmensbezogene und betriebliche Mitbestimmung werden vom Kapital und seinen Freunden in Politik und Wissenschaft ständig bekämpft.

70 Jahre Grundgesetz: Alles andere als neutral

Das Grundgesetz soll wirtschaftspolitisch neutral sein. Angeblich haben sich die Verfassungsväter nicht auf eine bestimmte Wirtschaftsordnung festlegen wollen. Dies stimmt aber nicht. Das Grundgesetz (GG) ist nicht neutral. Im Gegenteil: Es ist wirtschafts- und ordnungstheoretisch zutiefst einseitig. Es schützt und sieht im wirtschaftlichen Duktus nur die Kapitalinteressen. Dafür stehen der Eigentumsartikel 14 GG und Artikel 12 GG, der die unternehmerische Freiheit garantiert.

Beide Artikel verstoßen aufs Heftigste gegen ökonomisches Wissen. Warum? Erstens, weil der Eigentumsartikel das Eigentum ökonomisch nicht differenziert. Produktionsmittel werden hier in ihrer ökonomischen Relevanz mit dem Eigentum an einem CD-Player oder einem Auto oder auch an einem Haus gleichgestellt.

Im Gegensatz zu Produktionsmitteln begründen aber letztere Eigentumstitel keine ökonomischen Abhängigkeiten, geschweige denn Macht, über andere. Auf die Bereitstellung von Produktionsmitteln sind dagegen Millionen von abhängig Beschäftigten angewiesen. Sie können ihr Arbeitsvermögen nur dann verwerten, wenn sie von einem Unternehmer, dem die Produktionsmittel gehören, auf den Arbeitsmärkten nachgefragt werden. Dies impliziert, vor allen Dingen bei einer bestehenden Arbeitslosigkeit, eine Machtasymmetrie zu Gunsten der Unternehmer. Und die abhängig Beschäftigten werden auch nur dann nachgefragt, wenn sie dem Kapitaleigner, in der Kombination mit den Produktionsmitteln, einen Mehrwert verschaffen.

Zweitens ist das Grundgesetz auch deshalb ökonomisch Blind, weil die Produktionsmittel, im Umkehrschluss, auf den abhängig Beschäftigten angewiesen sind. Denn ohne die menschliche Arbeitskraft lässt sich das »tote« Kapital nicht in eine Wertschöpfung verwandeln. Daran wird auch zukünftig die zunehmende Digitalisierung der Produktionsprozesse nichts verändern, selbst wenn auch die Substitution von Arbeit durch Kapital (Technik) steigen wird.

Und obwohl dies alles unumstößliche Ökonomie ist, haben laut Grundgesetz nur die Kapitaleigentümer durch die Artikel 14 und 12 in den Unternehmen das Sagen? Wirkliche gleichberechtigte Mitbestimmung der abhängig Beschäftigten gibt es bis heute nicht. Das Kapital hat verfassungsrechtlich das letzte Wort. Dies ist ökonomisch tief widersprüchlich und verlangt nach einer grundsätzlichen Verfassungsänderung.

Frankfurter Rundschau, 18. April 2019

Das Kapital dominiert

Das deutsche Arbeitsrecht ist asymmetrisch

Die Wirtschaft ist für den Menschen da, nicht umgekehrt. Dies ist unter marktwirtschaftlich-kapitalistischen Verhältnissen ein frommer Wunsch, der auch diametral zum deutschen Arbeitsrecht steht.

Hier dominiert einseitig das Kapital. Die abhängig Beschäftigten sind final immer die Verlierer. Verantwortlich dafür ist das Grundgesetz. Im Artikel 14 wird das Eigentum und Erbrecht geschützt und im Artikel 12 die unternehmerische Freiheit. Die Verbindung dieser beiden Artikel impliziert ein *asymmetrisches Arbeitsrecht* zu Lasten der Beschäftigten in allen nachgeordneten arbeitsrechtlichen Bestimmungen und der daraus abgeleiteten Rechtsprechung. Das Kapital kann demnach frei über die in der Wirtschaft entscheidenden Investitionen, über den Kapitaleinsatz, verfügen und außerdem, trotz eines Kündigungsschutzgesetzes, jederzeit einmal eingestellte Beschäftigte wieder entlassen. Und dies selbst dann, wenn der Unternehmer durch die Entlassung nur eine höhere Eigenkapitalrendite erzielen will. Das Arbeitsvermögen bzw. die dringend notwendige wirtschaftliche Verwertung zur Reproduktion der jeweiligen Arbeitskraft ist hier rechtlich völlig nachrangig. Die Investition eines Unternehmers in eine Maschine zählt im deutschen Grundgesetz mehr als der arbeitende Mensch. Ein Skandal!

Auch im Betriebsverfassungsgesetz, auf der betrieblichen Mitbestimmungsebene, haben Betriebsräte und Wirtschaftsausschussmitglieder gegenüber dem Kapital keine wirtschaftliche und paritätische Mitbestimmung. Und kommt es im Betrieb bei einem nicht erzwingbaren Interessenausgleich zu einem sogenannten Einigungsstellenverfahren zwischen Management und Betriebsräten, ob eine Entlassung von Beschäftigten notwendig ist oder nicht, so gibt es auch hier nur einen Gewinner, das Kapital. Der Vorsitzende der Einigungsstelle (in der Regel ein Arbeitsrichter), entscheidet nämlich final nicht über das »Ob« der Entlassung, hier bezieht er sich immer zu Gunsten des Kapitals auf die oben erwähnten Artikel der Verfassung, sondern ausschließlich nur über das »Wie«, d.h. lediglich über die Dotierung eines nicht den Arbeitsplatz ersetzenden Sozialplans. Auch hier liegt also nichts anderes als eine Asymmetrie zu Lasten der Beschäftigten vor. Und was macht die herrschende Politik? Sie findet es gut so wie es ist. Und die Opposition? Sie schweigt!

Frankfurter Rundschau, 5. November 2015

Es mangelt an Mitbestimmung

Am 1. Juli vor 40 Jahren trat das sogenannte Mitbestimmungsgesetz für Kapitalunternehmen mit mehr als 2.000 Beschäftigten in Kraft. Das Gesetz war politisch hart umkämpft. Eine Kommission, geleitet von Kurt Biedenkopf (CDU), hatte einen Vorschlag unterbreitet, der letztlich auch Gesetz wurde – der den Gewerkschaften aber nicht gefiel. Zwar bestimmt das Gesetz in den Aufsichtsräten eine numerische Parität bei der Sitzverteilung zwischen Kapital und Arbeit, so dass bei Abstimmungen Pattsituationen auftreten können. Diese werden aber nicht wie im 1951 verabschiedeten Montan-Mitbestimmungsgesetz, das nur für die Bereiche Kohle und Stahl gilt, durch ein neutrales Mitglied im Aufsichtsrat aufgelöst, sondern durch ein doppeltes Stimmrecht des Aufsichtsratsvorsitzenden, der immer von der Kapitalseite gestellt wird. Eine wirkliche paritätische Mitbestimmung liegt demnach im Mitbestimmungsgesetz nicht vor. Es ist eine Mogelpackung.

Die SPD-Bundestagsfraktion hat Mitte 2010 in Anbetracht dieser unhaltbaren Situation lobenswerterweise einen Gesetzantrag unter dem Titel »Demokratische Teilhabe von Belegschaften und ihren Vertretern an unternehmerischen Entscheidungen stärken« in den Bundestag eingebracht. Der Antrag sah eine Abschaffung des Doppelstimmrechts und dafür die Einsetzung eines neutralen Aufsichtsratsmitglieds für alle Kapitalunternehmen (branchenunabhängig), bereits ab tausend Beschäftigte vor. Dabei hatte die SPD die Mitbestimmungsausweitung zu Recht mit einer Kontrolle wirtschaftlicher Macht, als Standortvorteil und zum Schutz des sozialen Friedens begründet. Leider verschwand 2013 der Gesetzesantrag der SPD nach dem Eintritt in die Regierung in der Schublade bzw. er spielte bei den Koalitionsverhandlungen mit der CDU/CSU schon keine Rolle mehr. Dieser nicht mehr zu überbietende Opportunismus sollte von der Linken und den Grünen im Bundestag offengelegt werden, indem beide Parteien den Gesetzesantrag der SPD zur Mitbestimmung erneut zur Abstimmung ins Parlament einbringen. Dann wird man sehen, ob die SPD-Fraktion gegen sich selbst stimmt. Ich fürchte leider, sie würde es tun und sich einmal mehr der Lächerlichkeit preisgeben. So wird dann am Ende weiter der ehemalige DGB-Vorsitzende Ernst Breit Recht behalten. Als er in Sachen Mitbestimmung befragt wurde, sagte er, dass alles, was an Mitbestimmung nach dem Montan-Mitbestimmungsgesetz kam, wesentlich weniger und völlig unzureichend war.

Frankfurter Rundschau, 14. Juni 2016

Skandalöser Befund

Wie die Mitbestimmung umgangen wird

Zur Umgehung des Mitbestimmungsrechts nutzen die Eigentümer von Kapitalgesellschaften legale juristische Tricks oder ignorieren schlicht die gesetzlichen Vorgaben.

Beschäftigte sind es, die ein Unternehmen ausmachen. Das von den Kapitaleignern bereitgestellte Kapital ist nur ein derivativer Produktionsfaktor. Und trotzdem haben die Beschäftigten in den Unternehmen keine paritätischen Mitbestimmungsrechte. Dazu schrieb schon 1972 der ehemalige 1. Vorsitzende der IG Metall, Otto Brenner: »Wir wissen, dass die Freiheit des Menschen außerhalb seines Arbeitslebens nicht vollständig und gesichert ist, solange der Mensch in seinem Arbeitsleben der Herrschaft anderer unterworfen bleibt. Die Demokratisierung des öffentlichen Lebens, das freie Wahl-, Versammlungs-, Rede- und Presserecht bedarf der Ergänzung durch die Demokratisierung der Wirtschaft, durch Mitbestimmung der arbeitenden Menschen über die Verwendung ihrer Arbeitskraft und der von ihnen geschaffenen Werte.«

Das ist bis heute nicht gelungen. Ein Skandal in einer immer wieder in Deutschland unisono herausgestellten Demokratie. Jetzt kommt eine Studie der Universität Jena zu einem weiteren skandalösen Befund. Von 1.084 Kapitalgesellschaften mit mehr als 2000 Beschäftigten in Deutschland, die dem Mitbestimmungsgesetz von 1976 unterliegen, haben nur 656 Unternehmen (60 Prozent) einen zwischen Kapital und Arbeit vorgeschriebenen paritätisch besetzten Aufsichtsrat (AR). Damit wird mindestens 2,45 Millionen Beschäftigten eine unternehmensbezogene Mitbestimmung vorenthalten. Zur Umgehung des Mitbestimmungsrechts nutzen die Eigentümer legale juristische Tricks oder ignorieren schlicht die gesetzlichen Vorgaben. Was für Mitbestimmungsfeinde sind hier am Werk? Und das trotz nur einer vorliegenden Scheinmitbestimmung. Denn das letzte Wort im selbst paritätisch besetzten AR hat immer der von der Kapitalseite kommende AR-Vorsitzende durch ein Doppelstimmrecht.

Die Bundesregierung unternimmt dagegen nichts. Und die Gewerkschaften? Sie müssten Druck machen. Wir brauchen eine unternehmerische Mitbestimmung in allen Kapitalunternehmen (inkl. GmbH & Co. KG) ab 500 Beschäftigten gemäß den Bestimmungen des Montan-Mitbestimmungsgesetzes, um damit das Alleinbestimmungsrecht der Kapitaleigner in den Unternehmen aufzuheben. Zusätzlich und unabhängig vom AR muss im Betriebsverfassungsgesetz die betriebliche Mitbestimmung in wirtschaftlichen Angelegenheiten in allen Unternehmen ausgebaut werden.

Frankfurter Rundschau, 9. Juli 2024

Arbeit und Arbeitsmärkte

Arbeitsmärkte sind besondere Märkte. Den Arbeitsmarkt gibt es nicht, sondern immer nur bestimmte Teilmärkte, die sich räumlich und zeitlich abgrenzen. Das Arbeitsangebot lässt sich nicht beliebig vermehren oder senken. Hier liegt eine Angebotsanomalität vor. Bei Lohnsenkungen geht das Angebot nicht zurück und bei Lohnsteigerungen erhöht sich das Angebot nicht adäquat. Ist das reale Wirtschaftswachstum kleiner als die Arbeitsproduktivität, so sinkt das Arbeitsvolumen und es entsteht Arbeitslosigkeit, die statistisch aus politischen Interessengründen nicht nichtig dargelegt wird. Arbeitszeitverkürzung wäre ein Weg zur Bekämpfung der Arbeitslosigkeit, aber nicht ein bedingungsloses Grundeinkommen.

Verwirrung um Arbeitslosigkeit und deren statistische Erfassung

Arbeitslosigkeit begleitet den Kapitalismus von Anfang an (vgl. Niess 1979, Friedrich/Wiedemeyer 1998). Es gab immer nur kurze Phasen von *Vollbeschäftigung*. Während der Weimarer Zeit war die Arbeitslosigkeit auf über 6 Millionen (Januar 1932) angestiegen. Nicht zuletzt war dies der Grund für ihren Untergang und die Machtübernahme durch die Nationalsozialisten im Jahr 1933. Die verheerenden Ergebnisse sind hinlänglich bekannt. Auch nach dem Zweiten Weltkrieg belief sich zunächst bis zur ersten Hälfte der 1950er Jahre die absolute Zahl der Arbeitslosen noch auf über eine

Million. Dann kam es immer mehr zu einer Vollbeschäftigung. Mit der Wirtschaftskrise von 1966/67 kehrte allerdings das »Gespenst der Arbeitslosigkeit« zurück und seit der schweren Weltwirtschaftskrise von 1974/75 kam es zu einer *Massenarbeitslosigkeit*, die mit der Wiedervereinigung weiter stark zulegte. Der Höhepunkt, nur bei den registrierten Arbeitslosen, wurde dann mit fast *5 Millionen* im Jahr 2005 erreicht.

Arbeitslosigkeit ist für jeden abhängig Beschäftigten eine Katastrophe. Arbeitslosigkeit entwürdigt Menschen. Sie führt zu »Scham- und Schmachgefühlen«, wie die französische Wirtschaftsjournalistin Viviane Forrester in ihrem Buch »Der Terror der Ökonomie« beschreibt. »Die Scham sollte an der Börse gehandelt werden: Sie ist ein wichtiger Grundstoff des Profits« (Forrester 1998, S. 15). Keine Arbeit zu haben, macht *krank* (vgl. Bontrup 2011, S. 13ff.). »Mehr noch als berufliche Belastungen führt der Verlust des Arbeitsplatzes zu psychischen Erkrankungen. Arbeitslose sind drei- bis viermal so häufig psychisch krank wie Erwerbstätige« (Koch 2010, S. 37). Der Soziologe und Sozialphilosoph Oskar Negt schreibt: »Es ist eben ein Skandal, (…) für Millionen von Menschen das zivilisatorische Minimum für eine menschliche Existenzweise nicht zu sichern: nämlich einen *Arbeitsplatz*, einen konkreten Ort, wo die Menschen ihre gesellschaftlich gebildeten Arbeitsvermögen anwenden können, um von bezahlter Leistung zu leben. (…) Wenn ich in diesem Zusammenhang von *Gewalt* spreche, so meine ich das buchstäblich: *Arbeitslosigkeit ist ein Gewaltakt*, ein Anschlag auf die körperliche und seelisch-geistige Integrität, auf die Unversehrtheit der davon betroffenen Menschen. Sie ist Raub und Enteignung der Fähigkeiten und Eigenschaften, die innerhalb der Familie, der Schule, der Lehre in der Regel in einem mühsamen und aufwendigen Bildungsprozess erworben worden sind und jetzt, von ihren gesellschaftlichen Betätigungsmöglichkeiten abgeschnitten, in Gefahr sind zu verrotten und schwere Persönlichkeitsstörungen hervorzurufen« (Negt 2016, S. 84f.).

Bei Arbeitslosigkeit kommt es zu einem plötzlichen *Wertverlust der Arbeitskraft* und damit zu einem *Verlust der eigenen Reproduktionsmöglichkeit*, die sich selbst noch im Alter durch eine verminderte

Rentenzahlung bemerkbar macht. *Staatliche Lohnersatzleistungen* in Form von Arbeitslosengeld I und II sind hier keine vollständige Kompensation und haben zudem einen *Alimentierungscharakter*, der den Arbeitslosen politisch angreifbar macht. Neoklassische Ökonomen sprechen von einer »*freiwilligen Arbeitslosigkeit*« wegen zu hoher Lohn- und Arbeitsplatzansprüche (vgl. kritisch dazu Dichmann, Hickel 1989) und Politiker deuten dies als »*Faulheit*«. »Es gibt kein Recht auf Faulheit in unserer Gesellschaft«, so z. B. der ehemalige Bundeskanzler Gerhard Schröder (SPD). Damit meinte er die arbeitslosen »Faulenzer«, »Drückeberger«, »Sozialschmarotzer« und »Scheinarbeitslosen«. Selbst abhängig Beschäftigte, die potenziell jederzeit von Arbeitslosigkeit betroffen sind, reihen sich hier in ein *Arbeitslosen-Bashing* und einer Individualisierung des Problems ein. Keynesianer interpretieren Arbeitslosigkeit dagegen als »*systemisch und unfreiwillig*« und Marxisten erblicken in Arbeitslosigkeit eine kapitalistische »*Reservearmee*« zur Unterdrückung und einer vertieften Ausbeutung.

In dem folgenden Beitrag soll es aber nicht um komplexe, divergierende arbeitsmarkttheoretische und/oder -politische Betrachtungen gehen (vgl. dazu ausführlich Bontrup/Marquardt 2021), sondern »nur« um die *statistische Erfassung* von Arbeitslosigkeit und welche *gesamtwirtschaftlichen Kosten* sie verursacht. Dies ist deshalb wichtig und relevant, weil nur der richtige Ausweis der absoluten und relativen Arbeitslosigkeit das tatsächliche *Beschäftigungsrisiko* in einer Gesellschaft aufzeigt. Erfüllen hier die vorliegenden amtlichen Daten und Veröffentlichungen diesen wichtigen Anspruch? Und wie wird unsere Volkswirtschaft mit *fiskalischen Kosten* der Arbeitslosigkeit belastet, die beim Vorliegen von Vollbeschäftigung nicht entstehen würden?

Erfassung von Arbeitslosigkeit – Grundsätzliches

Die Erfassung der Arbeitslosigkeit obliegt der *Bundesagentur für Arbeit* (BA) in Nürnberg auf Basis der Regelungen des Sozialgesetzbuches (SGB). Die statistische Erhebung und Veröffentlichung erfolgt dabei monatlich. »Die Arbeitslosenstatistik wird aus den

Geschäftsdaten der Arbeitsagenturen und der Träger der Grundsicherung für Arbeitssuchende gewonnen. Sie ist eine *Sekundärstatistik* in Form einer Vollerhebung. Basis sind die Daten der Personen, die sich bei den regionalen Arbeitsagenturen und den Trägern der Grundsicherung für Arbeitssuchende gemeldet haben« (Bundesagentur für Arbeit, Methodenbericht Mai 2009, S. 14).

Man sollte hier erwarten können, dass der *amtliche Ausweis* über Arbeitslosigkeit auch die *Wahrheit* und damit die tatsächliche Betroffenheit zum Ausdruck bringt. Dies ist nicht nur für den einzelnen Arbeitslosen wichtig, sondern auch für eine gesamtwirtschaftliche Analyse. Mit der Wahrheit tut man sich hier aber schwer. Zu sehr belastet offensichtlich die marktwirtschaftlich-kapitalistisch immanent auftretende Arbeitslosigkeit die herrschende *Politik*, die letztlich für einen exakten Ausweis in Form von *gesetzlichen Vorgaben* für die BA verantwortlich ist. »Für die Fragen nach der Wahrheit und der Aussagekraft der Arbeitslosenstatistik«, schreibt die BA, »ist ein Zitat von Hans Wolfgang Brachinger (2007) hilfreich: ›Es geht nicht darum, ob ein konkretes statistisches Modell im Vergleich mit einem bestimmten Realitätsausschnitt mehr oder weniger wahr oder falsch ist, sondern darum, inwieweit es sich für die Behandlung eines vorliegenden Informationsproblems als fruchtbar und nützlich erweist. Um festzustellen, ob ein konkretes statistisches Modell fruchtbar und nützlich ist, hat man die einzelnen Schritte des Konstruktionsprozesses, der zu diesem Modell führt, einer kritischen Reflexion zu unterziehen. Für jeden dieser Schritte ist auf der Grundlage eines pragmatischen Rationalitätsbegriffs zu prüfen, inwieweit die dabei getroffene Spezifizierung gegenüber alternativen Spezifizierungen vernünftig begründet ist« (Bundesagentur für Arbeit, Methodenbericht Mai 2009, S. 14). Und genau hier scheitert die BA an ihren eigenen Anforderungen, wie wir im Laufe des Beitrags sehen werden.

Unterschiedliche Definitionen von Arbeitslosigkeit

Zunächst ist hier einmal auf unterschiedliche *Definitionen von Arbeitslosigkeit* aufmerksam zu machen, die wenig zur Aufklärung und Transparenz beitragen, dafür aber für Verwirrung sorgen. So gelten nach § 16 Sozialgesetzbuch (SGB III) Personen nur dann als arbeitslos, wenn sie

- vorübergehend nicht in einem Beschäftigungsverhältnis stehen,
- eine versicherungspflichtige Beschäftigung suchen und
- dabei den Vermittlungsbemühungen der Agentur für Arbeit zur Verfügung stehen und
- sich bei der Agentur arbeitslos gemeldet haben.

Weiter ist Arbeitslosigkeit mit geleisteter Arbeitszeit verknüpft. Arbeitet jemand wöchentlich 15 und mehr Stunden, so ist er nicht arbeitslos. Bis 1998 war der Schwellenwert noch mit 18 Stunden je Woche festgelegt. Ob ein abhängig Beschäftigter von 15 oder auch von 20 Stunden pro Woche leben kann, interessiert dabei die Politik und in Folge die BA nicht. Auch nicht ob diese *Unterbeschäftigten* in Teilzeitjobs und geringfügiger Beschäftigung mehr arbeiten wollen. Sie fallen alle aus der Arbeitslosenstatistik raus. Seit 1986 ist es zu 17 Gesetzesänderungen im Hinblick auf die Messung von Arbeitslosigkeit gekommen. Immer wurde damit künstlich die Zahl der Arbeitslosen verringert. Die BA führt hier sämtliche Veränderungen auf (Bundesagentur für Arbeit 2009). Als *nicht arbeitslos* gelten demnach u. a.

- Arbeitslose, die sich während ihrer Arbeitslosigkeit krankmelden und die sich in
- Weiterbildungs- und Qualifizierungsmaßnahmen befinden sowie
- diejenigen, die älter als 58 Jahre sind und Arbeitslosengeld I und/oder ALG II beziehen, aber nur noch eine schlechte Arbeitsmarktprognose auf einen Arbeitsplatz haben.
- Auch alle Ein-Euro-Jobber oder Arbeitslose, die sich in Arbeitsgelegenheiten und in
- einer beruflichen Eingliederungsphase befinden,
  sind ex definitione nicht arbeitslos.

Die BA spricht bei diesem insgesamt ausgewiesenen Personenkreis, obwohl sie faktisch arbeitslos sind, von einer gestaffelten sogenannten »*Unterbeschäftigung*« im engeren Sinne und einer Unterbeschäftigung (ohne Kurzarbeit). Damit soll, so die Begründung, die Nähe zum Arbeitslosenstatus konkretisiert und zum Ausdruck gebracht werden. Ausgehend von der registrierten Arbeitslosigkeit, Arbeitslosigkeit im weiteren Sinne und einer Unterbeschäftigung im engeren Sinne kommt die BA statistisch am Ende zur *Unterbeschäftigung ohne Kurzarbeit*. Für den *September 2020* zeigen sich dabei die folgenden Zahlen:

- registrierte Arbeitslosigkeit: 2.847.148
- Arbeitslosigkeit im weiteren Sinne: 3.176.319
- Unterbeschäftigung im engeren Sinne: 3.596.081
- Unterbeschäftigung (ohne Kurzarbeit): 3.612.530

Demnach waren tatsächlich nicht nur gut 2,8 Millionen Menschen (registriert) arbeitslos, sondern insgesamt 3,6 Millionen, also 0,8 Millionen von Arbeitslosigkeit betroffene Menschen mehr. Denn die von der BA unter »Unterbeschäftigung« deklarierten Arbeitslosen sind nicht unterbeschäftigt, sondern schlichtweg *wegdefinierte Arbeitslose*. Unterbeschäftigt sind in Wirklichkeit die *Teilzeitbeschäftigten* und die *geringfügig Beschäftigten*, die gegenüber ihrem Status mehr arbeiten wollen, aber keine zusätzliche Arbeit finden. Besonders ärgerlich an dieser amtlichen Mystifikation ist auch der Tatbestand, dass sich alle Medien bei der monatlichen Berichterstattung über die Arbeitslosenzahlen ausschließlich nur auf die *registrierte Arbeitslosigkeit* beziehen und damit nicht die Wahrheit berichten. Ich hatte es diesbezüglich geschafft, das ich sowohl in der ARD und auch im ZDF auf die nicht richtige Berichterstattung aufmerksam machen durfte. Die jeweiligen Redaktionen gelobten zukünftig bei der Darlegung der Arbeitslosigkeit Besserung. Dies währte aber nicht lange. Schon nach kurzer Zeit wurde wieder nur die völlig unzureichende Zahl der *registrierten Arbeitslosen* in den Berichterstattungen genannt und nicht auch die von der BA definierte sogenannte »Unterbeschäftigung« bzw. die Zahl der wegdefinierten Arbeitslosen.

Internationale Arbeitslosenstatistik

Vor der schon völlig unzureichenden und intransparenten Darlegung der Arbeitslosigkeit durch die BA muss die Arbeitslosenstatistik der *International Labour Organisation (ILO)* nur noch als zynisch bezeichnet werden. Demnach ist jemand nicht erwerbslos, wenn er nur *eine vergütete Stunde* in der Woche arbeitet. Man spricht im ILO-Konzept deshalb wohl auch nicht, wie im SGB, von *arbeits-* sondern von *erwerbslos*. Dem Arbeitslosen dürfte aber diese Semantik völlig egal sein. Die »Ein-Stunden-Statistik« wird in Deutschland für die ILO vom *Statistischen Bundesamt* in Wiesbaden auf Basis einer hochgerechneten Stichprobenbefragung von ca. 35.000 Menschen erstellt. Dabei ist die offizielle Meldung der Arbeitslosen bei einer staatlichen Behörde keine Voraussetzung für die Erfassung der Erwerbslosigkeit; anders als bei der BA für Arbeitslosigkeit. Nach ILO-Konzept sind Personen erwerbslos, die zwischen 15 und 75 Jahre alt sind und absolut keiner Erwerbstätigkeit (also nicht mal eine Stunde in der Woche) nachgehen. Außerdem müssen sie sich vier Wochen vor der Befragung um eine Arbeit bemüht haben sowie innerhalb von zwei Wochen bereit sein, eine Erwerbstätigkeit aufzunehmen.

Als Begründung für das Messkonzept der ILO wird immer wieder die *internationale Vergleichbarkeit* von Arbeits- bzw. Erwerbslosenzahlen angeführt, weil die Nationalstaaten ihre Arbeitslosen nach unterschiedlichen Definitionen erfassen. Hier schafft es die EU offensichtlich nicht, einheitliche Standards für alle Mitgliedsstaaten vorzugeben. So beziehen sich dann, wegen der unterschiedlichen Erfassung, das *Statistische Bundesamt in Deutschland* oder auch *Wirtschaftsforschungsinstitute* bei internationalen Vergleichen von Arbeitslosigkeit auf das Erwerbslosenkonzept der ILO. Ebenso *Eurostat* und die *OECD*. Will man die Arbeitslosenzahlen als sogenannte *Erwerbslose*, aus politisch ideologischen Gründen, möglichst nur gering ausweisen, so wird man sich natürlich auf das ILO-Konzept beziehen. So wurden im August 2020 in Deutschland etwas mehr als 2,0 Millionen Menschen als »erwerbslos« registriert. Arbeitslos nach SGB waren aber im Vergleichsmonat, und zwar nur die *registrierten Arbeitslosen* (siehe oben), gut 2,9 Millionen Menschen, also fast 0,9 Millionen mehr. Bezieht man die ILO-Zahl auf die tatsächliche Arbeitslosigkeit, also die registrierte Arbeitslosigkeit plus die von der BA ausgewiesene sogenannte Unterbeschäftigung (ohne Kurzarbeit), die bei fast 3,7 Millionen lag, so ergibt sich im Vergleichsmonat August 2020 sogar eine Differenz von ca. 1,7 Millionen Menschen ohne Arbeit, die aber laut ILO »nicht erwerbslos« waren. Diese Zahlen zeigen überdeutlich die ganze Absurdität des ILO-Konzepts und der unterschiedlichen Statistiken und sind von Transparenz und Wahrhaftigkeit bei der Bestimmung von Arbeitslosigkeit, die in einer Volkswirtschaft das *tatsächliche Beschäftigungsrisiko* offenzulegen hat, weit entfernt.

Stille Reserve

Neben den tatsächlichen Arbeitslosen muss zusätzlich immer auch noch eine *stille Reserve* innerhalb des *Erwerbspersonenpotenzials*, das sich aus allen Erwerbspersonen (abhängig Beschäftigte, Selbstständige und tatsächliche Arbeitslose) plus stiller Reserve ergibt, beachtet werden. In der Arbeitslosenstatistik wird die stille Reserve aber nicht erfasst. Gemäß BA zählen zur stillen Reserve insbesondere

- Personen, die beschäftigungslos und verfügbar sind sowie Arbeit suchen, ohne aber als Arbeitslose offiziell registriert zu sein und
- Personen, die die Arbeitssuche aufgrund der schlechten Arbeitsmarktsituation zunächst aufgegeben haben, allerdings bei besserer Arbeitsmarktlage bereit wären, ihre Arbeitskraft wieder anzubieten.

Die *stille Reserve* lag in den letzten Jahren nach Einschätzung der BA stabil bei rund einer Million Menschen.

Offene Stellen und Fachkräftemangel

Neben der stillen Reserve sind als nächstes die bei der BA gemeldeten *offenen Stellen* zu berücksichtigen, die zum erfassten Stichtag nicht von Arbeitslosen nachgefragt worden sind. Seit 2014 ist die Zahl der offenen Stellen von gut 425.000 auf den Spitzenwert von 834.000 im September 2018 angestiegen, hat sich also fast verdoppelt. Im September 2019 waren es noch 758.000 offene Stellen und im September 2020 lag die Zahl bei 590.000 nicht besetzter Stellen, wobei hier der Rückgang auf die Corona-Pandemie zurückzuführen ist. Wie erklären sich aber diese offenen Stellen in Anbetracht der vorliegenden Massenarbeitslosigkeit und in diesem Kontext auch der immer wieder erwähnte *Fachkräftemangel*, wonach Unternehmer keine geeigneten Beschäftigten finden würden? Nun, dies erklärt sich ganz einfach, weil es *den* Arbeitsmarkt nicht gibt. Arbeitsmärkte sind *besondere Märkte*, so wie die einzelne Arbeitskraft auch eine *besondere Ware* darstellt. Arbeitsmärkte sind inhärent differenziert und strukturiert immer nur als *Teilarbeitsmärkte* zu sehen und somit auch zu bewerten und abzugrenzen.

Erstens im Hinblick auf die *berufsfachliche Ausbildung* oder allgemeine Qualifikation. Hierbei hat jeder Teilarbeitsmarkt auch mehr oder weniger hohe Markteintrittsbarrieren. So ist es beispielsweise nicht möglich, in den Teilarbeitsmarkt für Professor:innen einzudringen, ohne mindestens einen sehr guten Universitätsabschluss und eine Qualitäts-Promotion vorweisen zu können.

Zweitens grenzen sich Arbeitsmärkte *räumlich* ab. Somit liegen regionale Teilmärkte vor, die nicht selten starke Abhängigkeiten von der jeweiligen *sektoralen Wirtschaftsstruktur* aufweisen. Dabei spielen auch wirtschaftlich *strukturelle Veränderungen* und dadurch ausgelöste strukturelle Wirtschaftskrisen eine nicht unerhebliche Rolle. Wenn beispielsweise im Ruhrgebiet der Bergbau oder die Stahlindustrie strukturell zurückgehen, dann wirkt sich dies natürlich auch auf die regionalen Teilarbeitsmärkte im Ruhrgebiet und nicht auf der Schwäbischen Alp aus. Auch *zeitlich* bedingt liegen Teilarbeitsmärkte vor. So gibt es Saisonarbeit und nicht zuletzt auch Schichtarbeit, die nicht von jedem (z. B. aus gesundheitlichen Gründen) ausgeführt werden kann.

Drittens sind *geschlechtsspezifisch* segmentierte Arbeitsmärkte zu beachten. Dabei sind frauentypische Branchen und Arbeitsplätze in der Regel im Hinblick auf Einkommen, Arbeitsbedingungen und Karrierechancen schlechter ausgestattet als die männertypischen Branchen und Arbeitsplätze.

Viertens liegen *innerbetrieblich* abgegrenzte Teilarbeitsmärkte vor, allerdings zumeist nur in Großunternehmen und Konzernen.

Hier besteht die Möglichkeit von Stellenwechseln innerhalb von Unternehmen oder bei Konzernen auch zwischen Unternehmen, hierarchischen Aufstiegen und Höhergruppierungen beim Entgelt.

Diese Segmentierungen erklären die *offenen Stellen* und auch einen womöglichen *Fachkräftemangel.* So können dann z. B. auf dem regional abgegrenzten Teilarbeitsmarkt in Passau offene Stellen für Betriebsschlosser vorliegen und damit ein Fachkräftemangel gegeben sein und auf dem Teilarbeitsmarkt in Würzburg sind gleichzeitig Betriebsschlosser arbeitslos. Daher ist es auch kein Widerspruch, wenn in einer Volkswirtschaft insgesamt Massenarbeitslosigkeit besteht und es auf vielen Teilarbeitsmärkten zu einem Nachfrageüberhang mit einem Fachkräftemangel kommt, während auf vielen anderen Teilarbeitsmärkten gleichzeitig ein Angebotsüberhang vorliegt.

Kurzarbeit

Zur Vermeidung von Arbeitslosigkeit wird temporär auch immer wieder *Kurzarbeit* eingesetzt. Diese hält die Beschäftigten in den Unternehmen, obwohl sie keine ausreichende oder sogar überhaupt keine Arbeit mehr haben. Zur Finanzierung der Kurzarbeiter wird ein Kurzarbeitergeld eingesetzt, dass vom Staat, den Unternehmern und den Beschäftigten finanziert wird. Gerade jetzt während der *Corona-Pandemie* kommt die Kurzarbeit zur Vermeidung von Arbeitslosigkeit massiv zur Anwendung. Während des Lockdowns im April 2020 waren bis zu 8,2 Millionen Menschen in Kurzarbeit. Das Regelkurzarbeitergeld beläuft sich dabei auf 60 % der Nettoentgeltdifferenz des Monats, indem die Arbeit ausgefallen ist. Einen erhöhten Leistungssatz von 67 % erhalten Beschäftigte, unabhängig von ihrem Familienstand, auf deren Lohnsteuerkarte ein Kinderfreibetrag von mindestens 0,5 eingetragen ist. Während der Corona-Pandemie wurde beschlossen, das Kurzarbeitergeld befristet bis Ende 2021 zu erhöhen. Außerdem wurde noch das Kurzarbeitergeld erhöht. Ab dem vierten Monat werden 70 % (77 % mit Kinderfreibetrag) und ab dem siebten Monat 80 % (87 % mit Kinderfreibetrag) gezahlt.

Dynamik innerhalb der Arbeitslosigkeit

Wie auf Güter- und Dienstleistungsmärkten sind auch auf den besonderen Arbeitsmärkten permanente quantitative und auch qualitative *Anpassungsprozesse* zu beobachten. Einmal arbeitslos heißt hier nicht immer arbeitslos; obwohl das Problem der *Langzeitarbeitslosigkeit* zu beklagen ist. Millionen Beschäftigte wechseln aus einer Beschäftigung in die kurzzeitige Arbeitslosigkeit, aber auch aus der Arbeitslosigkeit wieder in eine Beschäftigung. Als Arbeitslosigkeit wird dabei nur der Saldo als Bestandszahl gerechnet. So gibt es eine große *Dynamik* der Veränderung innerhalb der Arbeitslosigkeit. Die BA bezeichnet dies als »Betroffenheit und Verbleib in der Arbeitslosigkeit«. Der Zugang bei den Arbeitslosen lag so beispielsweise 2019, über die Monate kumuliert gerechnet, bei gut 7,2 Millionen. Fast genauso groß war aber auch der Abgang in die Erwerbstätigkeit, so dass sich der *Bestand der Arbeitslosen* gegenüber 2018 im Jahresdurchschnitt lediglich um 73.000 erhöhte. Die durchschnittliche Dauer der Arbeitslosigkeit lag dabei im Jahr 2019 bei 36 Wochen. Von den 2.266.720 Arbeitslosen (im Jahresdurchschnitt 2019) waren 15,9 % *Langzeitarbeitslose*. Hier lag die Dauer der Arbeitslosigkeit mindestens bei 52 Wochen.

Prekäre Beschäftigung

Menschliche Arbeit muss wissenschaftlich, aber nicht nur im Hinblick auf Quantitäten (Angebot und Nachfrage) und daraus folgender Unter- oder Überbeschäftigung untersucht werden, sondern auch bezüglich ihrer *preislichen Bewertung* bzw. ihres Arbeitsentgelts. Dazu hat das Statistische Bundesamt (2020) in einer jüngsten Studie festgestellt, dass in Deutschland im April 2018 gut jeder fünfte Beschäftigte (21 %) im *Niedriglohnsektor* gearbeitet hat. Das waren rund 8 Millionen Menschen, die Arbeit hatten, also nicht arbeitslos waren, für ihre Arbeit aber nur weniger als zwei Drittel des Medianverdienstes aller Beschäftigten bekamen. Das entsprach einem Bruttostundenlohn von 11,05 Euro bzw., auf Basis einer 35-Stunden-Woche, einem monatlichen Bruttoeinkommen von 1.663 Euro. Im Vergleich zur Studie des Statistischen Bundesamtes im April 2014, hier lag der Medianstundensatz bei 10,00 Euro (1.505 Euro), ist dies eine Steigerung um 10,5 %. Auch die Zahl der sich im Niedriglohnsektor befindenden Beschäftigten ist dabei um 393.000 auf rund 8 Millionen im Jahr 2018 gestiegen. Das waren ca. 5 %. Nur wenn man den Niedriglohnsektor bei einer Beurteilung der tatsächlichen Arbeitslosigkeit berücksichtigt, kommt man zu einem notwendigen holistischen Urteil über das ganze *Ausmaß des Beschäftigungsrisikos* in einer Gesellschaft. Dies ist natürlich trotzdem immer nur ein *relativer Befund*, weil 1.663 Euro im Vergleich zu vielen anderen Ländern eine extrem hohe Kaufkraft in diesen Ländern darstellt. Davon hat aber der Beschäftigte in Deutschland, der sich im Niedriglohnsektor befindet und sich hier verwerten und reproduzieren muss, rein gar nichts. Er kann sein »relatives Elend« nur als bitteren Hohn empfinden.

Der *Niedriglohnsektor* ist aber nicht gleichverteilt. Er streut stark über die in den einzelnen *Branchen* verrichtete Arbeit.

»Mit 1,5 Millionen wurden die meisten Niedriglohnjobs im *Handel* gemeldet, im *Gastgewerbe* waren es 1,2 Millionen. Damit lagen gut zwei Drittel (67 %) aller Beschäftigungsverhältnisse im Gastgewerbe im Niedriglohnbereich, mehr als in jeder anderen Branche. Zum Vergleich: Im Handel lag der Niedriglohnanteil bei 29 %, am zweithöchsten war der Anteil in der rund 310.000 Beschäftigte zählenden *Land-, Forst- und Fischereiwirtschaft* mit 54 %. Im Vergleich zur Gesamtwirtschaft stark unterdurchschnittlich war der Anteil der Niedriglohnbeschäftigung in den Bereichen öffentliche Verwaltung (3 %), Finanz- und Versicherungsdienstleistungen (6 %), Erziehung und Unterricht (7 %), Verarbeitendes Gewerbe (10 %) und in den Bereichen Baugewerbe, Wasserversorgung/Abwasser sowie Information und Kommunikation (jeweils 11 %). Die höchsten Bruttostundenverdienste (Median) wurden in der *Energieversorgung* (27,18 Euro), den Finanz- und Versicherungsdienstleistungen (24,11 Euro) sowie im Bereich Information und Kommunikation (23,74 Euro) gezahlt. Im Gegensatz dazu entlohnte das Gastgewerbe lediglich mit 10,00 Euro brutto je Stunde und die Land-, Forst- und Fischereiwirtschaft mit 10,74 Euro« (Statistisches Bundesamt 2020, S. 3).

Berechnung der Arbeitslosenquoten

Arbeitslosigkeit wird nicht nur in absoluten Zahlen gemessen und manipuliert, sondern in Folge auch relativ als *Arbeitslosenquote*. Sie soll eigentlich die prozentuale (relative) Unterauslastung des Arbeitskräfteangebots objektiv aufzeigen. Tut sie realiter aber nicht und es spricht Bände, dass die BA gleich drei unterschiedliche Quoten für Arbeitslosigkeit anbietet, obwohl doch eine, dann aber die Richtige, völlig ausreichend wäre. Bei den unterschiedlichen Quoten werden jeweils sowohl im Zähler als auch im Nenner der Quoten abweichende Daten in Ansatz gebracht.

$$(1)\ \text{ALQ} = \frac{\text{registrierte Arbeitslose}}{\text{abhängig zivile Erwerbspersonen}} \times 100$$

Abhängige zivile Erwerbspersonen = sozialversicherungspflichtig und geringfügig Beschäftigte, Beamte und registrierte Arbeitslose

$$(2)\ \text{ALQ} = \frac{\text{registrierte Arbeitslose}}{\text{alle zivilen Erwerbspersonen}} \times 100$$

Alle zivilen Erwerbspersonen = abhängig zivile Erwerbspersonen, Selbstständige, mithelfende Familienangehörige

$$(3)\ \text{ALQ} = \frac{\text{registrierte Arbeitslose + Unterbeschäftigung (ohne Kurzar.)}}{\text{alle zivilen Erwerbspersonen}} \times 100$$

$$(4)\ \text{ELQ (ILO)} = \frac{\text{Erwerbslose}}{\text{Erwerbspersonen}} \times 100$$

In der Tabelle auf der Folgeseite sind die unterschiedlichen Ist-Quoten für das Jahr 2019 dargestellt. Demnach schwanken die offiziell (amtlich) ausgewiesenen Arbeitslosenquoten zwischen 3,0 und 7,7 %.

Alle Quoten muss man im Hinblick auf das *tatsächliche Beschäftigungsrisiko* von abhängig Beschäftigten als wissenschaftlich nicht fundiert bezeichnen. Denn, was haben *Beamte* und *Selbstständige* in den Nennern der Quoten zu suchen? Sie können von Arbeitslosigkeit nicht betroffen werden, sieht man hier einmal von wenigen Selbstständigen ab. Aber auch die fallen aus der Statistik,

Tab.: Unterschiedliche Arbeitslosenquoten

	Registrierte Arbeitslose	2.266.720
	Unterbeschäftigung (ohne Kurzarbeit)	933.691
	Sozialversicherungspflichtig Beschäftigte (inkl. geringfügig Beschäftigte)	33.407.262
	Beamte (Bund, Länder, Kommunen, Sozialvers.)	1.873.800
	davon Soldaten	170.600
	Selbstständige (mithelfende Familienangehörige)	4.150.000
	abhängig zivile Erwerbspersonen	37.547.782
	alle zivilen Erwerbspersonen	41.697.782
	Erwerbslose	1.374.000
	Erwerbspersonen	46.480.000
ALQ 1		6,0
ALQ 2		5,4
ALQ 3		7,7
ALQ 4		3,0

Quelle: Statistisches Bundesamt, eigene Berechnungen

weil sie während ihrer Selbstständigkeit nicht in die Arbeitslosenversicherung eingezahlt haben und damit nicht in den sozialversicherungspflichtig Beschäftigten erfasst sind. Im Nenner dürfen nur die abhängig Beschäftigten (Angestellte und Arbeiter) aufgeführt werden, die auch potenziell wirklich von Arbeitslosigkeit betroffen sind und zur Realisierung einer rechnerisch echten und nicht unechten Quote natürlich auch die gesamte Zahl der Arbeitslosen (registrierte und wegdefinierte).

$$ALQ_{2019} = \frac{\text{registrierte Arbeitslose + wegdefinierte Arbeitslose}}{\text{abhängig zivile Beschäftigte + gesamte Arbeitslose}} \times 100 =$$

$$ALQ_{2019} = \frac{2.226.720 + 933.961}{35.673.982} \times 100 = 9{,}0\,\%$$

Die ALQ_{2019} fällt dann mit 9,0 % höher aus, als die selbst von der BA dargebotene höchste ALQ 3 mit 7,7 %.

Aber auch der richtige Quotenausweis der ALQ_{2019} muss noch durch die Bestimmung der *Arbeitsplatzlücke* in einer Volkswirtschaft ergänzt werden. Was im Ausweis der Arbeitslosenquote nämlich noch fehlt, will man die ganze absolute und relative Unterauslastung der Beschäftigten in einer Volkswirtschaft bestimmen, ist neben der stillen Reserve noch die Zahl der *offenen Stellen*. Das Problem der *Kurzarbeit* wird hier dann nicht einmal berücksichtigt. Außerdem muss man nicht nur von *Kopfzahlen*, sondern vom *Arbeitsvolumen* ausgehen, dass die individuelle *Nettoarbeitszeit* pro Jahr (Bruttoarbeitszeit minus Absentismuszeiten für Urlaub und Krankheit u. a.) mit den Kopfzahlen multipliziert. Jedes Unternehmen bestimmt so auf einzelwirtschaftlicher (betriebswirtschaftlicher) Ebene in der quantitativen Personalplanung seine personellen Nettobedarfe.

Werfen wir nur einen Blick auf die gesamtwirtschaftlichen Größenordnungen im Vergleich der Jahre 1991und 2019. Im Jahr 1991 (dem ersten Jahr nach der Wiedervereinigung) gab es in Deutschland fast 80 Millionen *Einwohner*. Davon waren 38,9 Millionen *Erwerbstätige* (darunter 35,3 Millionen abhängig Beschäftigte und 3,6 Millionen Selbstständige). Die jahresdurchschnittliche Arbeitszeit der Erwerbstätigen lag hier bei 1.554 Stunden (dies entspricht bei 44 Jahreswochen und einem wöchentlichen Faktor von 4,3 einer 35-Stunden-Woche), so dass sich ein *Arbeitsvolumen* von 60,4 Milliarden Stunden ergab. Die registrierte Arbeitslosenzahl lag bei 2,6 Millionen und hinzu kamen rund eine Million wegdefinierte Arbeitslose. Die *stille Reserve* betrug etwa 1,2 Millionen und es gab ca. 0,4 Millionen *offene Stellen*. Die Zahl der Teilzeit- und geringfügig Beschäftigten kam auf 3,2 Millionen.

Rechnet man diese Kopfzahlen insgesamt in ein *Arbeitsvolumen* auf Basis der von den Erwerbstätigen im Durchschnitt je Kopf geleisteten 1.554 Stunden um, so ergibt sich ein *potenzielles Arbeitsvolumen* in Höhe von 68,3 Milliarden Stunden. Hätte man also das *vollständige Erwerbspersonenpotenzial* in 1991, als *maximales Arbeitsangebot*, ausgeschöpft, so hätte die Arbeitsnachfrage nicht nur bei 60,4 Milliarden Arbeitsstunden liegen dürfen, sondern bei 68,3 Milliarden Stunden. Es lag also 1991 eine *Arbeitsnachfragelücke* in Höhe von 7,9 Milliarden Stunden oder von 11,6 % vor.

Vergleicht man die Werte mit dem Jahr 2019 (vor der Corona-Pandemie), so ist die Bevölkerungszahl auf gut 83 Millionen Einwohner, also um 3 Millionen oder um 3,8 % gestiegen. Gleichzeitig nahm die Zahl der Erwerbstätigen stark auf 45,3 Millionen (um 6,4 Millionen = 16,5 %) zu und die Zahl der registrierten Arbeitslosigkeit und der wegdefinierten Arbeitslosigkeit von 3,6 Millionen auf knapp 3,2 Millionen um 11 % ab. Zwischenzeitlich war hier aber 2005 ein Höchstwert, nur bei den registrierten Arbeitslosen, von fast 4,9 Millionen erreicht worden. Der Rückgang der Arbeitslosen und der Anstieg der Erwerbstätigenzahlen sind dabei (danach) zu einem Gutteil auf den Anstieg der *Teilzeit und geringfügig Beschäftigten* zurückzuführen. Dies ging parallel mit dem Ausbau des aufgezeigten *Niedriglohnsektors* einher.

Vergleicht man auch hier die Kopfzahlen als *Arbeitsvolumen*, so stieg dies jedoch nur von 60,4 auf 62,6, um 2,2 Milliarden Stunden (= 3,7 %). Die *Arbeitszeit je Erwerbstätigen* nahm im Durchschnitt um 10,9 % von 1.554 auf 1.384 Stunden ab. Dabei ist die Arbeitszeit heute auf Grund der stark gestiegenen *Teilzeit und geringfügig Beschäftigten* noch ungleicher verteilt als 1991. Unter Berücksichtigung der registrierten und wegdefinierten Arbeitslosigkeit sowie dem Saldo aus stiller Reserve und offenen Stellen sowie der Unterbeschäftigung in den Erwerbstätigenzahlen ergab sich 2019 ein potenzielles Arbeitsangebot von gut 69,5 Milliarden Stunden (62,6 plus 6,9 Milliarden). Nachgefragt wurden aber nur 62,6 Milliarden Stunden. Hieraus errechnet sich eine *Arbeitsplatzlücke* von 10,0 % und gegenüber 1991 ein Rückgang um 1,6 Prozentpunkte. Rechnet man die Arbeitsplatzlücke bei gleichbleibender Arbeitszeit in Erwerbstätige um, so fehlten 2019 für eine *Vollbeschäftigung* in Deutschland rund 5 Millionen Arbeitsplätze. Die Zahl hat sich seit der Wiedervereinigung also kaum verändert.

Fiskalische Kosten der Arbeitslosigkeit

Arbeitslosigkeit ist nicht nur für den einzelnen Arbeitslosen schlimm, sie verursacht auch beträchtliche gesamtwirtschaftliche Kosten. So in Form von *Lohnersatzleistungen* für die Arbeitslosen als Leistungsempfänger. Dabei basiert die soziale Absicherung auf einem zweistufigen System durch das *Arbeitslosengeld I* im Rahmen der Arbeitslosenversicherung nach SGB III und durch das *Arbeitslosengeld II*, der Grundsicherung für Arbeitssuchende auf Basis des SGB II. Das Arbeitslosengeld I ist eine in der Dauer (Regel nur 12 Monate) befristete Lohnersatzleistung der beitragsfinanzierten Arbeitslosenversicherung, während das Arbeitslosengeld II eine zeitlich unbefristete fürsorgliche Leistung aus Steuermitteln des Bundes ist. Das *Arbeitslosengeld I* beläuft sich auf 60 % des pauschalierten Nettoeinkommens, Arbeitslose mit unterhaltspflichtigen Kindern erhalten einen erhöhten Leistungssatz von 67 %. Die Leistungshöhen beim *Arbeitslosengeld II (Hartz-IV-Sätze)* entsprechen seit 2005 den angepassten Höhen der Sozialhilfe. Ab 2021 bekommen hier Ehegatten und Partner neben den Mietkosten monatlich jeweils 395 Euro und Erwachsene bis zum 25. Lebensjahr, die noch nicht im eigenen Haushalt leben, 352 Euro. Kindern bis fünf Jahre billigt man 279 Euro und 6-13-Jährigen 308 Euro zu.

Unter den 4.475.725 Leistungsempfängern (ALG I und ALG II) waren im September 2019 1.949.752 registrierte Arbeitslose gemäß SGB III und erhielten Arbeitslosengeld I. Von den insgesamt 2.234.030 Arbeitslosen waren 284.278 Arbeitslose Nichtleistungsempfänger und erhielten wie weitere 2.241.695 Menschen nur Hartz-IV-Leistungen.

Die dabei insgesamt entstehenden gesamtwirtschaftlichen *fiskalischen Kosten* der Arbeitslosigkeit aus Leistungsbezügen, Versicherungs- und Steuerausfällen sind beträchtlich. Allein von 2001 bis 2018 lagen hier die Kosten jahresdurchschnittlich bei 66,4 Milliarden Euro. Der *staatliche Finanzierungssaldo* von Bund, Ländern, Gemeinden und sämtlicher Sozialversicherungshaushalte kam hier im Jahresdurchschnitt auf nur -25,3 Milliarden Euro. Hätten wir demnach *Vollbeschäftigung* gehabt, so hätte es nicht nur keine *Staatsverschuldung* gegeben, sondern der Staat hätte noch einen *Überschuss* von jährlich 41,1 Milliarden Euro erzielt. Hieran erkennt man abschließend die enorme Belastung einer Volkswirtschaft mit hoher Arbeitslosigkeit und dabei sind nicht einmal die *Produktionsausfälle* als Opportunitätskosten mitgerechnet. Schließlich produziert eine Volkswirtschaft mit Arbeitslosigkeit unter ihren Möglichkeiten und exportiert, wie Deutschland, mit riesigen *Exportüberschüssen* noch Arbeitslosigkeit ins Ausland. Dies macht die ganze Misere um Arbeit in Deutschland überdeutlich und enttarnt gleichzeitig alle Populisten die von »hervorragenden Verhältnissen« auf den Arbeitsmärkten oder gar von einer »bevorstehenden Vollbeschäftigung« reden. Hier kann man nur sagen, sie wissen nicht worüber sie reden.

Anmerkungen

Bontrup, H.-J. (2011): Krankmachende Ursachen in der Ökonomie, in: Sozialpsychiatrische Informationen, Heft 4

Bontrup, H.-J., Marquardt, R.-M. (2021), Volkswirtschaftslehre aus orthodoxer und heterodoxer Sicht, München, Boston

Brachinger, H. W. (2007): Statistik zwischen Lüge und Wahrheit, in: Wirtschafts- und Sozialstatistisches Archiv, Heft 1

Bundesagentur für Arbeit (2009): Methodenbericht

Dichmann, W., Hickel, R. (1989): Zur Deregulierung des Arbeitsmarktes – Pro und Contra, in: Beiträge zur Gesellschafts- und Bildungspolitik (Institut der deutschen Wirtschaft), Nr. 148, Köln

Friedrich, H., Wiedemeyer, M. (1998): Arbeitslosigkeit – ein Dauerproblem, Dimensionen, Ursachen, Strategien, Opladen

Forrester, V. (1998): Der Terror der Ökonomie, München

Koch, K. (2010): Viel Arbeit und wenig Einfluss auf Arbeitsprozesse machen krank, in: Psychosoziale Umschau, Heft 3

Negt, Oskar (2016): Rot-Rot-Grün im Trialog: Schaffen wir linke Mehrheiten, in: Blätter für deutsche und internationale Politik, Heft 12

Niess, F. (1979). Geschichte der Arbeitslosigkeit, Köln

Statistisches Bundesamt (2020): Presseerklärung Nr. 416 vom 21. Oktober

Gesellschaft, Wirtschaft, Politik (GWP), Heft 1/2021

Ohne Job und vergessen

Die Politik kümmert sich nicht um die Arbeitslosen

Neoliberales Denken hat in den vergangenen Jahrzehnten eine aktive Arbeitsmarkt- und Bildungspolitik nicht zugelassen. Hartz-IV-Politik stand mit katastrophalen Folgen auf der Agenda. Millionen Menschen wurden prekarisiert und verarmt. Ausbildungsplätze im dualen System waren rar und Berufsschulen unterfinanziert. Bis heute gilt dies für den gesamten Bildungssektor von der Grund- bis zur Hochschule. Die versagende Politik flüchtete sich in Sonntagsreden.

Und über dem Ganzen schwebt in Deutschland seit Mitte der 1970er Jahre eine nicht bekämpfte Arbeitslosigkeit. Trotz höchster Erwerbstätigenzahlen, aber einem dazu nicht analog gestiegenen Arbeitsvolumen, sind 3,35 Millionen Menschen in Deutschland arbeitslos, alles Einzelschicksale. Bezogen auf die gut 41,5 Millionen abhängig Beschäftigten, entspricht dies einer Arbeitslosenquote von 8,1 Prozent und nicht von 5,5 Prozent, wie von der Bundesagentur für Arbeit offiziell ausgewiesen wird. Hinzu kommt die stille Reserve. Menschen, die es Mangels Arbeitsnachfrage aufgegeben haben, noch nach Arbeit zu suchen. Außerdem sind 7,4 Millionen Menschen nur geringfügig beschäftigt. Trotz Mindestlohn kann man davon nicht leben. Die betroffenen sind armutsgefährdet – nicht nur heute, sondern auch im Alter.

Unternehmer wollen keine vollbeschäftigte Wirtschaft, das ist evident. Und die Politik? Sie ist mehrheitlich unternehmerfreundlich. Abhängig Beschäftigte und ihre Gewerkschaften sind auf dem kapitalistischen Spielfeld zu schwach, um Arbeitslosigkeit zu bekämpfen. So gibt es heute weiter gut 2,5 Millionen registrierte Arbeitslose plus 0,85 Millionen sogenannter »Unterbeschäftigter«, die realiter von der Politik statistisch wegdefinierte Arbeitslose sind. Ein Skandal – aber keiner regt sich darüber auf. Selbst die Gewerkschaften nicht.

Und bei alledem gibt es Fachkräftemangel, aber nur auf einzelnen Teilarbeitsmärkten. Betroffen ist hier jeder sechste Beruf (200 von 1200). Insbesondere Pflege-, medizinische und Bauberufe, Kinderbetreuung, Kfz-Technik und der IT-Bereich. Und schon wieder versagt die Politik. Sie will jetzt Arbeitskräfte aus dem Ausland anwerben und setzt auf einen *Arbeitsmarktimperialismus*, anstatt endlich eine *binnenwirtschaftliche aktive Arbeitsmarkt- und Bildungspolitik* umzusetzen.

Frankfurter Rundschau, 15. Juni 2023

Arbeitsmarktrealitäten werden ausgeblendet

30-Stunden-Woche umsetzen

Schaut man sich die Entwicklung der Arbeitsmärkte seit Gründung der Bundesrepublik Deutschland im Jahr 1949 und seit der Wiedervereinigung 1989/90 an, so ist der empirische Befund vernichtend. In 64 Jahren war die zunächst westdeutsche Volkswirtschaft und ab 1991 die gesamtdeutsche Wirtschaft nur 14 Jahre vollbeschäftigt und 50 Jahre lang lag Massenerwerbslosigkeit vor. Welch ein marktwirtschaftlich-kapitalistisches Systemversagen. Seit der schweren Weltwirtschaftskrise von 1974/75 kann kontinuierlich nur noch von dem verheerenden Zustand einer weit unterbeschäftigten und damit von gesamtwirtschaftlich suboptimalen Verhältnissen gesprochen werden. Unsere Wirtschaft lebt weit unter ihren Produktionsmöglichkeiten und wird durch hohe fiskalische Kosten für die Arbeitslosigkeit belastet.

Auch die jüngste Entwicklung an den Arbeitsmärkten gibt keinen Grund für Jubelstürme, wie uns die »schwarz-rosarote« Bundesregierung, die Unternehmerverbände sowie die ihnen ideologisch nahestehenden wirtschaftswissenschaftlichen und medialen Claqueure erzählen. Demnächst liege sogar Vollbeschäftigung vor und es bestünde ein erheblicher Fachkräftemangel, behaupten ernsthaft die neoliberalen Apologeten. Dies grenzt an Volksverdummung, hat aber mit der wirtschaftlichen Realität nichts zu tun. Schauen wir uns die Fakten an. Zwar ist die durchschnittliche Zahl der registrierten Arbeitslosen von 2000 bis 2013 von 3,9 auf 2,9 Millionen Arbeitslose, also um eine Million bzw. um 25,6 v.H. zurückgegangen. Die tatsächliche Arbeitslosigkeit, die auch statistisch wegdefinierte Personen in entlastenden arbeitsmarktpolitischen Maßnahmen und in kurzfristiger Arbeitsunfähigkeit berücksichtigt, lag dagegen um eine Million höher. Also betrug die wirkliche Arbeitslosenzahl 2013 rund 3,9 Millionen.

Werden außerdem an den Arbeitsmärkten fälschlicherweise nur »*Köpfe*« gezählt, so hat es zwar von 2000 bis 2013 einen Anstieg der Erwerbstätigenzahlen (abhängig Beschäftigte plus Selbstständige) von 39,4 Millionen auf gut 41,8 Millionen, um 2,4 Millionen Erwerbstätige oder um 6,1 v.H. gegeben. Das für Beschäftigung entscheidende Arbeitsvolumen (Beschäftigte mal Arbeitszeit/Beschäftigten) stagnierte aber bzw. nahm nur marginal um 0,3 v.H. zu. So wurden 2000 insgesamt 57,9 Milliarden Arbeitsstunden in Deutschland geleistet und 2013 waren es 58,1 Milliarden Stunden. Die jahresdurchschnittliche Arbeitszeit pro Erwerbstätigen ging dagegen von 1.471 Stunden (2000) auf 1.388 Stunden (2013) um 5,6 v.H. zurück. Differenziert man die Erwerbstätigen in abhängig Beschäftigte und Selbstständige, so nahm von 2000 bis 2013 die Zahl der abhängig Beschäftigten von 35,4 auf 37,4 Millionen, um 2 Millionen oder um 5,6 v.H., zu. Und die Zahl der Selbstständigen stieg um knapp 500.000 von 4,0 Millionen (2000) auf 4,5 Millionen, um 12,5 v.H. Zumeist entfiel hier aber die Zunahme bei den Selbstständigen auf Solo-Unternehmer ohne einen einzigen Beschäftigten. Viele Solo-Unternehmer sind davon nur Scheinselbstständige mit geringstem Einkommen.

Bei den abhängig Beschäftigten reduzierte sich von 2000 bis 2013 die jahresdurchschnittliche Arbeitszeit um 4,5 v.H., sie sank von 1.375 auf 1.313 Stunden. Diese nicht freiwillige Arbeitszeitverkürzung ergibt sich aus dem Tatbestand, dass von 2001 bis 2013 die Zahl der Vollzeitbeschäftigten um 1,2 Millionen oder um 5,0 v.H. abgenommen und die Teilzeit und geringfügige Beschäftigung um 2,9 Millionen, um 29,0 v.H., zugenommen hat. Seit 1991 sind die Vollzeitstellen sogar um 4,9 Millionen oder um 16,7 v.H. gesunken und die Teilzeitstellen haben um 7,1 Millionen, um 123,6 v.H., zugelegt. Durch diese Spreizentwicklung an den Arbeitsmärkten ergab sich 2013 für die abhängig Beschäftigten eine rechnerische jahresdurchschnittliche 30-Stunden-Woche, aber bei völlig ungleich verteilten Arbeitszeiten bezogen auf die einzelnen Beschäftigten. Von den 37,4 Millionen abhängig Beschäftigten insgesamt hatten 2013 nur knapp 24,3 Millionen eine Vollzeitstelle mit 38 Stunden pro Woche. Das ergibt ein Arbeitsvolumen von 39,9 Milliarden Stunden. 13,1 Millionen abhängig Beschäftigte mussten sich dagegen ein Arbeitsvolumen von 9,1 Milliarden Stunden teilen, so dass hier die durchschnittliche Wochenarbeitszeit bei nur 16 Stunden lag. Überwiegend betroffen von dieser nur geringen Arbeitszeit waren Frauen, die zum Leben ohne anderweitige Unterstützung nicht ausreicht. Eine Umrechnung der Zahl der Arbeitslosen von rund 3,9 Millionen und der Unterbeschäftigten laut Konzept der Bundesagentur für Arbeit in Höhe von knapp 4,7 Millionen in Vollzeitäquivalente (VZÄ = 38-Stunden-Woche) zeigt, dass 2013 in Deutschland rund 14 Milliarden Arbeitsstunden gefehlt haben bzw. nicht nachgefragt wurden, um vom Zustand einer vollbeschäftigten Wirtschaft sprechen zu können.

Vor diesem gesamten Hintergrund von einem »guten« oder »stabilen« deutschen Arbeitsmarkt und einem allgemeinen »Fachkräftemangel« zu sprechen ist blanker Zynismus und zeugt von einem hochgradigen Realitätsverlust. Dies umso mehr, als auch noch von den abhängig Beschäftigten gut 7 Millionen, das sind fast 20 Prozent, zu Stundenlöhnen von unter 8,50 Euro arbeiten müssen. Die bestehende Massenarbeitslosigkeit und die durch die Agenda 2010 ausgebaute prekäre Beschäftigung haben dabei zunehmend die Verhandlungsmacht der Gewerkschaften gegenüber den Unternehmerverbänden geschwächt. Nichts macht den Arbeitslosen – aber genauso den noch Beschäftigten – so gefügig, wie bestehende Arbeitslosigkeit. Die von den Beschäftigten geleistete Arbeit wird dann nicht mehr äquivalent bezahlt, das heißt, nicht nur die absoluten Löhne werden gedrückt, sondern die Beschäftigten partizipieren auch nicht mehr an den Produktivitätsfortschritten und Wertschöpfungszuwächsen. Der verteilungsneutrale Spielraum aus Inflations- plus Produktivitätsrate wird nicht ausgeschöpft. Im Ergebnis sinkt dadurch die gesamtwirtschaftliche Lohn- und es steigt die Gewinnquote. Es kommt zu einer Umverteilung von unten nach oben.

Da jeder Unternehmer – trotz Kündigungsschutzgesetzen – die einmal eingestellten Arbeitskräfte, und sei es auch nur aus Gründen der Gewinnmaximierung, wieder entlassen kann, die Gesellschaft als Ganzes dieses aber nicht kann, müssen die Arbeitslosen (die einzelwirtschaftlich »Externalisierten«) gesellschaftlich alimentiert werden, wobei diese Unterstützung politisch ständig Gefahr läuft, gekürzt zu werden. So entstand sukzessive der Nährboden für alle möglichen Zugeständnisse bei der Lohnhöhe, bei der Arbeitszeit und bei den Sozialleistungen. Zudem unterstützt die herrschende (neoliberale) Politik einseitig das Interesse der Unternehmer an maximalem Profit. Es ist offensichtlich: Statt eine Machtbalance zwischen Kapital und Arbeit und eine zumindest neutrale Verteilung der Wertschöpfungen zu schaffen, entsteht ein Machtgefälle zu Gunsten der Kapitalseite als Dauerzustand. Tarifverhandlungen werden nicht mehr auf Augenhöhe geführt, sondern Unternehmer und ihre Verbände in die Lage versetzt, den Gewerkschaften ihre Handlungsfähigkeit – das wichtigste Gut, das sie im Kapitalismus besitzen – schleichend zu nehmen und ihnen letztlich die Ziele bei Tarifverhandlungen bezogen auf Arbeitsentgelte und Arbeitszeiten zu diktieren.

Ohne kollektive Arbeitszeitverkürzung wird es dabei in Deutschland nie mehr Vollbeschäftigung geben. Dennoch geht in Deutschland die Arbeit nicht aus. So gibt es im öffentlichen Sektor viele Defizite, was die Infrastruktur, den Bildungs- und Umweltbereich oder auch fehlende öffentliche Dienstleistungen anbelangen. Hier könnten sinnvolle gesellschaftliche Arbeitsplätze geschaffen und Arbeitsstunden absorbiert und durch höhere Steuern auf völlig ungleich verteilte Vermögensbestände und durch eine unnachgiebige Bekämpfung von Steuerkriminalität finanziert werden. Dagegen wird in der privaten Wirtschaft viel überflüssiger Schrott an Waren produziert, den im Grunde keiner benötigt. Würden wir darauf zum Wohle der Umwelt verzichten, so müsste die hier ausfallende Produktion zusätzlich durch Arbeitszeitverkürzungen aufgefangen werden.

Ein auf uns zukommender demografischer Bevölkerungsrückgang wird dabei nicht die Lücke zwischen Arbeitsangebot und -nachfrage schließen können. Zwar geht das gesamtwirtschaftliche Arbeitsangebot in den nächsten 20 bis 30 Jahren zurück, dies reicht aber nicht annähernd aus um allen erwerbsfähigen Menschen in Deutschland, die eine Vollzeit-Arbeit wollen, eine entsprechende

Stelle zu bieten. Hierfür gibt es zwei wesentliche Gründe: Erstens wird, wie schon in der Vergangenheit, die Produktivitätsrate in der Wirtschaft höher ausfallen als die reale Wachstumsrate des Bruttoinlandsproduktes und damit das benötigte Arbeitsvolumen sinken. Zweitens: Selbst wenn auch zukünftig die beiden entscheidenden Raten gleich groß wären, so könnte aber die seit Mitte der 1970er Jahre bestehende Massenarbeitslosigkeit und Unterbeschäftigung in Deutschland nicht abgebaut werden. Davon geht übrigens auch das Bundesarbeitsministerium in einer großangelegten Studie aus.

Dies muss aber nicht sein. Arbeitslosigkeit ist kein Naturgesetz. Eine 30-Stunden-Woche für alle könnte entscheidend die »Geißel Arbeitslosigkeit«, die einen »Gewaltakt gegen Menschen« (Oskar Negt) bedeutet, bekämpfen. Arbeitszeitverkürzung verbessert nicht nur die Arbeitsbedingungen ohne Burnouts, sondern beendet auch die Exklusion der Arbeitslosen aus der Gesellschaft, ihr Minderwertigkeitsgefühl, ihre Scham, und bringt sie wieder in Arbeit und Brot. Auch kann durch Arbeitszeitverkürzungen die geschlechtergerechtere Aufteilung der Hausarbeit, der Erziehungs- und Pflegearbeit nachhaltig verbessert werden und die Lebensplanung insgesamt erhält einen höheren Freiheitsgrad durch weniger fremdbestimmte Arbeit in Unternehmen und öffentlichen Einrichtungen. Nicht zuletzt brauchen wir eine Arbeitszeitverkürzung auch um mehr Zeit für ein gesellschaftliches und politisches Engagement zu haben. Und die Gesellschaft als Ganzes wird durch Arbeitszeitverkürzung von jährlich 50 bis 70 Milliarden Euro fiskalische Kosten, die durch die Massenarbeitslosigkeit entstehen, befreit. Wäre die Wirtschaft, nur gerechnet für die Jahre von 2001 bis 2013, vollbeschäftigt gewesen, dann hätte der Staat im selben Zeitraum nicht zusätzlich 625 Milliarden Euro neue Schulden machen müssen, sondern im Gegenteil die öffentlichen Haushalte hätten sogar einen Überschuss in Höhe von gut 17 Milliarden Euro verbuchen können. Die wesentliche Ursache für Staatsverschuldung in Deutschland ist eben nicht ein angeblich verschwenderischer Staat, sondern die bestehende Massenarbeitslosigkeit. Die einzigen, die von Arbeitslosigkeit profitieren sind die Unternehmer und Kapitaleigner. Ein ständiger Überschuss an

Arbeitskräften drückt die Löhne und hilft bei der Umverteilung der Wertschöpfung zu den Besitzeinkommen (Gewinnen, Zinsen, Mieten und Pachten).

Rein ökonomisch wäre die Umsetzung von Arbeitszeitverkürzung bei vollem Lohn- und Personalausgleich ganz einfach. Wenn beispielsweise in einer Volkswirtschaft die Produktivität um zwei Prozent zulegt, dann kann auch der Lohnsatz um diese zwei Prozent steigen und gleichzeitig die Arbeitszeit um zwei Prozent gesenkt werden. Das bedeutet, die Beschäftigten behalten ihr Einkommen und arbeiten dafür in Höhe der Produktivitätsrate weniger. Durch die freigesetzte Zeit der Beschäftigten können dann gleichzeitig Arbeitslose und Unterbeschäftigte eine Vollzeitstelle zu den gleichen Bedingungen erhalten. Das gesamtwirtschaftliche Ergebnis wäre nicht belastend, sondern lohnstückkostenneutral. Die Lohnkosten pro produzierte Leistungseinheit bleiben konstant. Und das Schöne für Unternehmer: Auch ihre Gewinne steigen automatisch noch um zwei Prozent in Höhe der Produktivitätsrate. Arbeitszeitverkürzung bei vollem Lohn- und Personalausgleich ist damit im wissenschaftlichen Befund nicht nur lohnstückkostenneutral, sondern auch im Hinblick auf die arbeitsteilig geschaffene Wertschöpfung verteilungsneutral, was bedeutet, dass sich an der Höhe der gesamtwirtschaftlichen Lohn- und Gewinnquote nichts ändert.

Kritiker sagen deshalb zu Recht, die Beschäftigten und Arbeitslosen finanzierten sich somit ihre Arbeitszeitverkürzung selbst. Es kommt in der Tat zu einer klassenimmanenten Umverteilung. Dies ist natürlich überhaupt nicht einzusehen. Auch die Besitzeinkommensempfänger haben sich zu beteiligen. Das müssen sie de facto aber auch schon allein deshalb, weil es in der Vergangenheit versäumt wurde, die Arbeitszeiten gemäß der gestiegenen Produktivität zu verkürzen. Die 30-Stunden-Woche wird sich daher heute nicht mehr innerhalb eines Jahres umsetzen lassen. Es werden mindestens fünf Jahre nötig sein, mit einer Verkürzung der Arbeitszeit um fünf Prozent in jedem Jahr. Um das aber zu finanzieren, wäre eine Produktivitätsrate von ebenfalls fünf Prozent pro Jahr nötig, die aber nicht realistisch ist. In den Jahren 2000 bis 2013 stieg die Produktivität im Jahresdurchschnitt nur um knapp 1,2 Prozent. Das heißt, etwa vier Prozentpunkte müssten durch eine Umverteilung aus den Besitzeinkommen zur Finanzierung der Arbeitszeitverkürzung aufgebracht werden. Vor dem Hintergrund der gigantischen Umverteilung in Deutschland seit dem Jahr 2000 in Höhe von gut 1,1 Billionen Euro von den Arbeits- zu den Besitzeinkünften ist dies jedoch – rein ökonomisch betrachtet – überhaupt kein Problem. Die Lohnquote müsste nur wieder ein Stück weit ansteigen.

Dagegen haben natürlich die Unternehmer und Kapitaleigner sowie ihre Verbündeten in Politik, Wissenschaft und Medien was. Wer Arbeitszeitverkürzung fordert stellt genauso wie bei Lohnerhöhungen die Machtfrage. Daher bedarf es eines breit angelegten Gegen-Bündnisses von Gewerkschaften, Arbeitsloseninitiativen, Sozial- und Umweltverbänden sowie nicht zuletzt aus den Kirchen um in einer konzertierten Aktion eine dringend notwendige kollektive Arbeitszeitverkürzung im Rahmen eines gesamtgesellschaftlichen Projektes umzusetzen. Der Erfolg wird dabei davon abhängen, wie eine umfassende Aufklärung, eine ökonomische Alphabetisierung, gelingt, und eine intensive Debatte in den Betrieben und staatlichen Verwaltungen sowie Bildungseinrichtungen, letztlich in der ganzen Gesellschaft, geführt wird.

Ossietzky. Zweiwochenzeitschrift für Politik/Kultur/Wirtschaft, Heft 15/2014

30 Stunden reichen

Die Arbeitszeit sollte verkürzt werden

Die Arbeitszeiten der abhängig Beschäftigten sollen noch mehr flexibilisiert werden. Den Unternehmern reichen Gleitzeiten, flexible Arbeitszeitkonten, Überstunden ohne jede Bezahlung, Bereitschaftszeiten, Leih- und Teilzeit bis zu verkaufsoffenen Sonntagen sowie

Ladenöffnungszeiten von 7.00 bis 22.00 Uhr an sechs Tagen in der Woche für ihre profitgetriebene Kapitalakkumulation noch nicht aus. Die Ware Arbeitskraft soll weitere Flexibilität für die Mehrwertproduktion bereitstellen. Man könnte auch von einer permanenten Verfügbarkeitsmachung der Lohnabhängigen im kapitalistischen »Raubtierkapitalismus« (Helmut Schmidt) sprechen. Aber auch die abhängig Beschäftigten wünschen sich mehr Flexibilität bei den Arbeitszeiten. Jedoch aus ganz anderen Motiven: Sie erleben die heute vom neoliberalen Dogma aufgezwungene Arbeitszeitflexibilität als schwere Last und sehnen sich nach mehr selbstbestimmter Zeitsouveränität im Arbeitsprozess. Dieser Widerspruch ist nicht auflösbar, zumal abhängige Arbeit im Kapitalismus immer fremdbestimmte Arbeit bleibt und das Kapital mit der größeren Macht ausgestattet ist. Dies gilt insbesondere bei vorliegender Massenarbeitslosigkeit und einem Millionenfach herbeigeführtem Arbeitsprekariat. Wird der Lohnabhängige an den Arbeitsmärkten nicht von einem Unternehmer nachgefragt, so hat dieser ökonomisch keinen Wert und er ist auf eine gesellschaftliche Alimentierung angewiesen, die der Kanzlerkandidat der SPD, Martin Schulz, jetzt durch einen längeren Bezug des Arbeitslosengeldes bei gleichzeitiger Qualifizierungsbereitschaft der Arbeitslosen verbessern will. Das ist sozial zwar lobenswert, ist aber nur ein symptomhaftes Linderungsmittel, das die Schmerzursache, nämlich die Arbeitslosigkeit, nicht beseitigt. Dabei wäre es ganz einfach: Mit einer kollektiven Arbeitszeitverkürzung, mit einer »Kurzen Vollzeit für Alle«, auf Basis einer 30-Stunden-Woche bei vollem Lohn- und Personalausgleich könnte die Massenarbeitslosigkeit beseitigt und außerdem jährlich der Gesellschaft rund 50 Milliarden Euro an fiskalischen Kosten für die Arbeitslosigkeit erspart werden. Und alle hätten am Ende mehr Zeit und wären den täglichen Mehrwertanforderungen und einer Fremdbestimmung durch das Kapital entrückt.

Frankfurter Rundschau, 30. März 2017

Arbeitskräftemangel

Wie sich Deutschlands Niedriglohnsektor selbst untergräbt

Viele fragen sich, warum es auf vielen Teilarbeitsmärkten in Deutschland (*den* Arbeitsmarkt gibt es nicht) zu einem *Arbeitskräftemangel* gekommen ist, obwohl wir gesamtwirtschaftlich betrachtet immer noch eine hohe Arbeitslosigkeit von rund 3 Millionen Menschen haben? Hier sind dann nicht nur die *registrierten Arbeitslosen* gerechnet, sondern auch die Arbeitslosen mitgezählt, die fälschlicherweise von der Bundesagentur für Arbeit unter dem Begriff »*Unterbeschäftigung*« ausgewiesen werden (vgl. dazu ausführlich Bontrup, H-J., Verwirrung um Arbeitslosigkeit und ihre Statistik, in: GWP, Gesellschaft, Wirtschaft, Politik, Heft 1/2021).

Alfred Kleinknecht gibt in seinem Aufsatz »Wird Arbeit bald zum teuren Luxusartikel?«, erschienen in der Online-Zeitschrift *Makroskop*, für den Arbeitskräftemangel die Erklärung: »In den großen OECD-Ländern sinken seit ca. 2004/05 die Wachstumsraten der Arbeitsproduktivität und der Multi-Faktorproduktivität. Heißt: Der Kuchen der jährlich zwischen Kapital, Arbeit und öffentlichem Sektor verteilt werden kann, wächst erheblich langsamer. Zugleich wird das Wirtschaftswachstum arbeitsintensiver. Denn eine Wirtschaft kann bekanntermaßen nur auf zwei Arten wachsen: entweder mit *mehr Arbeitsstunden* oder mit *produktiveren Arbeitsstunden*. Sinkt das Produktivitätswachstum, muss das Wachstum mit mehr Arbeit befeuert werden. Das bedeutet, dass es in Ländern mit schwachem Produktivitätswachstum früher oder später einen knappen Arbeitsmarkt mit einem gewissen Arbeitskräftemangel geben wird.«

Schaut man sich dazu konkret die *empirische Entwicklung* seit der Wiedervereinigung in Deutschland an, so ergibt sich der folgende von Kleinknecht beschriebene *lehrbuchmäßige Befund*: Von 1991-2005 lag die jahresdurchschnittliche Wachstumsrate des realen (preisbereinigten) Bruttoinlandsprodukts (BIP) bei 1,2 %. Im Jahr 2005 erreichte dabei nur die registrierte Arbeitslosigkeit mit fast 5 Millionen ihren Höhepunkt. Das Arbeitsvolumen aller Erwerbstätigen (abhängig Beschäftigte plus Selbstständige) kam auf

56,3 Milliarden Arbeitsstunden. 1991 waren es noch 60,1 Milliarden Stunden bei einer registrierten Arbeitslosenzahl von 2,6 Millionen. Das heißt, dass benötigte Arbeitsvolumen ging um 3,8 Milliarden Stunden zurück und die Arbeitslosenzahl stieg um rund 2,4 Millionen. *Ursache*: Die jahresdurchschnittliche Produktivitätsrate lag von 1991-2005 bei 1,7 %, so dass das *Arbeitsvolumen* jahresdurchschnittlich um 0,5 Prozentpunkte sank.

Das höhere Produktivitätswachstum ging hier zweifach zu Lasten der abhängig Beschäftigten. *Erstens* wurden viele *arbeitslos* und die nicht arbeitslos wurden mussten intensiver (produktiver) arbeiten. Zweitens führte die Arbeitslosigkeit, als »Knüppel des Kapitals«, zu einer *verschlechterten Verteilungsposition* der Beschäftigten. Zumindest verteilungsneutral müssten die Nominal-Arbeitsentgelte mit der Produktivitätsrate und der Inflationsrate (Verbraucherpreisindex) steigen. Das taten sie aber nicht. Im Gegenteil, sie sanken von 1991-2005 jahresdurchschnittlich um 1,7 %.

Die Gewerkschaften machten hier den großen Fehler und fokussierten ihre Tarifpolitik nicht auf eine *Arbeitszeitverkürzung* bei vollem Lohn- und Personalausgleich. Oder sie waren bereits zu schwach, um eine solche einzig richtige Tarifpolitik überhaupt durchsetzen zu können. Dafür sprechen die empirischen Befunde von Mitgliederschwund und einer Erodierung der Flächentarifverträge. Heute ist nur noch jeder siebte Beschäftigte Mitglied einer der acht Einzelgewerkschaften und lediglich noch etwa 50 Prozent der abhängig Beschäftigten unterliegen einem Flächentarifvertrag. Die von den Gewerkschaften früher immer zu Recht propagierte *Umverteilungskomponente* in den Tarifverträgen, das heißt, die realen Arbeitsentgelte müssen mehr steigen als die Produktivitätsrate, um so die stark *ungleiche Vermögensverteilung* zu bekämpfen, war von 1991-2005 nur noch eine ganz weit entfernte Wunschvorstellung.

Überlagert wurde dies alles von der Wiedervereinigung, die durchaus Wachstumsmöglichkeiten schaffte. Aber trotzdem konnte Deutschland die notwendigen hohen *Nettoinvestitionen* aus der gesamtwirtschaftlichen *Ersparnis* nicht finanzieren. Es waren *Kapitalimporte* aus dem Ausland notwendig. So kam es im Ergebnis von 1991- 2001 zu einem negativen Außenwirtschaftssaldo in Höhe von 196,4 Milliarden Euro, der sich erst 2002 in einen positiven Saldo umkehrte und seitdem viel zu große *Leistungsbilanzüberschüsse* provoziert. Kumuliert waren das von 2002-2021 sage und schreibe 6.049,9 Milliarden Euro. Um im Ausland wirtschaftlich erfolgreich zu sein, wurde dazu gebetsmühlenhaft vom Kapital und den politischen Freunden das Lied von der *Lohnzurückhaltung* gesungen, ansonsten wäre Deutschland international nicht wettbewerbsfähig. Über die aus dem Ausland zufließenden hohen *Gewinne* wurde dabei selbstverständlich der Mantel des Schweigens gelegt.

Ab 2006 kam es dann zu einer grundlegenden Kehrtwende durch die sogenannten *Hartz-Reformen*, die von der Rot-Grünen Schröder-Regierung ab 2003 auf den Weg gebracht worden waren und von denen dann die Merkel-Regierungen bis 2021, zumeist unter Beteiligung der SPD, wie viele behaupten, »profitieren« konnten. Der Slogan lautete: »Alles ist Sozial, was Arbeit schafft« und nach Schröder hatte kein Deutscher mehr das Recht auf »Faulheit«. Es wurde in Folge der größte *Niedriglohnsektor* in der EU geschaffen. Dies fand im Wesentlichen im *Dienstleistungssektor* in niedrig produktiven Branchen statt. Hier wurden vielfach Bruttolöhne von 3 bis 4 Euro bezahlt. In Folge ging die registrierte Arbeitslosigkeit von rund 5 Millionen auf 2,2 Millionen, um 2,8 Millionen Arbeitslose zurück. Und das Arbeitsvolumen stieg von 56,3 auf 60,6 Milliarden Stunden, um 4,3 Milliarden Stunden. Das war ein jahresdurchschnittlicher Zuwachs von 0,4 %, der sich daraus erklärt, dass von 2006-2021 die reale Wachstumsrate des BIP bei 1,2 % lag bzw. im Vergleich zu 1991-2005 stagnierte, die Produktivitätsrate aber nur noch um jahresdurchschnittlich 0,8 % zulegte.

Das *geringe Produktivitätswachstum* erklärt demnach den *Stellenzuwachs* und gleichzeitigen Abbau der Arbeitslosigkeit in Deutschland ab 2006. Erkauft werden musste dies aber bitter mit einer enorm hohen *Prekarisierung der abhängig Beschäftigten*. Der *Niedriglohnanteil* im Gastgewerbe liegt laut Statistischem Bundesamt mittlerweile bei 66,9 %, in der Land- und Forstwirtschaft, Fischerei sind es 53,5 % und im Wirtschaftssektor Kunst und Unterhaltung 45,2 %. Auch der gesamte Handelssektor kommt auf 28,8 %. Der niedrigste Wert liegt in der öffentlichen Verwaltung mit 2,8 % vor. Das heißt im Ergebnis, die Beschäftigten erhalten hier maximal 60 % des durchschnittlichen Bruttolohns in ihrem jeweiligen Wirtschaftszweig. Heute gilt fast jeder fünfte Beschäftigte als prekär. Der Bruttostundensatz liegt dabei unter 11 Euro. Von 2006 bis 2014 war daher die *Verteilungsposition* aller abhängig Beschäftigten mit jahresdurchschnittlich 0,4 % auch weiter negativ. Die nominalen Arbeitsentgeltzuwächse lagen unterhalb der Produktivitäts- und Inflationsrate.

In seinem Aufsatz stellt Kleinknecht dann fest: »Und inzwischen richtet sich das Modell der *Lohnzurückhaltung* gegen sich selbst. Durch das noch immer geringe Produktivitätswachstum muss das Wirtschaftswachstum (…) mit viel *Arbeitseinsatz* befeuert werden und mobilisierbare Arbeitsreserven werden immer kleiner. Wir können also in den kommenden Jahren ein allgemein niedrigeres Wachstum erwarten.«

In der Tat zeigen dies auch die ex post Befunde in Deutschland von 2015-2021. Hier lag nur noch ein reales Wirtschaftswachstum von jahresdurchschnittlich 0,9 % vor und die Produktivität legte knapp um 0,8 % zu. Dadurch stieg das Arbeitsvolumen noch um 0,1 Prozentpunkte. Dies lässt eindeutig auf den mittlerweile eingetretenen *Arbeitskräftemangel* auf vielen Teilarbeitsmärkten und in Folge auf *Wachstumsrestriktionen* schließen. Und es zeigt sich hier auch ein ganz einfacher marktwirtschaftlicher Befund: Kommt es auf Märkten zu Verknappungen, steigen die Preise: hier die Arbeitsentgelte auf den Arbeitsmärkten. So verbesserte sich dann von 2015-2021 die *Verteilungsposition* der abhängig Beschäftigten. Die realen (preisbereinigten) Arbeitsentgelte stiegen hier jahresdurchschnittlich um 1,0 %. Die Unternehmer mussten in den Tarifrunden Zugeständnisse machen. Das ist auch der Grund warum jetzt der BDI-Präsident Siegfried Russwurm und der neoliberale Ökonom Michael Hüther vom unternehmernahen Institut der deutschen Wirtschaft (IW) eine 42-Stunden-Woche fordern und andere die Rente ab 70.

Widerspruch kam natürlich sofort von den *Gewerkschaften*. Die

Frage ist nur, wer mehr *Macht* hat, seine Interessen am Ende durchzusetzen. Die Gewerkschaften haben hier immer weniger Zugriff auf die insgesamt Beschäftigten und selbst nur eine verteilungsneutrale Lohn- und Arbeitszeitpolitik durchzusetzen wird extrem schwierig werden; mag es hier und dort in Zukunft auch einige Tarifabschlüsse geben, die einer ökonomischen Ratio gehorchen. Nachhaltige Umverteilungen zu Gunsten der Lohnquote muss man aber wohl ausschließen. Dafür sorgt auch das Millionenfache Prekariat, dass nicht so ohne weiteres verschwinden wird. Ohne staatliche Interventionen jedenfalls nicht. Der Staat muss hier stützend eingreifen. Ein *gesetzlicher Mindestlohn* kann helfen. Da reichen aber die jetzt vereinbarten 12 Euro brutto die Stunde ab dem 1. Oktober nicht aus. Bei einer unterstellten 40-Stunde-Woche sind das 1.920 Euro brutto im Monat. Zieht man davon die Sozialversicherungen in Höhe von 390 Euro ab, so verbleiben 1.530 Euro. An Steuern (ledig, Steuerklasse I) fallen 130 Euro an. Somit verbleibt ein *Netto-Arbeitsentgelt* von 1.400 Euro. Das ist weiter unter den Bedingungen der hohen Reproduktionskosten in Deutschland ein *Armutseinkommen*. Geht man davon aus, dass die Kaltmiete fürs Wohnen maximal 30 % des Nettoeinkommens beanspruchen soll, das wären hier dann schon 420 Euro, so erkennt man bereits das ganze Elend. Und man muss hier immer auch Berücksichtigen, wer heute nur ein niedriges Arbeitsentgelt erhält, der wird auch später eine nur ganz bescheidene *Rente* erhalten. Man bleibt also bis zum Tod, trotz harter Arbeit, ein »Habenichts« (Oswald von Nell-Breuning).

Deshalb muss der Mindestlohn in Deutschland 15 Euro brutto betragen. In Luxemburg liegt er zurzeit bei 13,05 Euro je Stunde. Keine Arbeit, egal welche, sollte in einem – in Summe reichen Deutschland –, schlechter bezahlt werden als mit 15 Euro die Stunde. Das wäre dann ein monatliches Bruttoentgelt von 2.400 Euro und unter den oben angeführten Sozial- und Steuerbedingungen von netto 1.679 Euro. Auf die Sozialversicherungen entfielen 488 Euro und auf die Steuer 233 Euro. Unter diesen Bedingungen müsste der Staat auch nicht mehr das Einkommen der hart arbeitenden Menschen aufstocken. Diese heute menschenverachtende und unwürdige staatliche Alimentierung, die einem Betteln gleichkommt, hätte endlich ein sozialpolitisches Ende. Und sollten die 15 Euro für einige Betriebe zu viel sein, dann haben sie am Markt auch nichts zu suchen. Alfred Kleinknecht bemerkt dazu: »Willkommen in der Marktwirtschaft.«

Online-Zeitschrift MAKROSKOP, 28. Juni 2022

»Die Vier-Tage-Woche ist ein Fake«

Ökonom Heinz-J. Bontrup über Ideen, die sich nur Besserverdienende leisten können, kürzere Arbeitszeiten und den Personalmangel.

Einige Unternehmen testen die Vier-Tage-Woche. Der Ökonom Heinz-J. Bontrup ist nicht überzeugt von dem Konzept. Er fordert im Interview mit der *Frankfurter Rundschau* eine echte Verkürzung der Arbeitszeit.

Herr Bontrup, sind Sie ein Fan der Vier-Tage-Woche?

Nein, ich bin kein Fan einer sogenannten Vier-Tage-Woche, die lediglich eine Arbeitsumverteilung impliziert. Sondern ich bin seit Jahrzehnten ein Fan einer Arbeitszeitverkürzung bei vollem Lohn- und Personalausgleich. Das größte Problem vor dem Hintergrund der bestehenden hohen Arbeitslosigkeit und zusätzlichen Unterbeschäftigung von Millionen Menschen in Deutschland ist allerdings, dass die abhängig Beschäftigten sich nicht hinreichend in den Gewerkschaften organisieren. Deshalb fehlt bislang eine Koalition, die die Macht hat, eine Arbeitszeitverkürzung durchzusetzen.

Hinter dem Schlagwort der Vier-Tage-Woche verstecken sich verschiedene Modelle. Bei einigen wird der einzelne Arbeitstag dafür länger. In Belgien können Beschäftigte zum Beispiel ihre Wochenarbeitszeit von 40 Stunden an vier Tagen leisten. Andere Modelle reduzieren tatsächlich die Arbeitszeit – statt 40 Stunden an fünf Tagen arbeiten die Beschäftigten dann 30 oder 35 Stunden an vier Tagen. Welches Modell ist sinnvoll, welches nicht?

Sie werfen hier die ganze Bandbreite von diskutieren Arbeitszeitverteilungen pro Woche oder auch pro Monat auf. Das sind aber keine Arbeitszeitverkürzungen bei vollem Lohn- und Personalausgleich, wie ich sie seit langem fordere. Die zurzeit in einigen Ländern in Pilotprojekten, auch in einzelnen deutschen Unternehmen, erprobten Vier-Tage-Wochen sind deshalb nur ein Arbeitszeitverkürzungs-Fake. Und ich muss mich mehr als wundern, wenn hier bei einer nur anderen Arbeitszeitverteilung betont wird, dass dies bei vollem Lohnausgleich stattfinden würde. Ja, wie denn wohl sonst? Wäre das nicht der Fall, so käme es zu drastischen Einkommenskürzungen bei den abhängig Beschäftigten. Und übrigens: Nicht eine diskutierte Vier-Tage-Woche will die Arbeitszeit auf eine 30- oder 32-Stunden-Woche reduzieren. Dies würde eine sofortige Produktivitätssteigerung von rund 20 Prozent bedeuten. Das ist ökonomisch völlig unrealistisch.

Sehen Sie denn überhaupt keine Vorteile einer Vier-Tage-Woche?

Nun ja, einige abhängig Beschäftigte sind der Auffassung, es hätte Vorteile für sie, wenn sie statt 5 mal 8 Stunden, also 40 Stunden, jetzt 4 mal 10 Stunden, also auch 40 Stunden in der Woche, nur anders verteilt, arbeiten. Das will ich in Einzelfällen nicht in Abrede stellen. Darum geht es aber nicht. Es geht um die Volkswirtschaft als Ganzes. Und dass aus einer lediglich anderen Verteilung der Arbeit Produktivitätseffekte resultieren, müsste wissenschaftlich erst noch einmal nachgewiesen werden. Meine Prognose fällt hier eher negativ aus.

Bisher läuft die Wirtschaft zu großen Teilen im Rhythmus einer Fünf-Tage-Woche. Von Montag bis Freitag ist zu den üblichen Geschäftszeiten immer jemand im Dienst. Wie müsste man den Umstieg gestalten?

Der Umstieg einer Arbeitsumverteilung wird in den meisten Branchen der Wirtschaft überhaupt nicht gehen, denken sie nur an die vielen Arbeitsprozesse, wo man nicht mal einfach die Arbeit an einem Tag einstellen kann. So nach dem Motto, wir arbeiten jetzt die 40 Stunden in der Woche an vier Tagen ab. Am fünften Tag steht alles leer und wir schließen die Firma ab. Ganz »Schlaue« argumentieren hier mit Energieeinsparungen, vergessen dabei aber die Nicht-Nutzung von Maschinen und Anlagen. Wer soll den Ausfall denn dann bitte schön am Ende bezahlen? Die Kunden, die durch die Arbeitsumverteilung zusätzlich noch auf eine schlechtere Erreichbarkeit der Firmen stoßen? Das ist alles paradox.

Wie groß sind die Chancen für eine Vier-Tage-Woche in Deutschland? Dafür bräuchte es starke Gewerkschaften, oder?

Da die Vier-Tage-Woche als Arbeitsumverteilung ein Fake ist, wird sie sich auch nicht durchsetzen und so auch kein Thema für die Gewerkschaften werden.

In einigen Modellen sinkt mit der Arbeitszeit auch das Gehalt. Das können sich doch nur Besserverdienende leisten.

Arbeitszeitverkürzungen ohne Lohnausgleich, also mit Einkommenskürzungen, sind genauso wie die Arbeitsumverteilung ein Arbeitszeitverkürzungs-Fake, den sich natürlich so gut wie keiner leisten kann. Was aber an diesem Fake besonders fatal ist, ist der ökonomische Tatbestand, dass es damit zu einer noch größeren Umverteilung der Wertschöpfung zu Gunsten der Kapitaleigentümer kommt.

Weniger Arbeit, gleiches Gehalt – warum sollten die Arbeitgeber da mitspielen?

Ganz einfach, weil eine Arbeitszeitverkürzung nicht nur bei vollem Lohnausgleich, sondern auch bei einem vollen Personalausgleich – das ist ganz wichtig – auf Basis einer wertmäßigen Arbeitsproduktivitätserhöhung, für Unternehmer überhaupt keinen Nachteil hat.

Das müssen Sie jetzt aber näher erklären.

Ja, weil auch ihre Gewinne in Höhe der Produktivitätszuwächse steigen. Die Verteilung der Wertschöpfung ist zwischen Kapital und

Arbeit neutral. Lohn- und Gewinnquote bleiben konstant, es gibt keine inflatorischen Wirkungen, die Lohnstückkosten verändern sich nicht, und die Arbeitslosigkeit geht zurück. Und wissen Sie was: Dann haben sich die Unternehmer nicht einmal mit einem Cent an der Finanzierung der Arbeitszeitverkürzung beteiligt. Das ist völlig inakzeptabel. Daher muss es zu einer Mitfinanzierung durch ein Absenken der viel zu hohen volkswirtschaftlichen Mehrwertquote kommen, die bei rund 43 Prozent liegt und stark dysfunktionale makroökonomische Effekte impliziert.

Arbeitgeberpräsident Steffen Kampeter fordert »mehr Bock auf Arbeit« und längere Arbeitszeiten. Hat er mit Blick auf den Personalmangel, den es in einigen Branchen gibt, nicht recht?

Der Unternehmer-Lobbyist Kampeter fordert nicht nur den Unsinn von längeren Arbeitszeiten. Als Wissenschaftler weiß ich das einzuordnen. Und was den sogenannten Personalmangel in einigen Branchen oder, wissenschaftlich sauber formuliert, auf Teilarbeitsmärkten anbelangt, darüber freue ich mich. Als Ökonom lernt man im ersten Semester: Alles was knapp ist, hat einen hohen Preis. Die Löhne werden hier steigen und in Folge Arbeitskräfte anlocken. Gegen diesen marktwirtschaftlichen Mechanismus habe ich nichts einzuwenden.

Interview von Steffen Herrmann
Frankfurter Rundschau, 7. März 2023

Gruselige Aussichten in der digitalisierten Welt

Die Digitalisierung schafft eine neue Machtordnung. Eine völlig versagende Politik hat diese privatwirtschaftliche Konzentration zugelassen.

Die Digitalisierung der Wirtschaft ist in aller Munde. Viele machen sich Sorgen um Arbeitsplatzverluste. Die sind berechtigt. Die Unternehmensberatung McKinsey erwartet einen Rückgang des Arbeitsvolumens um ein Viertel. Schon bis 2030! Und das vor dem Hintergrund bestehender Massenarbeitslosigkeit – nicht nur in Deutschland. »Der Kapitalismus wird die Digitalisierung nicht überleben«, prognostiziert Leonhard Fischer, Ex-Chef der Winterthur-Versicherung. Das könnte passieren. Nicht menschliche Revolutionen beseitigen das System, sondern die Technik wird zum Totengräber der Ausbeutungsordnung. Digitalisierungen schüren Ängste, weil sich dahinter systematische Rechenvorgänge (Algorithmen) verbergen, die nur dem jeweiligen Programmierer wirklich bekannt sind. Programmieren können die Menschen aber nicht. Sie müssen den Algorithmen, der Technik, blind vertrauen und werden zu nichtwissenden Anwendern degradiert. Der Technik-Chef von Amazon, Werner Vogels, geht schon weiter: »Algorithmen sind die alte Welt. Sie bedeuten, dass ein Ingenieur eine Lösung für ein Problem programmierte. Die neue Welt ist maschinelles Lernen. Es gibt keinen Ingenieur mehr, der einer Maschine vorgibt, wie sie eine Problemstellung lösen soll. Die neuen Systeme sind viel schlauer: man stellt ihnen eine Frage und die Maschine muss dann selbst herausfinden, wie sie zu einer Antwort kommt.«

So könnte sich am Ende die IT-Welt verselbstständigen. Gruselige Aussichten. Heute wird die Welt der Bits und Bytes schon von ein paar Monopolen beherrscht, die in den vergangenen 25 Jahren aus dem Nichts entstanden sind. Sie zählen zu den wertvollsten Unternehmen der Welt. Die Marktkapitalisierung von Apple, der Google-Mutter Alphabet, Microsoft, Amazon und Facebook liegt mittlerweile bei 3,4 Billionen US-Dollar und der Wert wächst täglich. Die Eigentümer der Firmen zählen zu den acht reichsten Menschen auf der Erde. Zum Vergleich: Ganz Deutschland müsste für einen Aufkauf der Digitalisierungs-Giganten mehr als ein Jahr lang hart arbeiten. Eine völlig versagende Politik hat diese privatwirtschaftliche Macht zugelassen. Dies wird der Menschheit in Zukunft keine Wohlfahrtsgewinne bescheren, sondern es wird ein hoher gesellschaftlicher Preis zu zahlen sein.

Frankfurter Rundschau, 8. März 2018

Digitalisierung schafft mehr prekäre Beschäftigung

Will man die digitalisierte Welt der Algorithmen für alle Menschen nutzbar machen, so muss mehr denn je die Verteilungsfrage gestellt werden. McKinsey geht davon aus, dass in Deutschland schon bis 2030 ein Viertel aller Arbeitsstunden wegfallen werden. Das wären heute bei einem Arbeitsvolumen von knapp 60 Milliarden Stunden etwa 15 Milliarden Stunden weniger. Bei gegebenen gut 43 Millionen Erwerbstätigen käme das einem Verlust von fast 11 Millionen Arbeitsplätzen gleich – und das vor dem Hintergrund einer schon vorliegenden Massenarbeitslosigkeit und prekarisierten Arbeitsmärkten. Selbst wenn das Horrorszenario nicht eintreten wird, so steht dennoch ökonomisch außer Frage, dass die stetig voranschreitende Digitalisierung im Saldo Arbeitsplätze kosten und darüber hinaus die Arbeitswelt völlig verändern wird. Und es wird in Folge zu massiven Verteilungsauseinandersetzungen kommen. Wer behält seine Arbeit und kann sich den extrem veränderten Arbeitsbedingungen anpassen?

Schon heute beanspruchen die weltweit größten Digitalisierungs- und Internetkonzerne Apple, Google, Microsoft, Amazon und Facebook aus der Wertschöpfung überproportional hohe Profite. Wie modifizieren sich zukünftig die Wertschöpfungsketten und wie verteilt sich die immer mehr digitalisierte Wertschöpfung – auch zwischen den einzelnen Branchen. Wer erhält die Digitalisierungsdividenden? Gesamtwirtschaftlich ist hier die Frage zu beantworten, wie das schrumpfende wert- bzw. einkommensschaffende Arbeitsvolumen verteilt wird, damit die immer produktiver digitalisiert hergestellten Produkte auch noch verkauft werden können? Mit einer Maschinensteuer, Maschinen schaffen keine Werte, oder einem bedingungslosen Grundeinkommen, hier wollen Menschen andere für sich arbeiten lassen, kann diese entscheidende Frage nicht beantwortet werden. Es wird nur über eine kräftige kollektive Verkürzung der Arbeitszeit gehen. Dies muss bei vollem Lohnausgleich stattfinden. Die durch die Digitalisierung entstehenden Produktivitätssteigerungen sind hier eine hinreichende Finanzierungsmasse. Die Kapitaleigentümer werden die Dividenden jedoch für sich alleine beanspruchen. Dies dürfen die abhängig Beschäftigten, Gewerkschaften und ihre politischen Interessenvertreter in den Parlamenten nicht zulassen.

Frankfurter Rundschau, 13. Oktober 2020

Bedingungsloses Grundeinkommen

Eine ökonomisch skurrile Forderung

Um es gleich vorwegzunehmen: Als Ökonom kann man nur den Kopf schütteln, bezüglich der immer mehr aufkommenden Forderung nach einem bedingungslosen Grundeinkommen (BGE) und wer dies mittlerweile alles in Politik, von Links bis Rechts, sowie aus der Wirtschaft und selbst aus der Wissenschaft fordert. Natürlich aus unterschiedlichen Gründen und auch beim Entgelt nicht in gleicher Höhe bzw. Ausstattung. Die Arbeitsgruppe Alternative Wirtschaftspolitik stellt zur Diskussion um das BGE in ihrem Memorandum 2018 fest: »Die Neoliberalen wollen letztlich ›der Wirtschaft‹ die Möglichkeit geben, sich gegen einen gewissen, wenn auch nicht geringen Preis von staatlicher Einflussnahme freizukaufen. Wenn für die Grundversorgung aller gesorgt sei, so sagen sie, könnten sozialstaatliche Leistungen wie auch die Regulierungen der Arbeitswelt entfallen und ›marktwirtschaftlichen Lösungen‹ Platz machen. Das Problem struktureller Arbeitslosigkeit könnte ›gelöst‹ werden, indem ›schwer vermittelbare‹ Erwerbslose auf das bedingungslose Grundeinkommen (BGE) abgeschoben würden. Linken Modellen geht es um das genaue Gegenteil: Sie wollen die kapitalistische Logik als gesellschaftliches Organisationsprinzip nachhaltig aufweichen. Niemand soll mehr zur Erwerbsarbeit gezwungen sein, um ein halbwegs anständiges Leben führen zu können. Dies würde, so die Argumentation, auch der großen Mehrheit zum Vorteil gereichen, die nicht auf bezahlte Arbeit verzichten und sich nicht mit dem Grundeinkommen zufriedengeben will. Diese Beschäftigten wären nun weniger erpressbar und könnten ihrer Arbeitgeberin oder ihrem Arbeitgeber mit neuem Selbstbewusstsein gegenübertreten« (Arbeitsgruppe Alternative Wirtschaftspolitik 2018, S. 171f.).

Der Begriff »bedingungsloses Grundeinkommen« klingt sozial und hat was Faszinierendes, wie der Politologe, Christoph Butterwegge, schreibt: »Statt wie im bestehenden Wohlfahrtsstaat nur jene Menschen durch eine spezielle Transferleistung wie das Arbeitslosengeld II aufzufangen, die weder über ein ausreichendes Erwerbseinkommen noch über Leistungsansprüche aus dem Versicherungssystem verfügen, sollen alle (Wohn-)Bürger ohne Ansehen der Person, ohne Arbeitspflicht und ohne besonderen Nachweis in den Genuss einer Zuwendung gelangen, die zur Sicherung ihrer materiellen Existenz ausreicht.« Bei vielen, durch das seit Mitte der 1970er Jahre immer mehr praktizierte neoliberale Regime, verarmten und gesellschaftlich nur noch am Rande existierender Menschen, ist das BGE offensichtlich der letzte verzweifelte Versuch, aus einer tiefen prekären Lebenssituation auszubrechen. Hier »angekommene« Menschen sehen nur noch im BGE eine »Überlebenschance« und setzen sozusagen im Ergebnis auf eine »Mitleidsökonomie« à la »Tafeln« oder »Sozialkaufhäuser«. Vor dem Hintergrund einer Armutsquote von ca. 16 Prozent in Deutschland und einer seit über vierzig Jahren bestehenden Massenarbeitslosigkeit, sowie der daraus entstandenen gigantischen Umverteilung von den Arbeits- zu den Kapitaleinkünften, ist die entstandene und breit vertretende Forderung nach einem BGE emotional sogar nachvollziehbar, sie erscheint »vielen Menschen geradezu als Erlösung: Hartz-IV-Bezieher hoffen, vom Druck ihres Jobcenters befreit zu werden, Steuerzahler glauben, nichts mehr von Reformen hören zu müssen, die – wie Hartz IV – keine Verbesserungen bringen. An die Stelle eines gleichermaßen komplexen wie komplizierten Wohlfahrtsstaates, individuell geltend zu machender Ansprüche und behördlicher Kontrollen soll ein Universaltransfer treten, der keiner großen staatlichen Bürokratie mit Sanktionsdrohungen mehr bedarf.« Hinter dieser naiven »Vorstellungswelt« verbirgt sich aber bei einer rationalen Betrachtung ein großer ökonomischer Unsinn, der seines Gleichen sucht.

Kategorie I:
Menschen lassen andere Menschen für sich arbeiten

Worum geht es ökonomisch beim BGE? Darum das Menschen andere Menschen für sich arbeiten lassen wollen. Dies ist in einer Volkswirtschaft aber nur dann möglich, wenn ein arbeitsteilig geschaffenes Überschussprodukt generiert werden kann. Würden die von Menschen produzierten Güter und Dienste gerade ausreichen, um die Reproduktion, die Subsistenz, aller durch menschliche Arbeit zu sichern, dann müssten natürlich auch alle arbeiten. Karl Marx beschreibt im Kapital warum es aber unter kapitalistischen Verhältnissen Menschen gibt, die das nicht müssen. Es sind die Eigentümer der Produktionsmittel, die selbst nicht mehr arbeiten und trotzdem reicher und reicher werden, während die, die nichts zu verkaufen haben als sich selbst, trotz ihrer täglich harten Arbeit, Habenichtse bleiben. Das Überschussprodukt gehört eben auf Grund der Eigentumsverhältnisse den Kapitaleignern. Die BGE-Befürworter wollen sich demnach mit einem bedingungslosen Einkommen ohne Arbeit zu leisten, wie die Kapitaleigner, das Überschussprodukt aneignen. Dazu müssten sie im bestehenden System entweder in Konkurrenz zu den Kapitaleignern bei der Verteilung des Überschussproduktes treten oder sie müssten die abhängig Beschäftigten angreifen und ihnen ihre Reproduktionskostenbasis kürzen. Hier zeigt sich bereits die ganze Absurdität des BGE.

Selbstverständlich gibt es heute aber in jeder Wirtschaft, dies ist ordnungstheoretisch unabhängig zu sehen, Menschen, die nicht arbeiten müssen und die Gesellschaft muss sie trotzdem finanzieren bzw. alimentieren. Diese Menschen kann man gesellschaftlich der Kategorie I zuordnen. Da sind zunächst einmal die noch nicht schulpflichtigen Kinder und Kinder sowie Jugendliche in der schulischen und beruflichen Ausbildung. Aber selbst die Auszubildenden arbeiten hier schon für ihre Ausbildungsvergütung, vielfach sogar darüber hinaus. Auch Studierende an den Hochschulen gehen noch keiner Erwerbsarbeit nach, es sei denn, sie werden auf Grund fehlender finanzieller Mittel für ihr Studium dazu gezwungen. Und ebenso arbeiten Rentner sowie schwer erkrankte Frührentner nicht, weil sie ihr Arbeitsleben hinter sich haben oder wegen ihrer Erkrankung nicht mehr arbeiten können. Auch hier müssen heute viele Rentner dennoch arbeiten, weil ihre Rente zum Leben nicht reicht. Eine drohende Altersarmut wird hier die Lage noch zunehmend verschlechtern. Und auch die Arbeitslosen arbeiten nicht. Sie werden systemisch zu einer Erwerbsarbeitszeit von null gezwungen. Ein Recht auf Arbeit existiert im Kapitalismus nicht. Beuten die oben genannten Personengruppen der Kategorie I, weil sie nicht arbeiten, nun aber die Arbeitenden aus? Nein, das tun sie nicht! Sie haben alle ein gesellschaftliches Recht darauf noch nicht arbeiten oder nicht mehr arbeiten zu müssen. Und wenn das marktwirtschaftlich-kapitalistische System oder die herrschende Politik unfähig sind, den arbeitslosen Menschen eine zum Leben auskömmliche Arbeit zu geben, dann haben natürlich auch die Arbeitslosen ein Recht darauf nicht arbeiten zu müssen.

Bezogen auf die Kategorie I zeigt uns hier der empirische Befund in Deutschland insgesamt, dass von den 82 Millionen Menschen etwa 44 Millionen erwerbstätig sind, also entweder als abhängig Beschäftigte oder als Selbstständige Arbeit verrichten und demnach 38 Millionen Menschen nicht erwerbstätig arbeiten, für die andere mitarbeiten müssen. Dabei muss man aber bei den 44 Millionen Erwerbstätigen berücksichtigen, dass ihre Arbeit nicht homogen, sondern stark heterogen ist, dass sie nicht gleich bezahlt wird und das die Arbeitszeiten heftig variieren. Viele Erwerbstätige müssen schlechte Arbeitsbedingungen, die nicht selten krankmachend sind, akzeptieren. Die Arbeit wird außerdem zu niedrigsten Arbeitsentgelten verrichtet (siehe den gewaltigen Niedriglohnsektor) und die Arbeitszeiten sind so kurz, dass sie nicht zum Leben aber auch nicht zum Sterben reichen (vgl. Bontrup 2018, S. 43ff.). Diese realiter in der Wirtschaft völlig ungleich verteilten und vorzufindenden Arbeitsverhältnisse für Millionen von Menschen werden gesellschaftlich und politisch die Umsetzung eines BGE nie zulassen bzw. ermöglichen.

Kategorie II:
Menschen lassen andere Menschen für sich arbeiten und beuten aus

Bei den nicht erwerbsmäßig arbeitenden Menschen ist aber eine Kategorie II zu beachten. Neben den Menschen in Kategorie I gibt es in kapitalistischen Volkswirtschaften auch Menschen, die andere für sich arbeiten lassen, weil sie Mehrwertempfänger sind. Alle Unternehmer die abhängig Beschäftigte in ihren Unternehmen einstellen, leben dabei von der Arbeit anderer. Die Beschäftigten erhalten nie den vollen Wert ihrer am Markt verkauften Arbeit. Wäre dies der Fall, hätte der Unternehmer keinen Gewinn und er würde den Arbeiter nicht einstellen oder hätte er es getan, würde er ihn wieder entlassen. Diese gewinnschaffende Arbeit ist ausbeutende Arbeit und gleichzeitig kapitalismusimmanente Arbeit. Soll sie abgeschafft werden, geht dies nur durch eine Beseitigung der kapitalistischen Ordnung. Nur wer will das? Selbst die ausgebeuteten abhängig Beschäftigten und ihre Gewerkschaften offensichtlich nicht. Aber nicht nur die Unternehmer, sondern auch die Zinseinkommensempfänger lassen andere für sich arbeiten. Schließlich steht hinter jeder Zinszahlung menschliche Arbeit. Im Gegensatz zum Gewinn können aber die Zinsen auch aus einem akkumulierten, ersparten Vermögen stammen, das der Zinsempfänger zuvor durch eigene Arbeit erwirtschaftet hat. Dann ist es nicht ganz so verwerflich, wie bei den Zinseinkünften aus einem geerbten Vermögen, wofür der Erbe nichts geleistet hat. Deshalb gibt es übrigens Erbschaftssteuern, die in Deutschland viel zu gering ausfallen. Und auch bei der dritten Mehrwertkomponente, den Mieten/Pachten, lassen die Empfänger dieser Kapitaleinkommen andere Menschen für sich arbeiten. Hier die Mieter und Pächter. Welche Probleme dabei entstehen, zeigen die aktuellen Diskussionen über Mietpreissteigerungen auf den Immobilienmärkten.

BGE-Empfänger gehören zur Kategorie II

Aus dem zuvor Abgeleiteten gibt es nun einen ersten ökonomischen Befund: Die BGE-Empfänger würden, käme es zu einem BGE, eindeutig zur Kategorie II zu zählen sein. Sie wollen nicht nur wie die Personengruppen in Kategorie I andere gesellschaftlich zu Recht für sich arbeiten lassen, nein sie wollen andere für sich arbeiten lassen und gleichzeitig ausbeuten, wie die Mehrmehrempfänger bzw. Kapitaleigentümer. Dies ist im Kapitalismus eine skurrile Forderung. Sie ist aber offensichtlich möglich, weil die kapitalistische Ausbeutung (heute) in keiner Weise mehr kritisch hinterfragt, sondern grundsätzlich akzeptiert wird. Auch von den Gewerkschaften! Nur durch eine gesellschaftliche Mystifikation der wahren ökonomischen Verhältnisse gelingt dies aber, weil der abhängig Beschäftigte der naiven Auffassung ist, dass der ihm zugestandene Wert seiner Arbeitskraft dem vollen Wert seiner vom Unternehmer verkauften Arbeit entspricht. Der abhängig Beschäftigte versteht keine Ökonomie bzw. die »Quelle des Mehrwerts«, des Überschussproduktes, als Differenz aus dem höheren Gebrauchswert der vom Unternehmer in Dienst genommenen Arbeitskraft und dem Tauschwert der Ware Arbeitskraft, der wie der Tauschwert jeder anderen Ware, den notwendigen Reproduktionskosten entspricht, und die am Markt im Lohn entgolten werden. »Der Wert der Arbeitskraft löst sich auf in den Wert einer bestimmten Summe Lebensmittel. Er wechselt daher mit dem Wert dieser Lebensmittel, d. h. der Größe der zu ihrer Produktion erheischten Arbeitszeit« (Marx 1867, 1974, S. 186). Oder anders formuliert »Die zur Produktion der Arbeitskraft notwendige Arbeitszeit löst sich also auf in die zur Produktion dieser Lebensmittel notwendige Arbeitszeit« (ebenda, S. 185). Und die über die Reproduktionsarbeitszeit des Beschäftigten hinausgehende Mehrarbeitszeit ist dabei jeweils der von den Kapitaleignern angeeignete Mehrwert. Könnte man diesen Kontext dem jeweils ausgezahlten (individuellen) Lohn exakt in Zahlen ausgedrückt ansehen, dann würden die abhängig Beschäftigten auf die Barrikaden gehen und es gäbe keinen Kapitalismus. Denn Niemand würde so dumm sein, und dies akzeptieren bzw. auf den vollen Wert seiner Arbeit verzichten und sich mit den Reproduktionskosten abspeisen lassen.

Das BGE soll vor kapitalistischer Fremdbestimmung schützen und Arbeitslosigkeit bekämpfen

Die kapitalistische Ordnung benötigt jedoch den ausgebeuteten abhängig Beschäftigten Lohnempfänger, der seine Arbeitskraft an den Arbeitsmärkten anbieten und verkaufen muss. Ohne ihn gäbe es keinen Kapitalismus. Der Lohnempfänger hat eben kein Kapitalvermögen, ihm gehören die Produktionsmittel nicht, so dass er gezwungen ist, alles was er hat, nämlich nur sein Arbeitsvermögen, einem Unternehmer oder dem Staat als Arbeitskräftenachfrager zu verkaufen. Vor diesem Hintergrund wird die Forderung nach einem BGE noch skurriler, wenn die Protagonisten argumentieren, dass die BGE-Empfänger von dem Zwang ihre Arbeitskraft an den Arbeitsmärkten anbieten zu müssen, befreit würden. Dies würde die Fremdbestimmung über ihr Leben durch den Arbeitskraftnachfrager aufheben und wäre auch ein Instrument gegen die bestehende Massenarbeitslosigkeit, da es dadurch zu einem geringeren Arbeitsangebot käme. So würden bei konstanter Arbeitsnachfrage im Ergebnis sogar die Arbeitsentgelte der Beschäftigten steigen. Ein derartiger Zynismus ist dann kaum noch zu überbieten, da hier, wie selbstverständlich von den BGE-Befürwortern, unterstellt wird, dass die weiter auszuübende, fremdbestimmte und ausgebeutete Erwerbsarbeit von anderen zu tätigen ist. Denn wer sonst soll das BGE finanzieren?

Finanzierung ist unmöglich

Wenn Menschen nicht arbeiten, genauer keiner bezahlten Erwerbsarbeit nachgehen wollen, dann müssen sie von den arbeitenden Menschen in einer Volkswirtschaft alimentiert werden. Die hier vielfach von den Befürwortern des BGE vorgebrachte Argumentation, die Empfänger würden ja arbeiten, beispielsweise ehrenamtliche Tätigkeiten verrichten, dann mag das ja stimmen, das ökonomische Problem ist dabei nur, dass diese Arbeit nicht bepreist ist und daher auch keinen ökonomischen Wert hat. Nur wenn die Arbeitskraft gegen ein Entgelt nachgefragt und im Produktionsprozess zum Einsatz kommt, entsteht aus der Produktion Einkommen bzw. daraus wiederum kaufkräftige Nachfrage, um die produzierten Güter zu kaufen. Arbeit für sich selbst (z.B. Hausarbeit) oder das Ehrenamt implizieren null Kaufkraft, dafür kann man sich eben nichts als Gegenwert im Tausch kaufen. Jetzt lässt sich aber argumentieren, dann tausche ich eben nicht bepreiste Arbeit bzw. die daraus entstehende Produktion gegeneinander aus. Das wäre dann aber im Ergebnis eine rückständige Naturaltauschwirtschaft. »In einer Naturaltauschwirtschaft wird ein Gut gegen ein anderes getauscht (Ware gegen Ware). Voraussetzung für diesen Naturaltausch ist eine doppelte Koinzidenz der Wünsche der Tauschwilligen: Beide müssen genau das Gut produzieren und anbieten, welches der andere benötigt. Beim Naturaltausch entstehen deshalb hohe Kosten um einen Tauschpartner zu finden, um das Gut bis zu einer Tauschgelegenheit zu lagern, durch den Transport des Gutes. Ursache für den hohen Aufwand ist die Zahl der Austauschbeziehungen (ATB); sie steigt exponentiell mit der Zahl der gehandelten Güter (x). Es gilt: ATB = (x * (x-1)) / 2.

Tauschvorgänge werden durch Geld erheblich erleichtert. Geld ermöglicht den Handel mit arbeitsteilig produzierten Gütern bereits bei einer einfachen Koinzidenz der Wünsche der Tauschwilligen. Beide müssen nur zur Hergabe des angebotenen und zum Erwerb des gewünschten Gutes mittels Geld bereit sein (Ware gegen Geld gegen Ware). Geld als universelles Tauschgut bietet so die Möglichkeit, Informations-, Lager- und Transportkosten zu senken. Die Zahl der möglichen Austauschrelationen (ATB) wird durch Geld erheblich verringert: ATB = x – 1« (Hardes/Mertes 1997, S. 336).

Natürlich wird dabei in jedem Tauschvorgang final nur Arbeit gegen Arbeit getauscht. Das Geld erfüllt hier aber eine allgemeine wichtige Rechenmittelfunktion, weil es als Wertmaßstab dient und somit der Wert aller anderen Güter in Geldeinheiten ausgedrückt werden kann. Das geht in einer über das Geld nicht bepreisten Naturalauswirtschaft eben nicht. Insofern kann es auch in einer hochkomplexen arbeitsteiligen und international verflochtenen Volkswirtschaft nur durch in Geld ausgedrückte und bezahlte Erwerbsarbeit zu einem Austausch kommen. Dabei entspricht jedoch, wie bereits ausgeführt, der Tauschwert der Arbeit nicht dem Gebrauchswert der Arbeit. Die Befürworter des BGE können sich hier nur am durchschnittlichen Tauschwert der Arbeit orientieren. Würden sie eine Gebrauchswertableitung wählen, läge das BGE im Ergebnis sogar oberhalb der Arbeitsentgelte für abhängig Beschäftigte. Dies ist dann völlig grotesk, wie die folgenden empirischen Werte für Deutschland im Jahr 2017 zeigen. Hier lag das gesamte Arbeitnehmerentgelt bei 1.668,5 Milliarden Euro. Darin enthalten sind die sogenannten Sozialbeiträge der Unternehmer in Höhe von 299,7 Milliarden Euro. Rechnet man diese heraus, so bleibt eine Bruttolohn- und Gehaltssumme von 1.368,8 Milliarden Euro. Zieht man davon die Sozialbeiträge der abhängig Beschäftigten (238,1 Milliarden Euro) und die Steuer (225,8 Milliarden Euro) ab, so lag die Summe der Nettolöhne und -gehälter bei 904,9 Milliarden Euro. Das Arbeitnehmerentgelt pro Kopf und Monat betrug so 3.488 Euro und das Bruttoarbeitsentgelt lag bei 2.861 Euro sowie das Nettoarbeitsentgelt 1.892 Euro.

Vor diesen Hintergrund muss dann natürlich die Frage gestellt werden, wie hoch das BGE ausfallen soll, wenn alle abhängig Beschäftigten in Deutschland im Jahr 2017 ein durchschnittliches monatliches Nettoarbeitsentgelt von nur 1.892 Euro erhalten haben? Unter den verschiedenen Ansätzen und Vorstellungen der BGE-Anhänger sei hier nur auf ein prominentes Beispiel der »Bundesarbeitsgemeinschaft Grundeinkommen der Linken« hingewiesen. Demnach soll für Erwachsene ein monatliches Netto-Grundeinkommen von 1.080 Euro und für Kinder von 540 Euro im Monat gelten. Auch der Unternehmer, Götz Werner, Gründer der Drogeriekette DM, setzt sich für ein BGE von 1.000 Euro im Monat ein. Unterstellt es käme so, würde dies bedeuten, dass ein Erwachsener 57,1 Prozent des durchschnittlichen monatlichen Nettoarbeitsentgeltes als BGE erhalten würde – ohne dafür arbeiten zu müssen. Unter Berücksichtigung der demografischen Daten in Deutschland impliziert dies in Summe einen Finanzierungsbedarf von 985 Milliarden Euro (Krämer 2017). Und dies bei einem Volkseinkommen von insgesamt 2.434,8 Milliarden Euro in 2017. Im Volkseinkommen sind neben den Arbeitnehmereinkommen auch alle Unternehmens- und Vermögenseinkommen eines Jahres enthalten. Letztere lagen dabei 2017 bei 766,4 Milliarden Euro. Das heißt im empirischen Befund, 40,5 Prozent der arbeitsteilig geschaffenen Wertschöpfung müssten zu Gunsten von Menschen umverteilt werden, die nicht mehr erwerbstätig arbeiten wollen. Oder es müssen nicht nur sämtliche Unternehmens- und Vermögenseinkommen auf null gesetzt werden, sondern zusätzlich noch massiv die Arbeitsentgelte der abhängig Beschäftigten gekürzt werden. Dies ist eine unmögliche ökonomische Vorstellung. Deshalb stellt die Ökonomin Friedericke Spieker auch zu Recht fest, dass das bedingungslose Grundeinkommen die ökonomische Basis zerstört, aus der heraus es bezahlt werden soll (vgl. Spieker 2012).

Außerdem würde dadurch jegliche Motivation derjenigen unterminiert, die mit einem durchschnittlichen Nettoarbeitsentgelt von 1.892 Euro im Monat (und das sind in Deutschland Millionen von Menschen) einer fremdbestimmten und eh schon ausgebeuteten Erwerbsarbeit nachgehen müssen, wenn BGE-Empfänger auch ohne Erwerbsarbeit monatlich 1.080 Euro netto erhalten. Durch die Erwerbsarbeits-Verweigerer entsteht vielmehr eine autarkiefördernde Parallelgesellschaft, in der man sich einrichtet und zusätzlich noch massive Anreize für Schwarzarbeit liefert. Dazu noch einmal Spieker: »Wenn es Geld vom Staat ohne Arbeitsgegenleistung nicht nur in den Fällen von Arbeitslosigkeit, Alter, Krankheit, Unfall, Pflege usw. gibt, wie das im derzeitigen Sozialversicherungssystem vorgesehen ist, sondern auch dann, wenn der einzelne im Prinzip in der Lage ist zu arbeiten – das bedeutet nämlich ›bedingungslos‹ –, besteht ein Anreiz, sich auf dieser Leistung des Staates in dem Sinne auszuruhen, dass man um den Betrag weniger arbeitet, den man automatisch vom Staat erhält.«

Anmerkungen

Arbeitsgruppe Alternative Wirtschaftspolitik (2018): Memorandum 2018, Preis der »schwarzen Null«: Verteilungsdefizite und Versorgungslücken, Köln

Bontrup, H.-J. (2018): Noch Chancen für Wachstum und Beschäftigung?, Wachstumskritik – Arbeitszeitverkürzung fordern, 2. Aufl., Bergkamen

Marx, K. (1867, 1974), Das Kapital, Bd. 1, Hamburg, Berlin (Ost)

Hardes, H.-D., Mertes, J. (1997): Grundzüge der Volkswirtschaftslehre, 5. Aufl., München/Wien

Spieker, F. (2012): Telepolis Interview, 16.11.

Butterwegge, C., Rinke, K. (Hrsg.), Grundeinkommen kontrovers. Plädoyers für und gegen ein neues Sozialmodell, Weinheim, Basel 2018

Neoliberale Umverteilung ohne Ende

Das finale Ziel des Neoliberalismus war von Anfang an eine Umverteilung von den Arbeits- zu den Mehrwerteinkünften (Zins, Grundrente, Gewinn). Die Arbeitseinkommen seien zu hoch. Dabei wurden von den Kapitaleigentümern und ihren Claqueuren in Politik, Wissenschaft und Medien nicht nur die direkten Arbeitseinkommen, sondern immer wieder auch die sogenannten Lohnnebenkosten und damit die Sozialversicherungen angegriffen. Das Problem sind aber nicht die Arbeitseinkommen, sondern die viel zu hohen Mehrwerteinkünfte, wobei man in der offiziellen gesamtwirtschaftlichen Verteilungsrechnung die Wertschöpfung nicht einmal richtig rechnet. Hier zieht man die Abschreibungen, bevor es zur Verteilung des Volkseinkommens kommt, schon als Vorleistungen ab. Abschreibungen sind aber Kapitalrückfluss und garantieren so die »Ewigkeit des Kapitals«.

Brief an die superreichen Millionäre und Milliardäre

Ihr unverschämt Reichen in der Welt, ich bin als Ökonom entsetzt über die neue Oxfam-Studie. Demnach habt ihr 62 Superreichen der Welt so viel Vermögen wie 3,5 Milliarden Menschen auf der Erde zusammen. Und auch die Studie der Schweizer Großbank Credit Suisse kommt zu dem Ergebnis, dass das reichste Prozent der Weltbevölkerung inzwischen reicher ist als der gesamte Rest der Menschheit. Ihr werdet schon allein durch den Zinses-Zins-Effekt immer reicher und die Armen immer ärmer. Für Euch Reiche ist das Geld doch längst ohne jede Funktion und euer erbeuteter Superreichtum völlig sinnlos. Wie könnt Ihr damit leben, dass Euer Vermögen die Ursache für die grausame Verarmung, für so viel Elend auf der Welt ist. Dass Menschen sterben müssen, weil sie nichts zu essen und kein trinkbares Wasser haben. Außerdem ist Verarmung und Verelendung die wesentliche Ursache für Kriege, aus denen Ihr dann auch noch Profit saugt. Ihr zerstört mit Eurer Raffgier die Umwelt und raubt für Euren Profit die Rohstoffe der Erde aus. Ihr lasst andere Menschen für Euch arbeiten ohne Rücksicht auf deren Arbeitsplätze und Gesundheit zu nehmen. Ihr habt auch keine Hemmungen durch Eure Spekulationen die Weltwirtschaft in die Krise zu schicken, um dann an der Krise noch zu verdienen. Und statt Steuern zu zahlen, geriert ihr Euch am Ende noch mit Euren Stiftungen und Spenden als Wohltäter der Menschheit und wollt dafür gelobt und verehrt werden. Was für ein Zynismus. Dabei entscheidet natürlich nur Ihr, wer was von Euch bekommt und wer nicht. Dies ist zutiefst antidemokratisch. Wie wäre es, wenn Ihr Euer erbeutetes Vermögen den von Euch ausgebeuteten Völkern ganz einfach zurückgebt?

PS: Und den herrschenden politischen Volksvertretern sei gesagt: Schlaft weiter!

Ossietzky. Zweiwochenschrift für Politik/Kultur/Wirtschaft, Heft 3/2016

Gigantische Umverteilung zu den Kapitaleinkommen

Das seit Mitte der 1970er Jahre zunehmend wütende neoliberale Paradigma wollte im Grunde nur eins: von den Arbeits- zu den Kapitaleinkommen (Gewinn, Zins und Grundrente) umverteilen. Dies ist den Herrschaftseliten in einer Allianz aus Wirtschaft und Politik auch gelungen. Die Einkommen der abhängig Beschäftigten wurden von der Produktivitäts- und Preisentwicklung abgehängt und in Folge war die Verteilung der von den Beschäftigten produzierten Wertschöpfung nicht einmal verteilungsneutral, sondern die Lohnquote sank. Allein von 2000 bis 2014 haben die Lohn- und Gehaltsabhängigen in Deutschland fast 1,2 Billionen Euro an Einkommen eingebüßt und sich in gleicher Höhe die Empfänger der Kapitaleinkommen bereichert. Dies ist aber nur die funktionale Entwicklung zwischen Kapital und Arbeit gewesen. Hinzu kommt noch eine extreme Ungleichverteilung innerhalb der Arbeitseinkommen. Die Ursache dafür ist die von Rot-Grün initiierte Agenda 2010 und damit ausgelöste Deregulierung und Spaltung der Arbeitsmärkte mit und ohne Tarifvertrag. Zusätzlich wurden in den Unternehmen die Stellen in Vollzeit- und Teilzeitbeschäftigte sowie in Stamm- und Randbelegschaften segmentiert. Dadurch entstand ein gewollter gigantischer Niedriglohnsektor mit Armutslöhnen zur Disziplinierung der Beschäftigten als auch der Arbeitslosen. Jeder vierte abhängig Beschäftigte findet sich heute unter prekären Verhältnissen wieder und ist von tiefer Angst besetzt. Das Bruttoarbeitseinkommen liegt dabei unter 8,50 Euro die Stunde. Davon kann man in Deutschland kein menschenwürdiges Leben führen. Auch wenn dies viele Zyniker meinen. Der jetzt eingeführte gesetzliche Mindestlohn bringt da nur marginale Linderung. Es bleibt für Millionen Beschäftigte bei einem aufgezwungenen anormalen Arbeitsangebotsverhalten. Sie bieten nicht bei erst steigendem Lohn mehr von ihrer Arbeitskraft an, was selbst nach neoklassischer Sichtweise ein normales Verhalten wäre, sondern sie müssen auf Grund des Überschussangebots an den Arbeitsmärkten, und den damit verbundenen niedrigen Lohnsätzen, immer mehr von ihrer Arbeitskraft anbieten, um überhaupt ein zumindest existenzsicherndes Einkommen auf niedrigstem Niveau zu realisieren. Dadurch fällt der Lohnsatz aber noch mehr. Ein Teufelskreis! Und es kommt noch schlimmer: Denn wer heute schon als abhängig Beschäftigter und Arbeitsloser ein sozial schweres Leben fristen muss, den erwartet dann weiter im Alter zusätzlich eine Altersarmut. Und dies alles in einem der reichsten Länder der Erde.

Frankfurter Rundschau, 5. Februar 2015

Zu hohe Gewinne

Folgen eines unheilvollen Neoliberalismus

Der herausragende schottische Nationalökonom Adam Smith (1723-1790) sagte schon 1776, dass sich Unternehmer immer über zu hohe Löhne beklagen würden, die die Preise erhöhten und dadurch der Absatz zurückginge. Die Unternehmer würden aber nie über ihre zu hohen Gewinne klagen. Auch heute nicht, wenn über die zurzeit viel beklagte Inflation diskutiert wird, in der Gewinne enthalten sind. Meist enden hier jedoch die Klagen in einer Lohn-Preis-Spirale. Die vermeintlichen Verursacher sind dann schnell ausgemacht: Die Beschäftigten und ihre Gewerkschaften. Die Preise steigen halt, weil zuvor die Löhne gestiegen sind. Oder ist es umgekehrt? Diese Frage wird von den gewinneinstreichenden Unternehmern und ihren Claqueuren natürlich nicht gestellt, geschweige denn beantwortet.

Preissteigerungen sind immer eine Gleichung aus Produktivitäts- plus Lohn- plus Gewinnzuwächsen. Wobei unter Gewinn auch Zins und Grundrente (Miete und Pacht) subsumiert werden. Steigen in der Gleichung die Löhne in Höhe der Produktivitätsrate, die Lohnstückkosten bleiben also unverändert, so gibt es keinen Grund für eine Preiserhöhung (Inflation). Auch die Gewinne legen dann mit der Produktivitätsrate zu. Das Ganze ist verteilungsneutral. Das akzeptieren die Kapitaleigner aber nicht. Sie wollen die Produktivitätszuwächse ganz für sich. Dann müssen die Preise steigen oder die Beschäftigten erhalten weniger an Lohnsteigerungen, als es auf Grund des Produktivitätswachstums möglich wäre. Im Ergebnis käme es zu einer Umverteilung der gesamtwirtschaftlichen Wertschöpfung (Volkseinkommen) zu Gunsten der Kapitaleigentümer.

Und wie ist hier der empirische Befund? Seit der Wiedervereinigung sind auf Basis der Brutto-Lohnquote von 1993 bis heute fast 4,4 Billionen Euro zu Gunsten der Kapitaleigentümer umverteilt bzw. ist das Einkommen der abhängig Beschäftigten geplündert worden. Dies erklärt dann auch, dass mittlerweile 8,3 Millionen Menschen Bruttolöhne von unter 14 Euro die Stunde bekommen. Das betrifft jeden fünften Beschäftigten in Deutschland. Hier erleiden abhängig

Beschäftigte trotz Arbeit Armut und später, wenn sie nicht mehr arbeiten können, Altersarmut. Ist das Soziale Marktwirtschaft? Nein: das ist weiter praktizierter unheilvoller *Neoliberalismus*, der zu immer mehr *Rechtsradikalismus* führt.

Frankfurter Rundschau, 5. März 2024

Die Mär von den zu hohen Lohnnebenkosten

Die Debatte über *Lohnnebenkosten* aus den 1990er Jahren ist zurück und sie wird uns im jetzt schon begonnenen Bundestagswahlkampf noch verstärkt begleiten. Unternehmer und ihre Verbände fordern, unterstützt von ihren Freunden in Politik und neoliberaler Mainstream-Wirtschaftswissenschaft, wiedermal eine drastische Senkung. Friedrich Merz, Vorsitzender der CDU und Bundeskanzlerkandidat der CDU/CSU, ist in tiefer Sorge über die Höhe der Lohnnebenkosten in Deutschland. Die internationale Wettbewerbsfähigkeit sei bedroht, trotz gigantisch hoher Exportüberschüsse. Zu diesem ökonomischen Widerspruch schweigt sich Merz natürlich aus. Recht hat er aber, wenn er die Ampel-Regierung und ihre fatale Wirtschaftspolitik geißelt und sie verantwortlich für die akute wirtschaftliche Krise in Deutschland macht. Sollte Merz Bundeskanzler werden, wird es jedoch nicht besser. Wer u. a. staatliche Schuldenbremsen und Austeritätspolitik befürwortet, Steuern für Unternehmer und Vermögende sowie Lohnnebenkosten senken will, der wird die schon lange wirtschaftlich, sozial und politisch zerrissene Republik noch mehr in den Abgrund führen. Allein das Ansinnen, Lohnnebenkosten zu senken, zeugt von wenig ökonomischem Sachverstand. Ideologisch geschickt fährt Merz damit aber einen Angriff auf das Einkommen und die Arbeitsbedingungen der abhängig Beschäftigten. Denn, was sind Lohnnebenkosten? Das Statistische Bundesamt schreibt: »Die Arbeitskosten setzen sich aus den Bruttoverdiensten und den Lohnnebenkosten zusammen. Zu den Bruttoverdiensten zählen das Entgelt für geleistete Arbeitszeit, Sonderzahlungen, vermögenswirksame Leistungen, Vergütung für nicht gearbeitete Tage (u. a. Urlaubstage oder gesetzliche Feiertage) sowie Sachleistungen. Nicht dazu zählt die Entgeltfortzahlung im Krankheitsfall. Die Lohnnebenkosten beinhalten die Sozialbeiträge der Arbeitgeber (einschließlich der Entgeltfortzahlung im Krankheitsfall), die Kosten der beruflichen Aus- und Weiterbildung, die sonstigen Aufwendungen und die Steuern zu Lasten des Arbeitgebers. Erhaltene Lohnsubventionen mindern die Arbeitskosten.« Zur Höhe stellt das Amt fest, dass 2016 auf 100 Euro direktem Bruttoverdienst 27 Euro und in 2023 29 Euro auf Lohnnebenkosten entfallen sind. In sieben Jahren also eine Steigerung um 7,4 %. Und die amtlichen Statistiker entrüsten sich geradezu darüber, wenn sie schreiben: »Arbeitskosten in Deutschland rund 30 % höher als im EU-Durchschnitt, Deutschland im EU-Vergleich an sechster Stelle. Arbeitsstunde im Verarbeitenden Gewerbe 44 % teurer und Arbeitsstunde im Bereich der marktbestimmten Dienstleistungen 25 % teurer als im EU-Schnitt.«

Und was heißt das im ökonomischen Befund? Wenn die Arbeitskosten in Deutschland um 30 % höher als im EU-Durchschnitt ausfallen, dann ist auch das Arbeitseinkommen um 30 % höher. Darüber gilt es doch wohl nicht zu klagen, selbst, wenn wir damit auch nur den sechsten Platz in der EU-27 einnehmen. Außerdem wird bei solchen Vergleichen von Arbeitskosten bzw. Arbeitseinkommen regelmäßig die unterschiedliche Kaufkraft in den einzelnen Ländern unterschlagen. Fest steht aber: Für jeden Kapitaleigentümer sind direkte Arbeits- und auch indirekte Lohnnebenkosten immer zu hoch. Die Lohnnebenkosten gelten hier im Kontext aus Kapitalsicht als besonders ärgerlich, weil ihnen »keine geleistete Arbeit« gegenübersteht. Bezahlte Feier- und Krankheitstage, Zahlungen für Pflege,- Renten-, Arbeitslosen- und Unfallversicherung erhöhen am Ende nur den Personalaufwand und schmälern den an die Kapitaleigentümer fließenden Mehrwert. Daher werden nicht nur der Gewinn, sondern auch die Zins-, Miet- und Pachteinkommen gesenkt. Daraus ergibt sich wiederum ein ständiger systemischer »Kampf der feindlichen Brüder« (Karl Marx). Kapitalisten sind hier »Brüder im

Geiste«, wenn es darum geht die Arbeitskosten gleich Arbeitseinkommen zu senken. Sie werden aber zu bitteren Feinden, wenn es gilt die »Mehrwertbeute« untereinander aufzuteilen, für die sie selbst nicht einmal haben arbeiten müssen.

Auch meiner Oma waren die Zinseinkünfte auf ihrem Sparbuch immer zu gering. Wenn ich ihr dann erklärte, dass ihre Zinsen im inhärenten Mehrwertwiderspruch stehen würden und am Ende wohl nur zu Lasten der Lohnempfänger gingen, wollte auch sie davon nichts hören oder sie hat es womöglich auch nicht verstanden. Arbeitskosten, ob als direkte oder indirekte Lohnnebenkosten, sind nicht nur betriebswirtschaftlich, sondern immer auch gesamtwirtschaftlich zu denken. Dies lehrt uns selbst die nur unternehmensbezogene Gewinn- und Verlustrechnung. Auch hier werden Arbeitskosten genauso wie der Mehrwert als Wertschöpfung verbucht, wobei dann in der Verteilungsrechnung die Arbeitseinkommen zu Lasten des Mehrwerts gehen. In die Erfolgsrechnung geht jedoch nicht nur die Wertschöpfung ein, sondern auch die Vorleistungskosten für Material, Abschreibungen auf den Kapitalstock und sonstige eingekaufte Güter und Dienste. Dabei stecken dann in den Vorleistungskosten auch Arbeitseinkommen bei den Lieferanten. Am Ende wird so die gesamtwirtschaftliche Gleichung über alle Unternehmen hinweg immer in einem Arbeits- und Mehrwerteinkommen aufgelöst. 2023 teilte sich die Wertschöpfung in eine Lohnquote in Höhe von 70 % und eine Mehrwertquote von 30 % auf. Berücksichtigt man die gesamtwirtschaftliche Abschreibung auf den Kapitalstock, die in der volkswirtschaftlichen Rechnung fälschlich die Wertschöpfung senkt, obwohl die Abschreibungen den Teil des in einer Periode erwirtschafteten Ertrages ausmachen, der dazu dient, das Betriebsvermögen der Kapitaleigentümer zu erhalten, so lag die richtige Verteilung der Wertschöpfung bei einer Lohnquote von nur 54,9 %, während die Mehrwertquote bei 45,1 % lag.

Sinkt in der Wertschöpfungsgleichung das Arbeitseinkommen, egal ob es sich hier um direkte oder indirekte Arbeitskosten (Lohnnebenkosten) handelt, so hat dies, bei konstanter Sparquote, gesamtwirtschaftliche Auswirkungen auf die Konsumnachfrage. Die von ihrer Arbeitskraft abhängigen Lohnempfänger können jetzt weniger kaufen. Die Nachfrage geht zurück und wird nicht, da der Mehrwert in Folge durch die Lohnsenkung steigt, wie selbstverständlich durch eine höhere Investitionsnachfrage kompensiert. Unternehmer investieren nur bei profitabler Nachfrageerwartung. Sie verhalten sich hier aus betriebswirtschaftlicher Sicht »rational«, wenn sie ihre Kosten senken, dass gilt für Arbeits- genauso wie für Vorleistungskosten, sie schädigen damit aber die Gesamtwirtschaft und laufen so regelmäßig in ihre selbst aufgestellte »einzelwirtschaftliche Rationalitätsfalle«, aus der sie ohne Hilfe nicht mehr herauskommen. Dies hat uns schon vor fast 100 Jahren der britische Ökonom John Maynard Keynes (1883-1946) ins ökonomische Stammbuch geschrieben und den Kapitalisten zum Systemerhalt sogar einen Ausweg aus der Falle aufgezeigt. Der Staat muss in der Krise die ausfallende gesamtwirtschaftliche Nachfrage durch Staatsaufträge antizyklisch ausgleichen. Lohnsenkungen verschärfen dagegen die Krise genauso wie eine staatliche Austeritätspolitik. Obwohl die Unternehmer die größten Profiteure der Keynes'schen Lehre sind, zum einen profitieren sie durch gewinnträchtige Staatsaufträge und zum anderen mit Zinseinkünften durch die gegebenen Kredite, lehnen sie aber zur Finanzierung der Staatsaufträge eine staatliche Verschuldung ab und befürworten eine staatliche Kreditbremse bzw. Schuldenbremse. Der hier dann ökonomisch dümmste vorgetragene Satz lautet: »Wir können den nachfolgenden Generationen doch keine Schulden hinterlassen.« Hier empfehle ich, neben der Gleichung Arbeitskosten gleich Einkommen über eine weitere ökonomische Gleichung nachzudenken: Schulden gleich Vermögen.

Was abschließend bei der Diskussion um sogenannte Lohnnebenkosten besonders negativ auffällt, ist die nicht berücksichtigte Leistung bzw. Produktivität, die den Arbeitskosten (inkl. der Nebenkosten) gegenübersteht. Selbst der schärfste Controller der Welt hat nichts gegen 100 Euro Arbeitskosten je Stunde, wenn diesen auch 100 Euro Leistung je Stunde entsprechen. Eine Aussage über absolute Lohnkosten je Stunde und ihre Steigerung ist und bleibt lediglich eine ökonomische Leeraussage und führt nur ins Nirwana. Dies gilt auch für die Feststellung des Statistischen Bundesamtes vom April 2024: »Unternehmen des Produzierenden Gewerbes und des Dienstleistungsbereichs in Deutschland haben im Jahr 2023 durchschnittlich 41,30 Euro für eine geleistete Arbeitsstunde gezahlt.« Für die gesamte Wirtschaft lag der Wert bei 39,32 Euro. Darin enthalten sind 6,93 Euro je Stunde Lohnnebenkosten (Unternehmerbeiträge zur Sozialversicherung). Und wie viel Leistung bzw. Produktivität stand dem gegenüber? Dazu müssen die Arbeitskosten in Relation zur Arbeitsproduktivität gesetzt werden. Das Ergebnis sind die entscheidenden Lohnstückkosten. Nur wenn hier die Arbeitsproduktivität je Erwerbstätigenstunde nicht so stark wächst, wie die gesamten Arbeitskosten je Beschäftigtenstunde, kommt es zu einem Anstieg der Lohnstückkosten und im Befund zu einer Umverteilung zu Gunsten der abhängig Beschäftigten und damit zu Lasten der Mehrwertempfänger. Das gleiche gilt natürlich auch umgekehrt. Und wie war hier ex-post der empirische Befund von 2005 bis 2023 bezüglich der Lohnstückkosten? Sie sind jahresdurchschnittlich um 1,8 % gestiegen. Es ist also zu einer Umverteilung der Wertschöpfung zu Gunsten der Beschäftigten gekommen. Das tatsächliche, preisbereinigte, Verteilungsverhältnis zeigt uns aber erst ein Vergleich mit der Inflationsrate. Diese ist im gleichen Zeitraum im Jahresdurchschnitt um 2,0 % gestiegen. Das heißt, real ist es im Befund zu einer Umverteilung zu Lasten der abhängig Beschäftigten um 0,2 Prozentpunkte pro Jahr gekommen. Also, von wegen zu hoher Steigerungen bei Arbeits- und Lohnnebenkosten. Und das Gesamtergebnis der Wertschöpfungsverteilung in Deutschland zeigt uns, dass die abhängig Beschäftigten im Jahr 2023 pro Kopf 51.343 Euro erhalten haben und die Mehrwertempfänger 238.206 Euro. Berücksichtigt man hier noch, wie bereits erwähnt, richtigerweise die Abschreibungen auf den Kapitalstock, die den Kapitaleignern über die Umsatzerlöse wertmäßig als Ertrag wieder zurückfließen, so lag der Mehrwertempfängerwert pro Kopf sogar bei 457.334 Euro. Umverteilungsmasse ist in Deutschland bei den Primäreinkommen also reichlich vorhanden und eine Lohnnebenkostendiskussion nur eine Mär.

Sozialismus.de, Heft 500/2024

Primäre-Umverteilung à la Bontrup

Die gesamtwirtschaftliche *Ersparnis* und in Folge das *Vermögen* sind in Deutschland völlig ungleich verteilt. Dies ist das Ergebnis einer widersprüchlichen kapitalistischen Ordnung. Die einen bekommen *Profite* und die anderen *Löhne*, die die Profite, genauer den Mehrwert (Zins, Grundrente und Profit) zu produzieren haben. »Die Höhe der Entlohnung der Arbeitskraft ist gleich der Höhe ihrer *Reproduktionskosten*, denn die beständige Erhaltung und Reproduktion der Arbeiterklasse bleibt beständige Bedingung für die Reproduktion des Kapitals. Der Kapitalist kann ihre Erfüllung getrost dem Selbsterhaltungs- und Fortpflanzungstrieb der Arbeiter überlassen. Er sorgt nur dafür, ihre individuelle Konsumtion möglichst auf das Notwendige einzuschränken. Im Laufe der wirtschaftlichen Entwicklung hat sich zweifellos die Menge und Qualität des ›Notwendigen‹ geändert, Tatsache bleibt jedoch, dass wenig übrigbleibt, was der Arbeiter *sparen*, wodurch er *Vermögen* bilden und somit selber Kapitalist werden könnte. Der Arbeiter muss heute wie vor hundert Jahren Arbeitskraft verkaufen; er bekommt dafür einen Lohn, den er wie vor hundert Jahren zum größten Teil verbrauchen muss, so dass er immer wieder sich gezwungen sieht, seine Arbeitskraft zu verkaufen« (Huffschmid 1972, S. 23f.). So werden Kapitaleigner und Mehrwertempfänger reicher und reicher und die Lohnempfänger bleiben »Habenichtse« (Oswald von Nell-Breuning). Und etwas Entscheidendes kommt hinzu: Kapitalisten müssen unter *Konkurrenz systemisch-inhärent* auf *Wachstum* und eine *erweiterte Kapitalakkumulation* setzen. Dazu gibt es, wollen Kapitaleigner mit ihren Unternehmen nicht untergehen, keine Alternative. Das ist die »DNA« des Systems.

In der Politischen Ökonomie ist es dabei unstreitig, dass die *Verteilung* der arbeitsteilig geschaffenen Wertschöpfung nicht nur eine *Gerechtigkeitsfrage* ist, sondern auch ganz konkrete ökonomische Implikationen hat. Fällt hier zu viel *Masseneinkommen* durch zu hohe Mehrwerteinkünfte aus, kommt es gesamtwirtschaftlich zu einem *Nachfrageausfall*, der dann nur noch durch ausländische

Nachfrage, also mit *Exportüberschüssen*, kompensiert werden kann (vgl. dazu ausführlich Huffschmid 1994). Hierauf setzt Deutschland seit langem und die Kapital-Claqueure singen im Chor das Lied von den *niedrigen Löhnen*, damit die »Deutschland AG« international wettbewerbsfähig bleibt.

Entscheidend bei der Verteilungsfrage ist die *Primärverteilung* der geleisteten Arbeit und ihre Realisierung auf den Absatzmärkten. Der Staat kann zwar mit seiner *Sekundärverteilung* über Steuern und Transfers einiges berichtigen, maßgeblich bleibt aber die über den Markt vermittelte Primärverteilung. Hier stehen sich Gewerkschaften und Unternehmerverbände in kollektiven Tarifverhandlungen und abhängig Beschäftigte, in individuellen Verhandlungen, Unternehmern gegenüber; wobei die kollektive Tarifbindung stark rückläufig ist und nur noch bei etwa 50 Prozent liegt.

Die funktionale Primärverteilung des Volkseinkommens zwischen Kapital und Arbeit zeigen uns dann die *Lohn- und Mehrwertquoten*. Hier werden die *Arbeitnehmerentgelte* und die *Unternehmens- und Vermögenseinkommen*, der Mehrwert, in Relation zum Volkseinkommen ausgedrückt.

$$\text{Lohnquote} = \frac{\text{Arbeitnehmerentgelt}}{\text{Volkseinkommen}} \times 100$$

$$\text{Mehrwertquote} = \frac{\text{Unternehmens- und Vermögenseinkommen}}{\text{Volkseinkommen}} \times 100$$

Systematisch nicht berücksichtigt werden hier jedoch die *Abschreibungen*, die, bevor es zur Verteilung des *Volkseinkommens* kommt, schon als *Vorleistungen* in der Volkswirtschaftlichen Gesamtrechnung (VGR) aus der Wertschöpfung herausgerechnet worden sind. Da Abschreibungen als Werteverzehr von Investitionen den *Kapitaleignern* aber über die Verkaufsprozesse ihrer Waren und Dienste auf den Absatzmärkten wieder zufließen, stellen diese eine *Rückvergütung für die Kapitaleigner* dar, so dass richtigerweise die Abschreibungen den Unternehmens- und Vermögenseinkommen zuzurechnen sind. Jeder Betriebswirt kennt das aus der einzelwirtschaftlichen Cash-Flow-Rechnung (Gewinn *plus* Abschreibungen = Cash Flow (Mittelzufluss)). Abschreibungen und ihre Realisierungen, so der Ökonom und Politikwissenschaftler Elmar Altvater (1973), implizieren die »*Ewigkeit des Kapitals*«.

Die *richtige* gesamtwirtschaftliche Verteilung des Volkseinkommens zeigen deshalb auch nur die um *Abschreibungen* ergänzten Lohn- und Mehrwertquoten. Hier liegt im Befund das *Niveau* der *Lohnquoten* dann wesentlich unter der offiziell vom Statistischen Bundesamt ausgewiesenen Quoten und das der Mehrwertquoten entsprechend höher.

Im Zeitraum 1991-2004 kam hier die jahresdurchschnittliche *offizielle Lohnquote* auf 71,1 % und die Mehrwertquote auf 28,9 %. In der Tendenz ist hier die Lohnquote um 3,0 Prozentpunkte gesunken und die Mehrwertquote gestiegen. Die um Abschreibungen *ergänzten Quoten* lagen dagegen im Durchschnittswert bei 59,4 % (Lohnquote) und 40,6 % (Mehrwertquote).

Von 2005-2020 lag die *offizielle Lohnquote* im Jahresdurchschnitt bei 69,0 % und die Mehrwertquote bei 31,0 %. Hier ist die Lohnquote um 5,9 Prozentpunkte gesunken und die Mehrwertquote entsprechend gestiegen. Die *ergänzte Lohnquote* kam hier durchschnittlich nur auf einen Wert von 55,6 % und die *Mehrwertquote* auf 44,4 %. Dabei zeigt sich insgesamt von 1991-2007 eine fallende Tendenz bei der offiziellen Lohnquote von 71,0 % auf 64,5 %, um 6,5 Prozentpunkte, und bei der ergänzten Lohnquote von 60,2 % auf 52,6 %, um 7,6 % Prozentpunkte. Ab 2008 steigen dabei die Lohnquoten wieder an und entsprechend sinken die Mehrwertquoten.

Die empirischen Verteilungsbefunde bieten daher unter Berücksichtigung der Abschreibungen in der *Primärverteilung* reichlich Spielraum für eine umfassende *Umverteilung zum Faktor Arbeit*, die bei linken Ökonomen seit langem auf der Agenda steht und auch von einem Links-Keynesianismus eingefordert wird. Eine solche Umverteilung würde aber zu mehr *Wachstum* führen und sich daher widersprüchlich zur notwendigen *Energie- und Klimawende* verhalten. Bekommen die unteren und auch mittleren Einkommen mehr Geld für ihre geleistete Arbeit, dann kann davon ausgegangen werden, dass der überwiegende Teil des zufließenden Einkommens nicht gespart, sondern konsumiert wird. Mit der Umverteilung würden jedoch auch notwendige *kompensatorische Finanzierungsspielräume* für steigende *Preise (Inflation)* im Zusammenhang mit einer Preisinternalisierung zum *Schutz der Umwelt* geschaffen. Außerdem würden so, im Rahmen einer Sekundärverteilung, keine staatlichen *Stützungs- bzw. Entlastungszahlungen* für einen *sozialen Ausgleich* notwendig, die eh in der Praxis nicht treffsicher und gerecht umgesetzt werden können. Mehrwertsteuer- oder auch Mineralölsteuersenkungen beispielsweise entlasten nicht nur den Autofahrer, der mit kleinem Einkommen auf ein Auto zur Reproduktion seiner Arbeitskraft angewiesen ist, sondern auch den vermögenden Autofahrer mit seinem Großwagen und Luxusgefährt, der keine Entlastung benötigt; allenfalls eine »Beratung in ökologischen und sozialen Fragen«, so der Journalist Stephan Hebel von der *Frankfurter Rundschau*.

Umverteilungsmodell Bontrup

Für die *Umverteilung der Primäreinkommen* mache ich hier einen konkreten und schnell umsetzbaren Vorschlag, der allerdings von der *Politik* gewollt und gesetzgeberisch umgesetzt werden müsste. Die *Gewerkschaften* schaffen dagegen schon seit langem keine Umverteilung mehr; nicht einmal die Ausnutzung des vollen *verteilungsneutralen Spielraums* auf Basis der Produktivitäts- und Inflationsrate. Auch der Ruf nach einem *gesetzlichen Mindestlohn* und seine Umsetzung spricht hier Bände.

Wie soll die *Umverteilung* konkret umgesetzt werden? Die *Abschreibungen*, über die die »Ewigkeit des Kapitals« hergestellt wird, sind hier das Einfallstor. In der betriebswirtschaftlichen Rechensystematik sind Abschreibungen der über eine Nutzungsdauer berechnete Werteverzehr von Produktionsmittel. Die Kapitaleigner investieren in Sachanlagen und der Gesetzgeber schreibt die temporäre Abnutzung als Abschreibung über verschiedene Methoden (linear, degressiv oder auch digital) vor.

Zu Beginn des betrieblichen Prozesses steht dabei immer der *Kauf* eines Anlagegutes, z.B. einer Maschine. Diese muss vom *Unternehmen* finanziert werden, wobei ein Unternehmen, sieht man einmal von einem Solo-Unternehmen ab, immer nur aus Eigentümern *und* abhängig Beschäftigten besteht. Unternehmen sind arbeitsteilige und soziale Organisationen, in denen nur das *Kollektiv* in der Lage ist, zuwachsende Werte zu produzieren. Bleibt der Unternehmensgründer ohne abhängig Beschäftigte ein Solo-Unternehmer, so ist sein Wertbeitrag aus seiner individuellen Arbeitskraft nur gering und ein Unternehmenswachstum ausgeschlossen. Im Kapitalismus gehören deshalb auch zu richtigen Unternehmen immer abhängig Beschäftigte, die den Unternehmern, den Eigentümern der Maschinen und Produktionsmittel, ihre Arbeitskraft verkaufen und die Maschinen in Bewegung setzen müssen. Ohne das dabei entstehende *Abhängigkeitsverhältnis* der Beschäftigten von den Unternehmern und Kapitaleignern gäbe es keinen Kapitalismus (Bontrup 2021). Die Abhängigkeit ist hier gleich zweifach gegeben: Erstens, haben die Beschäftigten nur ihre *verkaufbare Arbeitskraft* als »Kapital«, dass sie dem Unternehmer verkaufen können und aus Reproduktionsgründen verkaufen müssen. Zweitens ist der Unternehmer *Eigentümer der Produktionsmittel*, auf die der abhängig Beschäftigte angewiesen ist, weil er nur in Verbindung mit den Produktionsmitteln seine Arbeitskraft verwerten kann. Im Ergebnis kommt es so zu einem *»Investitionsmonopol des Kapitals«* (Erich Preiser).

Woher hat aber der Unternehmer (Kapitalist) das Kapital, das ihn zum Eigentümer der Produktionsmittel macht. Dabei rückt die *Gründung des Unternehmens* in den Fokus. Nur das hier vom Gründer eingebrachte *Eigenkapital* plus seine *Geschäftsidee* verleihen ihm ökonomisch *Rechtsansprüche* auf »sein« angebliches Unternehmen. In dem Moment, wo der Gründer auch nur einen abhängig Beschäftigten zur Mehrwertproduktion einstellt und dieser Mehrwert am Markt realisiert und im Unternehmen thesauriert wird, ist dieser *alleinige Rechtsanspruch ökonomisch* verwirkt. Das gilt dann natürlich bei weiteren Einstellungen von abhängig Beschäftigten immer mehr. Die so schließlich arbeitsteilig (kollektiv) zustande kommende Mehrwertproduktion und -realisation gehört jedoch – ökonomisch völlig widersprüchlich – nicht dem *arbeitenden Kollektiv der abhängig Beschäftigten*, sondern rechtlich dem Unternehmenseigentümer, der in der Regel selbst nicht arbeitet. Dieser kann dann mit dem Profit, als wesentliche Größe im Mehrwert, immer mehr Produktionsmittel kaufen und wachsen, die so im Zuge einer erweiterten Kapitalakkumulation in das Eigentum seines Unternehmens übergehen.

Dieser gesamte ökonomische Prozess ist *rechtlich (verfassungsrechtlich)* und durch eine wertende dem Kapital zugewandte *betriebswirtschaftliche Ergebnisrechnung* abgesichert. Diese Rechnung geht dabei wie folgt und beginnt mit dem Kauf einer Maschine (Produktionsmittel). Dabei basiert die Finanzierung entweder auf *eigenen liquiden Unternehmensmitteln* (aus dem Cash Flow) oder auf *Krediten mit fremden Mitteln*, wobei natürlich auch eine »sowohl als auch Kombination« denkbar ist. Bei *eigenen Mitteln* kommt es in der Bilanz des Unternehmens lediglich zu einem *Aktiv-Vermögenstausch* und ansonsten zu einem Aktiv-Passiv- bzw. *Vermögens-Kapital-Tausch*. Erst wenn die Maschine danach in der *Produktion* zum Einsatz kommt, setzt ihr Werteverzehr über *Abschreibungen* ein und diese werden als *Aufwand gewinnmindernd* in der Gewinn- und Verlustrechnung (GuV) verbucht; gleichzeitig aber auch in der *Preiskalkulation* berücksichtigt und damit über die Umsatzerlöse kompensiert. Hierin manifestiert sich der »Doppelcharakter« von Abschreibungen. Im Ergebnis kommt so sukzessive das für die Maschine originär verausgabte Geld wieder zurück und sichert den Kapitaleignern die »Ewigkeit ihres Kapitals«. Parallel dazu hat John Maynard Keynes (1930) den Zusammenhang von *Profiten* und *Investitionen* im Kapitalismus deutlich gemacht. »Welchen Teil ihrer Gewinne demnach die Unternehmer auch für den Konsum verwenden, der Vermögenszuwachs zugunsten der Unternehmer bleibt der gleiche wie zuvor. Somit sind die Gewinne, als eine Quelle der Kapitalakkumulation bei den Unternehmern, unerschöpflich wie der Krug der Witwe, wie viel davon auch immer einer ausschweifenden Lebensführung dient.« Die Unternehmer müssen halt nur *investieren*, dann sind ihnen gesamtwirtschaftlich die *Profite* sicher. Das Problem ist nur, und darauf hat Keynes auch hingewiesen, dass die Unternehmer im Kapitalismus einer *»einzelwirtschaftlichen Rationalitätsfalle«* unterliegen. Sie denken nur betriebswirtschaftlich und verhalten sich in der Krise entsprechend auch rational, wenn sie die Investitionen einstellen. Gesamtwirtschaftlich verschärfen sie damit aber den Krisenprozess und die Hoffnung auf Profit.

Kalkulieren die Unternehmen in der Ergebnisrechnung nicht mit den *Anschaffungskosten* der Maschinen, sondern zur Wieder(Ersatz-)beschaffung mit entsprechend höheren *Wiederbeschaffungspreisen* zum Inflationsausgleich, dann fließt sogar ein höherer Wert über die Umsatzerlöse zurück als tatsächlich die Maschine gekostet hat. Dies ist auch dann der Fall, wenn die Maschine länger hält als ihre ursprünglich festgelegte Nutzungsdauer und es so zu einer Negativ-Abschreibung über null kommt. Hierdurch entsteht ein durch Abschreibungen finanzierter *Kapazitätserweiterungseffekt*, der schon von Karl Marx und Friedrich Engels beschrieben wurde.

Die verbuchten *Abschreibungen* werden sodann in der GuV als Aufwand verrechnet, dem aber keine *Ausgaben bzw. Auszahlungen* gegenüberstehen und somit auch keine *Liquidität* aus dem Unternehmen abfließt. Dies ist nur beim Kauf der Maschine mit eigenen Mitteln und der Vermögensaktivierung in der Bilanz der Fall gewesen. Bei Fremdfinanzierung der Produktionsmittel werden die notwendigen liquiden Mittel von außen beschafft.

Da *liquiditätsunwirksame Abschreibungen* in den Preiskalkulationen über die Umsatzerlöse realisiert werden, haben sie einen *Cash-Flow-Charakter*, d.h. sie sind den *versteuerten Profiten* hinzuzurechnen (Cash Flow = Profit nach Ertragsteuern plus Abschreibungen) und können damit neben den Profiten zur *Finanzierung der Produktionsmittel* eingesetzt werden. Hinzu kommt noch, dass Abschreibungen in der GuV *gewinnsteuermindernd* wirken und allein darüber schon bei einer Ersatzbeschaffung des Produktionsmittels jeder verteuernde Inflationseffekt weit überkompensiert wird. Insofern ist hier auch die oben angeführte Bewertung der Abschreibungen zu *Wiederbeschaffungspreisen* in den Preiskalkulationen nicht notwendig und folgerichtig *steuerrechtlich* auch nicht erlaubt.

Auf diesem gesamten Hintergrund basiert nun das *Umverteilungsmodell Bontrup*. Die Unternehmen realisieren *Umsatzerlöse*, in denen die Abschreibungen über die Preiskalkulationen involviert sind. Von diesen Erlösen werden alle *Vorleistungen*, wie Materialaufwendungen und sonstige fremdbeschaffte sonstige betriebliche Aufwendungen in Abzug gebracht. Zur Wertschöpfungsberechnung nicht abgezogen werden dagegen die *liquiditätsunwirksamen Abschreibungen*. Dies führt zu höheren *Wertschöpfungen* und, wie empirisch gezeigt, zu niedrigeren Lohn- und höheren Mehrwertquoten. Von der Wertschöpfung wird dann die *Bezahlung der abhängig Beschäftigten* in Bezug auf den Wert ihrer individuellen Arbeitskraft = Lohn, in Summe der *Personalaufwand = Arbeitseinkommen*, abgezogen. Das Ergebnis ist der *Mehrwert*, bestehend aus Zins, Grundrente und Profit. Nach Abzug von Zins und Grundrente sowie der liquiditätsunwirksamen Abschreibungen verbleibt der *Profit vor Ertragsteuern*. Diese Rechnung sorgt dafür, dass, wie bisher, die Abschreibungen in der Ergebnisrechnung *gewinnsteuermindernd* wirken. Über diese Verrechnung zu Lasten des Staates ließe sich durchaus streiten. Zieht man danach die Ertragsteuern ab, so erhält man den *Profit nach Steuern* und nach Addition der liquiditätsunwirksamen Abschreibungen den *Cash Flow*. Dieser kann dann für Investitionen, Kapitalrücklagen und Profitausschüttungen verwendet werden. 50 % (es können auch mehr sein) der hier jeweils aus den liquiditätsunwirksam pro Geschäftsjahr anfallenden Abschreibungen und dafür getätigten *Investitionen* (in Produktionsmittel) werden dabei als *»Kapital der Beschäftigten«* in der Bilanz verbucht und somit die Beschäftigten zu *Miteigentümer*. Über die liquiditätsunwirksamen Abschreibungen verfügen demnach nicht mehr, wie es heute der Fall ist, die Unternehmer und Kapitaleigner

(Shareholder), sondern auch die abhängig Beschäftigten, die den Mehrwert und Profit produzieren. Das so entstehende »Kapital der Beschäftigten« gehört hier aber nicht den einzelnen Beschäftigten individuell, sondern nur als *Kollektiv*. So wird das »Kapital der Beschäftigten« im Sinne von Ota Šik *neutralisiert.*

Schema der Ergebnisrechnung (Umverteilungsmodell Bontrup)

Umsatzerlöse (inkl. *Abschreibungen*)

- Materialaufwand
- sonstige betriebliche Aufwendungen

= Wertschöpfung

- Personalaufwand (Personalaufwand : Wertschöpfung = Lohnquote)

= Mehrwert (Zins, Grundrente, Profit) (Mehrwert : Wertschöpfung = Mehrwertquote)

- Zins + Grundrente
- *liquiditätsunwirksame Abschreibungen*

= Profit vor Ertragsteuern

- Ertragsteuern

= Profit nach Steuern + *liquiditätsunwirksame Abschreibungen = Cash Flow*

Cash-Flow-Verwendung

- Investitionen (davon Verbuchung 50 % als »Kapital der Beschäftigten«)
- Kapitalrücklagen
- ausschüttbarer Profit auf
    Shareholder (Basis Eigenkapital) und
    Beschäftigte (Basis »Kapital der Beschäftigten«)

Durch das verbuchte »Kapital der Beschäftigten« werden dann auch die Beschäftigten, auf Basis ihres Kapitalanteils, an den *ausgeschütteten Profiten*, neben den heute alleinigen Shareholdern, beteiligt. So partizipieren sie neben ihrem *Lohn* für den »Wert ihrer Arbeitskraft« auch an den kollektiv erarbeiteten und ausgeschütteten *Profiten*. Selbst wenn es hier nicht zu einer solchen Ausschüttung kommt, so erhöht sich dennoch auf Grund des Anteils an den liquiditätsunwirksamen Abschreibungen und den damit finanzierten *Investitionen* das »Kapital der Beschäftigten«.

Dabei versteht es sich von selbst, dass die abhängig Beschäftigten *paritätisch* über die stofflich umzusetzenden Investitionen und über deren Höhe pro Geschäftsjahr mitentscheiden. Über die exakte *Berechnung* und *Kontrolle* der Umverteilung und Kapitalbildung der Beschäftigten wacht ein zu konstituierender und nummerisch-paritätisch zwischen Beschäftigten und bisher alleinigen Eigentümern zu besetzender *»Beteiligungsrat«*. Kommt es hier zu keinem Konsens, so müssen sich beide Seiten einvernehmlich auf einen nicht aus dem Unternehmen kommenden *Schlichter* verständigen.

Mit diesem Umverteilungsmodell Bontrup würde es zu einer einzelwirtschaftlich und gleichzeitig auch zu einer gesamtwirtschaftlich gerechteren und egalitäreren Verteilung des *Primäreinkommens* und beim heute völlig ungleich verteilten *Vermögen* kommen. Außerdem erfolgt die hier ökonomisch objektiv deduzierte Umverteilung in den Unternehmen zu Gunsten der abhängig Beschäftigten ohne jede *staatliche Sekundärverteilung* über Steuern und Transferzahlungen, die immer große *politische Probleme* impliziert, und auch die *Gewerkschaften* und *Unternehmerverbände* werden nicht berührt. Sie können sich weiter über die Lohnhöhe als äquivalenter Wert für die Arbeitskraft und über jährliche Lohnsteigerungen in den Tarifrunden verständigen. Mit dem Primär-Umverteilungsmodell Bontrup würde auch der notwendige Spielraum für eine *sozioökonomische und ökologische Transformation* geschaffen. Und zwar für anstehende *Preissteigerungen* und *Investitionen*. Dabei ist aber auf Grund der Umverteilung von Wachstum auszugehen.

Bleibt noch die Frage zu klären, was in Sachen Umverteilung mit den Beschäftigten im *öffentlichen Dienst* passiert? Da es hier keine Kapitalisten und auch keine Mehrwertproduktion und -realisation gibt und der Staat, die Gesellschaft, die hier arbeitenden Menschen beschäftigt und diese ihr Einkommen aus *Steuern* und *Abgaben* beziehen, nehmen sie auch nicht an der Umverteilung teil. Die monetäre *Partizipation* hat hier durch eine *leistungsäquivalente Bezahlung* der öffentlich Beschäftigten zu erfolgen, die heute allerdings in einigen Bereichen des Staatssektors im Argen liegt. Hinzu kommt, im Unterschied zu Beschäftigten in privatwirtschaftlichen

Unternehmen, ein weitreichender *Kündigungsschutz*, der nicht nur für Beamte gilt. Stark verbesserungswürdig ist hier allerdings die *immaterielle Partizipation* im Personalvertretungsgesetz in Form einer auszubauenden (erweiterten) *Mitbestimmung* im öffentlichen Dienst.

Anmerkungen

Altvater, E., Müller, W., Neusüß, C. (1973): Das Dilemma der Wirtschaftswissenschaft, in: Altvater/Müller, Neusüß, Materialien zur Kritik der bürgerlichen Ökonomie, Giesen, S. 1-26

Bontrup, H.-J. (2021): Abhängig Beschäftigte haben keine Chance auf Partizipation, in: OXI. Wirtschaft anders denken, Nr. 11, S. 3-4

Huffschmid, J. (1972): Die Politik des Kapitals. Konzentration und Wirtschaftspolitik in der Bundesrepublik, 8. Auf., Frankfurt a. M.

Huffschmid, J. (1994): Kein Ausweg aus der Weltmarktfalle? in: Blätter für deutsche und internationale Politik, Heft 6, S. 733-746

Keynes, J. M. (1930): A Treatise on Money, London, deutsch: Vom Gelde, Berlin 1955

Online Zeitschrift MAKROSKOP vom 17. November 2021

Wohnungswirtschaft

Menschen brauchen ein Dach über den Kopf. Ohne eine Wohnung, deren betreten durch Dritte grundgesetzlich geschützt ist (Art. 13 GG), ist ein menschenwürdiges Leben nicht denkbar. Wohnungen unterliegen im Kapitalismus aber auch den Gesetzmäßigkeiten des Marktes, sie sind eine Ware. Kommt es hier zu Verknappungen, so steigen die Mieten und damit die Einkünfte der Vermieter. Mieteinnahmen sind Mehrwerteinkünfte, wofür die Empfänger nicht mehr selbst arbeiten müssen. Mieten enthalten aber immer auch beträchtliche Mietnebenkosten, die u. a. von Banken, Versicherungen, Energiekonzernen und dem Staat vereinnahmt werden. Und die Renditen, die in der Wohnungswirtschaft realisiert werden, sind im Vergleich zu anderen Branchen nur gering.

Eigentlich ein ökonomisches Basisgut

Alle Beziehungen in einer kapitalistischen Ordnung sind Warenbeziehungen, einschließlich des ständigen Verkaufs der Ware Arbeitskraft. Karl Marx schrieb im »Kapital«: »Der Reichtum der Gesellschaften, in welchen kapitalistische Produktionsweise herrscht, erscheint als eine ›ungeheure Warensammlung‹, die einzelne Ware als seine Elementarform.« Warum soll davon die Wohnung im Kapitalismus ausgeschlossen sein? Auch die Wohnung gehorcht natürlich den kapitalistischen Gesetzen einer erweiterten Kapitalakkumulation. Geld (G) wird von Vermögenden vorgeschossen, durch Produktion in eine Ware (hier in eine Wohnung) transformiert und durch Verkauf/Vermietung der Wohnung in vermehrtes Geld wieder zurückverwandelt (G < G'). Dies ist ein sich ständig wiederholender kapitalistischer Prozess, wobei das vermehrte Geld (G'), relativiert in einer Profitrate (Gewinn in Relation zum eingesetzten Kapital), maximiert werden soll. Ob das realiter immer erreicht wird, ist eine Frage des Produktionsprozesses (inklusive der Beschaffung von Vorleistungen) und seiner inhärenten ausbeutenden Mehrwertproduktion sowie schließlich der Realisierung des in der Produktion entstehenden Mehrwerts an den Absatzmärkten; hier auf den Wohnungsmärkten.

Diesen grundsätzlichen Zusammenhang muss man bedenken, wenn jetzt in Deutschland, mal wieder, die Wohnungsfrage und die Mieten zu einem Problem geworden sind. Dabei ist die Wohnung ein ökonomisches Basisgut (ein Menschenrecht), wie dies auch für Elektrizität und die Gesundheitsversorgung gilt, aber auch hier, wie hinlänglich bekannt, werden die Markt- und Kapitalisierungsgesetzmäßigkeiten zugelassen. Schon 1968 forderte der Deutsche Mieterbund in Westdeutschland einen Schutz gegen Mietwucher. Heute verlangen viele nach einer Mietpreisbremse, die aber, genauso wie das Wohngeld, nur ein symptomhaftes Bekämpfen von Problemen am Wohnungsmarkt mit Palliativmitteln impliziert. Die Ursachen des Problems werden damit nicht behoben. Und was sind die Ursachen? Zu wenig bezahlbarer Wohnraum wird hier von vielen angeführt. Das ist aber nur eine ökonomisch oberflächliche Erklärung. Die entscheidende Ursache ist fehlendes privates Eigentum an Wohnraum. Mieterinnen und Mieter sind eben nur Besitzer der Wohnung. Genauso wie das private Eigentum an Produktionsmitteln die Mehrwertausbeutung der von den Produktionsmitteln abhängigen Beschäftigten in den Unternehmen ermöglicht, so sind auch bei der Wohnungsfrage das Wohnungseigentum und die damit möglich werdende Ausbeutung der Mieter entscheidend. Der Eigentümer bestimmt im Kapitalismus, er hat das Sagen und die Macht! Dies gilt eben nicht nur bei der Ausbeutung von abhängig Beschäftigten, sondern auch auf den antagonistischen Wohnungsmärkten. Interessant ist hier aber, dass die Wohneigentümerquote im in Summe armen Albanien bei 96 Prozent und im nicht minder armen Rumänien bei 95 Prozent liegt, und auch Malta kommt noch auf 82 Prozent. Im in Summe reichen Deutschland beträgt die Quote dagegen nur rund 47 Prozent. Die höchste Wohneigentümerquote finden wir dabei – bundeslandbezogen – im Saarland mit knapp 65 Prozent und die niedrigste in Berlin mit nur gut 17 Prozent. Das erklärt dann wohl auch die größten Proteste in der Hauptstadt gegen hohe Mietpreissteigerungen und den Volksentscheid für eine Enteignung großer Wohnungseigentümer mit einem Ergebnis von 56,4 Prozent der wahlberechtigten Berliner:innen. Hätten dagegen – wie in Albanien oder Rumänien – fast alle Wohneigentum, wäre der Widerspruch zwischen Vermieter:innen und Mieter:innen aufgehoben, und keiner würde mehr demonstrieren oder nach einer Verstaatlichung (Vergesellschaftung) rufen.

Ist es am Arbeitsmarkt der Lohn, so ist es am Wohnungsmarkt die Miete. In der Wertschöpfungsrechnung ist Miete – neben Zins und Gewinn – Mehrwert. Das, was die abhängig Beschäftigten nicht aus der Wertschöpfung, aus dem Wert der Arbeit erhalten, geht an die Mehrwertempfänger. Im Gegensatz zu den Lohnempfängern müssen dabei alle Mehrwertempfänger für ihr Mehrwerteinkommen selbst nicht arbeiten, und somit auch die Vermieter nicht. Diesen grundsätzlichen und entscheidenden kapitalistischen (systemimmanenten) Sachverhalt kritisieren aber weder die abhängig Beschäftigten und ihre Gewerkschaften noch die Mieter:innen und ihr Mieterbund. Dies erstaunt, erklärt sich aber leicht. Zu viele Lohnempfänger:innen bedienen sich eben auch aus dem Mehrwert. Sie haben Erspartes und erhalten Zinsen, sie vermieten Wohnungen und realisieren Mieten, und sie besitzen Unternehmensaktien und erzielen Dividenden. Warum sollten sie da den Kapitalismus kritisieren oder gar abschaffen wollen, wenn auch sie von dem Ausbeutungssystem profitieren? Das Sein schafft halt das Bewusstsein (Karl Marx). Vielen in Politik und Wissenschaft reicht deshalb schon eine »soziale Zähmung des widersprüchlichen kapitalistischen Systems«. Den Neoliberalen geht aber selbst dies zu weit. Sie fordern eine marktradikale Gesellschaft. Der britische Ökonom John Maynard Keynes (1883-1946) und seine postkeynesianischen Anhänger halten mit staatlichen Interventionen in die kapitalistischen Marktprozesse dagegen. Sie erkennen die »einzelwirtschaftliche Rationalitätsfalle« des Systems und auch die Verteilungsungerechtigkeiten der Marktergebnisse sowie die Machtpervertierungen mit ihren makroökonomischen Verwerfungen. Trotzdem wollen aber Keynesianer, anders als Marx, den Widerspruch zwischen Kapital und Arbeit, die kapitalistische Produktionsweise, nicht überwinden, sondern den Kapitalismus lediglich vor sich selbst retten. Im Kapitalismus fängt die Wohnungskalkulation mit dem Grundstückspreis an. Je höher (niedriger) der Preis für Boden ausfällt, umso höher (niedriger) fallen am Ende auch die Wohnungsbaukosten aus. Der Verkäufer (Eigentümer) des Bodens ist deshalb immer der erste Gewinner auf dem Immobilienmarkt. Dann muss das Bauwerk mit der Wohnung hergestellt werden. Profiteure sind hier Notare, Architekten, Statiker, Bauunternehmen, Handwerker, Dienstleister bis hin zu Gartenbau-Unternehmen. Und je mehr der Staat beim Bauen gesetzliche Auflagen macht – auch für Energie- und Umweltschutz –, umso teurer wird die Produktion einer Wohnung.

Der Staat ist übrigens immer Profiteur beim Bauen. Je mehr gebaut wird, umso größer die Gebühreneinnahmen für Baugenehmigungen und -abnahmen, die Umsatz-, Lohn- und Einkommensteuer sowie Gewinn-, Grunderwerb- und Grundsteuer. Allein das Grunderwerbsteueraufkommen lag zwischen 2000 und 2021 bei 190,4 Milliarden Euro (jahresdurchschnittlich bei 8,65 Milliarden Euro) und das Grundsteueraufkommen bei 259,1 Milliarden Euro (Jahresdurchschnitt 11,78 Milliarden Euro). Außerdem dürfen die Banken mit ihrer Finanzierungsfunktion beim Bau einer Wohnung nicht vergessen werden. Ohne Kredit geht beim Bauen gar nichts. Die Zinsen für aufgenommenes Fremdkapital landen hier im Einkommen der Bankbeschäftigten und in Bankgewinnen sowie bei den Geldanlegern beziehungsweise Sparer:innen. Hierbei sollte man auch wissen, dass im Bausektor der Zins höchst reagible Spuren hinterlässt. Steigende (sinkende) Zinsen verteuern (verbilligen) das Bauen. Die gerade steigenden Zinsen haben die Bautätigkeit bereits spürbar zurückgehen lassen, und dies, obwohl der Realzins noch stark negativ ist. Geht man für eine durchschnittliche Wohnung (inklusive Grundstückskosten) von realistischen Ausgaben in Höhe von 2.500 Euro pro m^2 aus, so betragen die Kosten für eine 100-m^2-Wohnung 250.000 Euro. Hinzu kommen noch Notar- und Grunderwerbsteuern von rund 20.000 Euro. Bei einer unterstellten Nutzungsdauer von 50 Jahren liegen dann die monatlichen Baukosten bei 450 Euro. Dies entspricht einer zweiprozentigen Abschreibungsrate. Hierbei handelt es sich aber um nominale Werte. Rechnet man über 50 Jahre mit einer Inflationsrate von jahresdurchschnittlich zwei Prozent, dann bleibt von der nominalen monatlichen Belastung in Höhe von 450 Euro infolge Abzinsung real nur noch ein monatlicher Kostenbetrag von 167,19 Euro übrig. Natürlich sind hier beim langen Zeitraum von 50 Jahren womöglich Anpassungen beim Zinssatz und auch bei der prognostizierten Inflationsrate notwendig, und es werden sicher auch Instandhaltungs- und Modernisierungskosten anfallen.

Was ist aber, wenn man keine 270.000 Euro Geldvermögen hat, um Eigentümer einer 100 m^2 großen Wohnung zu werden? Dann müsste man sich wohl oder übel verschulden und einen Kredit aufnehmen. Unterstellt, die 270.000 Euro wären voll fremd zu finanzieren, dann fallen Zins- und Tilgungszahlungen an. Gehen wir dabei von einem über die 50 Jahre anfallenden durchschnittlichen Zinssatz von 3 Prozent und einer Tilgungsrate von 2 Prozent aus, die der schon bekannten Abschreibungsrate und damit der Tilgung des Kredits entspricht, so müssten an Annuität (Zins plus Tilgung) 5 Prozent aufgebracht werden. Die monatliche Belastung läge dann bei 874,47 Euro. Insgesamt würde der Kredit über die 50 Jahre 254.684 Euro an Zinsen kosten. Das wären monatlich 424,47 Euro. Auch hier müsste man aber den Barwert, den realen Wert, der monatlich gleichbleibenden Annuität über einen Zeitraum von 50 Jahren bestimmen. Er liegt bei einer auch hier unterstellten jahresdurchschnittlichen Inflationsrate von 2 Prozent bei nur noch 324,89

Euro im Monat. Warum, so könnte man jetzt fragen, sind bei diesen Werten nicht alle Wohnungseigentümer und die so viel beklagten Mieten wären abgeschafft? Es gibt sicher mehrere Ursachen. Die wesentliche ist aber die realiter gegebene Einkommens- und Vermögensverteilung und dass die Banken nicht einfach Kredite an alle vergeben. Geht man hier von der von Banken in Ansatz gebrachten Belastungsquote des Nettoeinkommens für Wohnen von 30 Prozent aus, so müsste in dem obigen Rechenbeispiel das monatliche nominale Einkommen bei 2.914,90 Euro liegen. Es lag 2021 in Deutschland im Durchschnitt aller abhängig Beschäftigten aber nur bei 2.162 Euro, und die Armutsquote kommt mittlerweile auf fast 16 Prozent. Umverteilung bei Einkommen und Vermögen wäre deshalb zur Schaffung von Wohnungseigentum notwendig und die Lösung. Die Verteilung beziehungsweise Umverteilung von Einkommen und Vermögen findet aber nicht auf den Wohnungsmärkten statt. Dies ist neben der Eigentumsfrage das zweitgrößte Problem beim Wohnen.

OXI. Wirtschaft anders denken, Ausgabe 1/2023

Auf Profitkurs – Die Deutsche Wohnen SE

Wohnen ist eine Ware, wie jede andere auch. Sie unterliegt den kapitalistischen Verwertungsbedingungen einer immer von den Kapitaleignern angestrebten maximalen Profitrate. Dies ist ein unumstößlicher Fakt im Kapitalismus. So wundert sich dann allenfalls der ökonomische Laie, wenn auch privatwirtschaftliche Unternehmen der Wohnungswirtschaft maximale Renditen mit dem Verkauf oder der Vermietung von Wohnungen erzielen. Da macht die wegen ihrer Geschäftspolitik heftig in der Kritik stehende zweitgrößte Immobiliengesellschaft in Deutschland, die Deutsche Wohnen SE, keine Ausnahme.

Eigentümerstruktur und Börsenperformance der Deutsche Wohnen SE

Verkäufe von Werkswohnungen durch den Chemiekonzern Hoechst AG und der »Heimstätte« des Landes Rheinland-Pfalz an die Deutsche Bank waren 1996 der Gründungsakt für den heutigen Immobilienkonzern mit Sitz in Frankfurt a. M. Zukäufe der Berliner staatlichen Wohnungsbaugesellschaften, Gehag GmbH, und der Gemeinnützigen Siedlungs- und Wohnungsbaugesellschaft, GSW, kamen später hinzu. Die Entstehung verdankt die Deutsche Wohnen SE demnach weitgehend einem neoliberal intendierten Verkauf von öffentlichem Eigentum – also einer Entstaatlichung. Knapp 55 Prozent des Kapitals der Deutsche Wohnen SE befinden sich heute im Streubesitz. Größte Aktionäre sind zurzeit Massachusetts Financial Services mit 9,94 Prozent und BlackRock Inc., der weltweit größte und mächtigste private Finanzfonds, mit 9,52 Prozent sowie die Norges Bank (Central Bank of Norway) mit 6,93 Prozent. Interessanterweise ist auch der größte deutsche Immobilienkonzern, die Vonovia SE, mit 4,99 Prozent Miteigentümerin der Deutsche Wohnen SE. Im Jahr 2015 hatte die Vonovia versucht, die Deutsche Wohnen komplett feindlich zu übernehmen, was aber nicht gelang. Die Abwehrschlacht hat der Deutsche Wohnen SE seinerzeit etwa 33 Millionen Euro gekostet.

Seit 2006 ist der Deutsche Wohnen Konzern an der Börse notiert. Im MDAX erreichte die Aktie bisher aber nur stark volatile Werte zwischen 4,59 und 59,00 Euro. Der Preis je Aktie liegt zurzeit bei gut 35,00 Euro. Bei gut 354 Millionen ausgegebenen Aktien liegt die Marktkapitalisierung bei etwa 12 Milliarden Euro. In 2017 lag der Gewinn je Aktie nach Steuern bei 4,88 Euro und die Dividende je Aktie bei 0,80 Euro. Die Shareholder der Deutsche Wohnen SE werden demnach von ihrem Unternehmen bestens bedient. Von 2013 bis 2017 wurden Gewinne in Höhe von 915,6 Millionen an die Eigentümer ausgeschüttet.

Mieterkritik und Wohnungsknappheit

Maximale Profite gehen immer zu Lasten der Kunden eines Unternehmens. Bei der Deutsche Wohnen SE sind es die Mieter, wenn die

Shareholder maximal befriedigt werden wollen. Des einen Freud ist in der Ökonomie des anderen Leid. So stoßen denn auch die steigende Mietpreisentwicklung auf dem Berliner Markt im Allgemeinen und die Geschäftspolitik der Deutsche Wohnen SE im Besonderen bei vielen Mietern auf heftige Kritik. Neben den zu hohen Mieten werden Wohnungsmängel und auch die Beeinflussung des Berliner Mietpreisspiegels beklagt. Der Grund: Schon seit längerem setzt das Management der Deutsche Wohnen SE fast nur noch auf sogenannte Core^{+}-Regionen, in denen ein weiteres erhebliches Mietpreissteigerungspotenzial vermutet wird. In diesen als dynamisch eingestuften Wachstumsmärkten will der Konzern in den nächsten Jahren kräftig investieren und wachsen. Da bleiben dann die nicht mehr als »strategisch wertvoll« eingestuften Wohnungsbestände in Core und Non-Core-Regionen auf der Strecke. Hier finden keine Investitionen mehr statt, sondern vielmehr Desinvestitionen. Man versucht die Wohnungen an andere Immobiliengesellschaften zu verkaufen oder den Mietern zum Kauf anzubieten. Beides macht natürlich bei Mietern heftigen Stress.

Die allgemeine schlechte Situation auf dem Wohnungsmarkt für Mieter kommt dabei der Geschäftspolitik der Deutsche Wohnen SE entgegen. Immer mehr Menschen wollen in Städte und Ballungszentren ziehen. Hinzu kommt die Flüchtlingsproblematik. Beides lässt die Nachfrage nach Wohnraum stark ansteigen. Bei einem nur knappen Angebot legen natürlich die Mietpreise kräftig zu. Hinzu kommt: Die Vermögenden stehen nach dem Zusammenbruch der Finanzmärkte im Jahr 2007, und in Folge niedriger Zinsen, unter einem hohen Anlagedruck. Sie müssen ihr Geld, das sie in der Krise nicht verloren haben, weiter rentierlich anlegen. Hier bietet ihnen allgemein der Immobilienmarkt einen sicheren »Flucht-Hafen«. Sie kaufen Immobilien, wo sie nur können. Allein in Berlin wurden 2016 Immobilien im Wert von rund 16,2 Milliarden Euro verkauft. Auch das treibt die Preise nach oben. Die Immobilien werden teurer, was sich letztlich ebenso in steigende Mieten niederschlägt. Wohnen ist zwar ein *gesellschaftliches Basisgut* und laut Europäischer Sozialcharta ein Menschenrecht, weil jeder Mensch schlicht auf eine

Wohnung angewiesen ist. Und das Bundesverfassungsgericht hat das Mietrecht unter den verfassungsrechtlichen Schutz des Eigentums gemäß Art. 14 GG gestellt. Dies alles nutzt aber konkret dem einzelnen Mieter nichts, wenn sich die Wohnungsmärkte verknappen und die ungehinderten radikalen Marktgesetze die Mieten und Immobilienpreise explodieren lassen. Eine Substitution, wie sie bei vielen anderen Gütern möglich ist, lässt sich nur schwer bewerkstelligen. Die Nachfrage nach Wohnraum ist weitgehend preisunelastisch. Kommt es hier zu Nachfrageüberhängen und die Angebotsseite wird zudem noch auf regionalen Märkten von wenigen großen Unternehmen, wie die Deutsche Wohnen SE, beherrscht, dann sind Mietpreissteigerungen ohne adäquate Gegenleistungen keine Grenzen gesetzt. Dann kommt es zu einer Ausbeutung von Mietern. Die mit vielen Mängeln behaftete und von der Politik zum 1. Juni 2015 eingeführte staatliche Mietpreisbremse ist zwar besser als ihr Ruf, wie das Deutsche Institut für Wirtschaftsforschung (DIW) in Berlin in einer Studie festgestellt hat, sie ist dann aber auch nicht die Lösung des Wohnungsmarktproblems. Politik muss die Ursache des Problems beseitigen. Und dies bedeutet, die Wohnungsknappheit mit öffentlich finanzierten und bereitgestellten Wohnungen zu beseitigen. Dem stehen jedoch privatwirtschaftliche Profitinteressen von Wohnungsunternehmen entgegen. Diese haben nicht das geringste Interesse an der Aufhebung der bestehenden Knappheitssituation auf den Immobilienmärkten. Im Gegenteil: Je knapper der Wohnraum, umso höher fallen die Profite aus!

Deutsche Wohnen SE: Marktführer und riesiger Profitbringer

Das gesamte Vermögen der Deutsche Wohnen SE lag Ende 2017 bei 20,5 Milliarden Euro. Davon waren 19,8 Milliarden Euro Anlagevermögen. Das Vermögensportfolio umfasste dabei 163.000 Wohn- und Gewerbeeinheiten mit einem Fair Value von rund 18,9 Milliarden Euro ohne die auch zum Portfolio zählenden Pflegeimmobilien. Rund 75 Prozent des hier als Finanzinvestitionen gehaltenen Immobilienbestandes der Deutsche Wohnen SE entfällt dabei auf den Großraum Berlin. Hier hat das profitorientierte private Immobilienunternehmen eine eindeutig marktbeherrschende Stellung, wenn es um die Verteilung und Bepreisung knappen Wohnraums geht. Im Brief an seine Aktionäre schreibt der Vorstand im März 2017: »Unser Fokus auf deutsche Ballungszentren, und hier insbesondere Berlin, zahlt sich aus und wird durch die anhaltend positive Entwicklung der Mieten, des Leerstands und der erzielten Verkaufspreise untermauert.« In der Tat: Die Deutsche Wohnen SE zeigt eine stark positive wirtschaftliche Entwicklung. Die Umsatzerlöse des Immobilienriesen lagen 2017 bei fast 1,2 Milliarden Euro. Seit 2013 haben sich die Umsätze verdoppelt. Das operative Ergebnis vor Zinsen und Steuern (EBIT) ist von 2013 bis 2017 von 349 Millionen Euro auf fast 3,0 Milliarden Euro, um 760 Prozent gestiegen. Zieht man das Finanzergebnis ab, so ist der Gewinn vor Steuern mit gut 1.090 Prozent (!) im selben Zeitraum sogar noch mehr gestiegen, von 218 Millionen Euro auf fast 2,6 Milliarden Euro.

Dabei soll nicht verschwiegen werden, dass die Deutsche Wohnen SE ein beachtlicher Steuerzahler ist. Von 2013 bis 2017 wurden gut 2,4 Milliarden Steuern an den Fiskus abgeführt. Der Gewinn nach Steuern lag kumuliert bei fast 5,7 Milliarden Euro, jahresdurchschnittlich in den letzten fünf Jahren demnach bei gut 1,1 Milliarden Euro. Bei Umsatzerlösen von rund 1,0 Milliarden Euro impliziert dies eine durchschnittliche Umsatzrendite nach Steuern von 110 Prozent. Ein unglaubliches, geradezu obszönes wirtschaftliches Ergebnis, wenn man bedenkt, dass die durchschnittliche Umsatzrendite der gesamten deutschen Wirtschaft bei nur etwa 3,5 Prozent liegt. Auch die Profitrate, der Gewinn auf das eingesetzte Eigenkapital, ist seit 2014 hoch zweistellig. 2017 lag die Profitrate nach Ertragsteuern bei 17,4 Prozent und die Gesamtkapitalprofitrate bei 9,2 Prozent. Und dies bei einer sehr hohen Eigenkapitalquote von 48 Prozent. Das Eigenkapital lag dabei absolut bei fast 9,9 Milliarden Euro. Bei solchen wirtschaftlichen Ergebnissen kommt bei jedem Kapitalisten pure große Freude auf.

Zum Wachstum verdammt

Es gibt aber auch Wasser im Wein. Im Profit vor und nach Steuern sind nämlich beträchtliche Buchgewinne aus einer »Fair-Value-

Anpassung« der Immobilienbestände enthalten. Die Deutsche Wohnen SE nutzt hier die rechtlich mögliche Bewertung ihres Portfolios nach internationalen Bewertungsmethoden. Die Konzernjahresabschlüsse werden dabei gemäß den International Financial Reporting Standards (»IFRS«) erstellt. Hier können im Gegensatz zum deutschen Bewertungsrecht nach Handelsgesetzbuch (HGB) die einzelnen Vermögensgegenstände zu aktuellen Marktpreisen in der Bilanz bewertet und in Ansatz gebracht werden. Im HGB sind als Bewertung dagegen nur die originären Anschaffungs- oder Herstellungskosten erlaubt. Die Höherbewertung des aktivierten Immobilienportfolios nach internationalem Recht hat bei der Deutsche Wohnen SE allein in der Gewinn- und Verlustrechnung im Jahr 2016 zu einem Buchgewinn in Höhe von fast 2,7 Milliarden Euro geführt. In 2015 waren es gut 1,7 Milliarden Euro. Hierzu bemerkt der Vorstand im Lagebericht des Unternehmen 2016 nur kurz und knapp: »Auf der Bewertungsseite konnten wir ein Rekordergebnis erzielen.« Im Konzern-Geschäftsbericht 2015 macht der Vorstand zu den Buchgewinnen etwas längerer Ausführungen: »Die in den Vorjahren gestellten Weichen hinsichtlich der Konzentration unseres Portfolios auf Core⁺ und Core Märkte tragen spätestens seit 2014 Früchte. Die anhaltend hohe Nachfrage nach Wohnraum führt zu überdurchschnittlichen Miet- und Preissteigerungen in den Ballungszentren. Die Deutsche Wohnen profitierte davon unter anderem mit einem Bewertungsgewinn von rund 1,7 Milliarden Euro.«

Auch 2017 wurde mit 2,4 Milliarden Euro wieder ein riesiger Bewertungsgewinn auf dem Immobilienbestand erzielt. »Die aktuelle Marktdynamik zeigt ganz klar«, erklärt Philip Grosse (CFO der Deutsche Wohnen SE), »dass wir unseren strategischen Fokus sehr frühzeitig richtig gewählt haben. Den größten Wertzuwachs im Portfolio sehen wir mit knapp 2,2 Milliarden Euro in unserem Core⁺ Segment und hier in erster Linie im Großraum Berlin mit rund 2,0 Milliarden Euro. Aber auch an unseren Core-Standorten konnten wir aufgrund der positiven Entwicklung Aufwertungen von rund 0,2 Milliarden Euro vornehmen.« Zum 31. Dezember 2017 war das Deutsche Wohnen-Portfolio mit 1.886 Euro je Quadratmeter bewertet (Vorjahr. 1.580 Euro). Dies entspracht einer Steigerung von 19,4 Prozent.

Insgesamt konnten so von 2012 bis 2017 gut 8,0 Milliarden Euro an Buchgewinnen vereinnahmt werden. Dagegen fällt das Ergebnis aus der eigentlichen Wohnungsbewirtschaftung von 2012 bis 2017 mit gut 2,8 Milliarden Euro schon fast bescheiden aus. Und das Ergebnis aus Immobilienverkäufen lag lediglich bei rund 260 Millionen Euro. Man muss also vorsichtig als Mieter mit der Kritik an der Deutsche Wohnen SE sein. Zumindest muss man das Ergebnis differenziert betrachten: Die hohen Profite erzielt das Unternehmen überwiegend nur aus Höherbewertungen ihres Wohnungsbestandes und nicht aus dem, was aus der Vermietung des Wohnraums nach Abzug aller Kosten übrigbleibt.

Im Finanzergebnis helfen zurzeit die niedrigen Zinssätze den Zinsaufwand bei der Deutsche Wohnen SE klein zu halten. Sollten die Zinsen jedoch wieder anziehen und sich die Verknappung am Berliner Wohnungsmarkt auflösen, könnte die Deutsche Wohnen SE durchaus in wirtschaftliche Schwierigkeiten kommen. Der Zinsaufwand würde bei einem hohen Verschuldungsgrad von 107,7 Prozent steigen und bei gleichzeitig sinkenden Mieteinnahmen würde sich das operative Ergebnis der Wohnungsbewirtschaftung verschlechtern. Darüber hinaus müssten dann wohl bei rückläufigen Mieten Wertberichtigungen auf den Immobilienbestand vorgenommen werden. Aus den heute vorliegenden Buchgewinnen könnten so schnell hohe Buchverluste werden, die das Eigenkapital empfindlich abschmelzen würden. Im Befund bedeutet das: Die Deutsche Wohnen SE ist zum weiteren Wachstum verdammt. Dies verlangt nach weiteren Mietpreissteigerungen.

Beschäftigtenkritik

Die Deutsche Wohnen SE beschäftigte Ende 2017 rund 2.000 Mitarbeiter und Mitarbeiterinnen. Der Personalaufwand lag bei knapp 54,0 Millionen Euro. Das waren totale Arbeitskosten je Beschäftigten von lediglich 26.900 Euro im Jahr. Darin enthalten sind noch die

Sozialversicherungsbeiträge des Unternehmers. Da überrascht es dann nicht, dass der 2017 von den Beschäftigten erarbeitete Profit je Beschäftigten bei 858.950 Euro lag. Mehr Ausbeutung geht nicht! Und so gibt es dann auch neben der Mieterkritik bei der Deutsche Wohnen SE viel Stress mit den Beschäftigten. Die Gewerkschaftszeitschrift *Mitbestimmung* titelte im Dezember 2016 »Immobilienkonzern verbreitet Angstkultur«. Das Unternehmen werde, so eine ehemalige Führungskraft, vom Vorstandsvorsitzenden Michael Zahn »autoritär« und »sehr hierarchisch« geführt. Dagegen glaubt das Management die Deutsche Wohnen »als attraktiven Arbeitgeber in der Immobilienbranche etabliert zu haben«. Außerdem wird durch eine Zerschlagung in viele kleine GmbHs und Tochtergesellschaften sowie durch die Umfirmierung in eine Europäische Aktiengesellschaft (SE) die Etablierung einer unternehmensbezogenen Mitbestimmung nach dem 76-er Mitbestimmungsgesetz bewußt vom Management verhindert. Zwar gibt es einen sechsköpfigen Aufsichtsrat, dieser besteht aber nur aus Kapitalvertretern. Und auch Betriebsräte akzeptiert der Immobilienriese offensichtlich nicht.

OXI. Wirtschaft anders Denken, Ausgabe 10. Juni 2021

Umwelt und Energie

Die Umwelt galt lange in der Ökonomie als freies Gut. Sie hatte keinen Preis. Entsprechend ging man gleichgültig mit der Umwelt um. Die Internalisierung in die privatwirtschaftlichen Kalkulationen (»die Umwelt hat jetzt ein Preisschild bekommen«) war überfällig, hat aber auch zu Verwerfungen auf den Märkten bis hin zu Umverteilungen geführt. Die angeschobene Energiewende zum Klimaschutz ist hier unvollkommen und muss an vielen Stellen aus technischer, ökonomischer und gesellschaftlicher Sicht verbessert werden.

Der wahre Preis

Preise bilden noch immer nicht den Verbrauch der natürlichen Ressourcen ab. Täten sie es, käme es zu gänzlich anderen Angebots- und Nachfragestrukturen. Jeder Markt ist zur Aussteuerung auf Preise angewiesen. Preise sollen die Stückkosten inklusive der Lohnstückkosten und einen Mehrwert enthalten. Auch sollen Preise Knappheiten anzeigen und damit die zur Produktion notwendigen Ressourcen in eine optimale Verwendungsrichtung bringen. Und Preise sollen auf Märkten, unter der »Peitsche« der Konkurrenz, Angebot und Nachfrage ausgleichen. Soweit die wirtschaftswissenschaftliche Theorie. Die Realität ist aber eine völlig andere. Die unter kapitalistischen Bedingungen realiter stattfindende Preisbildung ist nicht annähernd in der Lage, den hohen theoretischen Ansprüchen zu genügen. Zunächst einmal ignorieren Preise die Verteilungsfrage. Das Bezahlen der am

Markt verlangten Preise ist kein Wunschkonzert. Darüber entscheiden immer Einkommen und Vermögen der Nachfrager. Beide sind aber bekanntlich völlig ungleich verteilt. Die Folge sind permanente Diskriminierungen von Nachfragern – geregelt über die Höhe des Preises.

Weiter steckt in Preisen wirtschaftliche Macht. Marktbeherrschende Unternehmen, sowohl auf der Angebots- als auch auf der Nachfrageseite des Marktes, bestimmen hier regelmäßig und nicht leistungsadäquat die Preishöhe mit involvierten Extraprofiten zu ihren Gunsten. Angebots- und Nachfragemachtmissbrauch pervertieren den Preisbildungsprozess täglich millionenfach. Dies führt nicht nur zur ständigen Ausbeutung der vermeintlich schwachen Marktteilnehmer, sondern auch zu schwerwiegenden Fehlallokationen in der Wirtschaft. Die von der Politik gegen Machtmissbrauch in der Wirtschaft geschaffenen Wettbewerbsgesetze sind hier nicht annähernd ausreichend. Und nicht zuletzt findet in Preisen immer noch nicht eine ausreichende Internalisierung der Natur statt. Einer der Co-Präsidenten des Club of Rome, Ernst Ulrich von Weizsäcker, hat diesbezüglich einmal die richtige Forderung postuliert: »Die Preise müssen die ökologische Wahrheit sagen.« Das tun sie aber nicht. Täten sie es, käme es zu gänzlich anderen relativen Preisen und damit zu extrem veränderten Angebots- und Nachfragestrukturen. Dies müsste und kann nur durch eine Umverteilung zulasten der Vermögenden ausgeglichen werden. Für die herrschende Politik eine unmögliche Vorstellung. Deshalb verzichtet Politik lieber auf die lange überfällige Preisinternalisierung der Umwelt.

Frankfurter Rundschau, 15. Mai 2018

Energiewende mit großem Fragezeichen

Nach dem Studium des neuen EEG 2023 ist im Westfälischen Energieinstitut ein unerklärbares Paradoxon aufgefallen, dass ausführlich in einem Positionspapier »Energie- und Klimawende zwischen Anspruch, Wunschdenken und Wirklichkeit« dargelegt worden ist. In der »Energieeffizienzstrategie 2050« vom Dezember 2019 weist das Bundesministerium für Wirtschaft und Klimaschutz unter Peter Altmaier (CDU) sowie die sich hierauf beziehende Website des Umweltbundesamtes einen im Jahr 2050 anzustrebenden Primärenergiebedarf Deutschlands mit 50 Prozent des Bedarfs von 2008 aus. Das wären dann 1.997 TWh/a (1 TWh (Terawattstunde) = 1 Milliarde kWh).

Verschiedene Studien bestätigen im Mittelwert die Machbarkeit dieses Volumens auf Basis des Jahres 2045. Das bekannte Wuppertal-Institut gibt hier in einer Metastudie insgesamt einen Strommengenbedarf für Deutschland im Bereich von 1.851+/-167 TWh/a an. Auch technische Untersuchungen auf Basis eines vom Westfälischen Energieinstitut entwickelten und veröffentlichten komplexen Energiewende-Planers (vgl. energie.w-hs.de) zeigen, dass dies eine realistische, aber auch sehr ambitionierte Annahme ist. Dabei muss man sich der Tatsache bewusst sein, dass der Ist-Primärenergiebedarf Deutschlands im Jahr 2021 noch bei 3.387 TWh/a lag. Demnach wäre, um das 1.997 TWh/a-Ziel in den nächsten 20 Jahren zu erreichen, eine Einsparung von 1.390 TWh/a (41 Prozent) erforderlich. Eine Prognose des ebenfalls bekannten Deutschen Instituts für Wirtschaftsforschung (DIW) in Berlin geht hier bei der Bedarfsermittlung sogar nur von 1.200 TWh/a, unter Hinzuaddieren von 25 Prozent Primärenergieverlusten (überwiegend Netzverluste), von 1.500 TWh/a im Jahr 2045 aus, wobei sich realiter die Verluste noch auf rund ein Drittel des Primärenergiebedarfs belaufen. Hier würden die Einsparungen dann sogar bei 55,7 Prozent liegen. Das Westfälische Energieinstitut hält diese DIW-Bedarfsprognose für technisch unrealistisch und auch aufgrund der gesellschaftlichen und ökonomischen Implikationen für nicht annähernd konsensfähig (dazu noch später).

Auch die im neuen EEG 2023 veröffentlichten Planwerte des Bundeswirtschafts- und Klimaministeriums unter Robert Habeck (Grüne) weisen weiter einen EE-Bruttostrombedarf in 2045 von 1997 TWh/a aus. Davon sollen 1.079 TWh/a., bei einer installierten

EE-Leistung von 638,3 GW (1 GW (Gigawatt) = 1 Milliarde W = 1 Million kW), in Deutschland erzeugt werden; 160 GW aus Wind an Land, 70 GW aus Wind auf See, 400 GW aus Photovoltaik, 2 GW aus Biomasse, 5,3 GW aus Wasserkraft und 1 GW aus sonstigen EE.

Um für diese Größenordnungen und Entwicklungen ein besseres Verständnis zu entwickeln, soll kurz ein Blick auf die Vergangenheit geworfen werden. Hier zeigen uns die Ist-Werte, dass im Jahr 2000 mit einer insgesamt installierten Leistung von 12 GW nur 35 TWh/a erneuerbare Primärenergie EE erzeugt wurde. Bis zum Jahr 2021, also binnen 21 Jahren, haben sich diese Werte auf 225 TWh/a bei einer insgesamt installierten EE-Leistung von 139 GW erhöht. Dies entspricht einer gewaltigen Steigerung bei der EE-Leistung um 1.058,3 Prozent! und des EE-Bruttostromverbrauchs um 542,9 Prozent! Bis 2030, so Habeck und die Bundesnetzagentur, soll jetzt mit einer installierten EE-Leitung von 375 GW eine EE-Energie von 600 TWh/a erzeugt werden und in 2045 sollen es 638,3 GW bzw. 1.079 TWh/a brutto sein. Von 2021 bis 2045 ergibt sich dann noch eine Steigerung der installierten EE-Leistung um 263,5 Prozent und bei der EE-Energie um 379,6 Prozent. Die Wachstumsraten liegen also weit unter den Zuwächsen der Jahre 2000 bis 2021. Den größten Zuwachs bis 2045 erhofft sich dabei die Politik bei der Photovoltaik mit 574,5 Prozent.

Was heißt das jetzt aber alles im Befund? Nun, die für 2045 prognostizierte und ambitionierte EE-Bruttostromverbrauchsmenge von 1.997 TWh/a wird mit der in Deutschland geplanten erneuerbaren EE-Energiemenge von 1.079 TWh/a nicht annähernd erreichbar sein. Es fehlen schlicht 918 TWh/a bzw. 46 Prozent. Somit ist eine 100-prozentige EE-Autarkie Deutschlands, entgegen immer wieder populistischer Bekundungen in der Öffentlichkeit, ein reines Wunschdenken. Und hierbei sind in den Planungen nicht einmal die Ersatzinvestitionen für die in Deutschland ins Alter gekommenen EE-Anlagen berücksichtigt, deren Leistung, werden sie nicht ersetzt, dann nicht mehr zur Verfügung steht.

Die in Deutschland zukünftig fehlende Strommenge von 46 Prozent soll aber, so Habeck, ganz einfach aus dem Ausland kommen; überwiegend in Form regenerativ hergestellten Wasserstoffs oder seiner Derivate. Hierbei handelt es sich jedoch nur um Nettowerte. Der Wasserstoff im Ausland muss nämlich verlustbehaftet mit Hilfe von EE-Energien hergestellt werden, wodurch dem Ausland schlussendlich eine höhere Bruttoenergieerzeugung abverlangt wird, als es auf den ersten Blick erscheint. Nimmt man für die Elektrolyse von grünem Wasserstoff, der Folgebehandlung, Verdichtung, Transport usw. einen nur realistischen Wirkungsgrad von 65 Prozent an, so ist der wahre energetische Aufwand zur Erzeugung der von Deutschland zu importierenden Energie um 54 Prozent höher. Um also die aus deutscher Produktion fehlenden 918 TWh/a »offizieller Primärenergie« nach Deutschland zu holen, ist in Wirklichkeit im Ausland ein energetischer Gesamtaufwand von 1.412 TWh/a erforderlich. Damit erhöht sich das 1.997 TWh/a-Ziel (netto) auf 2.491 TWh/a (brutto), also um knapp 25 Prozent. Das Ausland müsste hierfür 130 Prozent des EE-Primärenergieertrags Deutschlands erzeugen. Außerdem bedarf es im Vergleich zum Zeitraum 2011-2021 für den EE-Bruttoausbau Deutschlands bis 2045 einen um den Faktor 4 +/- 0,6 größeren personellen und materiellen Ressourcen-Einsatz.

Käme es unter all diesen Bedingungen zu einem Ausfall an EE-Leistungen im Inland und/oder Ausland, so wäre ein schwerwiegender Blackout die Folge. Es sei denn, dass Ausland versorgt uns zu jeder Zeit gesichert und zuverlässig mit grünem Wasserstoff. Diese Prämisse erscheint aber als zweifelhaft, zumal das Ausland selbst auf erneuerbare Energien setzen muss.

In diesem gesamten Kontext haben in großer Sorge sieben Professoren des Westfälischen Energieinstituts, ein In-Institut der Westfälischen Hochschule, in einem Brief vom 17. August 2022 (dieser liegt der OXI-Redaktion vor) Bundeswirtschafts- und Klimaminister Robert Habeck zwei Fragen gestellt: »1. Ist der Weg bis zur Erzielung des im Jahr 2045 angestrebten Primärenergiebedarfs von 2.000 TWh/a in einem regierungsoffiziellen Papier konkret definiert und veröffentlicht? 2. In welcher Form sollen dann die fehlenden 1.000 TWh/a aus dem Ausland importiert werden?« Eine Antwort ist Habeck bis heute schuldig geblieben. Wir wissen nicht einmal, ob der Brief ihn erreicht hat. Dies ist sehr ärgerlich, nicht zuletzt auch deshalb, weil sich die Ampel-Regierung aus SPD, FDP und Grüne, im Koalitionsvertrag ein »transparentes Regierungshandeln« wegen einer erschreckenden Zunahme an Politikverdrossenheit in der Bevölkerung auf die Fahne geschrieben hat.

Aber selbst einmal naiv unterstellt es gäbe die aufgezeigten Umsetzungsprobleme bei der Energiewende in Deutschland nicht, dann bleibt ein weiterer Fakt: Der Welt-Primärenergiebedarf wird 2045 nach wie vor zu 70 Prozent aus fossilen und zu 5 Prozent aus nuklearen Energieträgern gedeckt. In Deutschland soll dann der Wert für beide Energieträger bei null liegen. Und von den restlichen in der Welt erzeugten 25 Prozent EE-Energie entfallen vom nur marginalen deutschen Anteil lediglich rund 45 Prozent auf inländische EE-Produktion und 55 Prozent (rund 1.000 TWh/a) müssen noch importiert werden. Da könnte man zynisch sagen: Die Welt meint es offensichtlich gut mit dem angeblichen »Vorbild Deutschland« in Sachen erneuerbare Energie.

Die Realität sieht aber ganz anders aus. Hier hinkt Deutschland bei der Energiewende allen Zielen weit hinterher. Zu dem Ergebnis kommt u. a. eine gerade veröffentlichte Studie der Wirtschaftsprüfer von Ernst & Young (EY) für den Bundesverband der Energie- und Wasserwirtschaft (BDEW). Die Vorgabe der Ampel-Regierung, schon 80 Prozent des Strombedarfs aus EE bis Ende 2030 zu decken, lasse sich nicht annähernd mehr erreichen. Heute liegt der Wert mal gerade auf 47 Prozent. Auch das Ziel, den CO_2-Ausstoß im Vergleich zu 1990, um 65 Prozent zu senken, ist hochgradig gefährdet und wird mit großer Wahrscheinlichkeit ebenfalls nicht erreicht werden.

Bis 2030 müssten jedes Jahr mindestens 54 Milliarden Euro investiert werden. Tatsächlich waren es aber bisher im Durchschnitt nur 14,5 Milliarden Euro. Auch das Westfälische Energieinstitut stellt hier in seinen Untersuchungen bezüglich der Ampel-Regierung ein naives Denken fest; nicht einmal im Hinblick auf die zukünftig zu schulternden notwendigen Investitionen. Bei aber immer mehr getätigten Finanzierungen durch staatliche Schuldenaufnahme für

Pandemie und Ukraine-Krieg können schon heftige Probleme auftreten, die sich noch stark vergrößern, denkt man hier nur an die Beseitigung der Infrastruktur- und Digitalisierungsmängel sowie an die weit unterfinanzierten Bereiche Gesundheit und Bildung. Und dann wurde noch kein Euro für eine Armuts- und Arbeitslosenbeseitigung in Deutschland ausgegeben, ganz zu schweigen von der auf uns zukommenden Renten- und Pflegeproblematik.

Die Notwendigkeiten aus der Klima- und Energiewende werden so unweigerlich in Konkurrenz zu den ebenfalls dringend zu lösenden gesellschaftlichen Problemfeldern geraten und damit umfangreiche sozioökonomische Prozesse in Deutschlands auslösen. Hier ist endlich die Verteilungsfrage zu stellen. Ohne massive Primär-Einkommenserhöhungen bei den unteren Einkommensschichten plus staatlicher Transferzahlungen zur Kompensation der aus der Energiewende notwendig folgenden preislichen Belastungen, wird die Transformation nicht gelingen. Hinzukommen müssen beträchtliche Vermögensumverteilungen durch eine drastische Anhebung der Erbschaftssteuern und eine einmalige Vermögensabgabe sowie eine wiedereingeführte Vermögensteuer. Wer aber weiter ernsthaft behauptet, die Energiewende ginge auch ohne eine solche Umverteilung, der sollte sich endlich sachkundig machen und die Ausarbeitungen des Westfälischen Energieinstituts studieren.

OXI. Wirtschaft anders denken, Ausgabe 4/2023

»Energiewende? – Ja, aber nicht so!«

Sieben Professoren des Westfälischen Energieinstituts an der Westfälischen Hochschule haben ein aktualisiertes und erweitertes Positionspapier unter dem Titel »*Energie- und Klimawende zwischen Anspruch, Wunschdenken und Wirklichkeit – Umsetzungspfade*« verfasst. Die Autoren, fünf Ingenieure und Naturwissenschaftler und zwei Ökonomen (einer davon ist der Verfasser des Artikels) setzen sich darin aus technischer, ökonomischer und gesellschaftlicher Perspektive kritisch mit der Energiepolitik auseinander. Dem aktuellen Energiewende-Kurs der Bundesregierung zur Lösung der anstehenden energiepolitischen Herausforderungen stellen die Forschenden kein positives Zeugnis aus. Bereits 2022 hatten die Professoren in einer ersten Stellungnahme zur aktuellen Entwicklung der sich weltweit verschärfenden Klimakrise die Herausforderungen sowie potenzielle Lösungsansätze dargestellt. »Die vor zwei Jahren präsentierten Eckpunkte sind nach wie vor relevant«, erklären die Autoren in der überarbeiteten Studie. »Aufgrund veränderter Rahmenbedingungen, wie beispielsweise dem Bundesverfassungsgerichtsurteil zur Schuldenbremse, gab es an verschiedenen Stellen jedoch Aktualisierungsbedarf. Zudem haben wir neue technische Erkenntnisse eingearbeitet und uns mit den Auswirkungen der zwischenzeitlich veränderten rechtlichen Rahmenbedingungen beschäftigt.« Die erste Studie hatten die Autoren mit einem Begleitschreiben im Mai 2022 Bundeswirtschafts- und Klimaminister Robert Habeck (Bündnis90/Die Grünen) zugänglich gemacht. Er hielt es aber in seiner Machtarroganz für nicht notwendig, darauf zu antworten. Auch die neue und überarbeitete Studie ist ihm zugestellt worden. Die forschenden Professoren fokussierten in ihrer Arbeit u. a. folgende Befunde in der zweiten Auflage ihres Positionspapiers:

Erstens, um die deutschen Klimaziele bei Gewährleistung von Versorgungssicherheit einhalten zu können, müssen bis 2045 über 100 Terawattstunden (TWh) an Wasserstoffspeichern, mehr als 700 TWh an grünen Wasserstoffimporten sowie mindestens 100 Gigawatt (GW) an Backup-Kraftwerken realisiert werden. Dies übersteigt die technischen Vorgaben der Bundesregierung um ein Vielfaches. Es wird spätestens 2030 eine erhebliche Strom-Lücke entstehen, die zu ernsthaften Stromunterbrechungen führen wird und die damit eine dringend gebotene uneingeschränkte Versorgungssicherheit in Frage stellt. Hier kommt die Westenergie-Chefin, Katherina Reiche, zu einem ähnlichen Befund (»Westenergie-Chefin befürchtet ›Strom-Lücke‹« WAZ vom 13. Mai 2024). Westenergie ist das

Tochterunternehmen im E.ON-Konzern, dass über 180.000 Kilometer Stromleitungen und etwa 24.000 Kilometer Gaspipelines in NRW, Rheinland-Pfalz und Niedersachsen verfügt und außerdem an vielen kommunalen Stadtwerken mit ihren Verteilernetzen beteiligt ist. Auch der Bundesrechnungshof kritisiert die Bundesregierung scharf. Die Regierung verfehle ihre selbstgesteckten Ziele aktuell in allen Belangen: »Die sichere Versorgung ist gefährdet, der Strom teuer, während die Bundesregierung die Auswirkungen der Energiewende auf Landschaft, Natur und Umwelt nicht umfassend bewerten kann«, so der Rechnungshofpräsident Kay Scheller. Hierzu äußerte sich Habeck: »Den Bericht des Bundesrechnungshofs habe ich zur Kenntnis genommen, mehr aber auch nicht.« Er könne die Kritik nicht nachvollziehen. Die Erzeugungspreise für Strom seien auf Vorkriegsniveau, der Ausbau der Erneuerbaren nehme Fahrt auf. »Ich sage nicht, dass wir durch sind. Aber zu sagen, die Bundesregierung tut nicht genug (…), ist eine erstaunliche Wahrnehmung, die nichts mit der Wirklichkeit zu tun hat.«

Später betonte Habeck noch einmal, die Ampelkoalition habe die Probleme von den früheren Regierungen geerbt. Der Netzausbau sei wichtig, um die Strompreise zu senken. Aber er koste jetzt erst einmal Geld. »Dafür hätte ich nicht den Bericht des Bundesrechnungshofs gebraucht. Jeder, der nachdenken kann, sieht, dass das ein Problem ist.« Da habe der Rechnungshof »einen Punkt«, so Habeck – und schob noch ein »Schönen Dank dafür« nach. Es ist bezeichnend, wie Habeck auf die Kritik des Bundesrechnungshofes reagiert. Wie jemand, der den Überblick über sein Tun und die damit verbundenen Konsequenzen verloren hat. Habeck, wie vielen anderen aber auch, geht es ausschließlich um eine ideologische Umsetzung der Energiewende, ohne fachliche Kompetenz. Man könnte auch sagen, sie wissen nicht, was sie tun bzw. was sie an gesellschaftlichem Schaden anrichten. Bei aller Einsicht in die Notwendigkeit gegen jedes Zehntelgrad mehr bei der Erderwärmung zu kämpfen, darf aber die Rationalität bei der Reduktion der CO_2-Emissionen nicht auf der Strecke bleiben. Deutschland hat hier selbstverständlich eine hohe Verantwortung, aber allein wird Deutschland das Welt-Klima nicht retten können.

Zweitens stellt das Westfälische Energieinstitut fest: Auch aus *ökonomischer Sicht* erweist sich die Energiepolitik der Bundesregierung als zu kurz gedacht. Die Hoffnung, allein die Märkte in Verbindung mit einer CO_2-Bepreisung würden zu einer effizienten Organisation der Energiewende führen, ist naiv. Eine marktwirtschaftlich inhärente Lösung funktioniert nicht. Sie führt nur zu suboptimalen Ergebnissen. Staatliche Interventionen sind hier dringend geboten. Es bedarf hier der Ergänzung um Industriestrompreise, Differenzverträge und grüne Leitmärkte – allerdings in sehr restriktiver Handhabung, um asymmetrische Vorteilnahmen auszuschließen. Zugleich sollte das Energieeffizienzgesetz tatsächlich auf eine erhöhte Energieeffizienz und nicht auf einen von der Klimaneutralität der Energie unabhängigen verringerten Energieverbrauch abstellen. Dies funktioniert in der Praxis nicht.

Drittens konstatieren die Professoren: Die Energiewende erfordert immense private und staatliche Investitionen (ca. 90 Mrd. Euro p. a.), die für sich genommen zwar durchaus stemmbar sind. Diese konkurrieren aber mit vielen unterinvestierten Bereichen wie der öffentlichen Infrastruktur, dem Wohnungsbau sowie Bildung, Gesundheit und Digitalisierung (zusätzlich mindestens 250 Mrd. Euro p. a.). Die Hoffnung auf eine Finanzierung durch ein »grünes« Wirtschaftswachstum ist dabei ein reines Wunschdenken. In Summe stößt Deutschland auch vor dem Hintergrund der Alterung in der Bevölkerung und einer nach wie vor hohen Arbeitslosigkeit sowie einer Armutsquote von mittlerweile fast 17 Prozent an die Grenzen des Machbaren; trotz einer hohen gesamtwirtschaftlichen Sparsumme von jährlich rund 300 bis 350 Milliarden Euro. Davon werden aber um die 200 bis 250 Milliarden zur Finanzierung der Außenwirtschaftsüberschüsse benötigt, die von der herrschenden neoliberalen Politik und ihren Claqueuren nicht in Frage gestellt werden. Das heißt, es sind Finanzierung-Priorisierungen unausweichlich. Die Politik bietet dazu aber keine ganzheitlichen Lösungskonzepte an. Das geht gar nicht!

Viertens, selbst wenn die Finanzierung gesamtwirtschaftlich darstellbar wäre, so ist sie es jedenfalls nicht, ist mit Blick auf die

Lastenverteilung der Energiewende bei einem »weiter so« der soziale Frieden hochgradig gefährdet. Dies hat bereits heute politische Implikationen und demokratiegefährdende Auswirkungen. Um die unteren Einkommensgruppen durch die Energiewende nicht zu überfordern, bedarf es dringend einer drastischen Umverteilung des Einkommens und des Vermögens sowie der Aufnahme von staatlichen Schulden, entweder durch die Auflage eines Sondervermögens oder durch die Abschaffung der jetzigen Schuldenbremse. Die Energiewende wird ohne eine Umverteilung beim Einkommen und Vermögen nicht funktionieren. Dies verschweigt die amtierende Regierung völlig. Es wird höchste Zeit, dass Realismus und Ehrlichkeit bei allem politischen Wunschdenken stärkere Berücksichtigung bei der Energiewende finden. Ein zwingend notwendiger Masterplan der Bundesregierung ist derzeit aber nicht einmal im Ansatz erkennbar. So schlingern wir in eine Energiewende, die gesellschaftlich und wirtschaftliches Stückwerk ist und bleibt. Die *Zusammenfassung* und die *Langfassung* der Studie findet sich auf der Internet-Seite des Westf. Energieinstituts.

Ossietzky. Zweiwochenschrift für Politik / Kultur / Wirtschaft, Heft 6/2024

Neoliberale Staatssicht

Neoliberale akzeptieren nur einen »schlanken« Staat. Dieser wird als »Kostgänger« und »Leviathan« der privaten Wirtschaft gesehen und diskreditiert. Die Staatsquote sei viel zu hoch. Staatliche Bürokratie und Steuerzahlungen würden private Initiativen und Innovationen schon im Keim ersticken. Der Staat dürfe auf keinen Fall mehr ausgeben, als er einnimmt. Staatsverschuldung müsse durch eine Schuldenbremse verhindert werden. Ganz radikale Neoliberale fordern sogar, selbst in der Krise, ein Nichteingreifen des Staates im keynesianischen Sinn. Die wettbewerblichen Selbstheilungskräfte würden für neue Marktgleichgewichte sorgen. Angela Merkel sprach hier von einer »marktkonformen Demokratie«.

Der diskreditierte Staat

In der Welt läuft die Politik der Marktradikalen weiter auf eine Privatisierung und damit auf eine Zurückdrängung des Öffentlichen, des in die Wirtschaft intervenierenden Staates und des Sozialen hinaus. Dies zeigen nicht nur die hartnäckigen Bestrebungen zur Umsetzung der Freihandelsabkommen CETA und TTIP, sondern auch die politischen Bemühungen um eine Öffentliche Private Partnerschaft (ÖPP) für zukünftige staatliche Investitionen in die Infrastruktur. Zuvor wurden schon die Märkte, selbst die Arbeits- und Finanzmärkte, in einem politisch-neoliberalen Wahn dereguliert und liberalisiert. Das »Wolfsgesetz« der Konkurrenz soll überall herrschen, an dessen Ende noch mehr Kapitalkonzentration und in Folge noch mehr privatwirtschaftliche Macht von ein paar Unternehmensgiganten auf uns warten und schließlich die Demokratie zerstört wird. Dies scheint ganz im Interesse von Bundeskanzlerin Angela Merkel (CDU) zu sein, schließlich fordert sie eine »*marktkonforme Demokratie*«. Der Sozialstaat und der zum Wohle aller in die Märkte verpflichtete Interventionsstaat – nicht zuletzt wegen der Unfähigkeit der privaten Wirtschaft eine Krise bekämpfen zu können – sollen im Duktus eines ausschließlichen marktkonformen und wettbewerbsorientierten Denkens »schlank« gemacht werden. Dazu wird der Staat als »Kostgänger« und »Störenfried« der privaten Wirtschaft diskreditiert. Nachdem die neoliberalen Herrschaftseliten es geschafft haben, in der primären Verteilung der Markteinkommen die Bruttolohnquoten zu Gunsten der Bruttogewinnquoten zu senken, wollen sie sich ihre Mehrwertbeute natürlich nicht durch staatliche Steuern und Abgaben wieder wegnehmen lassen. Im Gegenteil: Deshalb wurden die Gewinn-, Einkommens- und Vermögensteuern drastisch gesenkt bzw. die Vermögensteuer sogar ausgesetzt. Was so für den Staat bei den direkten Steuern ausfiel, wurde bei den indirekten (einkommens-, gewinn- und vermögensunabhängigen) Verbrauchssteuern (insbesondere bei der Mehrwertsteuer) zum weiteren Nachteil der Einkommensschwachen mehr erhoben. So haben die Neoliberalen in ihrem Interesse alles richtiggemacht und sich unverschämt bereichert. Den Staat, die Gesellschaft, haben sie aber immer mehr in Arm und Reich aufgespalten. Und sie hören nicht auf damit!

Frankfurter Rundschau, 9. April 2015

Der geizige Staat

Investitionen in Infrastruktur sind kläglich niedrig

Wie viel Geld hat der deutsche Staat seit der Wiedervereinigung von 1991 bis 2017 an Bruttoanlageinvestitionen für die gesamte öffentliche Infrastruktur verausgabt? Es waren 1.443,4 Milliarden Euro. Bezogen auf das Bruttoinlandsprodukt entsprach dies nur 2,3 Prozent. In diesen Werten ist der Aufbau der in der DDR unterentwickelten Infrastruktur bereits enthalten. Nur die Bruttoanlageinvestitionen zu betrachten, springt aber zu kurz. Erst wenn man die Abschreibungen auf den bestehenden Kapitalstock berücksichtigt, erhält man die entscheidenden Nettoanlageinvestitionen. Sie zeigen uns erst die wirkliche Veränderung der Infrastruktur an.

Und wie ist hier der Befund? Die Abschreibungen lagen von 1991 bis 2017 bei 1.385,8 Milliarden Euro, so dass die gesamten Nettoanlageinvestitionen auf einen nur unglaublich niedrigen Wert von 57,5 Milliarden Euro kamen. Bezogen auf das Bruttoinlandsprodukt betrug der Anteil kaum messbare 0,1 Prozent und die Wachstumsquote der Infrastruktur lag bei lediglich 0,04 Prozent. Von 2003 bis 2008 und von 2013 bis 2016 fielen die Abschreibungsbeträge auf den Kapitalstock sogar größer als die Bruttoanlageinvestitionen aus, so dass es hier zu einem schwerwiegenden Substanzverzehr bei der öffentlichen Infrastruktur gekommen ist.

Mehr Politikversagen geht nicht. Es ist unerträglich, wie drittklassige Politiker das Land verkommen lassen. Von Ökonomie keine Ahnung und zusätzlich noch verbandelt mit den Vermögenden. Wenn die herrschende Politik eine Schuldenbremse in die Verfassung schreibt und dabei eine kreditfinanzierte Investitionspolitik so gut wie ausschließt, dann müssen die Steuern erhöht werden. Bei den Vermögenden! Das traut sich Politik aber nicht und lässt lieber die öffentliche Infrastruktur verfallen. Dabei wäre es so einfach. Ein Blick in die Vermögens- und Finanzierungsrechnung Deutschlands würde genügen. Hier sieht man dann, dass die privaten Haushalte von 1991 bis 2017 um 2.996,9 Milliarden Euro reicher geworden sind. Natürlich ist dieser gigantische Vermögenszuwachs nicht gleichverteilt worden, sondern kam hochkonzentriert bei nur Wenigen an. Wenn diese Wenigen nur einigermaßen richtig besteuert würden, wäre das staatliche Unterinvestitionsproblem sofort beseitigt und Deutschland hätte eine Infrastruktur, die es benötigt.

Frankfurter Rundschau, 30. November 2018

Ökonomisches Nirwana

Mit der Schuldenbremse ist weitere gesellschaftliche Spaltung vorprogrammiert

Die Bundesregierung plant als Ergebnis der Föderalismuskommission II eine sog. »Schuldenbremse«. Demnach sollen sich die öffentlichen Haushalte so gut wie nicht mehr verschulden dürfen. Lediglich der Bund kann noch jährlich bezogen auf das Bruttoinlandsprodukt bis zu 0,35 % Kredite aufnehmen. Dies sind nach heutigem Stand etwa rund 8,5 Mrd. €. Eine derartig enge Verschuldungsgrenze erlaubt keine durchgreifende antizyklische Fiskalpolitik. Selbst die automatischen Konjunkturstabilisatoren können nicht mehr voll zur Wirkung kommen. Eine seriöse Wirtschaftspolitik ist so nicht möglich, zumal mit der Einführung des Euros die nationale Geldpolitik auf die Europäische Zentralbank übertragen wurde. Kein europäisches Land hat eine »Schuldenbremse«, wie sie jetzt von Deutschland, dem größten EU-Land, eingeführt werden soll. Selbst die neoliberal ausgerichtete EU-Kommission erlaubt im »Europäischen Stabilitäts- und Wachstumspakt« eine jährliche Neuverschuldung in Höhe von 3 % des Bruttoinlandsprodukts.

Die politischen Begründungen für die »Schuldenbremse« kann man nur noch als ökonomisches Nirwana bezeichnen. Hier wird einseitig mit den Schulden scheinargumentiert. Dass sich hinter Schulden aber immer auch Forderungen und Vermögen – inklusive der Zinszahlungen – verbergen wird nicht erwähnt. Auch kann man hier die Staatsverschuldung wegen gegebener Umverteilung durch die staatlichen Zinsaufwendungen nicht geißeln. Denn: Zinseinkommen entstehen dadurch, dass einzelne private Haushalte, auf Grund ihrer hohen Einkommen, in der Lage sind, Ersparnisse zu bilden. Aus der Staatsverschuldung folgt somit kein Gerechtigkeitsproblem, das nicht mit Blick auf die vorhandenen Einkommens- und Vermögensdisparitäten – auch ohne jegliche Staatsverschuldung – bereits bestanden hätte. Zu einer Wirtschaft gehören außerdem immer Schuldner und Gläubiger. Das Defizit des einen ist notwendigerweise der Überschuss des anderen. Am Anfang einer wirtschaftlichen Entwicklung steht zudem der Kredit. Von dem Ganzen ist der Staat nicht befreit. Auch er ist Teil des Wirtschaftskreislaufes. Will man hier die staatlichen Schulden begrenzen, so dürfen sich die »öffentlichen Hände« kurzfristig nicht prozyklisch verhalten. Strukturell – überzyklisch – verlangt ein ausgeglichener Staatshaushalt nach mehr Steuern und Abgaben. Und der Staat muss zur Ausgabenreduzierung vor allen Dingen die Massenarbeitslosigkeit bekämpfen. Dies alles verträgt sich aber nicht mit einer praktizierten neoliberalen Wirtschaftspolitik, die letztlich nur eins im Schilde führt: eine Umverteilung von unten nach oben und eine Zurückdrängung des Staates zu Gunsten marktradikaler Kräfte.

WSI-Mitteilungen. Monatszeitschrift des Wirtschafts- und Sozialwissenschaftlichen Instituts in der Hans-Böckler-Stiftung, Heft 6/2009

Hört auf Brecht!

Wir können nur Schulden und Reichtum tilgen

Die Vermögenden haben ein grundsätzliches Problem. Sie müssen ihr akkumuliertes Kapital immer wieder neu zur weiteren Vermehrung anlegen – getrieben von Gier und Größenwahn nach maximaler Rendite. Ohne Schuldner, die per Kredit das Vermögen nachfragen, geht das aber nicht. Deshalb lauten die wichtigsten ökonomischen Gleichungen (auch für offene Volkswirtschaften mit Außenhandel): Vermögen = Schulden und Reichtum = Armut. Soll das Vermögen steigen, müssen exakt gleich die Schulden steigen und sollen die Schulden sinken, reduziert sich automatisch das Vermögen. Der Saldo aus Schulden und Vermögen ist immer Null. Im Gegensatz zu vielen Ökonomen und Politikern hat dies Bertolt Brecht verstanden und in einem Gedicht verarbeitet. »Reicher Mann und armer Mann standen da und sah'n sich an. Und der Arme sagte bleich: ›Wär ich nicht arm, wärst du nicht reich.‹«

Woher haben die Reichen aber ihr Vermögen? Ganz einfach: Sie lassen andere Menschen, die über kein Vermögen (Produktionsmittel) verfügen für sich zu einem Lohn arbeiten, der kleiner ist als der von den abhängig Beschäftigten geschaffene Wert. Wird der so entstehende Mehrwert aus Zins, Grundrente und Gewinn von den Vermögenden nicht konsumiert, sondern gespart, entsteht Geld- und/oder Sachvermögen. Hieraus erwächst dann zusätzliches Einkommen mit einem Zinses-Zins-Effekt. Am Ende werden die Vermögenden so immer reicher und beanspruchen aus der volkswirtschaftlichen Wertschöpfung zu Lasten der Arbeitseinkommen immer mehr. Dies hat gerade für kapitalistische Länder der französische Ökonom Thomas Piketty rückwirkend bis ins 18. Jahrhundert empirisch aufgezeigt.

Die Schuldner, dies sind nicht nur Millionen von Griechen, können jetzt aber nach der schweren Finanz- und Wirtschaftskrise von 2007-2009 ihre, den Reichen in der Vergangenheit zu Gute gekommene, Last nicht mehr tragen. Und dennoch zwingt sie das, von den herrschenden Reichen erfundene »moralische Prinzip« der Schuldentilgung, in die Sklaverei. »Ich habe den Eindruck«, so der US-amerikanische Ökonom David Graeber, in seinem großartigen Buch »Schulden. Die ersten 5.000 Jahre«, »ein Ablassjahr nach biblischem Vorbild ist überfällig, für Staatsschulden wie für Konsumschulden.« Und nicht das Trachten nach einer »schwarzen Null« im Staatshaushalt, herbeigeführt durch eine krisenverschärfende Austeritätspolitik.

Frankfurter Rundschau, 14. Januar 2015

Ausweg aus der Rationalitätsfalle

Warum eine Politik der Schuldenbremse von politischer und ökonomischer Borniertheit zeugt

Bei Euro-Einführung wurde in den Maastrichter Verträgen das staatliche Haushaltsdefizit der Euro-Länder auf 3 % und die kumulierte Staatsschuld auf maximal 60 % des nominalen Bruttoinlandsprodukts (BIP) restringiert. Bis heute ist die Logik dieser Zahlen wissenschaftlich nicht begründet worden. Warum hat die Politik den Unternehmen in der EU nicht auch solche Kreditrestriktionen auferlegt? Hieran kann bereits selbst der ökonomisch nicht Gebildete die gesamte Borniertheit von »Schuldenbremsen«, besser »Kreditbremsen«, erkennen. In Deutschland wurde dann ab 2016 die Schuldenbremse statt 3 % sogar mit nur 0,35 % des BIP (bezogen auf den Bund), noch kontraproduktiver als in der EU, in die deutsche Verfassung geschrieben. Und die Bundesländer und in Folge die Kommunen dürfen ab 2020 in Deutschland überhaupt keine Schulden mehr machen. Dies wird ökonomisch nicht gehen, jedoch zukünftig als politische Drohkulisse gegen staatliche Ausgabenpolitik benutzt werden. Und zwar von allen Parteien. Dabei kann sich die Politik sogar auf ganz große Ökonomen berufen: Staatsverschuldung war schon immer ein Thema, dass kontrovers diskutiert wurde. Klassische Ökonomen wie Adam Smith oder David Ricardo haben sie schlicht abgelehnt. Auch Karl Marx sprach bei Staatsverschuldung von einer »Veräußerung des Staates«. Es gab aber auch Gegenstimmen, wie die des Finanzwissenschaftlers Lorenz von Stein, wonach ein Staat »ohne Staatsschuld entweder zu wenig für seine Zukunft tut oder zu viel von seiner Gegenwart verlangt«.

Erst seit Sir John Maynard Keynes »Allgemeiner Theorie« von 1936 war es dann nach dem Zweiten Weltkrieg in der ökonomischen Theorie eine Selbstverständlichkeit, dass sich der Staat mit seinen Ausgaben nicht parallel zu den rückläufigen privaten Ausgaben verhalten darf (Parallelpolitik), sondern sich antizyklisch in der Krise verhalten muss und dazu Staatsschulden nötig werden, die sich danach wieder durch Wachstum nahezu selbst finanzieren. Keynes hat uns in diesem Kontext auch beigebracht, dass die Krise eine dem kapitalistischen System inhärente Erscheinung ist und dass die Privatwirtschaft ohne eine staatliche Krisenregulierung völlig unfähig ist, aus der Krise herauszuführen.

Der Grund ist trivial: Das marktwirtschaftlich-kapitalistische System unterliegt auf Basis des Profitprinzips einer immanenten »Rationalitätsfalle«. In der Krise verhalten sich die Unternehmer profitrational, indem sie ihre Investitionen stoppen, die Arbeitseinkommen kürzen und Entlassungen aussprechen sowie in Folge Arbeitslosigkeit entsteht und die privaten Haushalte krisenbedingt weniger konsumieren. Die dadurch insgesamt einbrechende gesamtwirtschaftliche Nachfrage kann dann nur durch kreditfinanzierte staatliche Nachfrage kompensiert werden. Hier gilt eine zweite ökonomische Trivialität: Wenn keiner mehr ausgibt als er einnimmt, kann auch keiner mehr verdienen und die Wirtschaft kollabiert.

Die dann aber ab Mitte der 1970er Jahre aufkommende neoklassische/neoliberale Irrlehre, die man eigentlich in der Mottenkiste wähnte, hat den wegweisenden wohlfahrtsstaatlichen Keynesianismus wieder zunehmend verdrängt. Der Staat und seine Schulden werden seitdem in einer nicht mehr zu überbietenden primitiven Polemik diskreditiert. Der Staat gilt hier im neoliberalen Mainstream als »Kostgänger« der privaten Wirtschaft. Dabei zählen die neoliberalen Polemiker dann übrigens nicht nur den wirklichen Staatsverbrauch zum staatlichen Sektor, sondern auch die Sozialversicherungen, die nicht dem öffentlichen Sektor zugutekommen, sondern ausschließlich den Beitragszahler in Form von Renten-, Gesundheits- und Pflegeleistungen sowie Arbeitslosengeldern zurückgegeben werden.

Der Staat habe sich aus der Wirtschaft weitgehend herauszuhalten und die sogenannten »Selbstheilungskräfte der Märkte« wirken zu lassen. Staatshaushalte seien auszugleichen. Diese naive Vorstellung hatten die Neoklassiker auch auf dem Höhepunkt der Weltwirtschaftskrise von 1929. Wo dabei die »Politik der schwarzen Null« endete, ist hinlänglich bekannt. Man stelle sich nur ganz kurz vor, die Politik hätte wieder so borniert 2007/2008 beim Ausbruch der Finanz- und Wirtschaftskrise reagiert und realiter nicht klassisch keynesianisch mit einem Deficit Spending. Dies wäre womöglich das Ende der kapitalistischen Ordnung gewesen, zumindest hätte es einen ökonomischen Gau gegeben. Die Neoliberalen, die den marktradikalen Kapitalismus wollen, hätten ihn paradoxerweise mit ihrer Irrlehre, wäre sie in der Krise zur Anwendung gekommen, zugrunde gerichtet. Aber diese Dialektik haben die Neoliberalen noch nicht verstanden und trotzdem konnten sie nach der »keynesianischen Rettung« ihre destruktive Austeritätspolitik, wie schon vor der Krise, weiter betreiben.

Bei Staatsverschuldung geht es jedoch nicht nur um kurzfristige Krisenbekämpfung, sondern auch um strukturell immanente kapitalistische Krisenursachen und deren Beseitigung. Wesentliche Ursache von Staatsverschuldung ist dabei eine permanent vorliegende Massenarbeitslosigkeit und eine breite gesellschaftliche Verarmung. Die daraus entstehenden gesellschaftlichen Fehlallokationen und Kosten überlässt die versagende Privatwirtschaft dem Staat und die herrschende Politik akzeptiert dies. Hinzu kommt eine unter dem verhängnisvollen neoliberalen Paradigma durchgesetzte Umverteilung von den Arbeits- zu den Kapitaleinkünften (Zinsen, Grundrenten und Profiten) – auch dies akzeptiert die herrschende neoliberale Politik, die nicht einmal bereit ist, die hohen Einkünfte und Vermögen adäquat zu besteuern.

Wer keine Staatsverschuldung will, der muss aber höher besteuern oder die oben genannten entscheidenden Ursachen von Staatsverschuldung, nämlich Massenarbeitslosigkeit, Verarmung und Umverteilung von unten nach oben, beseitigen. Das Einkommen und Vermögen, dass so den Reichen über Steuern genommen wird, benötigt dann auch nicht mehr der Staat als Kredite und er muss den Reichen dafür auch keine Zinsen mehr zahlen, wodurch diese noch reicher und der Staat noch ärmer wird. Genau diese Auflösung ist aber das Problem, wenn herrschende Politik sich zum Schritt einer höheren Besteuerung und einer radikalen Bestrafung von Steuerkriminellen nicht traut bzw. wenn sie mehrheitlich die Interessen der Vermögenden in den Parlamenten vertritt.

Einen kleinen Trost gibt es aber durch die Europäische Zentralbank (EZB). Sie führt mit ihrer Niedrigzinspolitik einen »atomistischen Kapitalschnitt« bei den Geldvermögenden durch. Laut Studie der DZ Bank haben so die deutschen Sparer in den letzten zehn Jahren 648 Milliarden Euro an Zinsverlusten hinnehmen müssen. In gleicher Höhe wurden die Schuldner entlastet. Die Kleinen wie die Großen. Der deutsche Staat übrigens mit 368 Milliarden Euro. Der »atomistische Kapitalschnitt« trifft jedoch auch die sogenannten

»kleinen Sparer«. Da aber alle Zinsempfänger, auch die »Kleinen«, wie auch alle Unternehmer, andere Menschen für sich arbeiten lassen (und ausbeuten) und sie selbst für die erhaltenen Zinszahlungen nichts mehr leisten müssen, ist dieser Befund ökonomisch völlig akzeptabel. Hinter Zinszahlungen steht immer menschliche Arbeit. Wenn dies wenigstens einmal verstanden würde! Und es besteht ökonomisch auch nicht das geringste Anrecht auf Zinszahlungen. Stephan Kaufmann von der *Frankfurter Rundschau* bringt es diesbezüglich auf den Punkt, wenn er schreibt: »Nach derselben Logik könnten die Gewerkschaften fiktive Lohnerhöhungen in Anschlag bringen, sie mit den realen Lohnerhöhungen vergleichen und ›Enteignung der Arbeiter‹ rufen. Der Unterschied: Während dem Finanzkapital ein Recht auf Verzinsung zugestanden wird, soll der Arbeiter froh sein, dass er einen Job hat.«

OXI. Wirtschaft Anders Denken, Ausgabe 6/2019

Weg mit der Bremse!

Eine sinnvolle Verschuldung muss möglich sein

Die Ampel-Regierung will 2023 die zurzeit wegen der Pandemie ausgesetzte und 2009 ins Grundgesetz geschriebene Schuldenbremse für Staatsausgaben wiedereinführen und weiter auf Steuererhöhungen verzichten. Gleichzeitig sind aber gigantisch hohe zurückgestaute staatliche Investitionen in Infrastruktur und zunehmende soziale Leistungen, nicht nur bei der Rente, auch Kompensationszahlungen wegen Inflation und einer jetzt noch schnelleren Energie- und Klimawende, zu finanzieren. Der Krieg wird weitere Zahlungen erzwingen, genauso wie die Aufstockung der jährlichen Rüstungsausgaben auf 2 Prozent des nominalen Bruttoinlandsproduktes.

Und jetzt hat auch noch die CDU/CSU Bundestagsfraktion beim Bundesverfassungsgericht Klage gegen die Bundesregierung eingereicht. Worum geht es? Um 60 Milliarden Euro im 2. Nachtragshaushalt aus 2021 zur zweckgebundenen Pandemiebekämpfung, die aber nicht gebraucht wurden und dann von SPD, Grüne und FDP vorsorglich in den Energie- und Klimafonds (EKF) umgebucht worden sind. Die CDU/CSU Fraktion hält das Vorgehen, wegen einer Umgehung der Schuldenbremse, für verfassungswidrig. Dies wird das höchste deutsche Gericht nur bestätigen können.

Das war es dann mit dem Regieren unter Beibehaltung der Schuldenbremse und keinen Steuererhöhungen. Es sei denn, man manipuliert weiter und schreibt an der Schuldenbremse vorbei ein völlig kontraproduktives 100 Milliarden Aufrüstungsprogramm als »Sondervermögen« in die Verfassung. Die »Ampel« bringt es letztlich auch noch fertig und verhängt ein Verbot für Gasimporte aus Russland und riskiert damit einen ökonomischen Super-Gau, den der Staat dann nicht mehr beherrscht.

Einen Spalt breit ist die Tür für die Regierung aber noch auf. Sie sollte sofort den Bundestag und den Bundesrat auffordern, die Schulden- bzw. Kreditbremse aus der Verfassung ersatzlos zu streichen. Staaten müssen noch mehr als Unternehmen und private Haushalte sinnvolle Schulden machen können. Und zur ökonomischen Vernunft gehören auch drastische Steuererhöhungen beim Einkommen und Vermögen für Reiche im Land. Zur Abschaffung der Schuldenbremse benötigt man eine Zwei-Drittel-Mehrheit in den Parlamenten, genauso wie für die Aufnahme des »Sondervermögens« für mehr Rüstung. Ich wette, dass es aber nur zur Abstimmung über das Rüstungs-Sondervermögen kommen wird.

Frankfurter Rundschau, 13. April 2022

»Herr Lindner, treten Sie zurück«

Der US-amerikanische Nobelpreisträger für Wirtschaftswissenschaft, Joseph E. Stiglitz, und der britische Wirtschaftshistoriker, Adam Tooze, haben vor Christian Lindner (FDP) als Finanzminister gewarnt. Lindners wirtschaftspolitische Vorstellungen zur Schuldenbremse und den Haushaltsregeln für Europa seien »eine Anhäufung konservativer Klischees einer vergangenen Ära«, schreiben die Beiden. Man könnte es auch so formulieren: Lindner ist ein strammer Neoliberaler, ein Hardliner, der von neoliberalen Ökonomen und Kapitalfreunden bedient wird, deren Theorien, hinter denen des großen britischen Ökonomen Sir John Maynard Keynes zurückfallen. Dieser hat schon in den dreißiger Jahren des letzten Jahrhunderts gezeigt, dass Staaten, die auf Schuldenmachen in der Krise verzichten, die Krise nicht entschärfen, sondern genau das Gegenteil bewirken. Das Deutsche Institut für Wirtschaftsforschung (DIW) in Berlin hat jetzt dazu die verheerende Austeritätspolitik von Reichskanzler Heinrich Brüning zum Ausgang der Weimarer Politik zwischen 1930 und 1932 erstmalig Mithilfe neuer Einnahmen- und Ausgabendaten quantifiziert und kommt zu folgendem Befund: »Brünings Sparmaßnahmen verursachten im Vergleich zum Referenzjahr 1932 einen BIP-Einbruch von 4,5 Prozent. Zwischen Januar und Juni 1932 sorgten die Folgen der Notverordnungen für zusätzliche 3,31 Millionen Arbeitslose.«

Wohin das führte, ist hinlänglich bekannt. Der ehemalige »Wirtschaftsweise«, Peter Bofinger, hat es uns noch einmal in seinem Lehrbuch der Volkswirtschaftslehre aufgeschrieben: »In Deutschland hat (…) Reichskanzler Brüning mit einer (…) (Parallel)-Politik Anfang der dreißiger Jahre des letzten Jahrhunderts den Zusammenbruch der ›Weimarer Republik‹ herbeigeführt und damit den Nationalsozialisten den Weg bereitet.« Und das DIW schreibt heute in seiner Studie weiter: »Forderungen nach Austerität als Reaktion auf gestiegene Schuldenstände in Europa sollten auch vor diesem Hintergrund evaluiert werden.« Dies wird aber leider in der neoliberal ausgerichteten EU nicht stattfinden.

Zwar musste Lindner wegen der Pandemie und dem Russland-Ukraine-Krieg, entgegen seiner verqueren wirtschaftspolitischen Sicht, in 2021 und 2022 massiv Schulden machen und akzeptieren, ansonsten wäre in Deutschland die gesamte Wirtschaft in einem Chaos zusammengebrochen, was ihn aber jetzt dennoch nicht davon abhält, das neoliberale Mantra eines ausgeglichenen Staatshaushalts zu predigen. Auch seine Vorgänger, zuletzt der jetzige Bundeskanzler Olaf Scholz (SPD) waren von einer staatlichen Parallel- und Austeritätspolitik zutiefst überzeugt. Dabei hat ihre sogenannte Politik der »schwarzen Null« in Deutschland maximalen Schaden angerichtet. Das bedauerliche daran ist, dass Politiker dafür persönlich nicht zur Rechenschaft gezogen und sanktioniert werden können. Wir können nur ihren Rücktritt fordern.

Dabei steht Lindner für die, im Gegensatz zum Europäischen Fiskalpakt, noch verschärfte deutsche Schuldenbremse, wonach lediglich 0,35 Prozent des nominalen Bruttoinlandsprodukts, das sind zurzeit nur gut 12 Milliarden Euro an jährlichen kreditfinanzierten Staatsausgaben vom Bund getätigt werden dürfen. Die Bundesländer dürfen überhaupt keine Schulden mehr machen. Hier haben Lindner, die Bundesregierung und die Mehrheit der Volksvertreter in Bundestag und -rat aber keine Bedenken für ein 100 Milliarden Euro Aufrüstungsprogramm die Schuldenbremse zu umgehen und ins Grundgesetz zu schreiben. In anderer Sache, aber auch wegen einer Umgehung der Schuldenbremse, hat die CDU/CSU gegen die Bundesregierung eine Verfassungsbeschwerde beim Bundesverfassungsgericht eingereicht, weil rund 60 Milliarden Euro vorgesehener Corona-Ausgaben, die nicht mehr benötigt wurden, in den Energie- und Klimafonds (EKF) umgebucht wurden.

Lindner und seine FDP stehen nicht für eine expansive Fiskalpolitik, die weiter von einer expansiven Geldpolitik begleitet werden muss. Hier ist die eingeleitete Wende der Europäischen Zentralbank in Richtung restriktiver Geldpolitik falsch. Der Staat muss investieren und konsumieren; kreditfinanziert, begleitet von Niedrigzinsen. Für Deutschland ist dann auch eine Erhöhung von zurzeit ca. 65 Prozent Staatsschuldenstandsquote auf 100 Prozent überhaupt kein Problem. Und die immer wieder gebetsmühlenhaft vorgetragene Schuldenbelastung zukünftiger Generationen ist ökonomischer Unsinn. Verschuldung verteilt generationsübergreifend die Last und auch den Nutzen. Außerdem wird nicht nur die zusätzliche Schuld, sondern auch das dadurch steigende Vermögen vererbt. Deshalb ist es paradox, dass gerade Reiche sich gegen Staatsverschuldung aussprechen, profitieren sie doch durch ihre Kreditvergabe an den Staat mit entsprechenden Zinseinnahmen am meisten.

Wir müssen den jahrelang aufgebauten staatlichen Investitionsstaus überwinden und soll die Energiewende ein Erfolg werden, müssen hier allein für den weiteren Ausbau Erneuerbarer Energien (EE) notwendige Investitionen zwischen 53 und 62 Milliarden Euro jährlich getätigt werden. Hier sind der Netzausbau und die Investitionen in Speicherkapazitäten nicht einmal berücksichtigt. Auch brauchen wir mehr staatliche Konsumtion und Unterstützungen im Sozialen. Allein in der Krankenversicherung fehlen um die 17 Milliarden Euro. Das geplante Bürgergeld wird zusätzlich Milliarden Euro kosten. Auch werden zum Inflationsausgleich Milliarden an Kompensationszahlungen für einkommensschwache Haushalte anfallen. Die Bundesagentur wird weiter viel Geld für ihre Arbeitsmarktpolitik brauchen und nicht zuletzt müssen im öffentlichen Sektor endlich Personaleinstellungen stattfinden. Das alles will Lindner und die Bundesregierung aber nicht, sondern ab 2023 zur Einhaltung der Schuldenbremse zurückkehren. Dabei schließt Lindner außerdem Steuererhöhungen aus. Im Gegenteil, er schielt noch nach Steuersenkungen für die FDP-Klientel. Das alles ist völlig kontrafaktisch und fügt dem Land ökonomischen und auch politischen Schaden zu. Die AfD wird davon profitieren.

NachDenkSeiten, 6. Juli 2022

Kontraproduktive Steuersenkungen

Während die öffentliche Verschuldung stark steigt, nicht zuletzt durch eine unerträgliche Aufrüstung, hält die Merz-Klingbeil-Regierung an Steuersenkungen für Unternehmer fest. Zum einen durch völlig unnötige und ökonomisch kontraproduktiv wirkende Abschreibungserleichterungen von 30 Prozent pro Jahr auf private Investitionen und zum anderen ab 2028 durch eine sukzessive jährliche Senkung der Körperschaftsteuer um jeweils 1 Prozent von heute 15 auf 10 Prozent bis 2032. In der Begründung der Regierungskoalition zu den dadurch drohenden Steuerausfällen werden die sattsam bekannten populistischen Parolen der neoliberalen Geister gedroschen. Man könne damit Wachstum und Beschäftigung ankurbeln. Mit Steuersenkungen würden aber auch die sogenannten Leistungsträger von demotivierenden Steuerlasten befreit.

Nun, von dieser Regierung, mit einem ehemaligen Blackrock-Kapitalisten als Kanzler und einem ökonomisch ahnungslosen Finanzminister, war nichts anderes als ein derart hohles Geschwätz zu erwarten. Das war schon in der neoliberalen rot-grünen Schröder-Bundesregierung nicht anders. SPD-Finanzminister Hans Eichel setzte hier 2000 eine massive Steuersenkung für Einkommensempfänger im oberen Einkommensbereich und eine Senkung der Körperschaftsteuer für Unternehmer um. Der Spitzensteuersatz in der Einkommensteuer wurde in vier Stufen bis 2005 von 53 auf 42 Prozent gesenkt und die bis dahin gespaltene Körperschaftsteuer für ausgeschüttete und thesaurierte Gewinne ab 2001 vereinheitlicht und auf 25 Prozent gesenkt. Ab 2008 kam es zu einer weiteren Senkung auf die heute noch gültigen 15 Prozent. Man müsse für Unternehmen, die in einem internationalen Wettbewerb stehen würden, diese Steuererleichterungen umsetzen. So wird heute weiter von Kapitalisten und ihren Freunden in der Politik argumentiert.

Mit den auf die Steuersenkungen folgenden Steuerausfällen können die Neoliberalen dann einen Angriff auf den Wohlfahrts- und insbesondere auf den Sozialstaat fahren, wobei letzterer nur als Störenfried und Kostgänger der privaten Wirtschaft gesehen und diffamiert wird. Hier trat, das scheint schon vergessen, insbesondere Merz bereits 2003 als neoliberaler Scharfmacher mit seinem Steuerentlastungskonzept und seiner Steuererklärung, die auf einem Bierdeckel Platz hätte, unrühmlich in Erscheinung.

Frankfurter Rundschau, 18.6.2025

Nur Keynesianismus ist zu wenig

Der große britische Ökonom Sir John Maynard Keynes, der Begründer des Keynesianismus, wollte den Kapitalismus vor sich selbst retten. Er gab schon vor 100 Jahren das Laissez-Faire Prinzip auf. Es gibt keine Selbstheilungskräfte auf den Märkten. Ein starker Staat muss, vor allen Dingen in der Krise, in die Märkte antizyklisch mit einem Deficit Spending intervenieren. Dies war auch nach dem Zweiten Weltkrieg, bis etwa Mitte der 1970er Jahre, als Wirtschaftspolitik allgemein akzeptiert. Dann tat sich immer mehr ein dagegen aufbegehrendes neoliberales Beraterkartell auf, das mit seinen Botschaften hinter der Lehre von Keynes und auch hinter post-keynesianischen Weiterentwicklungen zurückfiel.

Zum Versagen der Mainstream-Ökonomie

Aus der Finanz- und Wirtschaftskrise nichts gelernt

Die neoliberale Mainstream-Ökonomie und ihre wirtschaftspolitische Beratung (vgl. dazu das Interview »Ein neoliberales Beraterkartell«) hat mit der seit acht Jahrzehnten schwersten weltweiten Finanz- und Wirtschaftskrise ihr Waterloo erlebt. »Alles, was wir jetzt erleben«, so Hannes Rehm, der Vorsitzende des staatlichen Bankenrettungsfonds (SoFFin), »ist nicht über uns gekommen, sondern ist gewollt gewesen – von Politik, den Banken, der Wirtschaft« (Scheuermann 2009, S. 11). Seit Mitte der 1970er Jahre, verstärkt nach dem Zusammenbruch der Sowjetunion 1990, wurden in einer liberalisierten und globalisierten Welt die kapitalistischen Kräfte, genauer die monopol- und oligopolkapitalistischen Märkte, entfesselt. Insbesondere auf Druck des international agierenden Finanzkapitals und der vermögenden Schichten (Plutokraten) setzte in den einzelnen Ländern die jeweils herrschende Politik in *staatsmonopolitischer Manier* einen »Raubtierkapitalismus« (Helmut Schmidt) frei. Auch die kapitalistische Transformation großer Teile Chinas und wesentliche technologische Veränderungen, wie neue Transport- und Kommunikationssysteme, haben den von der Profitrate getriebenen kapitalistischen Akkumulationsprozess zusätzlich befeuert.

Dazu wurde der in den Markt intervenierende *Keynesianismus* mit seiner wohlfahrtsstaatlichen Stabilisierungs- und Verteilungspolitik, die auf einen aktiven starken Staat setzt und sich zumindest nach dem Zweiten Weltkrieg bis zur Weltwirtschaftskrise 1974/75 in der westlichen Welt auch etablieren konnte, zunehmend von einem *schumpeterischen Wettbewerbsstaat* abgelöst. Dieser neue mehr »aktivierende Staatstyp« soll lediglich noch eine gesellschaftliche »Teilnahmemöglichkeit« der Wirtschaftssubjekte am freien Marktgeschehen unterstützen, deren Verteilungsergebnisse dann akzeptiert werden müssen.

Schon immer aber waren – unabhängig von dem gerade praktizierten *ökonomischen Paradigma* – Krisen dem Kapitalismus systemimmanent. Dies trifft besonders für *Finanzmarktkrisen* zu. Seit dem 17. Jahrhundert hat es allein 38 solcher Krisen gegeben (Deutschmann 2008, S. 5). Auch die jetzige schwere Krise wird das vom Kapital beherrsche System überleben. Dennoch ist der Kapitalismus nicht das »Ende der Geschichte«, wie Francis Fukuyama behauptet. Im Gegenteil, die systembedrohlichen *Verteilungskrisen* in den einzelnen Ländern nehmen nicht nur zwischen Kapital und Arbeit, sondern auch innerhalb der Klassen zu. »Ein Kapitalist schlägt viele andere Tod« (Karl Marx) und die Interessen der abhängig Beschäftigten sowie der Arbeitslosen sind verteilungsmäßig ebenso nicht homogen und entwickeln sich in der Krise weiter auseinander. Auch haben die Verteilungskonflikte um Rohstoffe und eine verbesserte Umwelt sowie um die Aneignungen der Wertschöpfungen zwischen den Volkswirtschaften massiv zugenommen. Entscheidend ist eben letztlich in der Ökonomie immer die Frage, wer erhält wie viel von der jeweils arbeitsteilig produzierten Wertschöpfung?

Die »Todsünde« der Wirtschaftswissenschaft

Diese Frage zieht sich wie ein »Roter Faden« durch die dogmengeschichtliche Entwicklung der Wirtschaftswissenschaften (vgl. Hofmann). Basierte das klassische Lehrgebäude (von Adam Smith bis Karl Marx) noch auf einer *objektiven Arbeitswerttheorie*, die den in der Produktion entstehenden Neu- bzw. Mehrwert (Profit, Zins und Grundrente) nur aus menschlicher Arbeitskraft und Naturgebrauch ableitet und die Ökonomie unter kapitalistischen Eigentumsverhältnissen klassen- und verteilungsmäßig analysiert und kritisiert, so rückte hiervon mit einer »Todsünde« (Otto Conrad) die Neoklassik gegen Ende des 19. Jahrhunderts ab. Hier wird das Hauptaugenmerk auf Basis einer *subjektiven Wertlehre* nur noch auf die Stellung des Wirtschaftssubjektes im Tauschprozess am Markt durch relative Güterpreise und einem von dem deutschen Ökonomen Hermann Heinrich Gossen entwickelten subjektiven (egoistischen) Grenznutzenkonzept gerichtet. Vor allen Dingen aber hebt die Neoklassik in ihrem Lehrgebäude den Mehrwert auf die gleiche Stufe des gesellschaftlich-moralischen Ansehens wie die ebenfalls zur Wertschöpfung zählenden Arbeitseinkommen. Sie ordnet mit ihrer von dem US-amerikanischen Ökonomen John Bates Clark entwickelten *Grenzproduktivitätstheorie* jedem Produktionsfaktor (Arbeit, Boden und Kapital) einen eigenen Wertbeitrag (das sog. »Wertgrenzprodukt«) zu. Der jeweilige Faktor wird so gemäß seiner Grenzproduktivität »entlohnt«. Je höher das Grenzprodukt eines Faktors dabei relativ zum anderen ist, umso größer fällt bei gleichen eingesetzten Faktormengen sein Anteil an der Wertschöpfung aus, et vice versa. Jeder der Produktionsfaktoren erhält so, was er »Wert« ist. Mit dieser werttheoretischen Mystifikation ist die *Ausbeutung des »Faktors Arbeit«* aus der neoklassischen Theorie eliminiert worden.

Auch die Verteilung der zuwachsenden Wertschöpfung basiert ausschließlich auf dem Theorem der Grenzproduktivitätstheorie, wonach die Reallöhne mit der Produktivitätsrate steigen sollen. Im Ergebnis entspricht dies aber nur einer *Verteilungsneutralität*. Die gesamtwirtschaftliche Lohn- und Profitquote bleiben konstant – die abhängig Beschäftigten ohne eine Umverteilungskomponente, die zu einer Erhöhung der Lohnquote führt, aber auch »*Habenichtse*«, wie Oswald von Nell-Breuning gesamtwirtschaftlich aufzeigte. Sie bleiben auf die *Konsumgütersphäre* als »Gefangene« mit ihrem Lohn (Tauschwert ihrer Arbeit) beschränkt und damit, ohne den vollen Wert ihrer Arbeit zu erhalten, zusätzlich von der *Gewinnverwendung* abhängig, die wiederum einzig und allein durch das »*Investitionsmonopol des Kapitals*« (Erich Preiser) und der zukünftig erwarteten Profitrate bestimmt wird. Um diesen grundsätzlichen kapitalistischen Zusammenhang aufzubrechen, wäre erstens eine uneingeschränkte produktivitätsorientierte Lohn- und Arbeitszeitpolitik notwendig – in Zeiten von Massenarbeitslosigkeit mehr eine Arbeitszeitverkürzungspolitik. Zweitens eine Umverteilung zu Gunsten der abhängig Beschäftigten durch eine echte »On-top« Gewinn- und Kapitalbeteiligung und drittens eine paritätische Mitbestimmung in den Unternehmen.

Neoliberalismus als Klassenprojekt

Da die Profitrate in der kapitalistischen Welt nach dem Zweiten Weltkrieg aufgrund einer – wenn auch nur kurzen – *Vollbeschäftigungsphase* mit starken Gewerkschaften, die Umverteilungslöhne zur Erhöhung der Lohnquote durchsetzen konnten, und einem ausgebauten *Sozialstaat* unter Druck geraten war, und dies von den herrschenden Kapitalkräften und Plutokraten nicht mehr akzeptiert wurde, kam es ab Mitte der 1970er Jahre zur Hinwendung zum *Neoliberalismus*. Dieser wollte und will als ein »Klassenprojekt« (David Harvey) nur eins: die Umverteilung von der Lohnquote in Richtung Profitquote und Profitrate wieder umdrehen. Notwendige Voraussetzung dafür war die sich in den Industrieländern immer mehr aufbauende *Massenarbeitslosigkeit* in Folge von Produktions-Produktivitätslücken. Die Gewerkschaften setzten in den Tarifverhandlungen die Produktivitätszuwächse zu sehr für *Lohnerhöhungen* und zu wenig für *Arbeitszeitverkürzungen* ein. Dies tun sie übrigens bis heute. So drückte immer mehr das Arbeitslosenheer die Löhne und auf Grund ausgezehrter Normalarbeitsverhältnisse kommt es im dadurch entstandenen Prekariat – nicht zuletzt auch durch den Strukturwandel in Richtung einer Dienstleistungsgesellschaft – sogar zu *anormalen Arbeitsangebotsreaktionen*. Hier wird bei sinkenden Löhnen nicht weniger an Arbeit angeboten (normale neoklassische Arbeitsangebotsfunktion), sondern zur Aufrechterhaltung des schon eh nur geringen Einkommens kommt es zu einer Ausweitung des Angebots, so dass im Ergebnis der Lohn noch mehr verfällt – ein Teufelskreis.

Seit Beginn der 1990er Jahre hat auch die *Shareholder-value-Doktrin* durch die *Dominanz von Finanzinvestoren* massiv zum Verfall der Löhne bzw. einer Umverteilung beigetragen. Sie forcierten zum einen gigantische nationale und internationale *Fusionen und Konzentrationsprozesse* (inkl. eines Outsourcings) – dies war auch mit erheblichen Arbeitsplatzverlusten verbunden – und zum anderen zwangen die Finanzinvestoren das jeweilige Unternehmensmanagement in der Realwirtschaft, den aus der Arbeit von Beschäftigten stammenden Mehrwert größtmöglich zu steigern und zu Gunsten des Profits umzuverteilen. Dabei kam es sogar zu einer *Umkehrung der kapitalistischen Logik*. Der Profit bzw. die Profitrate ist hier systemisch keine *Restgröße* mehr, sondern eine vorab (ex ante) vom Kapital bestimmte und eingeforderte hohe zweistellige Plangröße.

Umverteilung von unten nach oben als Krisenursache

In diesem ganzen Prozess manifestiert sich schließlich die entscheidende *Ursache* für die jüngste Finanz- und Wirtschaftskrise. Weltweit hat sich die Einkommensverteilung in den letzten 30 Jahren in den Kernländern des Kapitals mehr oder weniger zu den Besitzeinkommen (Profit, Zins und Grundrente) verschoben. Dies hat zu großen *ökonomischen Ungleichgewichten* geführt. An der Spitze der Einkommenspyramide konzentrierten sich immer größere

Geldsummen, die am unteren Ende fehlten. Dies beschränkte die *Massenkaufkraft*, d.h. die Nachfrage nach Produkten und führte zu nicht ausgelasteten Produktionskapazitäten und Arbeitslosigkeit. Dass bei den obersten Einkommens- und Vermögensgruppen konzentrierte zusätzliche Geldkapital – als Überschussprodukt – wurde daher nicht wieder in den produktiven Wirtschaftskreislauf eingespeist, d.h. in Form von Investitionen in Realkapital angelegt, sondern es floss auf die immer mehr liberalisierten (deregulierten) *Finanzmärkte*, wo es zu *spekulativen Aktivitäten* verwendet wurde. Hinzu kam noch ein »Zwangssparen« durch die Ausweitung der *privaten Altersvorsorgesysteme.* »Hierbei ging es aber nicht nur um die Spekulation auf Wertzuwächse von bestehenden Vermögensgegenständen. Denn was wir heute erleben ist das Platzen einer gewaltigen Finanzblase. Dies beschädigt aber nicht nur die Finanzmärkte, sondern es wirkt zurück auf die so genannte *Realökonomie*, d.h. die Produktion von Gütern und Leistungen, und natürlich auf Arbeitsplätze und Arbeitseinkommen« (Huffschmid 2010, S. 9). Dass aus der ungleichen Einkommensverteilung in Folge natürlich auch eine *ungleiche Vermögensverteilung* erwächst ist evident und empirisch vielfach belegt (DIW-Wochenbericht). Damit konzentriert sich aber Vermögen nicht nur bei wenigen, die alle Vorzüge ihres Vermögens genießen können (vor allen Dingen Sicherheit und Unabhängigkeit), sondern hierdurch wird über den *Zinses-Zins-Effekt* noch mehr Geldkapital an die Finanzmärkte gespült, die trotz der Finanzkrise bis heute noch nicht staatlich adäquat reguliert wurden.

Auch das Ausland hilft letztlich nicht

Am Ende reicht aber auf Grund der Umverteilung die aus Löhnen gespeiste Endnachfrage nicht mehr aus, die noch durch Produktivitätssteigerungen vergrößerte Produktionsmenge, selbst zu konstanten Preisen, zu verkaufen. Hier schlägt dann die *einzelwirtschaftliche Rationalitätsfalle* zu. Was einzelwirtschaftlich geht und rational ist, nämlich Profit zu Lasten von Lohnsenkungen zu machen, mündet gesamtwirtschaftlich in der Falle. Dennoch gibt es auf internationaler Ebene für einzelne Länder (zumindest mittelfristig) eine vermeintliche Lösung. Diese liegt »im Verkauf der Waren im Ausland, für die im Inland nicht genügend Nachfrage vorhanden ist. (…) Die Lösung hat eine gewisse Eleganz für sich, denn sie bringt zwei sich im Inland widersprechende Ziele – Kostensenkung und Nachfragesteigerung – miteinander in Einklang. Produktivitätssteigerungen sowie Abbau von Löhnen und Sozialleistungen führen zu Kostensenkungen und potenzieller Erhöhung der Profitspannen. Der durch die gleichen Maßnahmen bewirkte Ausfall an inländischer Endnachfrage wird durch die zusätzliche Auslandsnachfrage ausgeglichen. Das führt dazu, dass die durch die Kostensenkungen möglich gewordenen Profite auch tatsächlich erzielt werden. Der *Doppelcharakter der Löhne* als Kostenfaktor (der möglichst geringgehalten werden muss) und als wichtigstes Nachfrageaggregat (das möglichst groß sein soll) wird aufgelöst. Für das exportierende Unternehmen sind Löhne nur noch Kosten, die mit allen Mitteln zu drücken sind« (Huffschmid 1994, S. 734f.). Langfristig ist dies natürlich auch keine Lösung. Die Exportüberschüsse der einen sind eben die Defizite der anderen Länder, die sich so womöglich hoch verschulden müssen und am Ende nicht mehr Zahlungsfähig sind – wie die Griechenlandkrise zeigt (Dullien 2010, S. 9-12).

Staat und Wirtschaft

Es muss also auf internationaler Ebene dringend zu mehr ausgeglichenen Leistungsbilanzen zwischen den Ländern kommen. Die *Binnenwirtschaft* der Überschussländer muss durch eine Umverteilung von oben nach unten gestärkt werden. Dies gilt sowohl für die marktbezogene Primärverteilung als auch für eine staatliche umverteilende *Steuer- und Abgabenpolitik*. Die Arbeitsgruppe Alternative Wirtschaftspolitik (2010, sowie Hickel 2010, S. 57ff.) hat dazu in ihren jährlich erscheinenden Memoranden ausführliche Vorschläge unterbreitet. Gerade noch einmal in einem Sondermemorandum. Das Gegenteil an Wirtschaftspolitik wird aber praktiziert. Das Kapital und die vermögenden Schichten wollen die an den Märkten umverteilten und realisierten Brutto-Mehrwertzuwächse in Form einer steigenden Bruttolohnquote nicht wieder netto durch Steuern und Abgaben verlieren. Also verlangen sie von der herrschenden Politik entsprechende *Steuersenkungen* und zur *Verringerung ihrer Sozialabgaben* die Aufhebung der paritätischen Finanzierung sowie eine Niveauabsenkung des Sozialstaats; zusätzlich noch die *Privatisierung* öffentlicher Dienstleistungen und Unternehmen.

An diesem neoliberalen Kurs soll sich auf nationalstaatlicher Ebene offensichtlich nichts ändern. Auch weltweit setzt die herrschende Politik des Kapitals weiter mit dem »Neuen Internationalen Währungsfonds« (Dominique Strauss-Kahn) auf Liberalisierung, Deregulierung und Privatisierung (Goldberg 2010). Nach der kurzen »Rückkehr des Staates« zur Vermeidung einer »kapitalistischen Kernschmelze« gilt längst wieder uneingeschränkt die Mainstream-Ökonomie. Und auch der kurzzeitige keynesianische »Ruf nach dem Staat« wurde von den Neoliberalen nur benutzt, um die ansonsten durch die Krise privat drohenden Verluste durch *Staatsverschuldung* zu *sozialisieren*. Damit es jetzt aber nicht bei der Rückführung der Schulden – auch wegen der europäischen und deutschen »Schuldenbremse« – zu notwendigen Steuer- und Abgabenerhöhungen bei den Beziehern von Mehrwerteinkünften und deren Vermögensbeständen kommt, werden natürlich in erster Linie die Staatsausgaben gesenkt – insbesondere die Sozialausgaben. So geht das Versagen der Mainstream-Ökonomie verhängnisvoll in die nächste Runde weiter. Letztlich aber auch für die heute noch vermeintlichen Gewinner.

Anmerkungen

Arbeitsgruppe Alternative Wirtschaftspolitik (2010): Sondermemorandum, Politik hat nichts gelernt – das Umverteilen von unten nach oben geht weiter, Bremen

DIW-Wochenbericht Nr. 4/2009 und DIW-Wochenbericht Nr. 24/2010

Deutschmann, C. (2008): Der kollektive »Buddenbrooks-Effekt«. Die Finanzmärkte und die Mittelschichten, in: Working Paper 08/05 des Max-Planck-Institut für Gesellschaftsforschung, Köln

Dullien, S. (2010): Von der Griechenlandkrise zum Euro-Kollaps?, in: Blätter für deutsche und internationale Politik, Heft 6

Goldberg, J. (2010: Der neue IWF«: Krisenfeuerwehr oder Systemwächter?, in: Blätter für deutsche und internationale Politik, Heft 9

Hickel, R. (2010): Milliardenverbrechen Steuerhinterziehung, in: Blätter für deutsche und internationale Politik, Heft 9

Hofmann, W., Wert- und Preislehre, Bd. 1, Berlin1964, Einkommenstheorie, Bd. 2, Berlin 1966, Theorie der Wirtschaftsentwicklung, Bd. 3, Berlin 1972

Huffschmid, J. (1994): Kein Ausweg aus der Weltmarktfalle?, in: Blätter für deutsche und internationale Politik, Heft 6

Huffschmid, J. (2010): Die Aktualität des marxistischen Denkens, in: Z. Zeitschrift Marxistische Erneuerung, Nr. 81

Zitiert bei Scheuermann, A., Bankenretter attackiert die Branche, in: Hannoversche Allgemeine Zeitung vom 21.08.2009, S. 11.

Bund demokratischer Wissenschaftlerinnen und Wissenschaftler (BdWi), Wege und Irrwege in die Wissensgesellschaft: Forschungspolitik zwischen Standortsicherung und gesellschaftlicher Verantwortung, BdWi-Studienheft 7, Januar 2011

»Ein neoliberales Beraterkartell«

Heinz-J. Bontrup ist Sprecher der Arbeitsgruppe Alternative Wirtschaftspolitik. Im Interview spricht der Ökonom über die Ratschläge der Wirtschaftsweisen und Alternativen dazu.

Herr Bontrup, wie jedes Jahr hat der Sachverständigenrat (SVR) sein Jahresgutachten vorgelegt. Bringen diese umfangreichen Werke neue Erkenntnisse?

Dafür sind die Positionen des Sachverständigenrates zu berechenbar. Die eine Grundkonzeption lautet: mehr Markt, mehr Wettbewerb. Die zweite ist gegen staatliche Interventionen und damit gegen eine nachfrageorientierte Wirtschaftspolitik.

Wie können Sie sicher sagen, dass dies falsch ist? Beweisen lässt sich das doch in der Volkswirtschaft nicht.

Natürlich gibt es in der Wirtschaftswissenschaft keine allgemein akzeptierte Theorie. Wir von der Arbeitsgruppe Alternative Wirtschaftspolitik treten deshalb auch für eine plurale Wirtschaftswissenschaft ein. Die kommt aber bei der einseitig angebotsorientierten Ausrichtung des Sachverständigenrates nicht zum Tragen. Unsere Position ist eine links-keynesianische, die neben einer staatlichen Konjunktursteuerung auch die Verteilungsfrage stellt.

Was meinen Sie mit einseitig angebotsorientiert?

Man könnte die Haltung des SVR auch als einseitig kapitalorientiert beschreiben. Es geht den Vertretern um drei Punkte. Erstens Löhne senken und Gewinne erhöhen. Zweitens sollen die Gewinn- und Vermögenssteuern kleingehalten werden. Und drittens soll der Sozialstaat abgebaut werden. Dies dient in Summe einseitig den Kapitaleignern.

Die fünf Wirtschaftsweisen sind ein Team aus fünf Professoren unterschiedlicher Ausrichtung. Professor Bofinger beispielsweise ist auf Empfehlung der Gewerkschaften ernannt worden.

Ich bin sehr dankbar, dass Peter Bofinger weiter Mitglied in dem Rat ist. Aber er ist nur einer von Fünfen. Deswegen muss er ja auch immer wieder unter der Überschrift »Eine andere Meinung« seine Minderheitsvoten abfassen.

Aber auch der Sachverständigenrat muss sich der öffentlichen Debatte und Kritik stellen.

Schauen Sie sich mal die Berater an, die sich der Sachverständigenrat selbst holt. Da kann man von einem neoklassischen oder neoliberalen Beraterkartell reden. Man spricht nur untereinander. Man lässt niemanden von außen herein. Einzige Ausnahme ist Kollege Bofinger, der alleine aber einen schweren Stand hat.

Ist das, was Sie als einseitig monieren, ein deutsches Phänomen?

Das gibt es auch in anderen Ländern. Aber so extrem wie in Deutschland wird es kaum andernorts gehandhabt. Der Sachverständigenrat könnte ja mal uns von der Arbeitsgruppe Alternative Wirtschaftspolitik zu seinen Anhörungen einladen. Dann könnte ein wirklich wissenschaftlicher Diskurs stattfinden. Der ist aber offensichtlich nicht gewünscht.

Welche Themen sollten die sogenannten Wirtschaftsweisen stärker aufgreifen?

Besonders ärgert uns, dass der Rat die Verteilungsfrage komplett ausklammert. Dabei ist das Teil seines gesetzlichen Auftrages. Wir von der Arbeitsgruppe Alternative Wirtschaftspolitik sagen, dass die Verteilungsfrage die entscheidende Frage in der Ökonomie ist.

Deutschland geht es aber gut. Die Beschäftigung steigt, Löhne und Renten nehmen zu. Ist das nicht ein Beleg dafür, dass diese Wirtschaftspolitik greift?

Nein, sie greift nicht. In der Statistik zeigt sich zwar ein Rückgang der Arbeitslosen. Aber die Qualität der Arbeit wird schlechter. Wir haben prekarisierte Arbeitsmärkte. Wir haben einen hohen Anteil an Leiharbeit, an Teilzeitarbeit. Die Menschen mit kurzen Arbeitszeiten wollen länger und die mit langen Arbeitszeiten kürzer arbeiten. Wollen wir die nach wie vor bestehende Massenarbeitslosigkeit beseitigen, brauchen wir Arbeitszeitverkürzungen bei vollem Lohn- und Personalausgleich.

Für Aufmerksamkeit sorgte die Kritik des Rates am Mindestlohn. Der sah schon Beschäftigungsverluste, bevor der Mindestlohn eingeführt war. Das fand selbst Bundeskanzlerin Merkel als Physikerin merkwürdig. Hat sie sich zu Recht lustig gemacht über ihre Berater?

Das sagt schon viel aus, wenn sogar die Kanzlerin den Sachverständigenrat verspottet. Der Rat versteht die innere Logik von Arbeitsmärkten nicht. Er versucht alles über den Lohnregler zu steuern. Arbeitsmärkte sind aber derivative, abgeleitete Märkte. Sie sind eng verbunden mit den Gütermärkten, also mit der Nachfrage, und auch mit den Geld- und Kapitalmärkten. Wer das ausblendet, kommt zu solchen Fehldiagnosen wie beim Mindestlohn. Der ist eine Erfolgsgeschichte. Da lag mal wieder der Sachverständigenrat mit seinen Prognosen völlig daneben.

Seit den 1970er Jahren veröffentlicht die Arbeitsgruppe Alternative Wirtschaftspolitik jedes Jahr eine Art Gegengutachten zu dem offiziellen des SVR. Wie zufrieden sind Sie mit der Resonanz beziehungsweise dem Einfluss auf die Politik?

Wir sind unzufrieden. Wir wissen jedoch, dass wir dennoch eine gewisse Wirkung entfaltet haben und unsere Memoranden in der Wissenschaft und in der Politik und auch in der Öffentlichkeit, vor allen Dingen in den Gewerkschaften, wahrgenommen werden. Auch der Sachverständigenrat liest uns, auch wenn er das nie zugeben würde. Aber wir hätten uns mehr direkte Resonanz beziehungsweise Einfluss gewünscht.

Seit langem fordert die Arbeitsgruppe mehr Investitionen. Das ist inzwischen zum Allgemeingut geworden. Ein Erfolgsbeispiel?

Ja, das haben wir schon vor 30 Jahren gesagt. Hier fühlen wir uns bestätigt. Wir brauchen mehr private und vor allem öffentliche Investitionen. Dies würde auch die Beschäftigung stärken. Frustrierend ist hier, dass so lange nichts passiert ist. Das gilt ebenso für die Verteilungsfrage. Hier wurde im Sinne des Sachverständigenrats bisher nur von unten nach oben umverteilt. Trotzdem freuen wir uns, dass jetzt auch andere Ökonomen dies als einen Fehler entdecken.

Interview von Markus Sievers
Frankfurter Rundschau, 11. Oktober 2016

Antizyklischer Keynesianismus reicht nicht

Ökonomische Widersprüche, Rationalitätsfallen und Nichtwissen

Kriege, Flüchtlingsströme um Umweltkatastrophen werfen tiefe Schatten. Die Welt scheint aus den Fugen geraten zu sein. Millionen Menschen leiden bitter und ihr Leben ist permanent bedroht. Hunderttausende sind nur in den letzten Jahren an den grausamen Kriegsfolgen, auf der Flucht und durch Umweltkatastrophen gestorben. Die EU steckt wegen einer einseitig neoliberalen Umverteilungspolitik zu Gunsten von Kapitalinteressen in einer tiefen Wirtschaftskrise mit einer unerträglich hohen Massenarbeitslosigkeit und zunehmender Verarmung verbunden. Zusätzlich droht die EU an ökonomischen, aber auch an politischen Egoismen auseinanderzubrechen. Auch in Deutschland, einem der reichsten Länder der Erde, gibt es immer mehr arme Menschen. Aber auch zunehmend Reiche (vgl. Schneider 2015). Die Ungleichheit hat in Deutschland einen Nachkriegsspitzenwert erreicht – nur noch von den USA getoppt. Die Menschen im Land sind hochgradig verunsichert und ängstigen sich. Rechtspopulistische Parteien haben Aufwind. Sie profitieren von der Angst und Verunsicherung. Die Chefredakteurin der *Frankfurter Rundschau*, Bascha Mika, schreibt in einem Kommentar: »Seit dem Siegeszug der neoliberalen Doktrin, spätestens von Gerhard Schröder (SPD) im bundesrepublikanischen Wertekanon erfolgreich verankert, kam bei den ökonomisch Abgehängten nur eine Botschaft an: Niemand vertritt euch, niemand kümmert sich um eure Belange. Wir wollen und brauchen euch nicht! Politik wird für die Finanzmärkte und die Besserverdienenden gemacht« (Mika 2016, S. 1). Welch ein schäbiges politisches Spiel wird da gespielt? Gibt es hierfür Erklärungen? Ja die gibt es! Sie sind grundsätzlicher kapitalismusimmanenter Natur: Erstens ist hier das Widerspruchs- bzw. Interessenproblem in einer marktwirtschaftlich-kapitalistischen Ordnung anzuführen und zweitens die systemisch immanente einzelwirtschaftliche Rationalitätsfalle zu nennen. Aber es gibt auch das Problem des Nichtwissens der Menschen um wirtschaftliche Kausalitäten und gleichzeitig die Manipulation an Schulen und Hochschulen durch eine heute einseitig vertretende ökonomische Bildung und Lehre im Interesse der Kapitaleigner.

Widersprüchliche und interessengeleitete Ökonomie

Der *Widerspruch* und das *Interessenproblem* ergeben sich ordnungstheoretisch im Kapitalismus aus dem funktionalen Verhältnis von Kapital und Arbeit. Die Einen bekommen aus der arbeitsteilig geschaffenen Wertschöpfung den Mehrwert (Gewinn, Zins und Grundrente) und die Anderen den Lohn. Was die Kontrahenten wollen, die gleichzeitige Maximierung von Mehrwert und Lohn, geht dabei aber nicht. Es wird Gewinner und Verlierer geben. Das zeigt seit Jahren überdeutlich die neoliberale Umverteilung zu Gunsten des Mehrwerts und damit zu Lasten des Lohns. So stellt denn auch der jüngste WSI-Verteilungsbericht empirisch kurz und bündig fest: »Der Anteil des Arbeitseinkommens am gesamten Volkseinkommen ist seit Beginn der 1990er Jahre zurückgegangen« (Spannagel 2015, S. 6). Das reichste ein Prozent der Bevölkerung in Deutschland besitzt mehr als 24 Prozent des Gesamtvermögens, während 70 Prozent gerade einmal neun Prozent ihr Eigen nennen können. Und weiter heißt es im Fazit: »Die sehr Reichen schweben regelrecht über den konjunkturellen Krisen, während viele Arme auch von einem länger andauernden wirtschaftlichen Aufschwung kaum profitieren können. Die Einkommensverteilung ist in den letzten drei Jahrzehnten deutlich undurchlässiger geworden – und mit ihr hat sich auch die Chancengleichheit verringert. Gleichzeitig steigt der Anteil der Gewinn- und Vermögenseinkommen am Volkseinkommen und damit die Bedeutung von privaten Vermögen bzw. Renditen und Kapitalgewinnen« (Spannagel 2015, S. 13).

Entscheidend ist hier die größere Macht. Sie fällt in der Regel zu Gunsten des Unternehmerkapitals (Profits) aus – nicht nur in Zeiten einer vorliegenden Massenarbeitslosigkeit, sondern auch deshalb, weil die Machtfrage durch die unternehmerische Freiheit (Art. 12 GG) und das Eigentumsrecht an den Produktionsmitteln (Art. 14 GG) verfassungsrechtlich abgesichert sind. Nur eine Wirtschaftsdemokratie könnte diese Machtasymmetrie beseitigen (vgl. Bontrup 2013). Dies wollen natürlich die Kapitaleigner und ihre Vertreter in Politik, Wissenschaft und Medien nicht. Womit wir wieder beim ökonomischen Interessenproblem wären. Und über dem Widerspruch von Kapital und Arbeit thronen in der Gesellschaft noch die Millionen von privaten Haushalten mit ihren nicht selten abstrusen Konsumenteninteressen. Sie wollen natürlich ihre Waren und Dienste zu kleinsten Preisen bei maximalen Mengen und Qualitäten erhalten und gleichzeitig sind sie lohnabhängig Beschäftigte und verlangen höchste Arbeitsentgelte und kürzeste Arbeitszeiten. Das ist die Quadratur des Kreises.

Der Widerspruch beschränkt sich aber nicht nur auf das funktionale Kapital-Arbeits-Verhältnis: Auch innerhalb der Klassen gibt es widerstreitende Interessen. Die Unternehmer konkurrieren um den erbeuteten Profit untereinander an ihren Absatz- und Beschaffungsmärkten und die abhängig Beschäftigten um die gesamtwirtschaftliche Lohnsumme. Die Unternehmer mit der größten Marktmacht streichen dabei am meisten Profit ein. Und bei den abhängig Beschäftigten erhalten die einen sechsstellige Spitzeneinkommen, manche auch siebenstelligen Einkommen und noch mehr, und Millionen nur einen Mindest- bzw. Armutslohn. Natürlich sei das leistungsgerecht, argumentieren neoliberale Umverteilungsdemagogen. Genauso könnte man dann aber auch sagen: Die Erde ist eine Scheibe. Fakt ist vielmehr, dass die Ungleichverteilung der Haushaltseinkommen seit Beginn der 1990er Jahre stark zugenommen hat. So ist der Gini-Koeffizient als Konzentrations- und Ungleichheitsmaßstab von 0,248 (1991) auf 0,288 (2012) gestiegen (vgl. Spannagel 2015, S. 7).

Und in diesem Widerspruchssystem nicht zu vergessen sind die Vermögenden und Sparer mit ihren Partialinteressen, die fürs Nichtstun aus der Arbeit anderer Zinseinkünfte auf ihre Geldeinlagen verlangen. Was passiert, wenn sie diese Zinsen nicht erhalten oder sogar mit Negativzinsen abgespeist werden, ist bei der gerade praktizierten expansiven Geldpolitik durch die Notenbanken zu beobachten, um den deflationären Tendenzen Herr zu werden. So hat die Europäische Zentralbank (EZB) die Geldpolitik weiter gelockert. Neben der Senkung des Leitzinses auf null beschloss die EZB den Strafzins fürs Geldparken bei der EZB von minus 0,3 auf minus 0,4 zu drücken. Außerdem hat die EZB ihr Anleiheaufkaufprogramm von monatlich 60 auf 80 Mrd. Euro ausgeweitet und zusätzlich werden zukünftig auch Unternehmensanleihen mit in das Aufkaufprogramm aufgenommen. Daneben gibt die EZB den Banken langfristige Kredite zu Niedrigstzinsen, zum Teil auch zu negativen Zinsen, was nichts anderes bedeutet, als dass die EZB die Banken dafür bezahlt, dass sie bei ihr Kredite nehmen. Mit all dem in den Wirtschaftskreislauf gepumpten Geld soll die Zahlungsfähigkeit (Liquidität) bei Unternehmen und privaten Haushalten erhöht werden. Die Unternehmen sollen in Maschinen und Fabrikgebäude und die Haushalte in Konsum investieren oder sich ein Haus bauen. Zieht dann so die Konjunktur an, steigen auch die Preise auf den von der EZB gewünschten idealen Inflationswert von knapp unter zwei Prozent und das gefährliche Gespenst der Deflation ist gebannt.

Dies bleibt aber ein Wunschdenken der Noten-Banker, weil eine expansive Geldpolitik zur Konjunkturstimulierung immer von einer expansiven Fiskalpolitik begleitet werden muss. Eine expansive Geldpolitik alleine, selbst mit einem Leitzins von Null, löst die Krise nicht auf. Der Staat muss ergänzend ein kreditfinanziertes Ausgabenprogramm auflegen und so die expansive Geldpolitik unterstützen. »Hier zeigt sich eher die Ohnmacht als die Macht der Währungshüter«, stellt Rudolf Hickel fest (vgl. Hickel 2016, S. 12). Die Unternehmen und die privaten Haushalte werden trotz des reichlich vorhandenen Geldangebots dies nicht nachfragen, weil Unternehmer nur dann in beschäftigungsschaffende Maschinen und Fabrikgebäude investieren, wenn sie sich mit den zusätzlichen kapazitätsgewinnenden Investitionen auch einen Profit erhoffen. Und die privaten Haushalte verschulden sich gerade in der Krise auch nicht, wenn ihnen womöglich Arbeitslosigkeit droht. Es bleibt dabei, dies ist eine alte keynesianische Erkenntnis, dass nur der Staat durch ein Deficit Spending, durch eine kreditfinanzierte Staatsnachfrage, die zusätzlich geschaffene Geldmenge in Form eines staatlichen Investitionsprogramms abschöpfen kann. Der Staat muss die Kredite aufnehmen, die die Privaten nicht haben wollen und viele, die sie vielleicht gerne hätten, von den Banken wegen einer fehlenden Bonität aber nicht erhalten.

Gegen ein Deficit Spending sprechen sich jedoch neoliberale Protagonisten vehement aus – allen voran Bundesfinanzminister Wolfgang Schäuble (CDU). Sie bestehen, selbst in der Krise, auf einen ausgeglichenen Staatshalthalt und fordern eine »Schwarze Null«. Ihre dazu betriebene ökonomisch bornierte Austeritätspolitik verschärft aber noch die Krise, anstatt sie zu beheben. »In Deutschland hat Reichskanzler Brüning mit einer solchen Politik Anfang der dreißiger Jahre des letzten Jahrhunderts den Zusammenbruch der ›Weimarer Republik‹ herbeigeführt und damit den Nationalsozialisten den Weg bereitet«, schreibt der »Wirtschaftsweise« Peter Bofinger in seinem Lehrbuch für Volkswirtschaftslehre (vgl. Bofinger 2003, S. 27).

Natürlich verschafft die lockere Geldpolitik der EZB den Vermögenden einen Reichtumszuwachs. Der DAX reagierte sofort mit einem Anstieg, als die EZB die weitere Geldlockerung am 10. März 2016 verkündete. »Es ist also wieder nichts anderes passiert, als dass Milliarden unmittelbar in die Aktienspekulation geflossen sind. Bei einer Börsenkapitalisierung der DAX-Gesellschaften in einer Größenordnung von knapp einer Billion Euro bedeutet dieser Kurssprung von 2,7 % nicht weniger als einen Kursgewinn von 25 Milliarden Euro für die glücklichen Aktionäre«, kritisiert Egon W. Kreutzer (2015). Und auch die verzinsten Kredite, die der Staat zur Konjunkturbelebung benötigt, sind natürlich ein sicheres Bereicherungsprogramm für die Vermögenden der Gesellschaft. Hartz-IV-Empfänger werden wohl kaum den Staat Kredite geben können. Dies erwähnen die Reichen selbstverständlich nicht. Sie faseln lieber von einer kalten Enteignung, weil sie bei einer expansiven Geldpolitik keine Zinsen mehr auf ihre Geldanlagen bekommen. Als wenn es im Kapitalismus auf Spareinlagen, Lebensversicherungen oder privaten Rentenfonds eine garantierte Zinspreisbildung und Mindestrendite gäbe. Wie bescheuert ist das denn!

Nein, man muss nach den Opportunitätskosten der expansiven Geldpolitik fragen. Hier schreibt Rudolf Hickel, »wäre eine umfassende Analyse der Effizienz dieser expansiven Geldpolitik erforderlich. Es geht dabei nicht um die Gruppen von Gewinnern (Staat) und Verlierern (private Sparhaushalte), sondern um die Wirkungen auf die Inflationserwartungen, die Anleiherendite, die Kreditvergabe zur Finanzierung der Sachinvestitionen, sowie die Finanzmärkte. Eine umfassende, methodisch einigermaßen gesicherte Bewertung dieser Geldpolitik ist sehr schwierig. Unstrittig ist die Tatsache, dass das Ziel, die Inflation im Euroraum in Richtung 2 Prozent anzuheben, nicht gelingen will. Es lassen sich jedoch durchaus bei anderen wichtigen Kriterien zur Effizienzbewertung der Geldpolitik Erfolge nachweisen. Gegenüber diesen Ergebnissen der Effizienzanalyse müssen die gesamtwirtschaftlichen Kosten eines Verzichts auf diese Geldpolitik durch Deflation und damit hohe Einkommensverluste und Arbeitslosigkeit in Rechnung gestellt werden« (Hickel 2016a, S. 10).

Zu der erzwungenen expansiven Geldpolitik, nicht zuletzt als Folge der 2007 weltweit ausgebrochenen Finanz- und Wirtschaftskrise (»Der offene Ausbruch der Finanzkrise hat ein eindeutiges Datum. Es ist der 9. August 2007. An diesem Tag hörten die Geldmärkte auf zu funktionieren.« Zeise 2002, S. 25), gibt es aber dennoch eine ökonomische Alternative. Und zwar ein gezielter Kapitalschnitt bei den Geldvermögenden. Hierdurch würde nicht nur die vielzitierte Gerechtigkeit geschaffen, sondern dass auch aus den Fugen geratene Gläubiger-Schuldner-Verhältnis wieder auf die Füße gestellt. Die vermögenden Gläubiger müssten einen Teil ihrer zuvor neoliberal durch eine Umverteilung von unten nach oben erbeuteten Vermögensbestände wieder abgeben bzw. sie würden belastet und die Schuldner für einen Neuanfang von ihren nicht mehr tragbaren Schulden befreit und entlastet. Eine solche rationale Ökonomie lässt sich aber offensichtlich in einer interessengeleiteten und widersprüchlichen kapitalistischen Ökonomie politisch nicht durchsetzen. Wohl aber ein atomisierter Kapitalschnitt durch Negativzinsen, den dann auch die kleinen Sparer zu spüren bekommen.

Einzelwirtschaftliche Rationalitätsfalle

Nicht weniger problematisch als der kapitalistisch immanente Widerspruch und das Interessenproblem ist als ökonomisches Grundproblem die einzelwirtschaftliche Rationalitätsfalle. Sie beschreibt bzw. zeigt den Tatbestand, dass die Entscheidungen der Individuen, der Wirtschaftssubjekte (zu denen auch Unternehmen als Betriebswirtschaften zählen), in der Regel zu gesamtwirtschaftlichen Ergebnissen führen, die diesen zuwiderlaufen. So ist es natürlich für jeden Unternehmer einzelwirtschaftlich (betriebswirtschaftlich) völlig rational, ständig danach zu trachten die Löhne der Beschäftigten zu senken und gleichzeitig noch die Arbeitszeiten zu verlängern. Dies wird den Profit des Unternehmers steigern und/oder er senkt damit seine Produktpreise um somit im Wettbewerb bestehen zu können oder Vorteile zu erzielen. Ein solch einzelwirtschaftliches Vorgehen ist isoliert betrachtet durchaus erfolgversprechend. Da es deshalb aber alle Unternehmer machen, ja, auf Grund der Konkurrenz unter Drohung des eigenen Untergangs machen müssen, schlägt der vermeintliche Vorteil für alle ins Gegenteil, in einen gesamtwirtschaftlichen Nachteil um, weil es hierdurch schlicht und ergreifend zu einem Ausfall an Konsumnachfrage kommt und dieser auch nicht durch eine vermehrte profitinduzierte Investitionsnachfrage kompensiert wird. Denn: Unternehmer investieren nur (wie schon erwähnt), wenn sie für ihre Investitionen eine profitträchtige Nachfrage- und Auslastungserwartung haben. Hinzu kommt noch – durch eine profitrationale betriebswirtschaftliche Arbeitszeitverlängerung – ein Entstehen oder Ausbau von Arbeitslosigkeit. Beides ist aber gesamtwirtschaftlich kontraproduktiv.

Damit erteilt die einzelwirtschaftliche Rationalitätsfalle in Verbindung mit dem interessengeleiteten Widerspruch der kapitalistischen Ordnung allen naiven Bemühungen die kapitalistisch immanente Krise personalisieren zu wollen eine deutliche Absage. Den Unternehmer für seine Profitverfolgung oder wie gerade besonders en vogue den Banker und Finanzmanager für die weltweite Wirtschafts- und Finanzkrise verantwortlich zu machen, hat mit ökonomischem Sachverstand nur wenig zu tun. Karl Marx hat dazu 1867 schon alles Notwendige in seinem Vorwort zum Kapital gesagt: »Zur Vermeidung möglicher Missverständnisse ein Wort. Die Gestalten von Kapitalist und Grundeigentümer zeichne ich keineswegs in rosigem Licht. Aber es handelt sich hier um die Personen nur, soweit sie die Personifikation ökonomischer Kategorien sind, Träger von bestimmten Klassenverhältnissen und Interessen. Weniger als jeder andere kann mein Standpunkt, der die Entwicklung der ökonomischen Gesellschaftsformation als einen naturgeschichtlichen Prozess auffasst, den einzelnen verantwortlich machen für Verhältnisse, deren Geschöpf er sozial bleibt, sosehr er sich auch subjektiv über sie erheben mag« (Marx 1867, 1974, S. 16).

Die einzelwirtschaftliche Rationalitätsfalle steht als ökonomisches Grundproblem auch für das Spar-Paradoxon in der Wirtschaft. So kann jeder einzelne private Haushalt weniger ausgeben als er einnimmt, also sparen, um damit seine Vermögensbestände zu erhöhen. Das gelingt auch einzelwirtschaftlich (individuell), da die jeweiligen Ausgabensenkungen eines oder auch mehrerer privater Haushalte gesamtwirtschaftlich unbedeutend sind und deshalb keine Auswirkungen auf die Einnahmenseite der Haushalte haben. Wenn aber alle oder die Mehrheit der Haushalte sparen, dann vermindern sie insgesamt auch die Einnahmen aller und es kommt zu einer Krise, so dass sie am Ende, trotz sparen, ein geringeres Vermögen verbuchen, es also zu einem Spar-Paradoxon kommt. Übersteigen dabei beim gesamtwirtschaftlichen Sparen die Ersparnisse die Summe der getätigten privaten Investitionen, dann muss, soll es nicht zu einer womöglich dramatischen Wirtschaftskrise kommen, der Staat durch Steuern und/oder Staatsverschuldung und das Ausland die Ersparnisse durch Importüberschüsse (=Auslandsverschuldung) die binnenwirtschaftliche Überschussersparnis abschöpfen und in Nachfrage umwandeln. In einer offenen Volkswirtschaft mit Auslandsaktivitäten gilt nun einmal der Lehrsatz, dass die Nettoinvestitionen (Bruttoinvestitionen minus Abschreibungen) plus den Exporten und minus den Importen immer gleich groß der Ersparnis privater und öffentlicher Haushalte sind. Dies zeigt dann auch (ex post) der empirische Befund der deutschen Wirtschaft von 1991 bis 2014. Demnach haben die privaten Haushalte (inkl. der Personengesellschaften und Einzelunternehmen sowie die privaten Organisationen ohne Erwerbszweck) einen Vermögenszuwachs von 2.388,4 Mrd. Euro aufgebaut. Auch die Finanzinstitute (Banken, Versicherungen und Fonds) konnten ein zusätzliches Vermögen in Höhe von 352,0 Mrd. Euro verbuchen. Was die einen an Vermögen haben, müssen aber andere schulden. Der Saldo von Vermögen und Schulden in einer Volkswirtschaft ist immer null. Ohne Schuldner könnte in einer Volkswirtschaft niemand Überschüsse erwirtschaften und ohne den Kredit gäbe es keine wirtschaftliche Entwicklung, sondern nur eine stationäre Wirtschaft ohne innovative Prozesse (vgl. Schumpeter 1912, 2006, S. 199ff.). So haben dann realiter auch die nichtfinanziellen produzierenden Kapitalunternehmen in Deutschland von 1991 bis 2014 zusätzliche Schulden von 155,7 Mrd. Euro gemacht. Die beiden größten Schuldner waren aber das Ausland mit 1.437,3 Mrd. Euro und der Staat mit 1.147,4 Mrd. Euro (vgl. Deutsche Bundesbank 2015). Die Überschüsse (Vermögen) der privaten Haushalte und des Finanzsektors konnten also nur durch Staats- und Auslandsverschuldung, sowie eine Verschuldung der nichtfinanziellen Kapitalgesellschaften kompensiert bzw. die Gleichung von Vermögen und Schulden erfüllt werden.

Geld und Kredit zirkulieren dabei aber nicht nur im realwirtschaftlichen Kreislauf zur Entfachung sofortiger Kaufkraft, der heute noch keine entsprechende produzierte Gütermenge entspricht, sondern auch auf hochspekulativen Finanzmärkten (vgl. Huffschmid 2002). Dies umso mehr, wenn die produzierenden Unternehmen keine Nachfrage- und Profiterwartung aus realen Investitionen in Maschinen und Fabrikanlagen haben. Das bei wenigen hochkonzentrierte und im neoliberalen Duktus umverteilte Geld und Vermögen findet dann nicht umfänglich den direkten Weg zurück in die produzierende und real investierende Wirtschaft. So haben allein von 2002 bis 2014 selbst die produzierenden nichtfinanziellen Kapitalunternehmen in Deutschland einen Finanzierungsüberschuss, eine Überschussliquidität, in Höhe von 347,5 Mrd. Euro erzielt (vgl. Deutsche Bundesbank 2015), nachdem sie alle realen Investitionen getätigt, alle in den Jahren zurückzahlbare Schulden getilgt und Gewinne an die Shareholder ausgeschüttet hatten. Das heißt im Ergebnis, sie brauchten keinen Kredit für ihren realwirtschaftlichen Produktionsprozess. Das so überschüssige Geld wurde in Folge im Finanzsektor angelegt. Hier soll das Geld (G) dann durch Zinsen und Spekulationen mehr Geld (G') machen (G – G'), was natürlich mangels Anlagemöglichkeiten in der Realwirtschaft schwierig ist. Das Geldangebot findet so keine Nachfrage und führt am Ende zu Negativzinsen. Der Mehrwert (Gewinn, Zins und Grundrente), hier der Zins, kann nun einmal nur in der real produzierenden Wirtschaft durch Menschen und Kapitaleinsatz erarbeitet werden. Diesen unumstößlichen ökonomischen Zusammenhang hat einmal mehr die 2007 in den USA ausgebrochene Subprime-Krise und ihre Ansteckung insbesondere in Europa überdeutlich gemacht. Verstehen tun das aber offensichtlich nur ganz wenige.

Anmerkungen

Bofinger, P. (2013): Grundzüge der Volkswirtschaftslehre, München

Bontrup, H.-J. (2013): Arbeit, Kapital und Staat, Plädoyer für eine demokratische Wirtschaft, 5. Aufl., Köln

Deutsche Bundesbank (2015): Ergebnisse der gesamtwirtschaftlichen Finanzierungsrechnung für Deutschland, Statistische Sonderveröffentlichung 4, Frankfurt a. M., Mai

Hickel, R. (2016): Die EZB braucht eine andere Geldpolitik, in: Frankfurter Rundschau vom 10.03.

Hickel, R. (2016a): Europäische Zentralbank in der Liquiditätsfalle, Unveröffentlichtes Manuskript, Bremen Anfang März

Huffschmid, J. (2002): Politische Ökonomie der Finanzmärkte, Aktualisierte und erweiterte Neuauflage, Hamburg

Kreutzer, E. W. (2015): Draghi, der Währungshüter, in: www.egon-w-kreutzer.de

Marx, K. (1867, 1974): Das Kapital, Bd. 1, Erste Aufl., Hamburg 1867, Berlin (Ost) 1974

Mika, B., (2016): Die dunkle Seite der Demokratie, in: Frankfurter Rundschau vom 15.03.

Schumpeter, J. (1912, 2006): Theorie der wirtschaftlichen Entwicklung, Nachdruck der 1. Auflage von 1912, Berlin

Schneider, U. (Hrsg.) (2015): Kampf um die Armut. Von echten Nöten und neoliberalen Mythen, Frankfurt a. M.

Spannagel, D. (2015): Trotz Aufschwung: Einkommensungleichheit geht nicht zurück, WSI-Verteilungsbericht Nr. 26

Zeise, L. (2002): Ende der Party. Die Explosion im Finanzsektor und die Krise der Weltwirtschaft, aktualisierte und ergänzte Neuauflage, Köln

OXI. Wirtschaft anders Denken, Ausgabe 11/2020

Politikversagen

Unter dem von der Politik immer mehr präferierten und umgesetzten Neoliberalismus kam es zu verheerenden Ergebnissen in der Ökonomie und auch in der Politik. Deutschland ist noch nie so reich, aber auch noch nie so arm wie heute gewesen. Die neoliberalen Umverteilungsorgien haben dies bewirkt. Nicht einmal das Stabilitätsgesetz wurde ernst genommen, obwohl hier die so wichtige Verteilungsfrage keine Berücksichtigung fand. Politik »glänzte« immer mehr mit fehlendem ökonomischen Wissen und einem einseitigen neoliberalen Denken auf allen wirtschaftspolitischen Feldern. Die Regierungen von Helmut Kohl (CDU) ab 1982 über Gerhard Schröder (SPD) ab 1998 und Angela Merkel ab 2005 bis zu Olaf Scholz (SPD) ab 2021 waren durch und durch vom Neoliberalismus geprägt. Alle Regierungen haben damit einen großen gesellschaftlichen Schaden hinterlassen und die AfD in die Parlamente gebracht. Unter der jetzt neu gebildeten Regierung Merz (CDU) wird es nicht besser, eher noch schlechter werden.

Nie ernst genommen

Das Stabilitätsgesetz wird 50 Jahre alt

Am 8. Juni 1967 trat das »Gesetz zur Förderung der Stabilität und des Wachstums der Wirtschaft« (StabG) in Kraft. Die noch junge Bundesrepublik erlebte 1967 mit -0,3 Prozent ihren ersten Wachstumseinbruch und die Zahl der Arbeitslosen stieg auf ca. 500.000. Dies war der endgültige Anlass für die damalige erste Große Koalition aus

CDU/CSU und SPD das Gesetz zu verabschieden, nachdem es schon zuvor zu umfangreichen parlamentarischen Diskussionen über das Gesetz gekommen war. Ab sofort sollten Bund und Länder mit ihren wirtschafts- und finanzpolitischen Maßnahmen zur Stabilität des Preisniveaus, zu einem hohen Beschäftigungsstand und außenwirtschaftlichem Gleichgewicht bei stetigem und angemessenem Wirtschaftswachstum beitragen. Die gleichzeitige Realisierung der Einzelziele kommt aber einer Magie gleich, weshalb man von einem »magischen Viereck« spricht. Später sollte nur noch dem Ziel mit der größten Verletzung die meiste wirtschaftspolitische Aufmerksamkeit gesenkt werden.

Das StabG hat in seiner 50-jährigen Geschichte immer unter einer rechtlich fehlenden Sanktionierbarkeit der einzelnen Teilziele gelitten. Dies nicht zuletzt auch deshalb, weil es in der Wirtschaftswissenschaft für die exakte Bestimmung und die Interdependenz der Teilziele keine einheitliche Wirtschaftstheorie gibt. Großer Schwachpunkt des Gesetzes waren von Anfang an auch das Fehlen der Teilziele Verteilungsgerechtigkeit und Umweltschutz. Ebenso fanden die soziale Frage und die Wirtschaftskonzentration keine Berücksichtigung.

Völlig enttäuschend blieb rückblickend der Umsetzungserfolg des StabG. Am meisten gegenüber dem Teilziel »hoher Beschäftigungsstand«. Konnten die Wirtschaftskrise und die Arbeitslosigkeit 1966/67 in Anwendung des Gesetzes noch relativ schnell durch eine antizyklische keynesianische Finanzpolitik beendet werden, so gibt es seit der Krise 1974/75 eine nie sich auf das Gesetz berufende Bekämpfung der Massenarbeitslosigkeit. Zurzeit versagt das StabG besonders beim Teilziel »außenwirtschaftliches Gleichgewicht«. War hier seinerzeit noch von einem maximalen Anteil in Höhe von 1,5 Prozent des Außenbeitrags am nominalen Bruttoinlandsprodukt die Rede, so liegt der Anteil seit 2002 in jedem Jahr mit Werten zwischen 3,7 und 7,7 Prozent weit darüber. Dies stört aber die seit langem neoliberal herrschende Politik nicht im Geringsten. Das StabG haben die Neoliberalen eh nie ernst genommen.

Frankfurter Rundschau, 9. Juni 2017

Politik denkt nicht mehr kausal

Kausalität identifiziert eine Beziehung zwischen Ursache und Wirkung. Bei einer Monokausalität verursacht genau ein Ereignis eine oder auch mehrere Wirkungen. Bei Multikausalität liegen dagegen mehrere Ursachen für eine Wirkung vor und bei einer transitiven Kausalität ist eine Wirkung gleichzeitig auch eine Ursache. In der Sprache der Ökonomen wird hier zwischen auslösenden Faktoren und bestimmten Symptomen eine Hypothese postuliert und durch logische Deduktionen werden weitere Hypothesen aufgestellt. Überstehen diese einem Konsistenz- und Empirietest, gelten sie als vorläufig gültige Wirtschaftstheorie. Auf diese stützt sich dann die Wirtschaftspolitik, die in nicht intersubjektiv vergleichbaren (normativen) Werturteilen das jeweilige Soll der Wirtschaft determiniert. Wie hier die Wirtschaft sein soll hängt von Interessen ab und ist immer eine Funktion der Macht. Wer davon am meisten hat, setzt sich durch. Das gilt nicht nur für Monopolisten oder marktbeherrschende Unternehmen auf den Gütermärkten.

Leider kommt die heute herrschende Wirtschaftspolitik weitgehend ohne ein kausales Denken aus. Im politischen Alltag werden jedenfalls nicht mehr die *Krisenursachen* bekämpft, sondern die Wirtschaftspolitik ist nur noch auf eine *symptomhafte Palliativpolitik* beschränkt, die zwar eine Linderung der Wirkungen verspricht, die entscheidende Krisenursache aber nicht beseitigt. Der Mediziner würde sagen, der Patient ist trotz verabreichter Medikamente immer noch krank. So wird, um hier nur zwei Beispiele anzuführen, die seit langem bestehende Umverteilung von Einkommen zu Gunsten der Kapitaleigentümer und auch die Zunahme der Armutsquote nicht von der Ursache her bekämpft, sondern nur mit Palliativmittel wie dem gesetzlichen Mindestlohn oder mit einer Aufstockung von Hartz-IV-Mitteln – in beiden Fällen übrigens, was die Höhe angeht, völlig unzureichend. Die eigentliche Ursache aber, die bestehende Massenarbeitslosigkeit und das tief vorhandene Prekariat, werden dagegen von der Politik völlig ausgeblendet und deren Beseitigung nicht forciert.

Auch mit einer Erhöhung des Arbeitslosengeldes und einer verlängerten Bezugsdauer der Unterstützung, die jetzt der SPD-Kanzlerkandidat, Martin Schulz, fordert, wird die Ursache nicht beseitigt. Auch er fordert nur eine Erhöhung der Palliativmittel. Arbeitszeitverkürzung bei vollem Lohn- und Personalausgleich sowie die Förderung eines öffentlichen Beschäftigungssektors wären dagegen die richtigen Instrumente. Oder ein anderes Beispiel: Das bedingungslose Grundeinkommen (vgl. den Beitrag »Bedingungsloses Grundeinkommen«, S. 199ff.), von vielen gefordert. Hier soll durch eine Mitleidsökonomie verarmten und wirtschaftlich ausgegrenzten Menschen Linderung verschafft werden, ohne aber die Ursache, auch hier die Arbeitslosigkeit und die Umverteilung der Wertschöpfung zu den Kapitaleignern, aus der Welt zu schaffen.

Warum verhält sich die herrschende Politik wirtschaftspolitisch aber so kontraproduktiv, indem sie nur an den Symptomen herumdoktert und die wahren Ursachen der Krise nicht beseitigt, ja nicht einmal benennt und ehrlich diskutiert? Weil Wirtschaftspolitik, wie bereits oben erwähnt, immer nur normativ und interessengeleitet ist und hier die in der Gesellschaft verteilte wirtschaftliche Macht zum Interessenentscheider wird. Haben die Kapitaleigentümer, so muss dann die Frage lauten, jedoch überhaupt ein Interesse an der Beseitigung der Massenarbeitslosigkeit? Nein, das haben sie natürlich nicht. Denn bei einer vollbeschäftigten Wirtschaft müssen sie die Einkommensinteressen der abhängig Beschäftigten berücksichtigen und auch die armen und arbeitslosen Menschen fallen als lohndrückende Reservearmee aus. Die Gewerkschaften könnten sogar die Wertschöpfung zu Gunsten der Beschäftigten umverteilen. Die Lohnquote würde zu Lasten der Mehrwertquote steigen. Dies war jedenfalls der empirische Befund in den 1960er Jahren, wo die bundesdeutsche Wirtschaft vollbeschäftigt war. In die andere Richtung einer Umverteilung von unten nach oben, also zu Lasten der Lohnquote, ging es immer dann, wenn ein Überschussangebot an Arbeit zu Arbeitslosigkeit führte. Für den Zustand der Arbeitslosigkeit nehmen die Kapitaleigentümer sogar den induzierten Nachfrageausfall in Kauf. Wohlwissend das es dafür für sie noch eine Lösung gibt. Nämlich die ausfallende kaufkräftige Binnennachfrage durch Exportüberschüsse und damit Einkommensströme aus dem Ausland zu kompensieren. Das kommt doch bekannt vor! Oder? Natürlich! Der Doppelcharakter von Arbeitskosten, eben nicht nur Kosten aus Sicht der Kapitaleigner, sondern auch Einkommen aus Sicht der abhängig Beschäftigten zu implizieren, wird dadurch aufgelöst.

Frankfurter Rundschau, 4. August 2017

Ökonomisches Nichtwissen und Einseitigkeit

Die meisten Menschen leiden an einem *ökonomischen Nichtwissen.* »Wirtschaft ist für sie ein Buch mit sieben Siegeln«. Dies gilt aber auch für PolitikerInnen, die Wirtschaft im Interesse des ganzen Volkes eigentlich beherrschen und gestalten sollen. Hier wird es dann abenteuerlich, wenn auf Nachfrage Bundestagsabgeordnete des Finanzausschusses (also die vermeintlichen wirtschaftlichen Experten im Parlament) nicht einmal die Wirkungszusammenhänge im Wirtschaftskreislauf, die Entstehungs-, Verwendungs- und Verteilungsrechnung des Sozialprodukts sowie die gesamtwirtschaftliche Finanzierungsrechnung beherrschen. Auch mit der multiplikativen Wirkung kreditfinanzierter Staatsausgaben auf das Wirtschaftswachstum und Beschäftigung gemäß dem Haavelmo-Theorem, um nur ein weiteres Beispiel zu nennen, haben unsere VolksvertreterInnen offensichtlich größte Probleme. Denn nur so, mit Nichtwissen, und nicht mit Interessen, wie viele glauben, lässt sich in diesem Fall die völlig irrationale Abstimmungsmehrheit 2009 im Parlament für eine makroökonomisch »dumme« (Romano Prodi) *staatliche Schuldenbremse* (besser Kreditbremse) und ihre verfassungsrechtliche Verankerung erklären, die im Ergebnis größtmöglichen gesamtwirtschaftlichen Schaden anrichtet. Ein ökonomisches Alphabetisierungsprogramm für PolitikerInnen ist hier dringend geboten. *Dummheit kann sich eben Kraft ihres Selbst nicht erkennen.* Nur wirklich Wissende können sich einem Mainstream-Denken entgegenstellen und notwendige Alternativen einbringen. Ansonsten müssen wir mit Kurt Tucholsky fragen: »O hochverehrtes Publikum, sagt einmal, bis du wirklich so dumm, wie uns das an allen Tagen alle Unternehmer sagen?«

Die ökonomische Bildung (Alphabetisierung) einer Gesellschaft muss bereits in den Schulen beginnen. Aber nicht wie von vielen Interessenvertretern des Kapitals heute gefordert, im Sinne der einseitig herrschenden *neoklassischen* oder *neoliberalen Ökonomik*, deren Maximen lediglich aus mehr Wettbewerb und Markt, weniger Staat, mehr Deregulierung und Privatisierung sowie geringsten Steuerzahlungen für Unternehmer und sogenannte »Leistungsträger« besteht, sondern im Sinne einer pluralen (heterodoxen) Ökonomik, die diese Einseitigkeit kritisiert. Dabei ist es in der schulischen Umsetzung dringend geboten sich an dem in den 1970er Jahren für eine politische Bildung entwickelten *Beutelsbacher Konsens* zu halten, der drei Grundgedanken innerhalb einer freiheitlichen demokratischen Ordnung formulierte: »Es sollte nicht erlaubt sein, Schüler zu indoktrinieren (*Überwältigungsverbot*). Kein Standpunkt darf als alternativlos dargestellt werden (*Kontroversitätsgebot*). Die Schüler müssen befähigt werden, eigene Interessen zu erkennen und in einem sozialen Zusammenhang zu vertreten (*Schülerorientierung*)« (Spieker 2015, S. 9). Dieser Konsens hat auch für die Hochschulausbildung zu gelten. Gerade in einer nicht wertfreien Sozialwissenschaft wie der Wirtschaftswissenschaft. Dazu muss aber die heute an den Hochschulen vorherrschende Dominanz der neoklassischen, und als pervertierte Variante die neoliberale Glaubenslehre vom Sockel gestoßen werden, die sich schleichend in den letzten Jahrzehnten als Mainstream-Lehre an den wirtschaftswissenschaftlichen Fachbereichen durchgesetzt hat. Die Wirtschaftswissenschaft von der Klassik bis heute, hat jedenfalls mehr zu bieten. Vor allen Dingen ist sie nicht alternativlos (vgl. Bontrup 2015, S. 69ff.).

Anmerkungen

Bontrup, H.-J. (2015): Die Notwendigkeit von Alternativen in den Wirtschaftswissenschaften, in: Spieker, M., Ökonomische Bildung, Zwischen Pluralismus und Lobbyismus, Schwalbach/S.

Spieker, M., (Hrsg.) (2015): Ökonomische Bildung. Zwischen Pluralismus und Lobbyismus, Schwalbach/S.

OXI. Wirtschaft anders Denken, Ausgabe 11/2020

Rente mit 63 – kein großes Geschenk

Seit dem 1. Juli 2014 gilt die Altersrente mit 63. Demnach können abhängig Beschäftigte nach 45 Rentenversicherungs(Beitrags-) Jahren bzw. Arbeitsjahren ohne Abschläge in Rente gehen. Ab dem Jahrgang 1953 steigt das abschlagsfreie Eintrittsalter aber schon um zwei Monate an. Der Jahrgang 1964 und jünger kann dann erst ab dem 65. Lebensjahr eine abschlagsfreie Rente erhalten. Also von einer *allgemeinen* Rente mit 63 nach 45 Arbeitsjahren kann nicht gesprochen werden. Begründet wird diese Differenzierung (Restriktion) mit der allgemeinen Anhebung des Rentenalters von 65 auf 67 Jahre, die gesamtwirtschaftlich in einem der reichsten Länder der Erde nicht nachvollziehbar ist.

Lange gab es politischen Streit um die Rente mit 63. Zum Schluss wurde noch gestritten, ob Zeiten der Arbeitslosigkeit angerechnet werden sollen. Ergebnis: Zeiten des ALG-I-Bezuges werden anerkannt – in den letzten zwei Jahren vor Rentenbeginn aber nur, wenn sie Folge einer Insolvenz oder Geschäftsaufgabe des Arbeitgebers sind. Zeiten des Bezugs von Arbeitslosenhilfe und ALG II finden dagegen keine Berücksichtigung. Dies trifft völlig unberechtigt Langzeitarbeitslose.

Die Kosten des Rentenpakets wurden von der Bundesregierung bis 2018 auf 13,5 Mrd. Euro geschätzt. Jahresdurchschnittlich auf 3 Mrd. Euro. Wirtschaftsverbände sehen darin eine unerträgliche Belastung der Unternehmen und zukünftigen Beitragszahler. Welch ein ideologischer Unsinn. Richtig ist, dass die Rente mit 63 lediglich einer lächerlichen Belastung entspricht. Bei einem erwirtschafteten kumulierten Volkseinkommen in Deutschland von 2014 (2. Halbjahr) bis 2018 in Höhe von knapp 11.000 Mrd. Euro liegt sie bei 0,1 Prozent bezogen auf das Volkseinkommen. Da muss man sich dann wohl kaum Finanzierungssorgen machen. Und selbst wenn man die Rente mit 63 nur von den Arbeitgebern bezahlen ließe, läge die »Belastung« bezogen auf die Unternehmens- und Vermögenseinkommen auch nur bei geringen 0,4 Prozent. Wo ist also das gesamtwirtschaftliche Finanzierungsproblem? Es existiert schlicht und ergreifend nicht!

Für die Menschen, soviel werden es am Ende nicht einmal sein, die nach 45 Berufsjahren in den Ruhestand gehen können, bedeutet die Rente mit 63 dennoch ein paar Jahre mehr Lebensqualität. Sie unterliegen keiner Fremdbestimmung mehr und einem Arbeitsstress in Unternehmen und staatlichen Verwaltungen und können in Folge ihr Leben selbst bestimmen. Und auch die Arbeitslosen und weiter Beschäftigten können profitieren. Das Arbeitsangebot wird sinnvollerweise durch die Rente mit 63 in Anbetracht bestehender Massenarbeitslosigkeit und prekarisierter Arbeitsmärkte verknappt. Hierdurch erhalten die Arbeitslosen eine erhöhte Beschäftigungschance und die Beschäftigten mehr Spielraum für Arbeitsentgelterhöhungen. Gleichzeitig profitiert auch noch der Staat. Weniger Arbeitslose bedeutet weniger staatliche Alimentierung durch Arbeitslosengeld (ALG I und II) und weniger Ausfälle bei Steuern und Abgaben. Im Befund legen letztere sogar zu.

Klartext, 18. April 2016

Lindner fehlt ökonomisches Wissen für Rentenreform

SPD und Bündnis90/Die Grünen sind neoliberale Parteien. Die FDP ist wenigstens ehrlich und steht offen zum Neoliberalismus. Jetzt toppt die Ampel ihren neoliberalen Wahn noch mit einer »Aktienrente«, die wegen der Anrüchigkeit des Begriffs in »Generationenkapital« umgetauft wurde. Die gesetzliche Altersrente mit einem solidarischen Umlageverfahren für fast 22 Millionen Rentner:innen müsse, wie schon bei der vierprozentigen »Riester-Rente«, weiter in eine kapitalgedeckte Finanzierung transformiert werden. Dazu plant die Regierung, die in zwei Jahren abgewählt sein wird, einen weiteren schwerwiegenden Eingriff in das Rentensystem. Es reicht mit den sogenannten Volksvertreter:innen. Das Volk sollte über die Altersrente entscheiden. Es hat in Summe mehr ökonomisches Wissen als jede Regierung, die nicht einmal die kontraproduktiven makroökonomischen Wirkungen der staatlichen Schuldenbremse verstanden hat. Offensichtlich hat sie auch in Bezug auf die Rente das Mackenroth-Theorem nicht verstanden, obwohl uns Gerhard Mackenroth dazu schon 1952 alles Notwendige hinterlassen hat: »Nun gilt der einfache und klare Satz, dass aller Sozialaufwand immer aus dem Volkseinkommen der laufenden Periode gedeckt werden muss. Es gibt gar keine andere Quelle (…), es gibt keine Ansammlung von Periode zu Periode, kein ›Sparen‹ im privatwirtschaftlichen Sinne, es gibt einfach gar nichts anderes als das laufende Volkseinkommen als Quelle für den Sozialaufwand (…). Volkswirtschaftlich gibt es immer nur ein Umlageverfahren.«

Der »Vater« des »Generationenvertrages« und der »dynamischen Rente«, Wilfried Schreiber, schrieb schon 1955: »Hinter der Forderung ›Zurück zum Versicherungsprinzip‹, steckt oft auch noch mehr, nämlich die Forderung nach weiterer sklavischer Anlehnung an die Verfahrensweise der privaten Versicherungswirtschaft. Es fehlt offenbar gerade einem großen Kreis unserer Sachverständigen die Vorstellungskraft, sich von dem privatwirtschaftlichen Vorbild zu lösen (…). Nur so ist zu erklären, dass gerade unter Sachverständigen die Ansicht verbreitet ist, eine Rentenversicherung der Arbeitnehmer bedürfe, um ›gesund‹ zu sein, der Ansammlung eines ›Deckungskapitals‹.« Jetzt will, trotz der ökonomischen Lehrsätze, die Ampel ernsthaft jährlich in einen Fonds einzahlen, mit dem dann Fondsmanager:innen am Kapitalmarkt Renditen realisieren sollen. Bis 2035 soll der Fonds auf 200 Milliarden Euro anwachsen. Noch in diesem Jahr will Finanzminister Christian Lindner (FDP) dazu 12 Milliarden Euro in den Fonds einzahlen. Da er das Geld aber nicht hat, wird er Schulden machen. Diese Staatsschulden sieht er außerhalb der Grenzen der Schuldenbremse. Hier droht dann eine weitere Verfassungsklage, aber damit kennt sich Lindner ja bereits aus. Und dass er für die aufgenommenen Kredite Zinsen wird zahlen müssen, die wohl kaum eine reale Nettorendite erwarten lassen, auch das stört den Finanzminister und seine neoliberalen Berater nicht. Hier fehlt es schlicht an ökonomischem Wissen. Selbst wenn man unterstellt, alle könnten für das Alter durch individuelles Sparen oder Kapitalanhäufen vorsorgen – was realiter den meisten abhängig Beschäftigten aufgrund ihres nur geringen Einkommens aus Arbeit schon nicht gelingt – so bliebe dieses Sparen aus makroökonomischer Sicht lediglich ein Nullsummenspiel. Denn wenn alle sparen, hat keiner mehr. So wie sich nur jemand verschulden kann, wenn er einen Gläubiger findet, kann auch nur derjenige Geld anlegen und ein Vermögen bilden (sparen), der einen Schuldner oder Investor findet. Die Erträgnisse aus den akkumulierten Vermögen (wie Zinsen und Dividenden), die den Sparenden zufließen, müssen von den ökonomisch Aktiven erwirtschaftet werden und sind immer nur Teil des laufenden Volkseinkommens.

Der Ökonom, Physiker und Philosoph Stefan Welzk bringt diese ökonomischen Kausalitäten, die eigentlich ein Finanzminister verstanden haben sollte, auf den Punkt: »Eine allgemeine kapitalgedeckte Privatvorsorge zur Abmilderung der wirtschaftlichen Folgen des demografischen Alterungsprozesses ist wirkungslos (…). Volkswirtschaftlich bringt sie keinen Wohlstandszuwachs gegenüber einem beitragsfinanzierten Rentensystem. Sie bewirkt freilich eine Umverteilung zu Gunsten der Gewinne und zu Lasten der Löhne sowie krass auseinanderklaffende Alterseinkommen.« Will man dagegen die gesetzliche Rentenversicherung nicht nur auf dem heute vorliegenden bescheidenen Niveau sicherstellen – die durchschnittliche Bruttomonatsrente lag 2023 bei 1247 Euro –, sondern nachhaltig verbessern oder ausbauen, so gibt es eine einfache ökonomische Lösung: Der Mehrwert in der Wertschöpfung (Volkseinkommen) muss zugunsten der Arbeitseinkommen umverteilt werden. Dies ist bei einem Mehrwert im Jahr 2023 von 1254,5 Milliarden Euro und einer Mehrwertquote von 40,7 Prozent überhaupt kein Problem. Das Problem sind dabei nur die neoliberalen Regierungen der rund letzten 50 Jahre in Deutschland. Was will man hier dann von der jetzigen Ampel-Regierung auch schon erwarten?

nd.DerTag, 6.3.2024

Bildungschancen sind nicht gleichverteilt

Gesellschaftlich notwendige Innovationen sind ohne *Bildungsinvestitionen* nicht möglich. Deshalb kommt der Bildung eine ungeheure Wichtigkeit für den Einzelnen aber auch natürlich für die Gesellschaft als Ganzes zu. Dies lässt sich einmal mehr aus den Erkenntnissen des ersten »*Armuts- und Reichtumsbericht der Bundesregierung*« ableiten. Dort heißt es: »Dass die Höhe des beruflichen Bildungsstandes eine erhebliche Rolle in Bezug auf die individuelle Lebenslage bzw. Armuts- oder Reichtumsposition hat, ist belegbar. Dies bemisst sich an der Höhe der Erwerbseinkommen, an der erreichten beruflichen Position und an der Beschäftigungssicherheit gegenüber dem Zustand der Erwerbslosigkeit.«

Bildung ist Zukunftsvorsorge, denn das Risiko des Arbeitsplatzverlustes ist an den Bildungs- und Berufsabschluss gekoppelt: Je geringer der berufliche Ausbildungsabschluss, desto höher die Gefahr der Arbeits- bzw. Dauerarbeitslosigkeit. Das weitaus größte Risiko tragen Männer und Frauen ohne beruflichen Ausbildungsabschluss.« Deshalb darf von Bildung Niemand in einer Gesellschaft ausgeschlossen werden. Sie ist kein einkommens- und vermögensabhängiges privates, sondern immer nur als ein *öffentliches Gut ohne Ausschlussprinzip* zu verstehen. Daher gibt es auch keine

Alternative zu steuerfinanzierten Bildungsinvestitionen, die nicht nur auf eine ökonomische Rendite zu reduzieren sind. Zu diesem Ergebnis kommt der bekannte US-amerikanische Ökonom John Kenneth Galbraith, wenn er feststellt, dass Bildungsinvestitionen sich nachhaltig auch auf den inneren sozialen Frieden einer Gesellschaft auswirken. Sie eröffnen den Angehörigen der unteren, sozial und wirtschaftlich benachteiligten Schichten die Möglichkeit des sozialen Aufstiegs. Außerdem ermöglicht Bildung den Menschen zum einen, politisches Bewusstsein zu entwickeln und politische Verantwortung zu übernehmen. Dies ist für den Bestand von Demokratien entscheidend wichtig. Und zum anderen ermöglicht Bildung, sich gesellschaftlich umfassend zu entfalten und durch eine geistige Horizonterweiterung das Leben auch kulturell zu genießen.

Bildung ist aber noch mehr: Sie ist das Medium, das Werte vermittelt und wobei akzeptierte (gesellschaftliche) Werte gleichzeitig Moral bilden, die sozusagen als Kitt die moderne Gesellschaft zusammenhalten. Bildung schließt auch Partizipationen ein, die dazu beitragen müssen, den Menschen zum aufrechten Gang zu verhelfen. Bildung hat nicht nur die Aufgabe, kompetente und leistungsbewusste Menschen zu erziehen, sondern auch ein kritisches politisches und gesellschaftliches Bewusstsein zu entwickeln. Bildung lässt sich deshalb nicht, wie heute häufig versucht wird, in eine betriebswirtschaftlich orientierte Symbolik pressen, wonach an Hochschulen und Schulen die Studierenden und Schüler zu »Kunden« werden, als ob diese in ein Kaufhaus gehen, etwas einzahlen und dafür eine Ware bekommen. Genauso verwerflich ist die politisch eingeleitete »Verbetrieblichung« von Bildungseinrichtungen, wohinter letztlich nichts Anderes als Kosteneinsparungen und eine Entdemokratisierung steht. Bildungseinrichtungen sind keine Unternehmen und können deshalb auch nicht als solche behandelt und geführt werden. Sie brauchen Freiheit, Unabhängigkeit und keine Gängelung von Politik. Geradezu gefährlich wird es, wenn Bildungseinrichtungen in eine ökonomische Abhängigkeit von der Wirtschaft geraten. Der Staat hat vielmehr die Wirtschaft so zu besteuern, dass er in der Lage ist, seine Schulen und Hochschulen adäquat mit finanziellen Mitteln auszustatten. Diese werden aber in Deutschland seit Jahren nicht bereitgestellt. Ein internationaler Vergleich von Bildungsausgaben durch die OECD dokumentiert bei aller Mess- und Abgrenzungsschwierigkeit zwischen den einzelnen Ländern, dass Deutschland mit einem Wert von 4,7 v. H. (Bildungsausgaben bezogen auf das Bruttoinlandsprodukt) weit unter dem Ländermittelwert von 5,6 v. H. liegt.

Vor diesem Hintergrund sind die Untersuchungsergebnisse der PISA-Studien zum Wissensstand deutscher Schüler im internationalen Vergleich, aber auch die Ergebnisse der OECD-Untersuchung über zu geringe Hochschulabgängerzahlen, eigentlich nicht überraschend. In den PISA-Studien wurde aber nicht nur festgestellt, dass die sprachlichen und mathematischen Fähigkeiten der in Deutschland ausgebildeten Jugendlichen unzureichend sind, sondern auch, dass es im internationalen Vergleich starke soziale Segmentierungen bis zu Ausgrenzungen gibt, die Anlass zu großer Sorge geben. Deutschland ist trotz aller politischen Verlautbarungen – Bildung sei ein hohes und wichtiges gesellschaftliches Gut – schlecht für die immer mehr aufkommende Wissensgesellschaft gerüstet.

Auch die seit Anfang der 1970er Jahre initiierten Bildungsreformen, die mehr Chancengleichheit in die Gesellschaft tragen sollten, haben die Unterschiede zwischen den sozialen Schichten, wenn man den Zugang zu höheren Bildungsabschlüssen betrachtet, nicht aufheben können. Allerdings ist empirisch festzustellen, dass die Bildungsreformen immerhin Mobilitätsschübe ausgelöst haben. So konnten die Mittelschichtskinder den Abstand zu den Oberschichtkindern verringern, dafür wuchs aber der Abstand der Unterschicht, die somit als Verlierer der Bildungsreformen bezeichnet werden kann. Negativ auffallend ist auch die nur geringe Bildungsbeteiligung von Ausländern. Hier liegt, wie das Deutsche Institut für Wirtschaftsforschung (DIW) in einer Untersuchung feststellte, »kaum eine Annäherung an die Schul- und Berufsabschlüsse von Deutschen« vor. »Die Bildungsbeteiligung der 20- bis unter 25-jährigen Erwachsenen ausländischer Herkunft lag im Jahre 2001 weiterhin mit 14 v. H. weit unter der der Deutschen in dieser Altersklasse

(41 v.H.). Seit 1997 ist der Abstand sogar größer geworden.« Das negative Ergebnis von Bildungsbeteiligung manifestiert sich auch im tertiären Bildungssektor an Universitäten und Fachhochschulen. Die in regelmäßigen Abständen vom Deutschen Studentenwerk (DSW) durchgeführten Untersuchungen zur »beruflichen Stellung der Eltern« von Studierenden an Hochschulen zeigen, das gemessen an der gesellschaftlichen Stellung nach dem Berufsstatus Arbeiter, Angestellte, Beamte und Selbstständige, der Anteil der Arbeiterkinder an Universitäten und Fachhochschulen weit unterproportional ist. Dennoch war an Universitäten von 1953 bis heute ein Zuwachs von 4 v.H. auf 13 v.H. festzustellen. Vergleicht man allerdings die Anteilsentwicklung erst ab Anfang der 1970er Jahre, zu Beginn der Bildungsoffensive, so ist hier lediglich noch ein marginaler Zuwachs von einem Prozentpunkt von 12 v.H. auf 13 v.H. eingetreten. Zählt man die Fachhochschulen dazu, die erst ab Ende der 1960er Jahre als neuer Hochschultyp entstanden sind, so liegt der Anteil Arbeiterkinder insgesamt an deutschen Hochschulen bei rund 16 v.H., also auch nicht merklich höher. In einer jüngsten Untersuchung stellte das DSW fest, dass immer weniger Studierende aus der Mittelschicht stammen. Dennoch ist hier die Chance auf eine Bildungsbeteiligung nach wie vor wesentlich höher als die von Kindern aus niedriger Schicht. Von diesen nahm im Jahr 2000 etwa nur jedes zehnte ein Hochschulstudium auf, nahezu dreimal so viele (29 v.H.) stammten aus der »Herkunftsgruppe mittel«. Die höchste Bildungsbeteiligung haben Kinder der »Herkunftsgruppe hoch«. 81 v.H. studieren hier. »Das ist das Gegenteil von Chancengleichheit«, so Hans-Dieter Rinkens, der Präsident des DSW. Trotzdem wird aber ernsthaft die Einführung von Studiengebühren für ein Erststudium verlangt. Sollte es dazu kommen, so wird die heute bereits bestehende ungleiche Bildungsverteilung als Reproduktionsinstrument sozialer Ungleichheit in Deutschland noch zunehmen. »Gute Studienplätze für Reiche« (vgl. Ossietzky 1/2005) lautet dann die Devise.

Aber auch selbst eine gute Ausbildung ist in Deutschland noch längst kein Garant für einen demokratisch durchlässigen gesellschaftlichen Aufstieg unabhängig von der sozialen Herkunft. Dies zeigt sich im Ergebnis bei der Besetzung von Führungspositionen in der Wirtschaft – im so genannten Top-Management. Der Mythos von der Chancengleichheit ist auch hier eine absolute Mär. Zu diesem ernüchternden Urteil kommt der Soziologe Michael Hartmann, der sich seit Jahren wissenschaftlich mit dem Thema Top-Manager befasst. Nach einer Untersuchung von 6.000 Führungskräften hat Hartmann als Faustregel festgestellt: Wer aus einfachen Verhältnissen kommt, der schafft es höchstens bis zum Abteilungsleiter, auch wenn er Studium und Promotion vorweisen kann. Spitzenpositionen besetzen dagegen Manager, die selbst aus gehobenen Schichten stammen. Noch immer entscheidet die Herkunft über den Erfolg. Die »gute Kinderstube« ist zwar noch keine Garantie für einen besonders erfolgreichen Berufsweg, aber sie steigert ganz erheblich die Chancen. Wenn man Arbeiterkinder mit Kindern leitender Angestellter vergleicht, so haben erstere trotz gleicher Ausbildung eine zehnmal schlechtere Chance auf Top-Positionen und Karriere. Die Bosse der Wirtschaft reproduzieren sich selbst. Aber nicht nur bei der Besetzung von Führungspositionen in der Wirtschaft, genauso wie in Politik und Wissenschaft, wenn auch hier unter anderen Bedingungen der Auswahl, gibt es keine Chancengleichheit.

Die Bildungsreformen der 1970er Jahre haben die ökonomischen Widersprüche und Ungleichheiten durch den Versuch einer Herstellung von Chancengleichheit im Bildungswesen nicht überwinden können. Jugendlichen wurden zwar vermehrt gleiche Bildungschancen eröffnet, danach entließ man sie aber in eine Welt, in der sich an den ungleichen sozialen Positionen nichts geändert hatte. Je bedrohlicher dabei bis heute die *Krise auf dem Arbeitsmarkt* wurde, desto geringer war die Bereitschaft in bildungsfernen Schichten, den unbekannten Weg längerer Schul- und Hochschulbildung auf sich zu nehmen. *Die Bruchstellen auf dem Arbeitsmarkt markieren auch die Bruchstellen im Bildungswesen.* Allgemeine Bildungspolitik muss daher in Zukunft wesentlicher enger als dies in der Vergangenheit der Fall war mit Wirtschaftspolitik, hier insbesondere mit Beschäftigungs-, Arbeitsmarkt-, Sozial- und Verteilungspolitik verknüpft werden. Solange hier aber weiter die politischen Weichen in Richtung einer unheilvollen neoliberalen Wirtschaftspolitik, in Richtung Privatisierung und Abbau staatlicher Fürsorge gestellt sind, ist auch in Sachen Bildung das Schlimmste zu befürchten.

Neue deutsche Schule (nds).
Die Zeitschrift der Bildungsgewerkschaft GEW, Heft 4/2011

Verheerende Merkel-Bilanz

Lichtjahre entfernt von Gerechtigkeit

Einkommen und Vermögen sind in Deutschland stark ungleich verteilt. Einem Prozent der Deutschen gehören 35 Prozent und 10 Prozent zwei Drittel der Vermögensbestände. Im Gegensatz zum Reichtum der Wenigen verfällt das Öffentliche an Infrastruktur, Gesundheit und Bildung. Digitalisierung mangelhaft. An den Wohnungsmärkten steigen die Mieten und der soziale Wohnungsbau liegt danieder. Die Armut ist gestiegen. Das Elend des Hartz-IV-Systems besteht weiter. Die Arbeitslosenzahlen sind durch rechtliche Tricks nach unten manipuliert worden. Zur Vollbeschäftigung fehlen in Deutschland rund 7 Millionen Vollzeitstellen. Jeder fünfte abhängig Beschäftigte befindet sich im Niedriglohnsektor und muss für unter 11,05 Euro brutto die Stunde arbeiten. Da hilft auch der 2015 eingeführte Mindestlohn, trotz Erhöhungen, nicht weiter. Er ist und bleibt ein Armutslohn.

Eine gesellschaftspolitische Stärkung der Gewerkschaften ist Merkel in ihrem Denken wesensfremd. Ein Ausbau der Mitbestimmung fand nicht statt. Sie hat den zunehmenden Verlust der Tarifbindung hingenommen, genauso wie eine gigantische Umverteilung von den Arbeits- zu den Kapitaleinkünften. Während ihrer Kanzlerschaft sind fast 1,2 Billionen Euro den abhängig Beschäftigten an Einkommen weggenommen worden; mit katastrophalen gesamtwirtschaftlichen Rückwirkungen. Das Rentenniveau wurde abgesenkt und weiter droht Altersarmut trotz einer Grundrente für Wenige.

Von Steuergerechtigkeit sind wir Lichtjahre entfernt. Vermögensteuer Fehlanzeige, das gilt auch für adäquate Erbschaftsteuersätze. Dafür gibt es weiter Steuerflucht in Steueroasen und eine steuerrechtliche Hofierung hoher Einkommen und Unternehmensgewinne. Auch kam es unter Merkel zu einer weiteren Zunahme der Unternehmenskonzentration. Die »Diktatur der Konzerne« (Thilo Bode) zerstört zunehmend in der Wirtschaft einen fairen Leistungswettbewerb. Zusätzlich unterminiert die Macht der Konzerne, und dass immer noch nicht disziplinierte Finanzkapital, das Primat der Politik. Auch hiermit hat Merkel kein Problem. Und nicht zuletzt gab es keine wirklichen Fortschritte in der Energie- und Klimapolitik.

Frankfurter Rundschau, 4.März 2021

Ampel-Aus

Unser Land hat Besseres verdient als die jetzt zerbrochene Ampel-Bundesregierung. Es ist unerträglich geworden – nicht wegen des ständigen Streits – der ist das Salz in einer indirekten Demokratie, sondern wegen der Unfähigkeit mit dem Paradigma einer neoliberalen Wirtschaftspolitik zu brechen. Alle drei, SPD, FDP und die Grünen, wenn auch mit marginalen Unterschieden, sind Vertreter einer markt- und kapitalzentrierten Politik, die final betrachtet, analog zu den Vorgängerregierungen, die erarbeitete Wertschöpfung zu den Mehrwerteinkünften umverteilen wollten und dies möglichst mit einem schlank gemachten Staat. Eine marode öffentliche Infrastruktur, Arbeitslosigkeit, ein Millionenheer prekär Beschäftigter, unterfinanzierte Gesundheits-, Rente- und Pflegeversicherung sowie Bildung bei einer gleichzeitig hohen Armutsquote im Land, schon zu verantworten von Helmut Kohl (CDU), Gerhard Schröder (SPD) und Angela Merkel (CDU), wurden im Befund noch verstärkt und sind das gesellschaftlich kontraproduktive Ergebnis. Pandemie, Kriegsfinanzierung, Klima- und Energieprobleme haben die eh schon vorhandene Krise nur noch verschärft und jetzt zu einer Multikrise gemacht. Die Ampel-Regierung war wegen ihrer neoliberalen Politik völlig überfordert und hilflos, diese kumulierte Krise aufzulösen. Von Wachstum in einer Krisensituation zu faseln ohne massive Impulse durch eine staatliche Verschuldung zu setzen kommt eher einer Quadratur des Kreises gleich und fällt im ökonomischen Denken hinter den in jedem volkswirtschaftlichen Lehrbuch beschriebenen Erkenntnissen zurück. In der Krise muss sich der Staat mit zusätzlichen Staatsausgaben verschulden. Der multiplikative Effekt auf das Volkseinkommen ist hier höher als jeder Effekt durch Steuersenkungen.

Trotzdem wollte Bundesfinanzminister Christian Lindner (FDP) die aufgelaufenen gigantischen Probleme zum Schluss der Koalition ernsthaft mit noch mehr Neoliberalismus und Marktwahn bekämpfen und die schon lange währende Umverteilung in Billionenhöhe zu Gunsten der Vermögenenden noch weiter befeuern, die übrigens ihren nicht selbst erarbeiteten Reichtum ins Ausland gebracht und dort investiert haben. Wie kann man sich da noch über den Zulauf zur AfD wundern bzw. die Ursache nicht erkennen. Lindner wollte unter anderem ein Regulierungsmoratorium und Steuersenkungen durchsetzen. Der Solidaritätszuschlag, der nur noch für reiche private Haushalte und Unternehmen gilt, sollte abgeschafft und die Klima-Ziele auf 2050 verschoben werden. Neue Schuldentöpfe und eine zumindest ausgesetzte Schuldenbremse lehnte der FDP-Chef rigoros ab. Der Klimafonds KTF sei aufzulösen. Das alles wäre aber nicht krisenentschärfend gewesen, sondern hätte die Wirtschaft noch mehr in den Abgrund geführt. Wie da Wirtschaftsverbände Beifall klatschen können, entbehrt ökonomisches Wissen. Das von Lindner vorgelegte »Konzept für Wachstum und Generationengerechtigkeit«, mit dem er eine »Wirtschaftswende« realisieren möchte, erinnert stark an das »Scheidungspapier« von Otto Graf Lambsdorff, dass 1982 zum Bruch der sozialliberalen Koalition unter dem damaligen Bundeskanzler Helmut Schmidt (SPD) führte und in der Bundesrepublik der endgültige Startschuss für das neoliberale Paradigma wurde.

Dann kam 16 Jahre lang Kohl und jetzt kommt der Sauerländer Friedrich Merz, ein ehemaliger Manager des weltweit größten Finanzmarktspekulanten, BlackRock. Der Kapitalist der Kapitalisten. Selbst die CDU wollte Merz erst als Vorsitzenden nicht und Merkel hatte ihn schon aufs politische Abstellgleis gestellt. Wer glaubt denn hier ernsthaft mit Merz an eine notwendige wirtschaftspolitische Wende – aber bitte weg vom Neoliberalismus? Merz als Bundeskanzler und seine CDU/CSU werden im Gegenteil das neoliberale Mantra weiter geradezu verkörpern und das schon seit langem die Gesellschaft zerstörende wirtschaftspolitische Paradigma nicht über Bord werfen und einen dringend benötigten Links-Keynesianismus mit ökologischer Ausrichtung umsetzen. Weg mit der Schuldenbremse, Wiedereinführung einer Vermögensteuer und drastisch erhöhte Erbschaftsteuern, rigorose Bekämpfung von Steuerkriminellen, öffentliche Investitionen, politische Unterstützung der Gewerkschaften, Mindestlohn 15 Euro und Beseitigung des Prekariats und der Armut im Land. Dies wird alles von der nächsten Merz Regierung nicht umgesetzt werden und so die AfD weiter stärken. Die Geschichte wiederholt sich, wenn man an 1932/33 und die Gründe für den Aufstieg der NSDAP denkt. Die Folgen sind hier hinlänglich bekannt.

nd.DerTag, 12.11.2024

Noch mehr Elend

Wohin das Versagen der Politik führt

Das schon lange sozial zerrissene Deutschland, mit einer hohen Einkommens- und Vermögensungleichheit, einem riesigen Arbeitsprekariat sowie einer Armutsquote von mittlerweile 17,8 Prozent, lässt immer mehr Existenzängste in der Bevölkerung aufkommen, bis tief in den Mittelstand hinein. Hinzu kommt jetzt noch ein sich seit 2023 verfestigender zyklischer Abschwung. Auch im nächsten Jahr wird die Wirtschaft bestenfalls stagnieren. Allein der Ukraine-Krieg hat hier bisher zu Wachstumsverlusten von rund 200 Milliarden Euro geführt. Hinzu kommen direkte militärische Hilfen von ca. 30 Milliarden Euro, die weitgehend auf Konten von Rüstungsunternehmen gelandet sind.

Die finanziell bessergestellten privaten Haushalte sparen in der Krise und Unternehmen investieren nicht mehr. Das Ausland kauft weniger beim deutschen Exportweltmeister ein. Folgen: Die private Nachfrage ist im Verhältnis zum Angebot zu schwach und der Staat hat weniger Steuereinnahmen. Er betreibt Austeritätspolitik, anstatt mit mehr Ausgaben den Krisenprozess zu beenden. Wenn keiner mehr ausgibt, kann auch keiner mehr haben. Die Ausgaben des Einen sind die Einnahmen des Anderen.

Auch ist in der deutschen Wirtschaft die nur noch geringe Arbeitsproduktivität hoch problematisch. Ursache: Zu wenig Innovationen und zu viel Prekariat in den Unternehmen. Teilzeitarbeit, niedrige nicht motivationale Löhne. Die gesamtwirtschaftliche Lohnquote ist zu gering. Außerdem kommt es in der Wertschöpfungskette zu nicht leistungsadäquaten Gewinnumverteilungen zwischen marktmächtigen und marktohnmächtigen Unternehmen. Daneben öffentlicher Niedergang, wohin man schaut. Kaputte Infrastruktur, unterfinanzierte Gesundheit, Bildung, fehlende Sozialwohnungen und nicht hinreichende Klimaschutzinvestitionen. Die Versager finden wir fast unisono in der Politik. Das Festhalten im konjunkturellen Abschwung an eine staatliche Schuldenbremse, bei einer Staatsschuldenquote von nur rund 60 Prozent in Deutschland, ist an Borniertheit nicht mehr zu toppen. Der weiter tiefsitzende neoliberale Wahn in der Politik ist offensichtlich nicht ausrottbar. Daran wird sich auch nach der Bundestagswahl am 23. Februar 2025 nichts Fundamentales ändern. Im Ergebnis wird es so in Deutschland, überzyklisch, zu noch mehr Elend kommen.

Frankfurter Rundschau, 7./8. Dezember 2024

Wirtschaft runter, Arbeitslosigkeit hoch

Warum mit einem Kanzler Merz alles noch viel schlimmer wird

Neoliberale in Politik, Wirtschaft und Wissenschaft haben in den letzten Jahrzehnten immer wieder den schlanken Staat und das Private, die selbstregulierenden Markt- und Wettbewerbskräfte, eingefordert und auch umgesetzt. Und jetzt stellen selbst viele dieser naiv Marktgläubigen ganz erstaunt fest, dass Deutschland in den vergangenen Jahrzehnten von seiner Substanz gelebt und notwendige Investitionen verschleppt hat. Dies ist aber nur einer der Gründe des neoliberalen Wahns der letzten Jahrzehnte, der für die strukturellen Schwierigkeiten der deutschen Wirtschaft verantwortlich ist. Gleichzeitig wurde die erarbeitete Wertschöpfung massiv von den Arbeitseinkommen der abhängig Beschäftigten zu den Mehrwerteinkommen der Kapitaleigner umverteilt, die dafür nicht einmal selbst haben arbeiten müssen. Ein gigantischer Niedriglohnsektor mit einem Arbeitsprekariat wurde geschaffen und die Armutsquote erhöht. Notwendige Reformen im Gesundheitssektor, bei der Renten- und Pflegeversicherung sowie im Bildungsbereich sind sträflich unterlassen worden und die Bahn wurde ruiniert. Hier warten insgesamt hohe Milliardenbeträge auf eine Umsetzung, genauso wie im Umwelt- und Energiesektor. Trotz dieser fatalen Entwicklung haben Bellizisten für mehr Rüstung gesorgt und dafür zur Umgehung der Schuldenbremse sogar das Grundgesetz geändert – ohne das Volk zu fragen. Eine indirekte Demokratie ist halt nur eine Zuschauerdemokratie. Jetzt soll eine neue neoliberale Regierung aus CDU/CSU/SPD, die bei einer Wahlbeteiligung von 82,5 % mal gerade von 37,0 % der Wahlberechtigten gewählt wurde, es richten. Wer erzählt den nächsten Witz? Mit einem Bundeskanzler Friedrich Merz, einem ehemaligen Black Rock Manager, dem Kapitalisten aller Kapitalisten, wird alles noch viel schlimmer kommen. Die Wirtschaft wird im industriellen Kern weiter schrumpfen, die Arbeitslosigkeit zunehmen und das Umverteilen zu den Vermögenden forciert weitergehen. Ein wirklicher Neuanfang zum Besseren gelingt dagegen nur mit einer links-keynesianischen Wirtschaftspolitik auf der Markt- und Makroebene und auf der Mikroebene durch eine Wirtschaftsdemokratie. Dies wird aber leider nicht passieren. So wird die heute schon in arm und reich zerrissene Gesellschaft weiter fortschreiten und politisch die AfD noch mehr zulegen.

Frankfurter Rundschau, 28.2.2025

Es wird dunkel in Deutschland

Der Koalitionsvertrag von Union und SPD wird die volkswirtschaftlichen Probleme weiter verschärfen

Jetzt ist die Katze aus dem Sack. Der Koalitionsvertrag zwischen CDU, CSU und SPD mit dem Titel »Verantwortung für Deutschland« soll mit einer »sozial-ökologischen Marktwirtschaft«, wie es heißt, unsere Probleme lösen. Was er mitnichten tut.

Wer glaubt denn auch so was, wo doch an der Spitze der Regierung der Ex-Blackrock-Manager und Marktradikale Friedrich Merz (CDU) stehen soll. In seinem Buch »Mehr Kapitalismus wagen« aus dem Jahr 2008 schreibt der künftige Bundeskanzler, der Kapitalismus sei nicht das Problem, sondern die Lösung. Das Soziale sei genauso zu bekämpfen wie die abhängig Beschäftigten sowie ihre gewerkschaftliche Koalition. Heute denkt Merz nicht im Geringsten anders. Und die neoliberale Mehrheits-SPD mit ihren Bellizisten an der Spitze macht den Steigbügelhalter. Das Ergebnis könnte 2029 sein: Die AfD stellt mithilfe von CDU/CSU den Kanzler oder die Kanzlerin. Denn ähnlich war die Entwicklung am Ende der Weimarer Republik.

Wo steht in diesem Koalitionsvertrag der »Politikwechsel« für die breite Masse und das mittlerweile ausgegrenzte und ins Prekariat geschickte untere Viertel der Bevölkerung? Da hilft auch der vereinbarte Mindestlohn von 15 Euro ab 2026 nur wenig, wenn gleichzeitig das Bürgergeld abgeschafft und der Bezug der neuen Grundsicherung deutlich verschärft werden soll. Man hätte sich gewünscht, dass nicht die Ärmsten im Land sanktioniert werden, sondern die Vermögenden, von denen die meisten in ihrem Leben noch nie gearbeitet haben.

Des Weiteren wird nicht die Arbeitslosigkeit bekämpft, sondern die Menschen, die davon betroffen sind. Die geplanten Arbeitszeitflexibilisierungen sind nur fürs Kapital vorteilhaft, und die Steuerbefreiung von Mehrarbeit ist bezüglich Arbeitsschutz kontraproduktiv. Was fehlt, ist hingegen die Stärkung der Gewerkschaften durch allgemeinverbindliche Tarifverträge und die der Mitbestimmung.

Der zum Kapital umverteilende Neoliberalismus soll uns erhalten bleiben. Die Reichen werden von ihrem in den letzten Jahrzehnten erbeuteten Mehrwert (Zins, Miete/Pacht, Profit) nichts zurückgeben müssen. Es wird keine dringend notwendigen Steuererhöhungen für Reiche geben, keine einmalige Vermögensabgabe, keine Wiedereinführung einer Vermögenssteuer, keine erhöhten Steuersätze für Erbschaften und für Kapitalerträge. Mit Steuersenkungen für untere Einkommensbezieher, die frühestens Mitte der Koalitionszeit winken, kann die SPD nur noch die ganz Dummen im Land blenden.

Auch bei sozialökologischen Veränderungen heißt es Fehlanzeige. Es gibt völlig untaugliche Konzepte wie eine Wasserstoffstrategie. Auch der geplante Ausbau der Erneuerbaren ist unrealistisch. Strompreissenkungen für die Industrie ja, aber die privaten Haushalte gehen leer aus. Und so geht es immer weiter: In der Gesundheitspolitik wird die Klassenmedizin noch verschärft, in der Bildungspolitik fehlen klare notwendige Finanzierungszusagen, und die notleidenden Kommunen werden nicht entschuldet.

Dafür erhalten CDU/CSU für ihre Kapitalklientel völlig überflüssige Geschenke: Es soll zu einer weiteren Absenkung der Körperschaftsteuer für Unternehmen ab 2028 bis 2033 auf dann lächerliche zehn Prozent kommen; es soll auch Steuersenkungen für Personengesellschaften und Einzelunternehmer geben. Zusätzlich sind für die nächsten drei Jahre massiv erhöhte Abschreibungssätze auf Investitionen von 30 Prozent pro Jahr geplant.

Im Haushalt werden die riesigen Löcher bleiben – angesichts der weiterbestehenden Schuldenbremse und trotz der ausgegliederten

1000 Milliarden Euro Sonderschulden für Aufrüstung und Infrastruktur – und nur mit einer Austeritätspolitik zu schließen sein. Die Einzeletats werden daher massiv gekürzt werden müssen, während Rüstung und Militär davon ausgenommen bleiben. Darunter wird besonders das Soziale leiden.

Es wird dunkel werden in Deutschland. Oder gibt es noch Hoffnung? Ja, wenn die SPD-Basis dem unerträglichen Koalitionsvertrag noch ein Ende bereitet. Da bin ich aber wohl naiv.

11.4.2025, nd.DerTag

Die Mär von den Rentenreformen

Die neue Arbeits- und Sozialministerin Bärbel Bas (SPD) ist gerade im Amt, da zeigt sie sofort ihren fehlenden ökonomischen Sachverstand. Beamte, Selbstständige und Abgeordnete sollen auch in die gesetzliche Rentenversicherung (GRV) einzahlen. »Wir müssen mehr Leute an der Finanzierung der Rentenversicherung beteiligen«, so Bas. Sie sei in diesem Punkt nicht flexibel. Wir wissen, wie viel solche ideologischen und populistischen Äußerungen von Politiker:innen wert sind, ohne ökonomische Fakten und Gesetzmäßigkeiten zu beachten. Nämlich gar nichts. Es sind nur Phrasen. Die Ministerin sollte wissen, dass in jeder Volkswirtschaft Rentner:innen nur aus dem erwirtschafteten laufenden Volkseinkommen der Erwerbsbevölkerung mitversorgt werden müssen und dass das Rentensystem damit von der Entwicklung des Volkseinkommens und der Verteilung auf Arbeits- und Mehrwerteinkommen pro Kopf abhängig ist. Die Rentenfrage ist eine Verteilungsfrage. Deshalb ist auch jede Form einer kapitalgedeckten Rente, wie eine sogenannte »Aktienrente« oder ein Sparen in ein »Generationenkapital« ökonomischer Unsinn. Selbst wenn man unterstellt, alle könnten fürs Alter durch ein individuelles Sparen vorsorgen – was realiter den meisten abhängig Beschäftigten auf Grund ihrer nur geringen

Arbeitseinkommen schon nicht gelingt –, so bliebe dieses Sparen aus makroökonomischer Sicht lediglich ein Nullsummenspiel. Denn wenn alle sparen, hat keiner mehr an Zuwachs. So wie sich nur jemand verschulden kann, wenn er Gläubiger findet, kann auch nur der sein Geld anlegen und ein Vermögen sparen, der einen Schuldner findet. Der Mehrwert, bestehend aus Zinsen, Mieten/Pachten und Gewinne, muss von den ökonomisch Aktiven erarbeitet werden und ist immer, neben den Arbeitseinkommen, Teil des laufenden Volkseinkommens.

Das Volkseinkommen, die gesamtwirtschaftliche Wertschöpfung, pro Kopf ist dabei von mehreren Inputgrößen abhängig. Von der Stundenproduktivität, von der durchschnittlichen jährlichen Arbeitszeit je Erwerbstätigen, von der Erwerbstätigenquote (Anteil der Erwerbstätigen an der Bevölkerung) und nicht zuletzt von der Arbeitslosenquote. Bringt man es verkürzt auf den Punkt, so kann man sagen: Die beste Rentenpolitik basiert auf einer vollbeschäftigten und hochproduktiven Wirtschaft mit einer hohen Lohnquote. Alle diese Kriterien sind aber in Deutschland seit langem nicht mehr erfüllt. Empfehlung an die Arbeitsministerin Bas: Hieran sollten sie verstärkt arbeiten. Und nicht darüber sinnieren, Beamte, Selbstständige und Abgeordnete in die GRV zu integrieren. Damit können die Beitragssätze nicht geringgehalten und das Rentenniveau dringend gesteigert und damit Altersarmut vermieden werden. Das gilt auch für eine zusätzliche private Vorsorge, wie dies bei der »Riester- oder Rürup-Rente« gedacht war, die sich am Ende nur Gutverdienende leisten können.

Außerdem kann man Beamte, die einer staatlichen Alimentierung unterliegen, grundgesetzlich nicht in die GRV aufnehmen. Sie sind arbeitsrechtlich keine Angestellten oder Arbeiter. Man könnte zukünftig allerdings keine oder weniger Beamte im Staatsdienst einstellen. Die jetzigen haben Bestandsschutz. Dann müsste der Staat aber die Rentenbeiträge für die zukünftigen Angestellten bezahlen und an die GRV überweisen. Der Personalaufwand der öffentlich Bediensteten würde steigen und die Staatshaushalte entsprechend belasten. Gleichzeitig käme es zu einer drastischen Nettolohnkürzung bei den Staatsbeschäftigten. Wie will dies dann die Sozialdemokratin Bär den Betroffenen erklären? Da bin ich gespannt. Selbstständige und Abgeordnete in die GRV aufzunehmen, wäre dagegen wohl sinnvoll, sie sind eben keine Beamte.

Der ehemalige grüne Wirtschaftsminister Robert Habeck hatte einen ökonomisch richtigen Vorschlag gemacht. Er wollte Kapitalerträge mit Sozialabgaben belasten. Ich gehe hier noch weiter, nicht nur Kapitalerträge, sondern der im Volkseinkommen inhärente Mehrwert insgesamt ist mit Sozialabgaben an der Finanzierung bei der Renten-, Kranken-, Pflege- und Arbeitslosenversicherung zu beteiligen. Wir benötigen keine, wie immer nur politisch angedachte klassenimmanente Umverteilung, sondern eine Umverteilung in Richtung einer höheren gesamtwirtschaftlichen Lohnquote zu Lasten der Mehrwertempfänger. Die Lohnquote, berechnet unter Berücksichtigung der vorab an die Kapitaleigner zurückfließenden Abschreibungen auf den Kapitalstock, lag 2024 lediglich bei 57,9 % und somit die Mehrwertquote bei 42,1 %. Umverteilungsspielräume zwischen den gesellschaftlichen Klassen für eine sichere und verbesserte Rente mit stabilen Beitragssätzen und eine gute Sozialversorgung insgesamt sind also reichlich vorhanden. Dies wird aber mit der Merz-Klingbeil-Regierung nicht umsetzbar sein.

Frankfurter Rundschau, 21.5.2025

Versagen in der EU-Politik

Die Europäische Gemeinschaft (EU) sollte mehr Wohlstand für ihre Mitgliedsländer bringen. Ein EU-Binnenmarkt mit Freihandelsabkommen und eine einheitliche Euro-Währung würden dafür Sorge tragen. Die empirischen Befunde sehen aber anders aus. Mehr Wirtschaftswachstum, weniger Arbeitslosigkeit und Armut blieben weitgehend aus. Dafür wuchs die Staatsverschuldung in einzelnen EU-Ländern stark und 2010 musste Griechenland sogar Staatsbankrott anmelden. Die Politik der EU-Kommission war von Beginn an neoliberal und führte zunehmend zu einer Herrschaft der Konzerne. Und vor allen Dingen fehlt im Politischen in der EU Demokratie.

Ausverkauf der Demokratie

Zum Kapitalschutz im Freihandelsabkommen CETA und TTIP

Es ist wahr. Demokratisch gewählte Volksvertreter verkaufen ihre Völker an Konzerne, damit diese ihre angestrebten Gewinne bezogen auf das eingesetzte Kapital, ihre Profitraten, noch leichter maximieren können. Der finanzmarktgetriebene Neoliberalismus will nicht nur eine »marktkonforme Demokratie« (Angela Merkel). Jetzt soll es auch noch zur endgültigen Ausschaltung von rechtsstaatlichen Prinzipien kommen. Austeritätspolitik und staatliche Schuldenbremsen, niedrigste Löhne und Steuern auf Gewinn und Vermögen, selbst zum Preis einer gefährlichen Deflation und einem gesellschaftlichen Niedergang mit Massenarbeitslosigkeit und Verarmung erkauft, reichen offensichtlich den kapitalistischen Herrschaftseliten noch nicht. Das international vagabundierende (und immer schon »vaterlandslose«) und gierige Großkapital will zusätzliche politische Sicherheiten für sein eingesetztes hochkonzentriertes Kapital. Es möchte in den einzelnen Ländern nicht mit einer linken Wirtschaftspolitik rechnen müssen. Hier reicht heute schon die Umsetzung einer keynesianischen Deficit Spending Policies, allenfalls ein Rechtskeynesianismus, um das »scheue« Kapital zu verschrecken. Auch starke Gewerkschaften stören heftig bei einer Profitmaximierung im Sinne eine Shareholder-value-Logik.

Breites Bündnis für einseitige Kapitalinteressen

Die bürgerlich herrschende Politik gehorcht unter dem neoliberalen Paradigma: Deshalb wurde am 26. September zwischen der EU und Kanada nach fünfjährigen geheimen Verhandlungen, an den Parlamenten völlig vorbei, ein *Investoren- bzw. Kapitalinteressenschutz* im sogenannten CETA-Freihandelsabkommen (Comprehensive Economic and Trade Agreement) verabschiedet. Der gerade abgelöste EU-Handelskommissar Karel de Gucht hat diesbezüglich jeglichen deutschen nur zaghaft vorgetragenen Änderungswünschen eine klare Absage erteilt. Das Abkommen würde, auch beim Investorenschutz um kein Jota geändert. »Ich hoffe«, so der belgische Kommissar, »dass CETA die Blaupause für das Abkommen mit den USA (TTIP) sein wird, denn es ist ein herausragendes Abkommen für Europa.« Jetzt setzt der deutsche Bundeswirtschaftsminister Sigmar Gabriel (SPD) fadenscheinig auf die Nachfolgerin des Belgiers, auf die zukünftige EU-Handelskommissarin Cecilia Malmström von der schwedischen liberalen Volkspartei. Von ihr wird aber keine Hilfe kommen. Eher noch von der rechtlichen Seite. Das CETA-Abkommen ist nämlich in der EU im Hinblick auf die Zustimmungsmodalitäten strittig. Ob nur das Europäische Parlament zustimmen muss oder auch die 28 nationalen Parlamente. In Deutschland wären dann der Bundestag und der Bundesrat zuständig. Es käme sodann zur politischen

Nagelprobe für die SPD. Verliert sie hier nach der Agenda 2010 weiter ihre politische Glaubwürdigkeit, so wird sie bei der nächsten Bundestagswahl 2017 zu einer 15-Prozent-Partei und befördert sich damit endgültig ins politische Abseits.

Beim noch anstehenden und wirkmächtigeren TTIP-Abkommen (Transatlantic Trade and Investment Partnership) zwischen der EU und den USA, das wie CETA auch antidemokratisch in Hinterzimmern in über 120 geheimen Treffen zwischen ausgesuchten Politik- und Wirtschaftsvertretern, verhandelt worden ist, geht es nicht nur für die SPD ums Ganze, sondern auch um die zukünftige Wirtschaft und Politik in ganz Europa. Denn auch hier ist im TTIP unter anderem ein Schutz der Kapital- und Profitinteressen großer Konzerne vorgesehen. Man stelle sich einmal vor, dass Abkommen würde hingegen den Schutz der abhängig Beschäftigten vor den Ausbeutungsmethoden der Unternehmer und maximale Löhne in der EU und den USA festschreiben wollen. Aber auf diesen Gedanken kommen nicht einmal die Gewerkschaften. Warum eigentlich nicht? Insofern verwundert es auch allenfalls den ökonomischen Laien, dass sich ein breites neoliberales Bündnis aus Politik, Wirtschaft, Wissenschaft und Medien gefunden hat, dass sich für das TTIP ausspricht. Auch die nach rechts gerückte, immer kapitalfreundlicher gewordene, SPD ist grundsätzlich für das Abkommen, wenn man auch den Investorenschutz in der Öffentlichkeit für unnötig hält und (noch) ablehnt. Freihandel sei aber dennoch im Interesse, gerade von Ländern wie Deutschland. Das wir mit gigantischen Exportüberschüssen auf Kosten anderer Länder leben und Arbeitslosigkeit in die Importüberschussländer exportieren, ist für die SPD aber offensichtlich nicht kritikwürdig. Auch die grundsätzliche Zustimmung des DGB mit der SPD zum TTIP, wenn denn nur Arbeits-, Verbraucher- und Umweltschutz sowie Sozialstandards und Mitbestimmungsrechte erfüllt würden, fällt mehr als heuchlerisch aus, da die hier ethisch eingeforderten Schutzrechte in einem liberalisierten Handel (Markt) letztlich nur die Marktstarken und Mächtigen bestimmen, und sonst niemand.

Freihandelsdoktrin für mächtige und eh schon reiche Staaten

Zwar ist wirtschaftswissenschaftlich die fast 200 Jahre alte Theorie der absoluten und komparativen Kostenvorteile eines internationalen Handels bekannt. Sie ist aber längst von kritischen Ökonomen, nicht zuletzt vom US-amerikanischen Nobelpreisträger, Paul Krugman, widerlegt worden. Freihandel nutzt in erster Linie nur den eh schon wirtschaftlich Mächtigen und zudem reichen Ländern. Adam Smith, der »Vater« der kapitalistischen Wirtschaftsordnung, beschrieb 1776 in seinem epochalen Werk »Der Wohlstand der Nationen«, unter dem Kapitel »Beschränkung der Einfuhr solcher Güter aus fremden Ländern, die im Lande selbst erzeugt werden können«, eine erste geschlossene Theorie der Vorteile der internationalen Arbeitsteilung und des Freihandels. Er zeigte mit seiner Theorie, dass sich jedes Land auf die Produktion der Güter und Dienste konzentrieren sollte, in dem es über absolute Kostenvorteile verfügt. Was ist dann aber mit den Ländern, die bei keinem Produkt über einen absoluten Vorteil verfügen? Diese Frage, die Smith nicht beantwortete, wurde später im Jahr 1817 vom britischen Ökonomen David Ricardo mit dem komparativen Kostenvorteil (lat. comparativus = vergleichend od. steigernd) beantwortet. In seinem Buch »Grundsätze der politischen Ökonomie und Besteuerung« zeigt er, warum eine produktiv und eindeutig stückkostenmäßig überlegene Nation dennoch Güter aus kostenteureren und produktiv schlechter aufgestellten Ländern importieren sollte. In einer Fußnote im 7. Kapitel seines Buches verdeutlicht Ricardo dabei den Kerngehalt seines Theorems noch einmal: »Zwei Menschen können sowohl Schuhe wie Hüte herstellen und doch ist der Eine dem Anderen in beiden Beschäftigungen überlegen. Aber in der Herstellung von Hüten kann er seinen Konkurrenten nur um 20 Prozent übertreffen und in der von Schuhen um 33 Prozent. Würde es dann nicht im Interesse Beider liegen, dass der Überlegene sich ausschließlich auf die Schuhmacherei und der darin weniger Geschickte auf die Hutmacherei legen sollte?«

Anhand einer einfachen Matrix lässt sich der komparative Kostenvorteil gemäß Ricardo veranschaulichen. Dabei soll A für Portugal und B für England sowie X für Wein und Y für Tuch stehen.

Vor der Spezialisierung durch internationale Arbeitsteilung sind in Portugal insgesamt 170 Arbeitskräfte (AK) mit der Herstellung von Wein (80 AK) und Tuch (90 AK) beschäftigt. In England sind insgesamt 220 AK gebunden. In beiden Ländern zusammen beschäftigen sich auf der anderen Seite 200 AK mit der Herstellung von Wein und 190 AK mit der Produktion von Tuch. Zusammen also 390 AK. Konzentriert sich nun Portugal ausschließlich auf die Herstellung von Wein, obwohl Portugal bei beiden Gütern einen komparativen Vorteil hat, so können dennoch 10 Arbeitskräfte in Portugal und gleichzeitig sogar 20 AK in England eingespart werden. Insgesamt haben also beide Länder einen Vorteil. Es werden in Summe 30 AK weniger gebraucht.

	X	Y	Summe
A	80	90	170
B	120	100	220
Summe	200	190	390

	X	Y	Summe
A	2 x 80		160
B		2 x 100	200
Summe	160	200	360

Dies setzt aber im Gesamtsystem voraus, dass die sich jeweils auf bestimmte Güter und Dienste spezialisierenden Länder komparative Vorteile bei der jeweils anderen Ware haben. Ist dies nicht der Fall, so kehrt sich der Vorteil in einen Nachteil um. Wäre nämlich die Situation vor einer nationalen Güterspezialisierung und einer internationalen Arbeitsteilung dadurch gekennzeichnet, dass beide Länder einen komparativen Vorteil bei dem gleichen Produkt haben (Portugal A bei X und England B auch bei X), und sich jetzt jedes Land auf die jeweils produktivste Güterproduktion spezialisiert, so entstünde zur Ausgangssituation ein Überangebot an einem Gut (hier Y: 210 > 190) und ein Mangel beim anderen Gut (hier X: 200 < 180).

	X	Y	Summe
A	80	90	170
B	100	120	220
Summe	180	210	390

Deshalb setzt die Vorteilhaftigkeit der internationalen Arbeitsteilung immer zwingend voraus, dass die beiden austauschenden Länder ihren komparativen Vorteil bei dem jeweils anderen Produkt haben. Diese Annahme ist in der wirtschaftlichen Realität aber höchst problematisch, genauso wie die aus der Spezialisierung automatisch folgende Produktabhängigkeit. Steigt dabei der Bedarf und die Nachfrage nach dem Produkt, worauf sich ein Land konzentriert hat, dann erzielt dieses Land auch Vorteile, sinkt dagegen die Nachfrage, so ist dies mit womöglich großen Nachteilen verbunden. Deshalb sollten Volkswirtschaften extreme Spezialisierungen trotz komparativer Kostenvorteile vermeiden. Die dadurch entstehenden Abhängigkeiten sind am Ende kontraproduktiv. Auch die anderen von Ricardo in seiner Theorie gesetzten Prämissen, wie das Ignorieren des Geldes und ökonomischer Skalenerträge aus Massenproduktionen sowie das völlige Ausblenden von Marktmacht großer Unternehmen, lassen den in der Theorie abgeleiteten Vorteil eines Freihandels in der wirtschaftlichen Realität in einem anderen Licht erscheinen. Internationaler Freihandel nützt hier in erster Linie den Großen und Mächtigen, die über viel Geld und Ressourcen verfügen, und schafft gleichzeitig viele Verlierer und Arme. Auch Arbeitslosigkeit. Es ist wie immer in der Ökonomie: Was die einen gewinnen, können die anderen nicht mehr bekommen. Letztlich entscheidet dabei die wirtschaftliche Macht über die arbeitsteilig generierte Wertschöpfung in Form von Lohn und Mehrwert aus Gewinn, Zins und Grundrente. Dies gilt für jede Volkswirtschaft genauso wie für den internationalen Handel. So lautet denn auch der empirische Befund: Die vielgelobte Freihandelsdoktrin ist weitgehend nichts anderes als wirtschaftspolitische Ideologie im Sinne von mächtigen Kapitalinteressen.

Wachstums- und Beschäftigungsmystifikation

Hinter dem TTIP verbirgt sich außerdem eine neoliberale Wachstumsgläubigkeit. Wachstum schaffe Wohlstand und Arbeitsplätze, so die naive aber gefährliche politische Botschaft der Herrschaftseliten, um sich selbst möglichst maximal zu bereichern. Einmal abgesehen davon, dass Wirtschaftswachstum ein mystifizierender und falscher Wohlstandsindikator ist, wie selbst neuerdings die neoliberal ausgerichtete EU-Kommission festgestellt hat, basiert die umweltzerstörende Wachstumsgläubigkeit auf der sogenannten *G-I-B*-Formel. Gib den Unternehmern heute mehr *G*ewinn, dann tätigen sie auch mehr *I*nvestitionen die wiederum zu mehr *B*eschäftigung führen. Genauso könnte man aber sagen, die Erde ist eine Scheibe. Nur dies glaubt keiner mehr. Der G-I-B-Formel aber schon, auch wenn sie längst empirisch widerlegt ist. Auf mehr Gewinn folgt nicht reale Investition in Maschinen und Gebäude oder Produkte, in Bildung, Forschung und Entwicklung und Beschäftigung, sondern in hochspekulative gefährliche Finanzinvestitionen, in Derivate, an den internationalen Finanzmärkten und damit letztlich in weniger Beschäftigung. Mehr Wirtschaftswachstum allein ist zudem eine ökonomische Leeraussage. Ist das reale, also preisbereinigte, Wachstum kleiner als die Produktivitätsrate, dann geht das Arbeitsvolumen (Beschäftige mal Arbeitszeit je Beschäftigten) zurück und es kommt trotz Wirtschaftswachstums bei unterlassener Arbeitszeitverkürzung zu einer geringeren Beschäftigung und damit zu Arbeitslosigkeit. Aber selbst das verstehen die Neoliberalen nicht und wenn doch, sind sie bewusste Volksverdummer im Auftrag des einzig profitierenden Kapitals.

Und was soll bezüglich des propagierten Wachstums der zusätzlich neoliberal angereizte transatlantische Freihandel zwischen den USA und der EU zukünftig an Wohlstand bringen? Jetzt fragt man ausgerechnet die Ökonomenzunft, die sonst nicht einmal in der Lage ist auch nur einigermaßen zuverlässig das Bruttoinlandsprodukt für ein Jahr gesichert vorauszusagen. Jede Wetterprognose über sechs Tage ist besser als eine Ökonomensicht in die Zukunft, selbst nur für ein halbes Jahr. Dabei fallen die fraglichen empirischen

Zukunftseinschätzungen der neoliberalen Wachstumsfetischisten sogar mehr als bescheiden, um nicht zu sagen nur marginal, aus. So soll das TTIP laut einer selbst optimistischen Studie im Auftrag der EU-Kommission von 2019 bis 2027 mal gerade ein zusätzliches Wirtschaftswachstum von kumuliert 0,5 Prozent bringen, jährlich also ein Plus von lächerlichen 0,0034 Prozent. Für die USA sei mit einem kumulierten Wachstum von 0,4 Prozent bis 2027 zu rechnen. Die Bertelsmann-Stiftung »errechnet« bezogen auf das TTIP ein Beschäftigungswachstum von rund 180.000 zusätzlichen Arbeitsplätzen – bis 2027 etwa 13.000 pro Jahr. Das sind ja ganz tolle Aussichten!

Es geht um weitere neoliberale Umverteilung und Demokratieabbau

Es geht den neoliberalen Liberalisierern, Deregulierern und Marktradikalen aber in Wirklichkeit nicht um Wachstum und Arbeitsplätze. Nein, es geht nur um das Eine: Es soll weiter von unten nach oben, von den Arbeits- zu den Besitzeinkommensempfängern, zu den Mehrwerteinkommen aus Gewinn, Zins und Grundrente, umverteilt werden. Das reale Wachstum wird immer geringer, daher muss auch bei einer stagnierenden Wirtschaft das letzte aus den Arbeitskräften herausgepresst werden. Und dies zweifach: Durch eine Umverteilung innerhalb der primären Markteinkommen und durch die staatliche Sekundärverteilung in Form von Steuern und Abgaben. Was die Kapitaleigner an den Arbeitsmärkten den Beschäftigten vor dem Hintergrund von Massenarbeitslosigkeit und in Folge schwacher Gewerkschaften an Lohn weggenommen haben, hier waren die nominalen Brutto-Einkommenssteigerungen kleiner als die Produktivitäts- und Inflationszuwächse, wollen sie natürlich danach vom Staat durch Steuern und Abgaben nicht wieder weggenommen bekommen.

Deshalb soll jetzt das internationale Investitionsschutzabkommen innerhalb von CETA und TTIP zementiert werden. Es soll den Unternehmern ermöglichen, einen Staat, vor einem Sondertribunal zu verklagen, wenn den Unternehmern (den nicht nur multi- sondern transnational agierenden Konzernen) die demokratisch entstandenen politischen Entscheidungen (Gesetze) nicht passen, weil die Konzerne dadurch ihre maximale Profitrate gefährdet sehen. Rechtlich bedeutet dies letztlich, dass vom Volk gewählte Politiker in demokratischen Rechtsstaaten eine »Paralleljustiz« zulassen wollen. Dies ist ein ungeheuerlicher Fall und Angriff auf den demokratischen Rechtsstaat, der nach einem sofortigen Einschreiten des Bundesstaatsanwalts und des Bundesverfassungsgerichts gegen Politiker verlangt, die das bestehende Verfassungsrecht und auch die einfache Gesetzgebung sowie die Gerichte (Judikative) in den einzelnen Mitgliedsstaaten beugen und aushebeln wollen. Dabei ist es übrigens völlig unverständlich, dass Richter und Staatsanwälte, die gesamte Justiz, als staatliche dritte Gewalt in einer Demokratie, nicht gegen die politische rechtsbrechende Legislative aufbegehrt und sie in ihre Schranken verweist.

Man muss es ökonomisch richtig verstehen, was hier von einer neoliberal geprägten Politik intendiert ist. Der endgültige Kniefall vor den Kapitaleigentümern, vor den Shareholdern und ihren Profitinteressen. Es soll die kapitalistische Logik im Duktus des Shareholder-value Konzepts auf den Kopf gestellt werden. Nicht mehr der Profit soll Restgröße bei der Verteilung der Wertschöpfung sein, sondern das Einkommen der abhängig Beschäftigten. Die Profitrate der Shareholder wird vorab bei jeder Investition festgelegt und die Arbeitseinkommen sind danach darauf abzustimmen und kleinzuhalten. Wie sagte doch quasi synonym für alle Kapitalvertreter, der ehemalige Vorstandssprecher der Deutschen Bank, Josef Ackermann, die Eigenkapitalrendite vor Ertragsteuern wird ab sofort auf 25 Prozent festgelegt. Ohne eine solche ex-ante-Profitrate gibt es keine Investition mehr und bereits getätigte Investitionen müssen nach einer Adaptionszeit mit ihrer Desinvestition rechnen.

Die Kapitalklasse diszipliniert und setzt sich endgültig durch

Schon heute gibt es eine nicht akzeptable Machtasymmetrie zwischen Kapital und Arbeit in den jeweiligen Staatsverfassungen. So auch im deutschen Grundgesetz. Obwohl in der Ökonomie hinlänglich verifiziert ist, dass ein wie auch immer gearteter Produktionsprozess ohne den Einsatz des Menschen, der Arbeitskraft, ein Output und Wert nicht erzeugt werden kann, haben trotzdem das Kapital bzw. deren Eigentümer das ausschließliche Sagen in den Unternehmen über ihre Beschäftigten. Final entscheiden nur die Eigentümer ob sie Arbeitskräfte einstellen, wie diese unter vom Management eingesetzten straffen Hierarchien zu arbeiten haben, und wann sie zur Entlassung anstehen. Und bei Unternehmensverkäufen werden nicht nur die Assets, das Kapital, auf einen anderen Unternehmer übertragen, sondern auch die Beschäftigten werden wie eine Ware mit verkauft und keiner regt sich darüber auf. Selbst die Beschäftigten nicht. Was sollen sie auch machen, sind sie doch abhängig vom Unternehmer. Sie erhalten eben nur dann einen ökonomischen Wert, wenn ein Unternehmer, ein Kapitaleigner, oder wie es heute heißt, ein anonymer Investor, sie am Arbeitsmarkt nachfragt. Die Verfassung deckt dies alles rechtlich ab und stuft hier die freie unternehmerische Entscheidung, abgeleitet aus der allgemeinen Berufsfreiheit (Art. 12 GG), sowie das Eigentum an den Produktionsmitteln (Art. 14 GG) höher ein als den arbeitenden Menschen, der letztlich die gesamte Ökonomie bewegt und einzig gesellschaftliche Neuwerte bzw. ein verteilbares Mehrprodukt in Form von Mehrwert schafft.

Jetzt will das Kapital mit CETA und TTIP auch noch zusätzlich die Politik von ganzen Staaten in Geiselhaft nehmen. Die bestehende und rechtlich abgesicherte Machtasymmetrie zwischen Kapital und Arbeit reicht den Kapitaleignern für ihr schon bestehendes Ausbeutungsregime nicht mehr. Das bisher neoliberal erfolgreich umgesetzte Umverteilungsparadigma hat die Kapitalmächtigen noch gieriger gemacht. Die schier unbegrenzten Profitansprüche sollen nicht nur über einen aufwendigen Lobbyismus-Apparat durchgesetzt werden, sondern jetzt auch über in Rechtsstaaten verfassungswidrige Sondertribunale (»Schiedsgerichte«), die mal entstanden sind, um in Nicht-Rechtsstaaten ausländisches Kapital vor staatlicher Willkür zu schützen. Wie korrupt muss dabei die europäische und auch nationale herrschende Politik sein, wenn sie mit einem Investorenschutz im CETA und TTIP zur einseitigen Befriedigung von Kapitalinteressen aufwartet und offensichtlich ernsthaft über einen derartigen Angriff auf die Demokratie überhaupt zu diskutieren bereit ist? Sie macht aber offensichtlich gemeinsame Sache mit dem Kapital, gegen die Interessen der Mehrheit im Volk. Nun ist es aber so, dass es noch nie im Kapitalismus einen »neutralen« Staat gegeben hat. In einer parlamentarischen Demokratie ist es immer entscheidend, welche Partei mit welchen Interessen im Parlament die Mehrheit hat und – auch in Koalitionen – die Regierung bildet. Vertritt diese, wie im Fall der geplanten Freihandelsabkommen, einseitig die Interessen des Kapitals, der Unternehmer, oder zumindest gleichberechtigt auch die Interessen der abhängig Beschäftigten? Für Karl Marx ist diese Frage keine Frage: Im Kapitalismus setzt sich im bürgerlichen (interessenbesetzten) Staat final immer nur die in der Wirtschaft herrschende Kapitalklasse mit ihren einseitigen und letztlich aber das System selbstzerstörenden maßlosen Profitansprüchen durch. »Die moderne Staatsgewalt ist nur ein Ausschuss«, so Marx, »der die gemeinschaftlichen Geschäfte der ganzen Bourgeoisklasse verwaltet« (Marx 1848, 1983, S. 46).

Die SPD versagt mal wieder

Dazu hat gerade am 25. September die Linke im Deutschen Bundestag einen weiteren Beweis angetreten. Sie zwang über einen Gesetzesantrag in namentlicher Abstimmung die ehemalige Arbeiterpartei, die »Partei der kleinen Leute«, die SPD, ihre wahren Interessen offenzulegen. Gegen ihren eigenen Parteibeschluss, der zusammen in einem Papier mit dem DGB einen Investorenschutz im CETA und TTIP Öffentlichkeitswirksam strikt ablehnt, stimmte die SPD im Bundestag dennoch für die Interessen des Kapitals, für den Investoren- bzw. Kapitalschutz. »Im Kern ging es darum«, schreibt der wirtschaftspolitische Sprecher der Linkspartei im Bundestag, Michael Schlecht, »die Bundesregierung auf die Ablehnung von Schiedsgerichten in den Freihandelsabkommen festzulegen. Denn der Parteibeschluss nützt nichts, wenn er Parteibeschluss bleibt.

Wirklich wirksam und verbindlich wird er erst, wenn ihn das Parlament beschließt. (…) Ergebnis der Abstimmung: der Antrag wurde mit den Stimmen der Regierungskoalition abgelehnt. Anders gesagt: Die SPD lehnte ihre eigenen Forderungen ab! Faktisch hat sie auch gegen den DGB gestimmt.« Dieser hat aber bis heute dagegen nicht opponiert bzw. es öffentlich gemacht. So ist es halt, könnte man resignierend feststellen, im staatsmonopolistischen Kapitalismus, wo der Staat gemeinsame Sache mit den privaten Monopolen und Oligopolen macht und wo selbst, wie Theodor W. Adorno und Max Horkheimer betonen, die Aussagekraft des Klassenbegriffs an seine Grenze stößt. »Der Unterschied von Ausbeutern und Ausgebeuteten tritt nicht so in Erscheinung, dass er den Ausgebeuteten Solidarität als ihre Ultima Ratio vor Augen stellte: Konformität ist ihnen rationaler. Die Zugehörigkeit zur gleichen Klasse setzt längst nicht in Gleichheit des Interesses und der Aktion sich um« (Adorno, S. 11). Der Politikwissenschaftler Kai Lindemann beschreibt vor dem Hintergrund der Grenzen des Klassenbegriffs in Anlehnung an den deshalb von Adorno und Horkheimer eingeführten »Racket-Begriff«, der ursprünglich den Zustand der Schutzgelderpressung von kriminellen Banden, wie der Mafia, definiert, den heutigen finanzmarktgetriebenen Neoliberalismus als ein Beutesystem von »Racketeers«. »Nicht ohne Grund hat der Racket-Begriff seinen Ursprung in der Schutzgelderpressung, denn Adorno und Horkheimer sehen fließende Übergänge zwischen der monopolkapitalistischen Praxis der Surplusaneignung und der ›außergesetzlichen‹ Herrschaft schutzgelderpresserischer Banden. Letztere betreiben die Aneignung lediglich mit Methoden, die zum Staatsmonopol – der ›physischen Zwangsgewalt‹ – in Konkurrenz treten können. ›Der Verbrecher‹, so Horkheimer, ›repräsentiert das unrationellere, primitivere Racket gegenüber dem vom Staat geschützten Klassenmonopol. Sein Beruf weist auf früh- und vorbürgerliche Formen der Herrschaft zurück; sie wuchern als Mafia und Camorra verachtet in der Gegenwart wie gestürzte Gottheiten, die vor der neuen Religion zu dämonischen Mächten geworden sind« (Lindemann 2014, S. 82).

Rackets sind heute »eine privilegierte Komplizenschaft, deren Strukturen durch die Festigkeit der internen, informellen Verbindungen und die Intensität der Verflechtung mit staatlichen und wirtschaftlichen, legalen und illegalen Strukturen bedingt ist. Die informellen Verbindungen sind dabei von der ideologischen Nähe der Mitglieder abhängig. Der Eintritt in das Racket ist das entscheidende Privileg, das über Macht oder Ohnmacht, Inklusion oder Exklusion entscheidet« (Lindemann ebenda). Hier haben die abhängige Arbeit verrichtenden Massen nichts zu erwarten. Dies stellte schon 1776 Adam Smith fest, als er schrieb: »Der bedauernswerte Arbeiter, der gewissermaßen das ganze Gebäude der menschlichen Gesellschaft auf seinen Schultern trägt, steht in der untersten Schicht dieser Gesellschaft. Er wird von ihrer ganzen Last erdrückt und versinkt gleichsam in den Boden, so daß man ihn auf der Oberfläche gar nicht wahrnimmt« (Smith 1776, 1978, S. 56f.). Das müsste aber nicht so sein. Dazu bedarf es aber kämpferischer Gewerkschaften, einer starken linken politischen Kraft im Parlament und auch einer merklichen außerparlamentarischen Opposition in Sozial- und Umweltverbänden sowie den Kirchen und nicht zuletzt an den Hochschulen.

Anmerkungen

Adorno, Th.W. (1975): Reflexionen zur Klassentheorie, in: ders., Gesellschaftstheorie und Kulturkritik, Frankfurt a. M.

Lindemann, K. (2014): Finanzkapitalismus als Beutesystem. Der Neoliberalismus und die Aktualität des Racket-Begriffs, in: Blätter für deutsche und internationale Politik, Heft 9

Marx, K., Engels, F. (1948, 1983), Manifest der Kommunistischen Partei (1848), Berlin (Ost)

Smith, A., (1776, 1978): Der Wohlstand der Nationen. Eine Untersuchung seiner Natur und seiner Ursachen, München, deutsche Übersetzung von Recktenwald, H. C., des 1776 erstmals von Adam Smith erschienenen Werks mit dem Originaltitel: »An Inquiry into the Nature and Causes of the Wealth of Nations

ZeitPresse. Forumsblatt des Vereins zur Verzögerung der Zeit in Kooperation mit der Universität Klagenfurt, Fakultät für Interdisziplinäre Forschung und Fortbildung (IFF), Heft 8/2016.

Europa geht anders

Aber nur mit einer radikal anderen Wirtschaftspolitik wird es gelingen

Der ökonomische Befund ist klar. Die schwerste Weltwirtschaftskrise seit 80 Jahren und in Folge die »Eurokrise« wurden originär durch eine zuvor noch nie da gewesene weltweit umgesetzte neoliberale Umverteilung von Einkommen und Vermögen zu den eh schon Reichen verursacht. Überall verfielen die Lohnquoten und stiegen die Profitquoten. Die dadurch immer mehr ausfallende Nachfrage nach Konsum- und Investitionsgütern, verbunden mit hoher Arbeitslosigkeit und einem Anstieg der Armutszahlen, musste zur Aufrechterhaltung des Systems durch Staatsnachfrage und Sozialleistungen sowie durch Privatkredite kompensiert werden. Gerne gaben die Reichen ihr Vermögen, für das sie auch noch immer weniger Steuern zahlten, den zuvor ausgebeuteten ArbeitnehmerInnen und den Staaten als verzinsten Kredit zurück. So stiegen parallel das hochkonzentrierte Vermögen und die Schulden nicht nur in den öffentlichen Haushalten unaufhaltsam an.

Damit die Vermögenden sich möglichst weltweit ungehindert ihre Schuldner suchen konnten, wurden von der Politik die Kapitalmärkte dereguliert und von den Managern über Kredithebel (»Leverage-Effekte«) in einem Shareholder-value-Wahn die Verschuldungsgrade in der Wirtschaft auf die Spitze getrieben. Schließlich musste noch der »Drittklassige« Schuldner über »Subprime-Kredite«, insbesondere in den USA, her, sonst wäre schon viel früher das System kollabiert. Sicher haben auch gierige »Bankster« und Fondsmanager, nicht zuletzt von Pensionsfonds, die Krise mit ihren Spekulationen über Derivate mit Leerverkäufen sowie unverschämte Einkommensansprüche zusätzlich befeuert. Es ist aber ökonomisch völlig borniert, die Krise zu personalisieren. Sie ist eine kapitalistische Umverteilungskrise! Dem neoliberalen Dogma geschuldet.

Hinzu kamen auf EU-Ebene massive Fehlkonstruktionen bei der Einführung des Euros. Besonders verwerflich war die fehlende Rücksicht auf die realwirtschaftlichen Divergenzen zwischen den Mitgliedsländern. Der Glaube, es käme durch Wettbewerb zu einer

Konvergenz war ausgesprochen naiv. Außerdem beschränkte Politik mit einer »Europäischen Schuldenbremse« für das Euroland die Finanzpolitik und die Geldpolitik wurde zu allem Überfluss mit ihrer einseitigen Festlegung auf Preisstabilität ebenso fehlkonstruiert. Darüber hinaus kann die Geldpolitik bei stark unterschiedlichen Realökonomien und der Festlegung eines Zinssatzes nur asymmetrische Wirkungen in den einzelnen Ländern entfalten.

Die nach wie vor herrschende neoliberale Politik akzeptiert aber weder als Krisenursache die Umverteilung noch die EU-inhärenten Fehlkonstruktionen, sondern fühlt sich weiter ausschließlich dem Kapital und den Geldmächtigen verpflichtet. Deshalb mystifiziert Politik, Arm in Arm mit den Geldmächtigen, die Krise als »Verschuldungskrise« und hat die Krisenlasten den öffentlichen Haushalten zugeschoben. Die Reichen wollen für die Krise nicht bezahlen. Lieber lassen sie ihr System am völlig ungleich verteilten Reichtum auf der einen Seite und den Schulden und der dahinterstehenden öffentlichen und privaten Armut auf der anderen Seite ersticken und Europa vor die Wand fahren. Dies wird ohne einen radikalen Wechsel in der Wirtschaftspolitik so kommen. Denn die Vermögenden finden keine ausreichenden (solventen) Schuldner mehr. Ganzen Staaten sprechen kapitalinteressenorientierte private Ratingagenturen – ohne wissenschaftliche Fundierung – jede Kreditwürdigkeit ab und versehen Staaten bzw. deren Anleihen mit einem »Ramschstatus«, um sie nach Einführung kollektiver staatlicher »Rettungsschirme« oder auch Eurobonds wieder für kreditfähig zu erklären und den Vermögenden dadurch noch mehr Profit zu bescheren. Gleichzeitig verlangen die Geldmächtigen zur »Gesundung« der notleidenden Staaten drastische Austeritätsprogramme die jegliche wirtschaftliche Entwicklung abtöten und einen ökonomischen Niedergang herbeiführen. Und zu allem Überfluss legen ahnungslose und völlig überforderte Politiker die nationalen Staatshaushalte noch mit verschärften »Schuldenbremsen« an die Kette. Damit gefährdet die Politik nicht nur die Demokratie, sondern engt außerdem die Anlagemöglichkeiten für das weiter reichlich vorhandene überschüssige Geld der Vermögenden noch mehr ein. Wo sollen sie mit ihrem überschüssigen Geld hin, wenn die Staaten es nicht mehr als Kredit nachfragen wollen und die Politik sich auch nicht traut einen drastischen Vermögensschnitt, einen »Hair-cut«, vorzunehmen? Das Ergebnis wird eine massive Krisenverschärfung sein. Der von der Politik bisher vorgelegte Therapieversuch ist tief krank.

Was müsste dagegen passieren? Kurzfristig ist ein radikaler Vermögensschnitt durch eine politisch weltweit konzertierte Aktion notwendig. Wann setzt die Politik endlich ihr demokratisch legitimiertes Gewaltmonopol ein? Wann kapiert Politik endlich, dass die Summe allen Vermögens immer gleich groß der Summe aller Schulden ist? Nicht nur die Griechen sind überschuldet. Die USA sind das viel größere Problem. Technisch müsste es so laufen, dass die Notenbanken die nicht mehr refinanzierbaren Staatsanleihen der einzelnen Länder aufkaufen und sich danach mit den vermögenden Gläubigern zur Abwertung ihres Vermögens ins Benehmen setzen. Für neue Staatskredite sollte die Europäische Zentralbank, abgestimmt mit der Politik, zukünftig direkt Kredite zu günstigen Zinsen – ohne das Zwischenschalten von profitorientierten Geschäftsbanken – gewähren, um so die Staatsfinanzen der Spekulation von Privaten zu entziehen. Außerdem muss eine in Europa abgestimmte Finanz- und Geldpolitik für ein sozial-ökologisches Wachstum und Beschäftigung sorgen und die EU einen wesentlich größeren eigenen Haushalt bekommen. Insbesondere der Süden und Osten Europas braucht dabei ein von der EU gefördertes Aufbauprogramm für seine Realwirtschaft. Weiter ist innerhalb der Finanzpolitik die Steuerpolitik zu harmonisieren und hohe Gewinne, Einkommen und das Vermögen sind kräftig – europäisch abgestimmt – zu besteuern und endlich sind Steuer- und Wirtschaftskriminalität sowie die gefährliche Marktmacht von Konzernen mit dem Strafgesetzbuch und nicht wie heute mit Bußgeldern zu bekämpfen und zu beseitigen. Die Lohnpolitik inkl. der Arbeitszeitpolitik ist länderbezogen strickt an der jeweiligen Produktivitäts- und Inflationsrate auszurichten und die ArbeitnehmerInnen sind vor ausbeutenden Unternehmern an den Arbeitsmärkten zu schützen – auch vor öffentlichen Arbeitgebern. Dringend notwendig zur Beseitigung der »Geißel« Massenarbeitslosigkeit in Europa ist eine gesetzlich vorgeschriebene Arbeitszeitverkürzung mit dem Ziel einer 30-Stunden-Woche. »Kurze Vollzeit für alle« muss das Credo lauten. Dadurch wird insgesamt die verhängnisvolle Umverteilung zur Profitquote, die originäre Krisenursache, beseitig. Weiter sind die Kapitalmärkte wieder staatlich streng zu regulieren, Ratingagenturen und auf Leerverkäufen basierende Derivate zu verbieten und der Bankensektor ist auf seine Kernfunktionen (Organisation des Zahlungsverkehrs, Einlagengeschäft zur sicheren Ersparnisbildung und der Finanzierung privater und öffentlicher Realinvestitionen) zu beschränken. Und last but not least braucht die EU eine durchgreifende Demokratisierung der Wirtschaft. Dem Kapital ist die heute gegebene einseitige und entscheidende Verfügungsgewalt über die Gewinnverwendung und das Investitionsmonopol durch eine paritätische Mitbestimmung der Beschäftigten zu nehmen. Dies fordert selbst in Conclusio die neoklassische Produktionsfunktion und ist auch nachzulesen bei den Nestoren der Betriebswirtschaftslehre.

Erziehung & Wissenschaft (E&W).
Zeitschrift der Bildungsgewerkschaft GEW, Heft 1/ 2012

Die EU-Wahl wird nichts verändern

Bei Gründung der Europäischen Gemeinschaften stand der Frieden Pate

Nach 17 Millionen Toten im Ersten Weltkrieg und 50 Millionen Toten im Zweiten Weltkrieg entstand innerhalb und zwischen vielen europäischen Staaten der Wunsch nach einer nachhaltigen Friedenssicherung durch die Gründung einer Europäischen Gemeinschaft. »Nie wieder Krieg« hieß die Botschaft. Der Plan einer Europäischen Gemeinschaft für Kohle und Stahl (sog. »Montan-

Union«) war 1951 die Geburtsstunde der heutigen Europäischen Union (EU). »Durch den Zusammenschluss ihrer Grundindustrien und Errichtung einer neuen überstaatlichen Autorität, deren Beschlüsse bindend sein werden für Frankreich, Deutschland und die übrigen teilnehmenden Länder, werden die ersten Grundlagen einer europäischen Föderation gelegt, die der Erhaltung des Friedens dient«, so der damalige französische Außenminister Robert Schuman (1886-1963) und spätere Präsident der Europäischen Union am 9. Mai 1950. 2012 erhielt die EU, nicht unumstritten, den Friedensnobelpreis für ihre Stabilisierung des Friedens in Europa. Krieg war aber in Europa längst mit dem Jugoslawienkrieg (1991-2001) zurückgekehrt und tobt jetzt, seit 2014, zwischen Russland und der Ukraine mit massiver militärischer Unterstützung der Ukraine durch die USA und die EU; hier insbesondere durch das Mitgliedsland Deutschland.

Der wissenschaftliche Dienst des Deutschen Bundestages stellt diesbezüglich eine Kriegsbeteiligung Deutschlands fest. Die Bundesregierung widerspricht. Nur die Linke im Parlament nimmt das Gutachten ernst. Der Psychologe und Publizist Georg Rammer schreibt in *Ossietzky*: »Deutschland und die EU befinden sich im Umbau zu einer repressiven militarisierten Formaldemokratie. Die Reaktion der Bevölkerung schwankt zwischen Aufbegehren und Resignation und der Amnesie der Grünen, die einst systemkritisch das Gegenteil ihres verrohten Bellizismus vertraten. (…) Die den Frieden durch Diplomatie erreichen wollen, kommen um das mühsame Geschäft des differenzierten Argumentierens nicht herum. Kontext herstellen, Hintergründe erläutern, Fragen stellen: Wie viele Kriege hat der Westen in den letzten dreißig Jahren geführt – wie viele der ›Imperialist Putin‹? Warum hat die Nato in den Jahren vor dem Ukrainekrieg dutzende Manöver an der Grenze Russlands durchgeführt? Hat der Generalbundesanwalt jemals wegen US-Kriegsverbrechen ermittelt, die deutsche Regierung Sanktionen gefordert? Wofür büßt der Journalist Assange seit Jahren im Hochsicherheitsknast? Wie viele UN-Resolutionen hat Israel missachtet? Wollen israelische Parteien gleiche Rechte und einen eigenen Staat für Palästinenser? So viele Fragen: Sich der Echokammer der Bellizisten verweigern, der Amnesie die Erinnerung entgegensetzen.«

Das brauchen wir an Bewusstsein in allen 27 EU-Staaten. Aber von dem europäischen Wunsch nach immerwährendem Frieden sind wir offensichtlich weit entfernt, wenn man PolitikerInnen reden hört und Leitmedien über Krieg schreiben, als wäre Krieg etwas Normales, den man ertragen muss. Krieg benötigt zur Vorbereitung immer ein Feindbild, dass in den Völkern nur über eine entsprechende Propaganda geschaffen werden kann. Auch das faschistische Deutschland musste erst von Hitler und seinen Vasallen geschaffen werden, bis »ganz gewöhnliche Deutsche Hitlers willige Vollstrecker« (Daniel Jonah Goldhagen) wurden. In diesem Kontext hat auch die seit 1917 betriebene Hetze gegen Russland nie aufgehört, auch nicht nach dem Zusammenbruch der Sowjetunion 1989. Es war immer ein ökonomischer Krieg verbunden mit riesigen konventionellen und atomaren Aufrüstungen zwischen den bestehenden Wirtschaftsordnungen, zwischen Kapitalismus und Sozialismus, und der Krieg hat im Grunde bis heute nicht aufgehört. Gegen das primitive Feindbild führte der ehemalige Bundespräsident Gustav Heinemann aus: »Wir müssen erkennen, dass die antisowjetische Hetze den Vorspann für die westliche Rüstungspolitik darstellt. Wenn wir den Frieden sichern wollen, müssen wir der antisowjetischen Hetze ebenso wehren wie der Hetze gegen irgendein westliches Volk, muss eine Bresche geschlagen werden in den blinden und pauschalen Antikommunismus, diese kriegsträchtige Mentalität bürgerlich-pharisäischer Selbstgerechtigkeit. Wir können mit den östlichen Nachbarn nicht in Frieden leben, wenn wir ihr politisches System auszuhöhlen und zum Zusammenbruch zu führen trachten. Wir haben gegen die Propaganda, welche die psychologische Bereitschaft zum Krieg schaffen soll, ebenso Widerstand zu leisten wie gegen die militärische Kriegsvorbereitung.«

Diese bringt den Rüstungskapitalisten, wie schon immer, enorme Profite: Das größte deutsche Rüstungsunternehmen »Rheinmetall eilt von Rekord zu Rekord« titelt die *Westdeutsche Allgemeine Zeitung* (WAZ). Für Journalistinnen, wie Eva Quadbeck, ist das der

»Preis für Sicherheit«. In einem Leitartikel der *Frankfurter Rundschau* schreibt sie: »Wenn sich der Finanzminister dagegenstemmt, für Subventionen und für zusätzliche Sozialausgaben Schulden aufzunehmen, dann ist das absolut nachvollziehbar. An der Sicherheit der Nation sollte man aber nicht sparen. Russland hat längst auf Kriegswirtschaft umgestellt und ordnet dem eigenen Imperialismus alles unter. (…) Die Schuldenbremse ist eine gute Einrichtung, um die Konsumausgaben des Staates unter Kontrolle zu halten. Wenn sie aber für die Sicherheit des Landes zur Bremse wird, muss sie reformiert werden.«

Wahl zum EU-Parlament

Am 9. Juni sind jetzt Wahlen zum 10. EU-Parlament (EP). 1979 erfolgte die erste Wahl. Rund 350 Millionen Menschen sind in 27 EU-Staaten, nach dem 2020 vollzogenen Austritt Großbritanniens (»Brexit«), aufgerufen 720 neue Abgeordnete zu wählen, davon 96 deutsche Parlamentarier. In Deutschland dürfen erstmals auch 16- und 17-Jährige abstimmen. Die Wahl findet vor dem Hintergrund des Krieges in der Ukraine und vor einer in der EU massiv vorliegenden politischen Rechtsorientierung statt, die ihre wesentliche Ursache in einer zwischen den EU-Staaten und auch innerhalb der Länder sich immer mehr entwickelten wirtschaftlichen Segmentierung und Spaltung hat. Der von der EU-Politik und ihren Staaten initiierte und damit gewollte wirtschaftliche Kurs einer neoliberalen Marktradikalität hat den Reichtum bei wenigen konzentriert und die Armutsquoten steigen lassen. Die Wirtschafts- und Währungsunion, beschlossen im Maastricht-Vertrag am 7. Februar 1992, war und ist kein Wohlfahrtsplan für die Mehrheit der Menschen in den EU-Staaten, sondern für eine kapitalbesitzende Minderheit. Und die EU ist für die Bürger und Bürgerinnen eine völlig intransparente Institution, in der nicht einmal die Entscheidungen der EU-Politiker, wie wir im Folgenden sehen werden, auf Basis einer indirekten (parlamentarischen) Demokratie getroffen werden. Das EU-Volk ist zugleich meilenweit von einer politischen Willensbildung entfernt bzw. wird nicht einmal in Ansätzen beteiligt, sondern permanent vor vollendete Tatsachen gestellt. Selbst die Auslösung eines Krieges würde hier heute ohne Volksabstimmungen von törichten Politikern vollzogen. Hier kann ich dann allen nur das Buch der US-amerikanischen Historikerin Barbara Tuchman, »Die Torheit der Regierenden. Von Troja bis Vietnam« empfehlen.

Das EU-Parlament hat nur wenig zu sagen

Das EP spielt im gesamten EU-Gefüge, wenn überhaupt, nur eine sekundäre Rolle und das EP, wo eine Politik für alle Menschen in der EU gemacht werden müsste, ist gar kein richtiges Parlament und noch weiter von den Interessen und Nöten der Menschen entfernt, als dies in den Nationalparlamenten schon der Fall ist. Ein richtiges Parlament hat im Rahmen der staatlichen Gewaltenteilung uneingeschränkt die Legislative zu sein. Hier werden die Gesetze gemacht. Das trifft für das EP aber nicht zu. Die EU ist kein Staat, sondern nur eine Staatengemeinschaft. Andreas Fisahn, Professor für Öffentliches Recht an der Universität Bielefeld, schreibt: »Das EP ist legislatives Organ, aber nur mit einer zweiten Kammer auf nationaler Ebene vergleichbar. Das Parlament muss nämlich keineswegs allen Rechtsakten der EU zustimmen. Bei einigen Rechtsakten muss das Parlament nur angehört werden. Wann es nur angehört, wann es zustimmen muss, regelt das Primärrecht für jeden Politikbereich speziell, es gibt also keine allgemeine Regel.« Hinzu kommt, dass es in der EU kein einheitliches Wahlrecht gibt. Jedes EU-Mitgliedsland wählt die Abgeordneten nach nationalem Recht und es werden die Parteien der einzelnen Länder und keine europäischen Parteien gewählt; die gibt es nämlich nicht. So ist es eine logische Folge, dass die Menschen in den EU-Staaten nur über die Politik ihrer Länder abstimmen und der ganze »Wahlkrampf« auch nur auf nationaler und nicht auf europäischer Bühne stattfindet.

Keine EU-Verfassung

Weiter gilt, dass das EP auf keiner Verfassung beruht, sondern lediglich auf einem EU-Vertrag, der am 1. Dezember 2009 in Kraft trat, und einem Vertrag über die »Arbeitsweise der Europäischen

Union« (AEUV). Eine EU-Verfassung scheiterte 2005 an Frankreich und den Niederlanden. Irland stimmte erst im zweiten Anlauf zu. Und 1993 votierte in einer Volksabstimmung Dänemark gegen die Einführung des Euros. In Deutschland fanden dagegen weder bezüglich der EU-Verfassung noch bezüglich der Euro-Einführung Volksabstimmungen statt. Hier entschied jeweils nur der Bundestag und Bundesrat indirekt. Mit dem Scheitern der Verfassung schien die EU politisch tot zu sein. Dass wurde aber von der herrschenden politischen Elite in der EU nicht akzeptiert. Ohne die Völker in einer weiteren Volksabstimmung zu fragen wurde dann ganz einfach die geplante Verfassung, nur ohne offizielle Fahne und Hymne, in einen EU-Vertrag umgewandelt und danach die AEUV, auch ohne jegliche demokratische Abstimmung, in den Hinterzimmern der politischen Macht, ex-post hinzugefügt. Jörg Huffschmid, der sich wie kein anderer Ökonom mit dem wirtschaftlichen Part der Verfassung auseinandergesetzt hat, kam 2004 zu einem vernichtenden Urteil: »Diese Verfassung wird die Europäische Union ihren Bürgern und Bürgerinnen nicht näherbringen. Sie wird den Prozess der Entfremdung festschreiben, (...). Auch die angekündigte Demokratisierung europäischer Strukturen und Verfahren durch die Verfassung ist im Wesentlichen ausgeblieben. Vielmehr würde die Verabschiedung des Entwurfes die Demontage sozialstaatlicher Substanz durch die neoliberalen Gegenreformen Verfassungsrang erhalten.«

Europäischer Rat und Ministerrat

Viel bedeutender als das EP sind der Europäische Rat und der Ministerrat. Schon 1974 wurde der Europäische Rat, besetzt mit den Regierungschefs der EU-Länder, ins Leben gerufen. Er legt die Leitlinien für die Entwicklung der EU und für die gemeinsame Außen- und Sicherheitspolitik fest – und nicht das Europäische Parlament. Außerdem ernennt der Rat die EU-Kommissionsmitglieder, die dann vom Europäischen Parlament lediglich noch bestätigt werden müssen. Auch die Richter am Europäischen Gerichtshof (EuGH) sowie den Präsidenten der Europäischen Zentralbank bestimmt der

Rat. Vom Europäischen Rat zu unterscheiden ist der Ministerrat, das zentrale operative Entscheidungsgremium der EU. Jeder der Mitgliedsstaaten darf hier ein Mitglied, das im Heimatland den Status eines Ministers haben muss, in den Ministerrat entsenden. Der Vorsitz ist durch ein Rotationsprinzip bestimmt. Er wechselt halbjährig am 1. Januar und am 1. Juli. Zu den Aufgaben des Ministerrates zählen die Rechtsetzungsbefugnis, das Initiativrecht, Kontrollrechte, Koordination der Wirtschaftspolitik, Abschluss von Abkommen mit dritten Staaten und internationalen Organisationen, Ernennung der Mitglieder des Wirtschafts- und Sozialausschusses, des Regionalausschusses und des Rechnungshofes, Festsetzung von Gehältern und die Aufstellung des Entwurfes für einen Haushaltsplan. Hier zeigt sich die hohe nicht wirklich demokratisch zu kontrollierende Machtfülle des Ministerrats. Die Entscheidungen werden alle hinter verschlossenen Türen getroffen und sind von den Sorgen und Nöten der EU-Bewohner ganz weit entfernt. Beschlüsse kommen grundsätzlich mit einfacher oder doppelt qualifizierter Mehrheit zustande. Einstimmigkeit ist bei besonders wichtigen Fragen (z. B. bei Steuerfragen (Art. 99 EGV) vorgesehen.

EU-Kommission

Obwohl die EU-Kommission, als weiteres Machtzentrum der EU, eigentlich nur die Exekutive ohne legislative Entscheidungsbefugnisse bildet, werden auch hier viele Gesetzesvorhaben initiiert, vorbereitet und damit letztlich präjudiziert. Die Kommission besteht zurzeit aus 27 Mitgliedern, Präsidentin ist die Deutsche Ursula von der Leyen (CDU), mit rund 32.000 Bediensteten. Kennen sie hier den deutschen Vertreter oder die Vertreterin? Die Arbeit der Kommission durchblicken nicht einmal die 720 Abgeordneten des EU-Parlaments. Dabei sind die Aufgaben der Kommission bedeutend. Dazu gehören die Kontrolle der Einhaltung des primären und sekundären Gemeinschaftsrechts, die Erarbeitung und Abgabe von unverbindlichen Stellungnahmen und Empfehlungen, um das Gemeinschaftshandeln zu aktivieren und die Wahrnehmung eigener Entscheidungsbefugnisse sowie die Mitwirkung am Zustandekommen der Handlungen anderer EU-Organe. Außerdem sieht der EGV für die Kommission eigenständige Entscheidungskompetenzen vor. Diese betreffen die Verwaltung der EU-Haushalte (Art. 205 EGV) und der verschiedenen Fonds sowie der finanziellen Einrichtungen, die Errichtung der Zollunion (Art. 12ff. EGV), die Erhebung von Ausgleichsabgaben im Bereich der Landwirtschaft (Art. 46 EGV), Schutzmaßnahmen im Bereich des Kapitalverkehrs (Art. 73 Abs. 2 EGV), die Beseitigung von Steuerdiskriminierungen (Art. 100a EGV) und Zustimmungen und Genehmigungen von Beihilfen (Art. 93 Abs. 2 EGV). Und die EU-Kommission wirkt an Handlungen des EU-Parlaments im Rahmen des Haushaltsverfahrens (Art. 203 EGV) und auch an Handlungen des Europäischen Rates mit.

Europäischer Gerichtshof

Die Judikative bildet als dritte Gewalt der Europäische Gerichtshof (EuGH), bestehend aus 13 Richtern, unterstützt von sechs Generalstaatsanwälten. Das Gericht ist zuständig für Verstöße eines Mitgliedslandes gegen Vertrags-Verpflichtungen und für Verstöße gegen unrechtmäßiges Handeln des Rates und der Kommission. Da die EU aber kein Staat ist und damit auch nicht über ein Gewaltmonopol verfügt, kann der EuGH auch kein Urteil vollstrecken, sondern ist auf die freiwillige Umsetzung der EuGH-Urteile durch die Mitgliedsstaaten angewiesen. Daneben besteht die EU noch aus Nebenorganen wie dem Wirtschafts- und Sozialausschuss, dem Ausschuss der Regionen und dem von den übrigen Organen der EU unabhängigen EU-Rechnungshof. Seit dem 1. Dezember 2009 wurde zudem im Vertrag von Lissabon ein Hoher Vertreter der Europäischen Union für Außen- und Sicherheitspolitik (»EU-Außenminister« oder »EU-Außenbeauftragter«) eingeführt. Ernannt wird der Hohe Vertreter mit qualifizierter Mehrheit für die Funktionsperiode der EU-Kommission vom Europäischen Rat im Einvernehmen mit dem (der) Kommissionspräsidenten(-in) nach Zustimmung des Europäischen Parlaments. Aktueller Amtsinhaber ist seit dem 1. Dezember 2019 der Spanier Josep Borrell.

Wirtschaftsordnung

Sah der EWG-Vertrag (EGV) von 1967 noch keine expliziten Bestimmungen über eine Wirtschaftsordnung in den Mitgliedsstaaten vor, wobei auch im deutschen Grundgesetz eine solche ausdrückliche Festlegung nicht gegeben ist, so wurde mit dem EGV von 1992 (beschlossen in Maastricht) im Art. 3a EGV und im Art. 102a EGV eine marktwirtschaftlich, wettbewerbliche Ausrichtung der Wirtschaftspolitik für die EU-Staaten rechtlich festgelegt. »Die Mitgliedstaaten und die Gemeinschaft handeln im Einklang mit dem Grundsatz einer offenen Marktwirtschaft mit freiem Wettbewerb, wodurch ein effizienter Einsatz der Ressourcen gefördert wird, und halten sich dabei an die in Artikel 3a genannten Grundsätze (Art. 102a EGV).« Was heißt hier aber »offene Marktwirtschaft« und »freier Wettbewerb«? In seiner rechtswissenschaftlichen Dissertation schreibt Henning Schwier: »Das Merkmal der ›Offenheit‹ wird man dabei in zweierlei Richtungen begreifen müssen. Zum einen beschreibt der Begriff ›offene Marktwirtschaft‹, dass der europäische Markt jeder natürlichen bzw. juristischen Person zugänglich sein muss, zum anderen soll der Markt aber auch der wirtschaftlichen Initiative interessierter Unternehmer aus Drittländern offenstehen.« Und: »Hinter dem Begriff des ›freien Wettbewerbs‹, der (…) zu analysieren ist, verbirgt sich grundsätzlich eine Wirtschaftsordnung, in der private Wirtschaftssubjekte frei von staatlicher, dirigistischer Intervention in Konkurrenz zueinander treten. D.h. hoheitliche Maßnahmen dürfen die Freiheit der wirtschaftlichen Betätigung nur in begründeten Ausnahmefällen unter Beachtung des Grundsatzes der Verhältnismäßigkeit beschränken. Bei systematischer Betrachtung ist jedoch einzuräumen, dass diesem Grundsatz nur eine beschränkte Reichweite zukommt, denn der Freiheit des Wettbewerbs werden durch zahlreiche einschränkende Normenkomplexe im Gemeinschaftsrecht (vgl. Art 81ff., 87f. und 90ff. EVG) eindeutige Grenzen aufgezeigt.«

Dennoch, und das ist sozioökonomisch entscheidend, gelten am Ende das Primat des Kapitals und nicht die vom Kapital abhängige Arbeit der Menschen. Das Privateigentum an Produktionsmitteln wird im EU-Vertrag genauso garantiert wie die unternehmerische Freiheit und die Freizügigkeit der Märkte; nicht nur der Finanzmärkte.

Außerdem gilt im ökonomischen Duktus: Die EU selbst darf keine Schulden zur Finanzierung ihres Budgets machen und schreibt den Mitgliedsstaaten in einem Fiskalpakt Schuldenobergrenzen vor, die einen geregelten Keynesianismus ausschließen, dafür aber das Tor für einen marktradikalen Neoliberalismus weit aufstoßen. Das Soziale findet folgerichtig im EU-Vertrag so gut wie nicht statt. Und mit der Einführung des Euro 1999 (Bargeld ab 2002) musste eine Europäische Zentralbank (EZB) gegründet werden. Diese ist rechtlich unabhängig und unterliegt keinen Weisungen und keiner Kontrolle durch das EP. Wirtschaftspolitisch ist die EZB lediglich einer Preisniveaustabilität verpflichtet. Dieser schwerwiegende Fehler ist bis heute nicht berichtigt worden. Notwendig wäre eine Verpflichtung der EZB auf ein makroökonomisches Sechseck: Preisniveaustabilität, Wachstumsnotwendigkeiten und Umwelt, Vollbeschäftigung, Verteilungsgerechtigkeit und ein außenwirtschaftliches Gleichgewicht. Mit ihrer Zinspolitik beeinflusst die EZB die produzierende Wirtschaft, ihr Wachstum und ihre Beschäftigung. Nach der schwerwiegenden Finanz- und Wirtschaftskrise von 2007 bis 2009 wurden der EZB Teile der Bankenaufsicht in den einzelnen Mitgliedsstaaten übertragen. Und die EZB war neben dem Internationalen Währungsfonds (IWF) und der EU-Kommission maßgeblich an dem diktierten Austeritätsprogramm für Griechenland beteiligt, obwohl das griechische Volk mit einem Volksentscheid gegen die radikalen Kürzungen und Verkäufe staatlichen Eigentums gestimmt hatten. So viel dann zum Demokratieverständnis.

Europäische Repräsentation

Nach der EU-Wahl am 9. Juni werden viele »neue« Abgeordnete die Alten sein. So ist das in einer nur indirekten (parlamentarischen) Demokratie, in der nicht das Volk direkt selbst über Politik entscheidet, sondern das Volk sich vertreten lässt. Wir müssen deshalb sauber formulieren und schreiben, wenn wir uns über

Demokratie und Freiheit austauschen. Der herausragende SPD-Politiker, Herbert Wehner (1906-1990), sagte einmal: »Der Wähler legitimiert mit seiner Wahl die Entscheidungen, die anschließend gegen ihn unternommen werden.« So lebt dann das Volk in indirekten Demokratien lediglich in einer Zuschauerdemokratie. Der Schweizer Philosoph Andreas Urs Sommer von der Universität Freiburg setzt sich kritisch in seinem Buch »Eine Demokratie für das 21. Jahrhundert. Warum die Volksvertretung überholt ist und die Zukunft der direkten Demokratie gehört«, mit der vorherrschenden politischen Repräsentation auseinander. »Repräsentation bedeutet, das andere für mich stehen. Andere, wird man einwenden die ich immerhin in regelmäßigen, freien und geheimen Wahlen gewählt habe – sofern ich mich nicht sogar selbst zur Wahl habe aufstellen lassen. Andere, so erwidere ich, die ein freies Mandat haben, nicht an meine Wünsche, Präferenzen und Interessen gebunden sind und ein paar Jahre lang für mich, für all ihre Wähler und im Namen des gesamten Volkes Sachentscheidungen treffen werden, in die dieses gesamte Volk ansonsten nicht eingebunden ist. Die uns und mich unmittelbar betreffen, ohne dass ich an ihnen teilgehabt hätte.« Eigentlich erschließt sich daraus die Ursache für eine dramatisch zugenommene und viel beklagte Politikverdrossenheit von selbst, wenn Politik völlig intransparent und gegen die Interessen der großen Mehrheit des Volkes gerichtet ist. Bei der letzten Bundestagswahl 2021 stellten die Nicht-Wähler die größte »Partei«. Bezogen auf die Wahlberechtigten ist die derzeitige Ampel-Regierung, bestehend aus SPD, Bündnis 90/Die Grünen und FDP, nur von 49,5 Prozent, also knapp der Hälfte, der Bürgerinnen und Bürger gewählt worden. Die letzte Wahl zum EP (2019) fiel noch suboptimaler aus. Die Wahlbeteiligung lag hier bei nur 50,7 Prozent und in Deutschland immerhin bei 61,4 Prozent.

PolitikerInnen und Parteien verfolgen in indirekten parlamentarischen Demokratien Eigeninteressen, die zwar auch am Gemeinwohl orientiert sein können, aber nicht müssen, sondern in der Regel vielmehr nur Partialinteressen mächtiger Wirtschaftseliten befriedigen. Hier besteht potenziell immer die Gefahr einer

Verselbstständigung. Das wissen wir bereits auf nationaler Ebene, ohne hier auch nur einen kurzen Blick nach Europa zu werfen. »Der Bundestag agiert abgehoben und fern der Lebensrealität der Menschen« kritisiert die Soziologie-Professorin Christiane Bender von der Helmut-Schmidt-Universität der Bundeswehr Hamburg in einem Interview mit der *Frankfurter Rundschau*. Und in einer jüngsten repräsentativen Umfrage stellt die Körber-Stiftung fest. 71 Prozent der Deutschen finden, dass führende Leute in Politik und Medien in ihrer eigenen Welt leben, aus der sie auf den Rest der Bevölkerung herabschauen und fast die Hälfte der Deutschen (46 Prozent) findet, dass es im Land weniger bis gar nicht gerecht zugeht. Um es aber im Land gerecht zugehen zu lassen, dafür gäbe es in Deutschland, in Summe eines der reichsten Länder der Erde, einen hinreichenden umverteilenden Spielraum beim Einkommen. Gleichzeitig bestünde auch die Möglichkeit in die völlig ungleiche Vermögensverteilung politisch einzugreifen. Dies vollzieht aber eben eine interessenorientierte Politik für Wenige nicht – auch nicht in der EU und daran wird auch die EU-Wahl nichts verändern. Insofern ist die Wahl lediglich eine Legitimation für 720 Abgeordnete im beschriebenen völlig unzureichendem demokratischen EU-System weiter eine Politik zu betreiben, die an der Mehrheit der Menschen in den EU-Staaten vorbeigeht. Systemische Veränderungen für mehr Demokratie sind hier nicht zu erwarten.

NachDenkSeiten, 19. Mai 2024

Rüstung und Krieg

Bertolt Brecht schrieb 1952 zum Völkerkongress für den Frieden: »Das Gedächtnis der Menschheit für erduldete Leiden ist erstaunlich kurz. Ihre Vorstellungsgabe für kommende Leiden ist fast noch geringer. (…) Die Abgestumpftheit ist es, die wir zu bekämpfen haben, ihr äußerster Grad ist der Tod, wie Leute, die schon hinter sich haben, was sie vor sich haben, so wenig tun sie dagegen. (…) Lasst uns die Warnungen erneuern, (…). Denn der Menschheit drohen Kriege (…).«

Anatomie des Krieges

Herrschaftssicherung nach Außen und Innen

Die Anwendung von Gewalt hat in der Geschichte der Menschheit eine lange Tradition. Ging es am Anfang aber noch um die »*nackte Existenzsicherung*« des einzelnen oder eines Stammes und hatte die Gewaltanwendung eher spontanen Charakter, so änderte sich dies spätestens mit dem Aufkommen, mit der Konstituierung von *souveränen Staaten*. Aus Gewaltanwendung wurde nun *Krieg* – ein staatlich organisierter und bewaffneter Kampf als Fortsetzung von Politik. Der preußische Militärphilosoph Clausewitz bezeichnet Krieg als »Akt der Gewalt, um den Gegner zur Erfüllung unseres Willens zu zwingen.« Hierbei geht es in der Regel um die Realisierung *geostrategischer und ökonomischer Vorteile*. Dies war in beiden Weltkriegen der Fall und auch in den rund 200 Kriegen, die danach geführt worden sind – auch im Irak-Krieg.

Es ging und geht bei Krieg um die Eroberung von Märkten, Rohstoffquellen und billigen Arbeitskräften. Nationalistisches und rassistisches Überlegenheitsbewusstsein oder eine wie auch immer dargestellte Bedrohung von außen wurde und wird dazu erzeugt. Jedenfalls benötigt der Krieg *Feindbilder*. Ein Volk muss auf Krieg eingestellt, propagandistisch vorbereitet werden. Dazu werden vielfach die anderen Völker (Staaten) als die ganz Andersartigen, zugleich Bedrohlichen und auch Minderwertigen dargestellt, und nicht zuletzt wird die Hoffnung auf einen Anteil an der Beute oder auf eine angeblich bessere Welt bei einem siegreichen Krieg geweckt.

Zur Zeit des »Kalten Krieges« nach dem Zweiten Weltkrieg, der 50 Millionen Menschen das Leben gekostet hat, war die Sowjetunion aus Sicht der USA das »Reich des Bösen«, das bekämpft bzw. »nieder gerüstet« werden musste. Der ehemalige Bundespräsident Gustav Heinemann stellte dazu kritisch fest: »Wir müssen erkennen, dass die antisowjetische Hetze den Vorspann für die westliche Rüstungspolitik darstellt. Wenn wir den Frieden sichern wollen, müssen wir der antisowjetischen Hetze ebenso wehren wie der Hetze gegen irgendein westliches Volk, muss eine Bresche geschlagen werden in den blinden und pauschalen Antikommunismus, diese kriegsträchtige Mentalität bürgerlich-pharisäischer Selbstgerechtheit. (…) Wir haben gegen die Propaganda, welche die psychologische Bereitschaft zum Krieg schaffen soll, ebenso Widerstand zu leisten wie gegen die militärische Kriegsvorbereitung« (zitiert bei Peach 1985, S. 30f.).

Heute nach Beendigung des »Kalten Krieges« spricht die herrschende US-amerikanische Politik bereits wieder von »Schurkenstaaten«, denen man mit einem »Kreuzzug gegen die Achse des Bösen« begegnen müsse. Da ist es wieder: Das Überlegenheitsgehabe, dass angeblich Schlechte und Böse, das in anderen Völkern steckt und das bekämpft werden müsse. Bezüglich der hegemonialen US-amerikanischen Militärpolitik wird dabei aber Gott sei Dank immer mehr Menschen weltweit bewusst, dass sich das »Böse in der Welt« gerade immer dort festgesetzt hat, wo wertvolle Rohstoffe liegen oder sonstige geostrategische Interessen der US-amerikanischen

Wirtschaft »vital« berührt sind. Trotz einer zunehmenden Sensibilisierung im Hinblick auf Krieg und Kriegsvorbereitung drohen der Menschheit aber auch in Zukunft gefahren. Wie sagte Bertolt Brecht auf dem Völkerkongress für den Frieden 1952: »Das Gedächtnis der Menschheit für erduldete Leiden ist erstaunlich kurz. Ihre Vorstellungsgabe für kommende Leiden ist fast noch geringer. Die Beschreibungen, die der New Yorker von den Gräueln der Atombombe erhielt, schreckten ihn anscheinend nur wenig. Der Hamburger ist noch umringt von Ruinen, und doch zögert er, die Hand gegen einen neuen Krieg zu erheben.«

Um Herrschaftssicherung nach *Außen* zu betreiben, um Herrschaft und Macht staatlich durchzusetzen, geben Staaten Kriegserklärungen ab und führen Kriege. Dazu entstanden zur Zeit des *Absolutismus* und des *Merkantilismus* die ersten stehenden Heere, d.h. selbst in Friedenszeiten wurden Soldaten unter Waffen gehalten und in Folge wurden gigantische nicht-reproduktive *Militärausgaben* fällig, die bei gegebenen gesellschaftlichen Ressourcen immer einen Ausfall an ziviler Güterproduktion und damit bereits einen Gewaltakt gegen gesellschaftliche Wohlfahrtsentwicklung implizieren. In seinem Werk »Krieg und Kapitalismus« weist der Nationalökonom und Soziologe Werner Sombart auf die Bedeutung souveräner Staaten und ihrer stehenden Heere nicht nur zur Eroberung und anschließender ökonomischer Ausbeutung anderer Staaten hin, sondern auch zur Herrschaftsabsicherung der privilegierten Gesellschaftsschicht nach *Innen*.

Erst durch die *staatliche Gewaltenteilung* (Gesetzgebung, Verwaltung, Rechtsprechung) kam es gegen Ende des 19. Jahrhundert zur vermehrten Herausbildung *demokratischer Rechtsstaaten* und damit auch zu einem Schutz des Einzelnen gegen willkürliche (absolutistische) Herrschaftsübergriffe, gegen die sich im 18. Jahrhundert bereits die Moralphilosophen John Locke und insbesondere Charles-Louis Montesquieu aufgelehnt hatten. Für Montesquieu muss es in jedem Staat *drei Arten von Gewalt* geben: die gesetzgebende Gewalt, die vollziehende Gewalt und die richterliche Gewalt. »Wenn in derselben Person oder der gleichen obrigkeitlichen

Körperschaft die gesetzgebende Gewalt mit der vollziehenden vereinigt ist, gibt es keine Freiheit; denn es steht zu befürchten, dass derselbe Monarch oder derselbe Senat tyrannische Gesetze macht, um sie tyrannisch zu vollziehen. Es gibt ferner keine Freiheit, wenn die richterliche Gewalt nicht von der gesetzgebenden und vollziehenden getrennt ist. Ist sie mit der gesetzgebenden Gewalt verbunden, so wäre die Macht über Leben und Freiheit der Bürger willkürlich, weil der Richter Gesetzgeber wäre. Wäre sie mit der vollziehenden Gewalt verknüpft, so würde der Richter die Macht eines Unterdrückers haben. Alles wäre verloren, wenn derselbe Mensch oder die gleiche Körperschaft der Großen, des Adels oder des Volkes diese drei Gewalten ausüben würde: die Macht, Gesetze zu geben, die öffentlichen Beschlüsse zu vollstrecken und die Verbrechen oder die Streitsachen der einzelnen zu richten« (Montesquieu 1951). Gegen die staatliche Gewaltenteilung nach Innen wird heute noch in *diktatorischen Staatsgebilden* nachhaltig verstoßen, wo mafiaähnliche Strukturen in Politik und Gesellschaft dafür sorgen, dass eine Rechtsstaatlichkeit nicht funktioniert. Zur Unterdrückung des Volkes wird Militär und Polizei eingesetzt.

Aber auch in *demokratischen Rechtsstaaten* gibt es einen schleichenden Prozess der Einflussnahme, der Manipulation auf die drei Ebenen der Gewaltenteilung – wenn auch nicht mit Militär- und Polizeigewalt. Hier kommt es aber zu Korruption und Rechtsbeugung sowie zu einer Ungleichbehandlung aufgrund unterschiedlicher Einkommen und Vermögen der Streitenden vor Gericht – womöglich auch durch alle Instanzen gehen zu können. Insbesondere ist dabei der *Machteinfluss der Wirtschaft* auf die gesetzgebende Politik zu nennen. Durch kapitalistisch immanente Konzentrationsprozesse wird der Garant für eine Beschneidung wirtschaftlicher (privater) Macht, der Wettbewerb, immer mehr ausgehöhlt und damit die Gefahr eines Machtmissbrauchs geschaffen. »Der *Konzentrationsprozess* verletzt eben nicht nur Arbeitnehmerinteressen und gefährdet den freien Wettbewerb, sondern bedeutet eine schwerwiegende Gefahr für die *demokratische Gesellschaft*. Die Leisetreterei der Politiker gegenüber Großfusionen macht in aller

Klarheit deutlich, dass sozusagen ein Wink der geballten Kapitalmacht genügt, um von der Politik Ergebenheitsadressen zu erhalten. Ein Beispiel von vielen scheint dies zu bestätigen: Es genügte ein Brief des Vorstandsvorsitzenden der Volkswagen AG, um die ökologisch sinnvolle Altautoverordnung zu kippen. Von den pekuniären Einflussnahmen der kapitalistischen Wirtschaft auf die Politiker ganz zu schweigen« (Zinn 2000, S. 12).

Krieg, und damit Gewalt gegen Menschen, Tiere, Sachen und Umwelt, muss auch immer wieder als *Ablenkungsmanöver* herhalten, wenn es um *innenpolitische* oder *ökonomische Probleme* geht. Krieg soll hier eine nationale Einheit vorgaukeln, »indem er den Zwiespalt, die Gewalt und Zerstörung nach außen trägt« (Schneider 2003, S. 177). Dies zeigt sich einmal mehr am Irak-Krieg. Die Bush-Administration hat es offensichtlich mit massiver Unterstützung der Medien verstanden, ein ökonomisch und sozial völlig gespaltenes Volk mehrheitlich für einen angeblich unbedingt notwendigen *Präventivkrieg* zu vereinnahmen. Infolge der *neoliberalen Rosskur*, der das ganze Land schon während der Reagan-Ära unterzogen wurde und die sich in der Clinton-Ära ungehemmt fortsetzte, ist mittlerweile in den USA eine noch nie in ihrer gesamten Geschichte so große Kluft zwischen Arm und Reich bzw. eine so krasse soziale Ungleichheit vorhanden gewesen wie heute. Trotzdem waren sich nach Befragungen in den USA der Millionär und der Obdachlose einig. Der Krieg sei absolut notwendig! Welch ein Erfolg der politischen Demagogen. Der Politologe Krippendorff sagte in seiner Abschiedsvorlesung an der FU-Berlin: »Nirgendwo ist die Versuchung so groß wie in der Politik, offensichtlich Irrationales als Vernunft auszugeben, die ungeheuerlichsten Absurditäten in staatsmännisches Handeln umzuerklären« (Krippendorff 1999, S. 997).

Rüstungswahn der 1980er Jahre

Der »Kalte Krieg«, ein »Systemkrieg«, zwischen den Planwirtschaften des Ostblocks und den Marktwirtschaften der westlichen Länder führte gegen Ende der 1980er Jahre nicht nur zu einer atomaren weltweiten *Over-Kill-Aufrüstung*, zu einem »organisierten Wahnsinn« (Willy Brandt), der gigantische Militärausgaben verschlang, sondern auch zu einer bis dahin noch nicht gekannten Verschwendung von knappen wirtschaftlichen Ressourcen inkl. einer damit verbundenen Umweltzerstörung. Am Ende dieser Rüstungsspirale war Europa ein riesiges Waffenlager. Rund 14 Millionen aktive Soldaten und Reservisten standen auf beiden Seiten unter Waffen. In den über 200 präsenten und über 100 Reserve-Divisionen waren ca. 75.000 schwere Kampfpanzer, 30.000 Schützenpanzer, 60.000 Artilleriegeschütze und 12.000 Kampfflugzeuge bereit für den Ernstfall. Dazu kamen noch ca. 1.000 Kriegsschiffe und U-Boote. Allein in Deutschland, West und Ost, standen rund 1,5 Millionen Soldaten ständig unter Waffen; auf 54 Einwohner kam ein Soldat. In keinem Land der NATO waren mehr Streitkräfte stationiert als in der mit 280 Einwohner pro Quadratkilometer dicht besiedelten Bundesrepublik, die in der militärstrategischen Planung als »Kampfzone (Combat-Zone) galt. Mit 820.000 Soldaten und ca. 10.000 Panzern auf dem Boden der Bundesrepublik war die Truppendichte damit 26mal so hoch wie in den USA. Zählte man Ende der 80er Jahre die Militärausgaben beider Bündnisse zusammen, so verschlang die militärische Konkurrenz in Europa etwa zwei Drittel der weltweiten Ausgaben für Streitkräfte von einer Billion Dollar (1.000.000.000.000) jährlich, also eintausend Milliarden Dollar (vgl. Barth 1990, S. 60).

Was hätte nicht mit diesen Militärausgaben, in eine zivile Verwendungsrichtung gelenkt, an Wohlfahrtsentwicklung für die Menschheit – insbesondere in den Entwicklungsländern – getan werden können? Versagt hat dabei, wie immer in der Geschichte, wenn es um Rüstung und Krieg ging und heute nach wie vorgeht, die Politik in den einzelnen Ländern. Dies bringt Wolfgang R. Vogt, leitender wissenschaftlicher Direktor für Friedens- und Konfliktforschung an der Führungsakademie der Bundeswehr, Hamburg, treffend auf den Punkt, wenn er schreibt: »Die Anwendung militärischer Gewalt ist in jedem Fall ein Ausdruck für das *Versagen der Politik* bei der *vorbeugenden Konfliktverhütung*« (Vogt 1994, S. 42).

Keine Friedensdividende in den 1990er Jahren

Nach der Beendigung des »Kalten Krieges« war die Hoffnung auf *Rüstungskonversion* und eine globale »*Friedensdividende*« von 10 Trillionen Dollar für die 90er Jahre vorausgesagt worden. Dies erwies sich aber trotz aller realisierten weltweiten Abrüstung als eine große Illusion (Lock 2002, S. 122ff.). Die wahren Chancen einer Konversion sind offensichtlich nicht ernsthaft geprüft worden, »denn dann hätte man erkannt, dass Rüstungsproduktionskapazitäten zivilwirtschaftlich eine Fehlallokation darstellen. Deren Korrektur, also Konversion, erfordert einen erheblichen Kapitaleinsatz. Daher war es gänzlich unrealistisch, von einer unmittelbaren Verfügbarkeit einer Friedensdividende auszugehen« (Lock, S. 126). Zwar wird auch zu Beginn des 21. Jahrhunderts weltweit weiter abgerüstet, »wenn auch deutlich weniger als in den frühen neunziger Jahren. Aber die quantitative Reduktion ist schon in der Dekade nach dem Ende des Kalten Krieges durch ständige qualitative Modernisierung konterkariert worden« (Rasch/Mutz/Schoch 2000, S. 12) und seit dem 11. September 2001 hat es den Anschein, dass es zu einer *neuen Rüstungswelle* kommt. Zumindest in den USA ist das Militärbudget, das sich auf rund 400 Mrd. US-Dollar beläuft, nachhaltig erhöht worden. Betrugen die US-Verteidigungsausgaben am Bruttoinlandsprodukt im Jahr 2001 noch exakt 3 v. H., so werden sie wohl im Jahr 2003 auf gut 3,5 v. H. ansteigen. Erst kürzlich wurde dem amerikanischen Präsidenten vom US-Kongress eine Erweiterung des Militärhaushalts um 63 Mrd. US-Dollar zugesichert und mit dem 200-Milliarden-Dollar-Auftrag an den Lockheed-Martin-Konzern zum Bau von 3.000 Kampfjets F-35 das größte Rüstungsprojekt aller Zeiten gestartet (vgl. Brück, Schubert 2003, S. 292f.).

Auch die Bundesregierung Schröder hat trotz leerer Staatskassen und eines bis vor kurzem noch nicht vorstellbaren Sozialabbaus keine Probleme damit, ein gigantisches neues Rüstungsprojekt für 60 Bundeswehr-Transportflugzeuge vom Typ Airbus A400M im Wert von 8,3 Mrd. Euro aufzulegen. Nach Auffassung der *Financial Times Deutschland* werden die Politiker damit »langfristig in den Aufbau einer neuen Branche investieren, die Europa Waffen liefern soll.« »Ein einziger Kriegstruppentransporter kostet etwa so viel, wie im Zuge der baden-württembergischen Verwaltungsreform der 20prozentige Abbau von Personal- und Sachkosten bringen soll. Zwei bis drei Transporter entsprechen der restlosen Streichung des Weihnachts- und Urlaubsgeldes für alle Beamten und eine Nullrunde für Arbeiter und Angestellte im öffentlichen Dienst, wie sie Finanzsenator Sarrazin der Bundeshauptstadt Berlin verordnen will. In keinem der 16 Bundesländer müsste in den nächsten vier Jahren eine einzige Stelle gestrichen oder der Tarif reduziert werden, wenn sie über die 60 mal 127,6 Millionen Euro verfügen könnten, und es bliebe mindestens noch eine Milliarde Euro übrig, um ein Konversionsprogramm für die Beschäftigten der Rüstungskonzerne zu finanzieren. Stoppte die Bundesregierung auch den Kauf der 180 Eurofighter, stünden für solche Umstrukturierungen im Haushalt weitere 11,2 Milliarden Euro zur Verfügung« (Rieger 2003, S. 334f.).

Krieg und Ökonomie

Im Krieg gibt es neben Toten, verstümmelten und verletzten Menschen sowie zerstörten ökonomischen Lebensgrundlagen aber immer auch *Profiteure (Kriegsgewinnler)*, und selbst in Friedenszeiten ist das Rüstungsgeschäft ein hoch profitables (Bontrup 1986). Die Perversität der Rüstungsökonomie zeigte sich während der beiden Weltkriege in besonderer Ausprägung, aber auch in den über 200 Kriegen, die nach 1945 geführt worden sind, darunter in den 1990er Jahren der erste Golfkrieg und der Kosovo-Krieg, sowie der Krieg in Afghanistan und der gerade beendete zweite Golfkrieg waren geradezu Goldgruben für die *Rüstungsindustrie*. Diese liefert all das, was Militärs angeblich zur Kriegführung benötigen. Aber auch andere Wirtschaftszweige verdienen am Krieg enorme Summen. Selbst die, die Gesundheitsprodukte herstellen, wie z. B. die Pharmaindustrie, steigern durch Krieg ihre Rentabilitäten. Und es ist ebenso selbstverständlich aber gleichzeitig auch zynisch, dass die Wirtschaft nach einem Krieg für den *Wiederaufbau* der zuvor sinnlos zerstörten Infrastruktur selbstverständlich zur Verfügung steht. Auch hier locken beträchtliche Profite. Das Streben nach *Rüstungs-*

profit macht dabei selbst vor den Landesgrenzen während eines laufenden Krieges nicht halt. Es ließen sich zahlreiche Beispiele für internationale Rüstungsgeschäfte, Absprachen und Kooperationen selbst zwischen den Unternehmen verfeindeter bzw. kriegführender Staaten benennen (vgl. Bontrup/Zdrowomyslaw 1988). Wie stellte schon Albert Einstein fest: »Ein Pazifismus, der die Rüstungen der Staaten nicht bekämpft, ist und bleibt ohnmächtig. Die Rüstungsindustrie ist eine der größten Gefährdungen der Menschheit« (Einstein, zitiert bei Rieger 2003, S. 315).

Auch der gegen das Votum der Vereinten Nationen (UN), und damit gegen das Völkerrecht, unter weltweiten Protesten von den USA und GB mit militärischer Unterstützung der Australier geführte *Irak-Krieg* basiert neben geostrategischen auf handfesten *ökonomischen Interessen* und nicht wie immer wieder behauptet, auf der Vernichtung von Massenvernichtungswaffen oder den Sturz eines Diktators, um die Herstellung von Demokratie oder um den Schutz von Menschenrechten. Zu den wesentlichen ökonomischen Triebkräften zählt für die USA vielmehr die Aufrechterhaltung der weltweit disproportionalen *Verteilung von Ölreserven*, von denen die USA bekanntlich nur über etwa 2 v.H. verfügen, während sie rund 25 v.H. der jährlichen Weltproduktion verbrauchen. Dies hat die weltweite Friedensbewegung mit ihrem Slogan »*Kein Blut für Öl*« plastisch zum Ausdruck gebracht. »Die Kontrolle des Öls, oder zumindest der Zugang zu ihm, war immer ein großes strategisches Ziel. Das Öl erlaubt den Nationen, Besitz anzusammeln, ihre Wirtschaft anzutreiben, Güter zu produzieren und zu verkaufen, Waffen zu kaufen oder herzustellen, Kriege zu gewinnen« (Yergin 1991, S. 964). Den USA geht es beim Öl »nicht um die Beseitigung akuter Ölknappheit, denn diese gibt es nicht, sondern um *drei langfristig-strategische Orientierungen*: Zum einen soll der Zugriff auf den langfristig knapper werdenden Energieträger Öl die energieintensive Produktions- und Lebensweise entwickelter Industrieländer trotz aller Schäden sichern, die dies für Natur und Umwelt mit sich bringt. Dies entspricht dem Interesse der Ölkonzerne und der meisten Regierungen der OECD. Zum anderen können die USA durch die Kontrolle über einen großen Teil der Ölreserven der Welt andere Länder in Abhängigkeit halten und hierdurch ihre ökonomische und politische Vormachtposition in der Welt stabilisieren. Drittens schließlich spielt Öl auch in der härter werdenden internationalen Währungskonferenz eine wesentliche Rolle: Wenn es den USA gelänge, durch die Kontrolle über den wesentlichen Teil der Weltölvorräte den Ölhandel weiterhin in ihrer Währung abzuwickeln, stärkten sie damit die Stellung des US-Dollar als Weltwährung, die durch das enorme und weiter steigende *US-amerikanische Leistungsbilanzdefizit* und zusätzlich durch die jüngste Krise am Aktienmarkt unter Druck geraten ist« (Arbeitsgruppe Alternative Wirtschaftspolitik 2003, S. 12f.).

Die Privatisierung der verstaatlichten irakischen Ölindustrie und die Aufhebung der nach dem ersten Golfkrieg von den UN verhängten ökonomischen Sanktionen gegen den Irak stehen deshalb auch an erster Stelle der US-Nachkriegsagenda. Dass es den USA, mit über 60 Militärstützpunkten in 21 Ländern der Welt, modernsten Kriegsflotten und Flugzeugträgern auf allen Weltmeeren und dem Aufbau ihres globalen Anti-Raketenschirms nur um eigene »vitale Interessen« geht, zeigen auch die politischen Handlungen der letzten Jahre überdeutlich. Die USA sind heute aufgrund ihrer Übermacht in der Lage, jeden Staat der Welt anzugreifen, politisch und militärisch zu erpressen und ihren ökonomischen Interessen gefügig zu machen. Wie sehr sich die USA, die insbesondere unter der jetzigen *Bush-Administration* offensichtlich »*Rom spielen*« will (vgl. Schneider 2003, S. 544ff.), noch um das Wohl der Welt kümmern ist anhand der folgenden Fakten evident. »Sie produzieren und exportieren mehr Waffen als der »Rest der Welt« zusammen. Sie haben ihre Ausgaben zur Bekämpfung der Armut in der Welt soeben auf 1,7 Milliarden US-Dollar reduziert. Das ist nicht einmal so viel, wie sie in zwei Tagen fürs Militär ausgeben. Dabei würden ein Prozent der jährlichen Militärausgaben des Pentagon genügen, um die Grundversorgung der verelendeten Völker der Dritten Welt mit Nahrungsmitteln, Medikamenten und sauberen Wasser sicherzustellen. Stattdessen hat die US-Regierung den ABM-Vertrag mit

Russland zur Begrenzung von Raketenabwehrsystemen einseitig aufgekündigt. Sie hat sämtliche internationale Vereinbarungen über biologische und chemische Waffen aufgekündigt. Sie verweigert sich einer internationalen Vereinbarung über das Verbot der Produktion und des Einsatzes von Landminen. Ebenso hat die USA das Kyoto-Protokoll aufgekündigt, das die Vertragspartner zur Reduzierung der Treibstoffgase und Klimakiller verpflichtet« (Schneider, S. 173). Auch erkennt die USA den Internationalen Strafgerichtshof in Den Haag nicht an. Sie hat sogar ein Gesetz erlassen, das einen möglichen Überfall auf die Niederlande legitimiert, falls vor dem Internationalen Gerichtshof amerikanische Staatsbürger wegen Kriegsverbrechen angeklagt werden sollten (vgl. Schwarzberg 2003, S. 225). Der amerikanische Journalist Jacob Heilbrunn von der Los Angeles Times fordert von uns Europäern: »Bitte erhöhen Sie den Druck auf Amerika. Sei es in politischen, sei es in militärischen Angelegenheiten, sei es in Umweltfragen. Bitte, legen Sie uns Daumenschrauben an und retten Sie uns vor uns selbst.!«

Der nur vorläufig letzte Krieg

Wie nach jedem Krieg werden auch nach dem *Irak-Krieg* die Toten und Verwundeten gezählt. Wenn dieser Krieg auch militärisch wesentlich schneller entschieden wurde, als von vielen befürchtet, so hat auch dieser Krieg beträchtliche *Opfer* gekostet und wird weitere *Folgekosten* nach sich ziehen. Aus einer Vielzahl unterschiedlicher Quellen ergeben sich dabei die ersten Schätzungen. So wurden 171 Soldaten auf Seiten der Alliierten getötet (davon 138 US-Soldaten und 33 Briten). 495 US-Soldaten wurden verwundet. Die getöteten irakischen Soldaten werden auf rund 2.300 geschätzt. Wie bei jedem Krieg gab es auch Opfer unter der Zivilbevölkerung. Irakische Schätzungen gehen von 1.200 bis 2.600 Zivilisten aus, die während der Kriegshandlungen ihr Leben verloren. Außerdem wurden rund 5.000 Zivilisten verletzt. Unter den Opfern waren auch mindestens zehn getötete Journalisten zu beklagen. Die gesamtwirtschaftlichen direkten und indirekten Kosten sind enorm hoch. Man schätzt aus heutiger Sicht nur die *direkten Militärausgaben* der USA auf gut

62 Mrd. US-Dollar und die der Briten auf rund 4,5 Mrd. US-Dollar (vgl. Hannoversche Allgemeine Zeitung 2003, S. 3). Diese Ausgaben dürften die Wirtschaft der USA und Briten kurzfristig beleben. Militärausgaben fließen aber nur zum Teil in Investitionen. Der größte Teil impliziert einen Staatsverbrauch und regt vor allem die Konsumnachfrage an. Anders als bei zivilen Staatsausgaben (z.B. für Schulen, Straßen) haben Militärausgaben keinen kapazitätserweiternden oder produktivitätssteigernden Effekt, sie sind nicht reproduktiv. Die *indirekten Kriegsfolgen* haben schon vor aber auch während des Krieges die Weltwirtschaft nachhaltig belastet. Dazu zählen negative Veränderungen an den Aktien- und Devisenmärkten, des gestiegenen Ölpreises sowie Beeinträchtigungen im internationalen Handel als auch die humanitären Kosten für die Bevölkerung im Irak. Hinzu kommt, dass die monatelange Kriegsvorbereitung das Verbraucher- und Unternehmervertrauen belastet und sich negativ auf das Wachstum der Weltwirtschaft ausgewirkt hat (vgl. Brück, Schubert, S. 292ff.). Neben den direkten und indirekten Kriegslasten sind außerdem die *Folgekosten des Krieges* zu berücksichtigen. Der amerikanische Ökonom Nordhaus schätzt diese Kosten auf 75 bis 500 Mrd. US-Dollar (vgl. Nordhaus 2002, S. 37). Die USA und die Briten zahlen für den Irak-Krieg aber nicht nur einen materiellen, sondern auch einen *immateriellen Preis*. »Was ist aus den Vereinigten Staaten von Amerika geworden?« So hat es Robert C. Byrd genannt, der seit 1959 im amerikanischen Senat sitzt und heute sein Nestor ist. Am Abend vor dem Krieg hat er dort ein letztes Mal gewarnt: »Rund um den Erdball begegnen unsere Freunde uns mit Misstrauen (...). Wenn der Krieg zu Ende ist, werden die Vereinigten Staaten weit mehr als den Irak wiederaufzubauen haben. Wir werden Amerikas Ansehen rund um den Erdball wiederherstellen müssen (...). Heute weine ich um mein Land.«

Um die Wirtschaft und ein demokratisches politisches Gefüge im Irak, mit rund 24 Millionen Einwohnern eines der größten Länder des Mittleren Ostens, nach mehreren Kriegen und der langen Diktatur Saddam Husseins wiederaufzubauen, werden enorme politische als auch ökonomische Anstrengungen notwendig sein. »Kriege und Sanktionen unter dem Hussein-Regime haben den Irak zusammengenommen einen Betrag gekostet, der dem Bruttoinlandsprodukt von zwei Jahrzehnten entspricht« (Nordhaus). Das Land ist extrem verarmt. »Seit 1979 ist das Pro-Kopf-Einkommen des Irak um rund 90 v.H. gesunken. Das Bruttoinlandsprodukt betrug im vergangenen Jahr 15,5 Mrd. US-Dollar zu Kaufkraftparitäten, was einem Drittel des Niveaus von 1989 entspricht. Das Bundesland Bremen hatte, zum Vergleich, im Jahre 2000 ein Bruttoinlandsprodukt von 20 Mrd. US-Dollar bei einer Bevölkerungszahl von 660.000. Die Auslandsschulden des Irak belaufen sich auf 65 bis 83 Mrd. US-Dollar, was jährliche Zinsforderungen von über 5 Mrd. US-Dollar impliziert« (Brück, Schubert, S. 296). Trotz der enormen *Ölreserven* des Landes, die etwa 11 v.H. der weltweit bekannten Reserven entsprechen, wird der Irak von außen einen »*Marshallplan*« benötigen. Dazu gehört eine deutliche Entschuldung des Landes sowie eine Finanzierung der notwendigen Aufbaumaßnahmen. Hier sind die kriegführenden Länder USA und Großbritannien aber auch Australien gefordert. Diese können nun unter Beweis stellen, wie viel ihnen wirklich an der politischen und ökonomischen Entwicklung des Irak gelegen ist. Wichtig zur ökonomischen Gesundung des Irak ist auch ein nicht zu schnelles ausweiten der *Öl-Förderkapazitäten*. Zwar würde dies kurzfristig dem Land Entlastung bringen, mittel- und langfristig wäre dies aber aus zwei Gründen kontraproduktiv.

Erstens, weil hierdurch über sinkende Ölpreise die Stabilität des *OPEC-Kartells* in Frage gestellt würde und aufgrund der gesunkenen Preise sogar eine erhöhte Fördermenge sinkende Exporteinnahmen impliziert. Zweitens, käme es durch überproportional hohe Exporterlöse aus dem Ölverkauf in US-Dollar auch zu einer Aufwertung des Irakischen Dinar gegenüber allen anderen Währungen. Hierdurch würde sich die *Wettbewerbsposition* des Irak bei allen potenziellen Exporten außerhalb des Ölsektors nachhaltig verschlechtern. »Die Landwirtschaft würde weiter unter Vernachlässigung leiden, vor allem falls (zugegebenermaßen gut gemeinte) groß angelegte Lebensmittellieferungen durch UN, USAID und andere den Markt für lokale Nahrungsmittelproduktion endgültig zusammenbrechen ließen. Die Anreize für die umfangreichen Investitionen, die für eine Überwindung des landwirtschaftlichen Niedergangs im Irak nötig wären, würden unterminiert. Noch nachteiliger würden sich die aus hohen Ölexporten resultierenden Kursgewinne des Irakischen Dinar auf alle Versuche auswirken, die irakische *Industrie* außerhalb des Ölsektors wiederzubeleben bzw. neue Nicht-Öl-Industrien zu entwickeln. Die Mehrheit der lokalen Privatproduzenten bliebe von möglichen positiven Auswirkungen des Ölgeschäfts auf die restliche Wirtschaft ausgeschlossen, da ihnen kriegs- und sanktionsbedingt sowohl die nötige Technologie als auch das Kapital fehlen, um Rohstoffe und Ersatzteile einzuführen. Die schnelle Öffnung des Irak für alle Arten von (öl- bzw. entwicklungshilfefinanzierten) Konsum- und Investitionsgüterimporten wäre das Aus für die einheimische Produktion« (Wurzel, 2003, S. 567f.).

Sollten die USA allerdings eine Zerstörung des OPEC-Kartells aufgrund ihres Interesses an billigen Ölimporten betreiben, was hochwahrscheinlich ist, werden sie die wie auch immer politisch aussehende irakische neue Führung in Richtung einer kurzfristigen Ausweitung der Ölfördermengen zwingen. Dadurch würde nicht nur der mittel- bis langfristige Aufbau des Irak gefährdet, sondern es würde sich auch der *Weltölmarkt* grundlegend verändern. Viele Produzenten – von Texas bis Russland aber auch Länder wie Mexiko, Kanada, Norwegen oder Indonesien – kämen aufgrund des Preisverfalls aber höherer Förderkosten als in den Ländern des Mittleren Ostens unter Druck. Aber auch Länder wie Saudi-Arabien, Iran und Kuwait wären letztlich Verlierer (vgl. Sadowski 2003, S. 6). Zwar würde die US-Wirtschaft neben der Weltwirtschaft von einem niedrigen Ölpreis profitieren – allerdings erkauft mit enormen ökologischen Schäden und hochwahrscheinlichen *ökonomischen und politischen Instabilitäten* in den Ländern, die von der Ölproduktion abhängig sind. Dazu zählen auch die Länder des Mittleren Ostens. Die Bekämpfung des *weltweiten Terrorismus*, gegen den George W.

Bush nach dem 11. September 2001 den Krieg ausgerufen hat, würde so wohl kaum gelingen. Im Gegenteil: der Terrorismus, der seine Wurzeln in der ökonomischen und politischen Dominanz des Westens unter der Vorherrschaft der Supermacht USA hat, würde nachhaltig angeheizt. Es käme zu einem gefährlichen kontraproduktiven Ergebnis.

Anmerkungen

Arbeitsgruppe Alternative Wirtschaftspolitik (2003): Memorandum 2003. Krise im Schatten des Krieges – Mehr Steuern für mehr Beschäftigung statt Abbruch des Sozialstaates, Köln

Barnett, T. P. M. (2003): Die neue Weltkarte des Pentagon, in: Blätter für deutsche und internationale Politik, Heft 5

Barth, P. (1990): Konventionelle Abrüstung und Sicherheit in Europa, in: Köllner, L/ Huck, B. J. (Hrsg.), Abrüstung und Konvention. Politische Voraussetzungen und wirtschaftliche Folgen in der Bundesrepublik, Frankfurt a. M.

Bontrup, H.-J. (1986): Preisbildung bei Rüstungsgütern, Köln

Bontrup, H.-J., Zdrowomyslaw, N. (1988): Die deutsche Rüstungsindustrie. Vom Kaiserreich bis zur Bundesrepublik, Heilbronn

Brück, T., Schubert, S. (2003): Krieg und Wiederaufbau im Irak, in: DIW-Wochenbericht Nr. 18

Einstein, A. (2003): zitiert bei Rieger, A., Ein Rüstungsgigant jubelt, in: Ossietzky. Zweiwochenschrift für Politik/Kultur/Wirtschaft Heft 9

Hannoversche Allgemeine Zeitung (HAZ) (2003), vom 3. Mai

Krippendorff, E. (1999): Unzufrieden, Vierzig Jahre Politische Wissenschaft, in: Blätter für deutsche und internationale Politik, Heft 8

Lock, P. (2002): Rüstungskonversion – zwischen Ideologie und Realität, in: Gewerkschaftliche Monatshefte, Heft 2-3

Montesquieu, C.-L. (1951): Vom Geist der Gesetze in der Übersetzung von E. Forsthoff, Tübingen

Nordhaus, W. D. (2002): The Economic Consequences of a War with Iraq, Yale University 29. Oktober

Paech, N. (1985): Politische Bedingungen für Abrüstung und Frieden, in: Alheit, P., Kjaer, J., Sandkühler, H.-J. (Hrsg.), Kein Frieden der Wissenschaft mit dem Krieg. Materialien der Friedensuniversität Bremen 1984, Bremen

Ratsch, U., Mutz, R., Schoch, B. (2000): Friedensgutachten 2000, Münster

Rieger, A. (2003): Rüstungskonversion als Programm, in: Ossietzky. Zweiwochenschrift für Politik/Kultur/Wirtschaft Heft 10

Sadowski, Y. (2003): Die Sache mit dem Öl, in: Le Monde diplomatique, April

Schneider, M. (2003): Das Imperium Americanum und der Kreuzzug gegen »die Achse des Bösen«, in: Gewerkschaftliche Monatshefte, Heft 3

Schwarzberg, G. (2003): Bush verliert, in: Ossietzky. Zweiwochenschrift für Politik/ Kultur/Wirtschaft, Heft 7

Vogt, W. R. (1994): Europa: Militär- oder Zivilmacht? Alternativen zur sicherheitspolitischen Identität des vereinten Europa, in: Butterwegge, C., Grundmann, M. (Hrsg.), Zivilmacht Europa. Friedenspolitik und Rüstungskonversion in Ost und West, Köln

Wurzel, U. G. (2003): Ölkolonie oder mesopotamischer Tiger? Irakische Wirtschaftsperspektiven, in: Blätter für deutsche und internationale Politik, Heft 5

Yergin, D., (1991): Der Preis. Die Jagd nach Öl, Geld und Macht, Frankfurt a. M.

Zinn, K. G. (2000): Kapital- versus Sozialökonomie. Über die zerstörerischen Wirkungen der Kapitalkonzentration, in: Bischoff, J./Boccara, P. u. a., Die Fusionswelle. Die Großkapitale und ihre ökonomische Macht, Hamburg

Bundesverband der Jusos (Hrsg.), Argumente, Heft 3/2003

Profitables Geschäft

In der Bundesrepublik lässt sich seit Beginn der achtziger Jahre eine Umorientierung der Ausgabenpolitik des Staates beobachten, die in der Tendenz auch in anderen westlichen Industrieländern feststellbar ist. *Angebotsorientierte Wirtschaftspolitik* verknüpft mit einer *Haushaltskonsolidierung* sollen die wesentlichen Voraussetzungen zu einer Wirtschaftsbelebung bilden. Das Ergebnis dieses Wirtschaftskurses ist allerdings für die Mehrheit der Bevölkerung erschütternd. Auf der einen Seite ist eine seit 10 Jahren anhaltende Massenarbeitslosigkeit zu verzeichnen, die mittlerweile über 5 Millionen Menschen in der Bundesrepublik in die Armut geführt hat, und auf der anderen Seite gibt es eine Gewinnausweitung bei den Unternehmen, die um ein Vielfaches den Einkommenszuwachs der abhängig Beschäftigten übersteigt. Stiegen von 1980 bis 1985 die Nettogewinne um 44,8 %, so erhöhten sich im gleichen Zeitraum die nominalen Nettolöhne und -gehälter nur um 9,9 %. Real, also nach Abzug von Preissteigerungen, war sogar mit -9,1 % ein Kaufkraftverlust zu verzeichnen. Insgesamt standen den Kapitaleignern 1985 gegenüber 1980 aus dieser Einkommensumverteilung 66,5 Mrd. DM mehr zur Verfügung (vgl. Memorandum 1986, S. 55ff.).

Während zivile Beschäftigungsprogramme von der Bundesregierung zur Bekämpfung der Massenarbeitslosigkeit als »Strohfeuer« denunziert und im Rahmen der Haushaltskonsolidierung abgelehnt werden, »begegnet die Regierung der Rüstungswirtschaft und den Militärs mit großzügiger Ausgabenfreudigkeit« (Memorandum 1986, S. 115). Von 1980 bis 1985 wurden die militärischen Ausgaben im Verhältnis zum Bundeshaushalt überproportional erhöht. So stiegen die Bundesausgaben insgesamt von 214,3 Mrd. DM auf 259,3 Mrd. DM um 21,0 %, wohingegen die Militärausgaben des Einzelplans 14 von 38,9 Mrd. DM auf 49,0 Mrd. DM um 26,0 %, also um 5 Prozentpunkte mehr zunahmen. Im gleichen Zeitraum konnte der Einzelplan 11 (Arbeit und Soziales) nur eine Steigerung von 18,2 % aufweisen. Die Ausgaben für Bildung und Wissenschaft fielen sogar um –5,8 %. Besonders gravierend war von 1980 bis 1985 die Reduzierung der staatlichen Ausgaben im Einzelplan 15 des Bundeshaushalts (Jugend, Familie und Gesundheit), der um fast 15 % abnahm (vgl. Huffschmid/Voß/Zdrowomyslaw 1986, S. 61).

Diese Politik des Sozialabbaus, mit den Haushaltsgesetzen der Jahre 1982 bis 1985 beschlossen, hat nach einer Untersuchung von Adamy und Steffen (1984) im Zeitraum 1982 bis 1985 zu einer Kürzung der Sozialeinkommen von 75 Mrd. DM geführt. Nach Berechnungen von Bäcker und Bispinck (1984) belief sich die aus den Sozialausgabenkürzungen resultierende Entlastung des Bundeshaushalts von 1982 bis 1984 auf 25 Mrd. DM. Die Memorandumgruppe »Alternative Wirtschaftspolitik« (1985, S. 55) beziffert von 1982 bis 1985 das gesamte Umverteilungsvolumen des Ab- und Umbaus des sozialen Leistungssystems sogar auf über 200 Mrd. DM. An dieser Stelle wäre es »jedoch kurzschlüssig und letztlich falsch, wollte man bei dieser Betrachtung stehenbleiben und womöglich das gesamte Ausmaß der Sozialleistungskürzungen ausschließlich auf die Steigerung der Militärausgaben zurückzuführen. Eine genauere Analyse der Sozialdemontage der vergangenen Jahre zeigt nämlich, dass das Einsparvolumen im Sozialbereich die Zunahme des Verteidigungsetats bei weitem übersteigt« (Bäcker/Bispinck, S. 265).

Dieses Einsparvolumen von Sozialausgabenkürzungen und Militärausgabensteigerungen könnte sich allerdings in den nächsten Jahren weiter zu Lasten des Sozialbereichs verschlechtern. Legt man die mittelfristige Finanzplanung des Bundes bis 1989 zugrunde, so hält es die Bundesregierung für notwendig und vertretbar, »trotz der generell gebotenen Dämpfung der Ausgaben-Dynamik« beim Bundeshaushalt, »die Verteidigungsausgaben in den nächsten Jahren überproportional gegenüber den Gesamtausgaben des Bundes ansteigen zu lassen« (Finanzbericht, S. 17). Besonders intensiv ist dabei im langfristigen Trend der Anstieg der »verteidigungsinvestiven« Ausgaben, zu denen die militärischen Beschaffungen, militärische Anlagen, die Forschung, Entwicklung und Erprobung neuer Waffensysteme sowie die Materialerhaltung zählen. Von 1980 bis 1985 stiegen diese Ausgaben innerhalb des Verteidigungshaushalts überdurchschnittlich mit 43,1 % an. Innerhalb der »verteidigungsinvestiven Ausgaben« wiederum stiegen die Ausgaben für Forschung und Entwicklung (FuE) im gleichen Zeitraum sogar um 47,1 % an. Diese enormen Steigerungen waren ein Ergebnis der Beschaffungsplanung bei den Großwaffensystemen, die mehr finanzielle Mittel verschlungen haben als geplant. »Haushaltspolitisch konnte die ›Rund-um-Erneuerung‹ der Bundeswehr durch die sogenannte 2. Waffengeneration nicht im Rahmen der vorgegebenen Ansätze verwirklicht werden. Die Kosten von über 70 Mrd. DM überschritten die zu niedrigen Ansätze. Nur über Nachtragshaushalte, Streichungen bzw. Streckungen einzelner Programme und Einsparungen bei Betriebs- und Personalkosten war die Finanzierung möglich« (Wilke/Wulf 1986, S. 35). Auch unter Berücksichtigung der geplanten Verteidigungsetats für die Jahre 1986 (49,9 Mrd. DM) und 1987 (51,3 Mrd. DM) wird die finanzielle Situation des Bundesverteidigungsministeriums angespannt bleiben (vgl. Wehrtechnik 1986, S. 11).

Geht man vom Bundeswehrplan ›85 aus, der eine mittelfristige Finanzplanung bis 1988 und eine Schätzung bis über das Jahr 2000 hinaus enthält, so sollen im Zeitraum 1985 bis 1997, in Preisen von 1984, insgesamt über 240 Mrd. DM nur für neue Waffensysteme ausgegeben werden. »In dieser Summe sind jedoch die seit Herbst 1985 in die Planung einbezogenen neuen Objekte (250 Leopard 2 Panzer, zwei Fregatten 122 und 40 MRCA-Tornados) mit einem Aufwand von knapp 6 Mrd. DM nicht berücksichtigt« (Wilke/Wulf, S. 36). Auch nicht berücksichtigt im Bundeswehrplan ›85 sind die überproportionalen Preissteigerungen bei Rüstungsgütern. Selbst Staatssekretär Timmermann vom Bundesverteidigungsministerium beziffert diese spezifische Rüstungsgüterpreisentwicklung mit 8,5 % (vgl. Timmermann, S. 51). Selbst wenn man davon ausgeht, dass der Bundeswehrplan ›85 »mehr eine ›Wunschliste‹ aller Teilstreitkräfte als eine politische Vorgabe des Ministeriums« ist (Wilke/Wulf, S. 36), so könnte sich dennoch unter der Prämisse der nicht berücksichtigten Preissteigerungen der Verteidigungshaushalt bis zum Jahr 2000 auf 112,3 Mrd. DM erhöht haben. Dies würde bedeuten, dass erhebliche Umschichtungen im Haushalt erforderlich wären. »Von heute 19 % würde der Anteil des Verteidigungshaushalts auf knapp 30 % ansteigen« (ebenda, S. 37).

Käme es zu dieser Entwicklung, so würden die rüstungsinduzierten wirtschaftlichen und sozialen Belastungen in den noch knapp verbleibenden 15 Jahren bis zum Jahr 2000 enorm zunehmen. Der heute bereits durch die staatliche Rüstungsfinanzierung mitverursachte Sozialabbau würde durch eine Umschichtung der Haushaltsmittel zum Rüstungsbereich verstärkt zu einer Reduzierung der zivilen öffentlichen Nachfrage beitragen, wodurch unmittelbar der Lebensstandard breiter Bevölkerungsschichten weiter massiv verschlechtert werden würde. Ferner würden die für den Reproduktionsprozess erforderlichen knappen Ressourcen zunehmend einer zivilen Verwendung entzogen, wodurch ein qualitatives Wachstum von Produktions- und Konsumtionsmöglichkeiten blockiert würde. Auch würden sich die so dringend benötigten Beschäftigungseffekte aufgrund geringerer multiplikativer Wirkungen bei den Rüstungsausgaben im Verhältnis zu zivilen staatlichen Ausgaben nicht einstellen. Jochen Schmidt (1977) vom Deutschen Institut für Wirtschaftsforschung (DIW) hat diesbezüglich festgestellt, dass die Beschäftigungswirkungen von zivilen Staatsausgaben um ein Drittel bzw. sogar um die Hälfte höher ausfallen, als dies bei der Verausgabung von Militärausgaben der Fall ist. Das Problem der Massenarbeitslosigkeit würde demnach durch ein weiteres Hochfahren der Militärausgaben nicht beseitigt, sondern eher verschärft. Insgesamt kann man dem SPD-Mitglied im Bundestag, Frau Katrin Fuchs, zustimmen, wenn sie schreibt: »Eine Finanzierbarkeit des Bundeswehrplans könnte nur hergestellt werden durch weitestgehenden Verzicht auf Beschäftigungsprogramme und Aufwendungen für Umweltschutz sowie einem Entwicklungsprogramm. (...) In der Wirkung wäre dies die konsequente Beschleunigung des Marsches in die Zwei-Drittel-Gesellschaft. Ein solcher Kurs würde die Auswirkungen des zu erwartenden Konjunkturabschwungs auf die Arbeitslosigkeit und Sozialversorgung der Bevölkerung nicht bremsen, sondern potenzieren. Zusätzlich wäre zu erwarten, dass der Kurs der Haushaltskonsolidierung aufgegeben werden müsste zugunsten einer teilweisen Kreditfinanzierung der Rüstung nach amerikanischem Muster. Die Realisierung des Bundeswehrplanes würde die Bundesrepublik ein kräftiges Stück auf den englisch-amerikanischen Entwicklungspfad werfen. Nicht als Parole, sondern als harte Realität: entweder Arbeitsplätze und Umweltschutz oder mehr Rüstung« (Fuchs 1985, S. 5).

Schlägt das Pendel in den nächsten Jahren noch mehr als bisher zum Rüstungsbereich aus, so würden nicht nur weitere Kürzungen von Sozialleistungen die Folge sein, sondern darüber hinaus würde sich die gesamte staatliche Ausgabenstruktur verändern. Insbesondere im Wissenschafts- und Forschungsbereich wäre mit einer zivilen Einschränkung an Forschungsgeldern zu rechnen, während die militärische Forschung und Entwicklung an Bedeutung gewinnen würde. Als Stichwort sei hier nur das SDI-Programm (vgl. Eisbach/Rilling 1985) erwähnt. »Die ökonomische Dimension dieser ›Strategischen Destabilisierungs-Initiative‹ (SDI) sprengt alle bisherigen Größenordnungen: Ihre Kosten werden von Kritikern gegenwärtig auf etwa 1 Billion US-Dollar geschätzt, das entspricht den gesamten Militärausgaben der ganzen Welt im Jahre 1985«

(Huffschmid/Voß/Zdrowomyslaw 1986, S. 10). Wenn auch die Bundesregierung beteuert, dass das SDI-Programm den bundesdeutschen Haushalt nicht tangieren würde, so steigert man dennoch ab 1987 die finanziellen Mittel für Forschung und Entwicklung im Verhältnis zum Verteidigungshaushalt überproportional um 10 % (vgl. Wehrtechnik 1986, S. 16). Mit der Veränderung der staatlichen Ausgabenstruktur zur Rüstung würde sich aber auch die gesamtwirtschaftliche Produktionsstruktur verändern. Die Rüstungswirtschaft würde erheblich an Bedeutung gewinnen und die Hauptnutznießer der Aufrüstung, die Rüstungsunternehmen in der Bundesrepublik, würden weiter enorme Gewinne realisieren.

Rüstungsindustrie als Hauptnutznießer

Im Jahre 1983 betrug der Produktionswert der in der Bundesrepublik hergestellten Waffen, Munition und anderen Güter für den militärischen Gebrauch knapp 22 Mrd. DM, was ungefähr 4,1 % der Wertschöpfung des Verarbeitenden Gewerbes in der Bundesrepublik entspricht. Gut 40 Jahre nach dem Zweiten Weltkrieg weisen von den insgesamt 35 Industriezweigen nur 5 höhere Anteile aus. Gemessen an der Produktion ist die Rüstungsindustrie damit der sechstgrößte Industriezweig. Auch mit der Zahl der Beschäftigten, zurzeit ca. 275.000 bis 300.000, liegt die Rüstungsindustrie an sechster Stelle (vgl. Huffschmid/Voß/Zdrowomyslaw 1986, S. 85). Mit der Zunahme der staatlichen Rüstungsausgaben in den letzten Jahren hat sich natürlich auch in der Rüstungsindustrie ein entsprechendes Wachstum eingestellt. Während die Bruttowertschöpfung des Verarbeitenden Gewerbes insgesamt von 1980 bis 1983 um 8,4 % gestiegen ist, nahm die Wertschöpfung der Rüstungsindustrie im gleichen Zeitraum um 39,5 %, also fast fünfmal so schnell, zu (vgl. Huffschmid/Voß/Zdrowomyslaw 1986, S. 87). Trotz dieser wirtschaftlichen Bedeutung der Rüstungswirtschaft wird man in offiziellen Statistiken, z. B. in denen des Statistischen Bundesamtes, eine Rüstungsindustrie nicht finden. Der Grund liegt vor allem darin, »neben der Absicht, über alles Militärische den Schleier der Geheimhaltung zu decken, dass Industriezweige durch die stoffliche Ähnlichkeit ihrer Produktionsprozesse definiert sind« (ebenda, S. 85). So werden beispielsweise in der Luft- und Raumfahrtindustrie Flugzeuge produziert, deren stoffliche Affinität eine Verbundproduktion ermöglicht. Dies mag auch der Grund dafür sein, dass es unter den ca. 2.000 Rüstungsunternehmen in der Bundesrepublik nur wenige reine Rüstungsunternehmen gibt. Unter den 27 größten Rüstungsunternehmen im Jahr 1983 befanden sich nur 12, bei denen der Rüstungsanteil mehr als 50 % des Gesamtumsatzes ausmachte, während bei 9 Unternehmen der militärische Anteil sogar unter 30 % lag (vgl. ebenda, S. 99). »Die meisten großen Auftragnehmer der Bundeswehr sind also keine auf die Fertigung militärischer Güter spezialisierte Unternehmen« (ebenda, S. 99).

Dennoch besteht in der Rüstungsindustrie ein vitales Interesse an Rüstungsaufträgen. Hervorgerufen durch die vom Staat geförderten Konzentrations- und Zentralisationsprozesse, erinnert sei hier nur an den Aufkauf der Vereinigten Flugtechnischen Werke (VFW) sowie des Panzerbauunternehmens Krauss Maffei durch MBB und an die spektakulären Aufkäufe der Unternehmen MTU, Dornier und AEG durch den Daimler-Benz-Konzern, finden Rüstungsunternehmen optimale Kapitalverwertungsbedingungen vor, die mit der Realisierung enorm hoher Gewinne einhergehen. Eine Reihe von wirtschaftswissenschaftlichen Untersuchungen belegt dies. Die jüngste Analyse für die Bundesrepublik ergab beispielsweise für den Zeitraum von 1970 bis 1977, dass die 17 größten Rüstungsunternehmen durchschnittlich eine höhere Eigenkapitalrentabilität zu verzeichnen haben als alle Aktiengesellschaften und auch eine höhere als die der 50 umsatzgrößten Kapitalgesellschaften. »Von 1970 bis 1977 liegt die Eigenkapitalrendite der 17 Rüstungsunternehmen um ca. ein Drittel höher als die Profitrate aller Aktiengesellschaften (ohne Kreditinstitute), um ca. ein Fünftel höher als die aller Aktiengesellschaften des produzierenden Gewerbes und um ca. ein Elftel höher als die der 50 größten Kapitalgesellschaften« (Voß 1985, S. 282). Nicht nur so bekannte Rüstungsunternehmen wie Krauss-Maffei, Rheinmetall oder Messerschmitt-Bölkow-

Blohm verdienen sich dabei eine »goldene Nase« an der Rüstung, sondern auch Firmen, die uns mehr im tagtäglichen Konsumgüterbereich begegnen, wie Siemens, AEG, Philips oder Daimler-Benz, mischen kräftig mit.

Rüstungsprofite

Die entscheidende Frage, die sich nämlich bei der genannten enormen Gewinnträchtigkeit stellt, lautet: Worin liegt diese mit der Rüstungsgüterproduktion verbundene Gewinnhöhe begründet? Da Gewinne – wie bei zivilen Gütern auch – nur über den beim Verkauf erzielten Preis zu realisieren sind, muss offensichtlich die Rüstungsgüterpreisbildung eine besondere Art der Preisbildung sein, die diese enormen Gewinne ermöglicht. Und in der Tat liegt hier der Schlüssel für die Rüstungsgewinne. Der entscheidende Unterschied zu einer Preisbildung bei zivilen Gütern ist zunächst einmal die fehlende Marktgängigkeit von militärischen Produkten. Panzer und Kampfflugzeuge werden nicht in Massenproduktion für eine anonyme Kundschaft, wie z.B. Autos oder andere zivile Konsumgüter, produziert, sondern erst auf Veranlassung des Staates in einer begrenzten Stückzahl bei einem Rüstungsunternehmen in Auftrag gegeben. Obwohl dies unter Wettbewerbsbedingungen in Form einer öffentlichen Ausschreibung geschehen soll, vollzieht sich die staatliche Vergabe von Rüstungsaufträgen in Wirklichkeit aber zu ca. 90 % unter Ausschluss jeglichen Wettbewerbs durch eine sogenannte freihändige Vergabe (vgl. Bontrup 1986). Der Staat vergibt dabei die Aufträge unter der Rahmenbedingung eines riesigen Lobbyistentums auf Seiten der Rüstungsindustrie an bestimmte Rüstungshersteller und kann im Anschluss daran nur noch um ein freundliches Preisangebot bitten (vgl. Jörg Huffschmid/Voß/Zdrowomyslaw, S. 128 ff.).

Einmal vom Staat in eine daraus entstehende Machtstellung versetzt, kommt der Staat den Rüstungsunternehmen aber noch ein zweites Mal bei der Preisbildung und damit bei der Realisierung von überproportional hohen Gewinnen entgegen. Diese zweite staatliche Hilfestellung resultiert aus einer von 1953 stammenden

Preisverordnung, der sogenannten »Verordnung über Preise bei öffentlichen Aufträgen« (VPöA) und ihrem kostenrechnerischen Anhang, den »Leitsätzen für die Preisermittlung aufgrund von Selbstkosten« (LSP). Immer dann nämlich, wenn es zu einer wettbewerbslosen freihändigen Vergabe von Rüstungsaufträgen kommt, schreibt die Preisverordnung eine sogenannte Selbstkostenpreisbildung vor, auf die laut einer Statistik von 1978 ca. 67 % der gesamten wertmäßigen Rüstungsgüternachfrage des Bundesamtes für Wehrtechnik und Beschaffung (BWB) entfielen (Felderbauer, 1976, S. 65, Liebau 1980, S. 23). Wenn man nun aber glaubt, dass in solchen Fällen nur Selbstkosten erstattet werden und es damit zu keiner Gewinnverrechnung bei Rüstungsgütern kommt, so hat man sich allerdings schwer getäuscht. Im Unterschied zu einer wettbewerblichen Marktpreisbildung entsteht der Selbstkostenpreis nach § 5 VPöA nämlich aus allen betriebsindividuellen Kosten plus einem Gewinnaufschlag. Dass ein Rüstungsunternehmen vom Staat alle bei der Rüstungsproduktion anfallenden Kosten erstattet bekommt, ist bereits ein Tatbestand, der mit einer marktwirtschaftlichen Ordnung nicht mehr viel zu tun hat. Kostengarantien, so die herrschende marktwirtschaftliche Lehre, führen zu Unwirtschaftlichkeiten und Kostenschlampereien, die wiederum Preissteigerungen implizieren. Das beste Beispiel ist hier das Kampfflugzeug Tornado, das bei der Projektierung 1970 pro Stück 15 Mio. DM kosten sollte und heute längst weit über 40 Mio. DM liegt, einschließlich der entsprechenden Systemzuschläge pro Stück sogar über 100 Mio. DM den Steuerzahler kostet. Oder um noch ein Beispiel zu nennen: »Der Kampfpanzer Leopard 2 war zunächst in einer Größenordnung von 1,5 Mio. DM pro Stück geplant; der Preis stieg schließlich nach Bundeswehrangaben auf 5 Mio. DM« (Wilke/Wulf, S. 36). Preissteigerungen während des Entwicklungs- und Produktionszeitraumes von über 200 % sind bei Rüstungsgütern keine Seltenheit.

Jedes Unternehmen, das sich mit anderen Unternehmen im Wettbewerb befindet, muss auf Kostenwirtschaftlichkeit und Kostensenkung bedacht sein, es könnte sich eine derartige Preissetzungsmacht nicht erlauben. Hier gilt der Grundsatz, je geringer die Kosten, umso größer ist der Spielraum für Preissenkungen, die wiederum die Nachfrage und damit die Gewinnmöglichkeit erhöhen. Für Rüstungsunternehmen gilt dagegen genau der umgekehrte Grundsatz, nämlich je höher die Kosten, umso größer ist der absolut erzielbare Gewinn (vgl. Bontrup, 1986). Der Grund liegt in der unverständlichen Logik der in der Bundesrepublik herrschenden Preisverordnung, die es gestattet, dass Rüstungsunternehmen auf alle betrieblich anfallenden Kosten auch noch einen 5 %igen Gewinnaufschlag kalkulieren können. Betragen die Kosten demnach beispielsweise 1 Mio. DM, so beläuft sich der Gewinn auf 50.000 DM. Steigen die Kosten, aus welchen Gründen auch immer, auf 1,2 Mio. DM, so steigt automatisch auch der absolute Gewinn proportional von 50.000 DM auf 60.000 DM mit an. Rüstungsunternehmen haben deshalb auch nichts gegen steigende Kosten oder Extrawünsche bei der nachträglichen Ausstattung von Waffensystemen durch die Auftraggeber. Auch Verzögerungen oder Unterbrechungen bei der Produktion, z. B. durch Streckungen, sind unerheblich, da man ja weiß, dass hinterher – zu höheren Kosten versteht sich – die Produktion wiederaufgenommen wird. Staatliche Nachfragegarantie bei Rüstungsgütern in Verbindung mit steigenden Kosten impliziert so für die Rüstungsunternehmen steigende Gewinne.

Neben dem von der Preisverordnung ausgewiesenen Gewinnsatz von 5 % ermöglicht der Staat den Rüstungsunternehmen außerdem die Abrechnung von kalkulatorischen Kosten, die im Wesentlichen als Kosten versteckte Gewinne beinhalten, weil ihnen kein tatsächlicher Aufwand in Geldzahlungen gegenübersteht. Dabei ist es z. B. möglich, dass wesentlich höhere kalkulatorische Zinskosten in die Rüstungsgüterpreise eingehen als die in Wirklichkeit bei einem Rüstungsunternehmen für aufgenommenes Fremdkapital entstandenen und an eine Bank gezahlten Zinsen. Die Differenz zwischen effektiv gezahlten Bankzinsen und kalkulatorischen Zinskosten bedeutet dann für ein Rüstungsunternehmen einen als Kosten versteckten und von der staatlichen Preisverordnung anerkannten Gewinn. Dass das Steuerrecht und der Bundesrechnungshof eine Anerkennung derartiger kalkulatorischer Zusatzkosten, die in Wirklichkeit nichts Anderes als versteckte Gewinne darstellen, nicht akzeptieren, ist verständlich. In Rüstungsunternehmen ist dies seit 1953 allerdings dank einer vom Staat gemachten und rechtlich verbrieften Preisverordnung ohne weiteres möglich. So wird bei der Verzinsung des betriebsnotwendigen Kapitals, dessen Einsatz zusätzlich zu dem Gewinnsatz von 5 % nochmals mit 6,5 % verzinst wird, sogar ein doppelter Inflationsausgleich gewährt. Einerseits durch den Prozentsatz selbst und andererseits, indem für die Zinsbasis nicht das betriebsnotwendige Kapital bewertet zu Anschaffungs-, sondern zu Wiederbeschaffungspreisen zugrunde gelegt wird. Da laut herrschender Preisverordnung derartige fiktive Kosten aber nicht zu den Gewinnen, sondern zu den Kosten gezählt werden, und die Preisverordnung eine 5 %ige Gewinnbeaufschlagung auf alle »Kosten« gestattet, kommt es in Rüstungsgüterpreisen sogar zu einer Gewinn-Gewinnbeaufschlagung, die einem Zinseszinseffekt entspricht. Kosten, die eigentlich Gewinne sind, werden mit Gewinn beaufschlagt. Daher ist auch die wirkliche Gewinnhöhe um ein Vielfaches größer, als dies mit dem offiziell ausgewiesenen 5 %igen Gewinnsatz zum Ausdruck kommt (vgl. Bontrup 1986).

Daneben bereitet es Rüstungsunternehmen auch keine Schwierigkeiten, einen Nachfragerückgang im Rüstungsbereich kostenmäßig aufzufangen, da die damit einhergehenden Stückkostensteigerungen über Rüstungsgüterpreise an den Staat weitergegeben werden können. Selbst Kostenerhöhungen aus Nachfragereduzierungen, die ursächlich gar nicht im Rüstungsbereich eines auch zivilgüterherstellenden Rüstungsunternehmens entstanden sind, sondern im Zivilbereich, dürfen laut staatlicher Preisverordnung die Rüstungsgüterpreise bis zu einer Minderauslastung von 60 % erhöhen. Für fast jedes zivile Unternehmen, es sei denn, es handelt sich um ein Monopolunternehmen, hätte eine derartig schlechte Auslastung der Kapazitäten verheerende Folgen. Dass dadurch natürlich auch aufgrund der auslastungsbedingten Rüstungskostensteigerungen der Rüstungsgewinn zunimmt, erübrigt sich schon fast zu erwähnen. Egal was einem Rüstungsunternehmen auch widerfährt, die Preisverordnung macht es möglich, dass unter dem Strich auf jeden Fall ein enormer Gewinn verbleibt (vgl. Bontrup, 1986).

Alternativen für den Rüstungsbereich

Bei der Suche nach Alternativen für den Rüstungsbereich liegt es daher nahe, zunächst einmal eine grundsätzliche Novellierung der Preisverordnung vorzunehmen. Danach dürfte es Rüstungsunternehmen nur noch möglich sein, aufwandgleiche Kosten in ihren Kalkulationen für Rüstungsgüter in Ansatz zu bringen. Eine Verrechnung von kalkulatorischen Kosten, denen kein effektiver Geldmittelabfluss gegenübersteht, ist ersatzlos zu streichen. Auch ist die Bewertung des zum Einsatz kommenden Kapitals zu Wiederbeschaffungspreisen durch Anschaffungswerte zu ersetzen. Ebenso wäre die von der Preisverordnung geduldete 60%-Auslastungsregelung aufzuheben. Nachfragebedingte Stückkostenerhöhungen hat ein Rüstungsunternehmen als marktwirtschaftliches Risiko selbst zu tragen. Neben den hieraus zu erwartenden Einsparungen und Kürzungsmöglichkeiten bei den Militärausgaben hätte eine Novellierung der Preisverordnung auch noch den Effekt, dass Rüstungsunternehmen weitgehend der Anreiz zu einer forcierten Weiterführung und Aufnahme einer Rüstungsproduktion genommen würde, da Unternehmen bekanntlich sofort das Interesse an der Produktion von Gütern verlieren, wenn diese keinen oder nur noch einen geringen Gewinn verspricht. Neben diesem eher betriebswirtschaftlich-technischen Punkt – hinter dem allerdings die Interessen eines großen Teils der größten Konzerne in der Bundesrepublik steht – sind natürlich politische Umorientierungen erforderlich.

Dazu gehört insbesondere die Forderung, den Rüstungshaushalt einzufrieren. Angenommen die Militärausgaben nach NATO-Kriterien wären 1980 auf dem damaligen Stand von 48,5 Mrd. DM eingefroren (also real um die Preissteigerungsrate gesenkt) worden.

Dann hätten sich bis 1985, also in 5 Jahren, insgesamt 40 Mrd. DM einsparen lassen. Das sind 80 % des Betrages, den der DGB für die Auflage eines 50-Mrd.-Beschäftigungsprogramms für 5 Jahre fordert. »Wenn diese 40 Mrd. DM – die ja tatsächlich ausgegeben worden sind – statt in den militärischen in den zivilen Bereich geflossen wären, hätten damit weitreichende Maßnahmen zur Verbesserung des Umweltschutzes, zur Reinhaltung von Luft und Wasser, zum Aufbau eines alternativen, ressourcensparenden Energieversorgungssystems, zur Aufrechterhaltung der sozialen Sicherung bei Notlagen usw. durchgeführt werden können. Gleichzeitig wäre – wegen der höheren Beschäftigungswirkungen von Staatsausgaben im zivilen Bereich – dadurch ein Beitrag zur Verminderung der Arbeitslosigkeit geleistet worden« (Huffschmid/Voß/Zdrowomyslaw, S. 144).

Da diese vergangenheitsorientierten Zahlen aber im Nachhinein nicht mehr zu revidieren sind, muss sich alle Kraft auf die Zukunft orientieren. Würde man die Militärausgaben nach NATO-Kriterien mit Stand 1985, der sich auf 60,1 Mrd. DM beläuft, für die Zeit von 1986 bis zum Jahr 2000 einfrieren, so könnten insgesamt bei einer realistisch unterstellten Preissteigerungsrate von 7 % über 714 Mrd. DM Militärausgaben eingespart werden. Selbst bei einer sehr konservativen Rechnung, die von einer Preissteigerungsrate von 4 % bei Rüstungsgütern ausgeht, würde sich das Einsparvolumen noch auf gut 364 Mrd. DM belaufen (ebenda, S. 145). Um den mit der Verringerung der Militärausgaben einhergehenden Nachfrageausfall beschäftigungsmäßig bei den Rüstungsunternehmen auffangen zu können, ist insbesondere bei den »harten« Rüstungsgütern (Waffen, Munition u. a.) eine Umstellung der Produktion auf zivile Güter erforderlich. In mehreren betrieblichen »alternativen Arbeitskreisen zur Rüstungskonversion« wird seit langem von Beschäftigten bzw. Betriebsräten und Gewerkschaftlern versucht, durch konkrete alternative Produktvorschläge eine Rüstungskonversion umzusetzen (vgl. Mehrens 1984, S. 15ff., Dünnwald 1984, S. 285ff., Bontrup/Zdrowomyslaw 1985, S. 308ff.). Widerstände von Geschäftsleitungen sind dabei der größte Hemmschuh, weshalb es auf diesem fortschrittlichen Weg einer weiteren sorgfältigen Planung, Vorbereitung und einer wissenschaftlichen Begleitung der betrieblichen Arbeitskreise bedarf. Wie wichtig bei der konkreten Umsetzung von alternativen Produktvorschlägen eine wissenschaftliche Betreuung ist, zeigte sich bei der Planung und technischen sowie wirtschaftlichen Berechnung eines Luftschiffs durch den Arbeitskreis »Alternative Fertigung« bei MBB-Bremen. »Daher ist die Konversionsforschung besonders voranzutreiben, um die für die Umstellung der Produktion notwendigen Grundlagen zu schaffen. Hierfür könnten besonders die Mittel eingesetzt werden, die durch die Kürzungen der Ausgaben für wehrtechnische Forschung, Erprobung und Entwicklung eingespart werden« (Memorandum 1985, S. 225). Dass Rüstungskonversion keine Utopie ist, sondern eine ökonomische und gesellschaftliche Notwendigkeit darstellt, darauf macht auch das Institut für Friedensforschung und Sicherheitspolitik an der Universität Hamburg aufmerksam. In einer Studie über »Möglichkeiten und Hindernisse der Rüstungskonversion« stellt das von dem SPD-Abrüstungsexperten Egon Bahr geleitete Institut fest, dass eine Umstellung von Rüstungs- auf Zivilproduktionen sowohl technisch als auch wirtschaftlich machbar wäre (Forschungsbericht 1986).

Neben den genannten Maßnahmen, die über ein Einfrieren der Militärausgaben und eine Umlenkung staatlicher Militärausgaben in zivile Verwendungsrichtungen sowie eine Novellierung der Preisverordnung den bundesdeutschen Haushalt in einen Beschäftigungs- und Umwelthaushalt verwandeln könnten, müsste ebenfalls durch eine rigidere Rüstungsexportkontrolle die Ausfuhr von Rüstungsgütern eingeschränkt werden. Da Rüstungsexporte beschäftigungs-wie handelspolitisch bedenklich, militärisch äußerst gefährlich und insbesondere unter entwicklungspolitischen Gesichtspunkten für die Länder der Dritten Welt negativ zu beurteilen sind, müssen Rüstungsexporte durch eine Novellierung des Kriegswaffenkontroll- und des Außenwirtschaftsgesetzes verboten werden. Würden alle diese Alternativen im Rüstungsbereich realisiert, so wäre nicht nur ein Beitrag zur Abrüstung und Friedenssicherung in der Bundesrepublik erreicht, sondern zusätzlich würden enorme finanzielle Mittel für eine bessere zivile Entwicklung freigesetzt. So dringende Probleme wie die Massenarbeitslosigkeit und die mittlerweile in vielen Umweltbereichen heute bereits nicht mehr regenerierbaren Umweltschäden könnten verstärkt in Angriff genommen werden. Es wird höchste Zeit, dass dies die verantwortlichen Politiker endlich begreifen.

Anmerkungen

Adamy, J., S. (1984): Zwischenbilanz von Sozialdemontage und Umverteilungspolitik seit 1982 (vervielfältigtes Manuskript), Köln

Bäcker, G., Bispinck, R. (1984): Sozialabbau und Aufrüstung, in: WSI-Mitteilungen, Heft 5

Bontrup, H.-J. (1986): Preisbildung bei Rüstungsgütern, Köln

Bontrup, H.-J., Zdrowomyslaw N. (1985): Rüstungskonversion – Utopie oder Notwendigkeit? in: Materialien der 1. internationalen Friedensuniversität Bremen, (Hrsg.) Peter Alheit, Jorgen Kjaer, Hans Jörg Sandkühler, Bremen

Dünnwald, J. (1984): Alternative Produktion. Eine gewerkschaftliche Perspektive, in: WSI-Mitteilungen, Heft 5

Eisbach, J., Rilling, R. (1985): Mit SDI in die Zweitklassigkeit. Ökonomische Gefahren einer einseitigen Ausrichtung der Forschungspolitik, PIW-Studie Nr. 2, PIW Progress-Institut für Wirtschaftsforschung, Bremen

Felderbauer, H. (1976): Preisbildung und Preisprüfung, in: Wehrtechnik, Heft 1

Finanzbericht (1985), (Hrsg.) Bundesfinanzministerium, Bonn

Forschungsbericht (1986): Über Möglichkeiten und Hindernisse der Rüstungskonversion des Instituts für Friedensforschung und Sicherheitspolitik an der Universität Hamburg, Hamburg

Fuchs, K. (1985): Aufrüstung für die 90er Jahre, in: Sozialismus Heft 11

Huffschmid, J., Voß, W., Zdrowomyslaw, N. (1986): Neue Rüstung — Neue Armut, Köln

Lange, T. (1986): Mitgegangen, mitgefangen. Die Bundesregierung und SDI, in: Blätter für deutsche und internationale Politik, Heft 5

Liebau, H.-D. (1980): Technische Kostenprüfung im Rahmen von Preisprüfungen, in: Wehrtechnik, Heft 1

Mehrens, K. (1984): Alternative Produktion oder Vernachlässigung von Zukunftsinvestitionen, in: Der Gewerkschafter, Heft 1

Memorandum ›85 (1985): Arbeitsgruppe Alternative Wirtschaftspolitik, Köln

Memorandum ›86 (1986): Arbeitsgruppe Alternative Wirtschaftspolitik, Köln

Schmidt, J. (1977): Zur Bedeutung der Staatsausgaben für die Beschäftigung. Input-Output-Studie der Beschäftigungswirkungen von Ausgabekürzungen. DIW-Beiträge zur Strukturforschung, Heft 46, West-Berlin

Timmermann, M. (1986), hier zitiert bei: Jörg Huffschmid, Werner Voß, Norbert Zdrowomyslaw, Köln

Voß, W. (1985): Allgemeinwohl oder Eigennutz? Eine Untersuchung der Gewinnentwicklung der größten deutschen Rüstungsunternehmen, in: Rüstung und soziale Sicherheit, Friedensanalysen 20, Frankfurt/M.

Wehrtechnik (1986), Heft 8

Wilke, P., Wulf, H. (1986): Rüstungsproduktion in der Bundesrepublik, in: Aus Politik und Zeitgeschichte. Beilage zur Wochenzeitung Das Parlament, 11. Januar

Sozialismus.de, Heft 1/1987

Die Eurofighter-Gewinnformel

Studenten, die gegen die miserable finanzielle Lage an den deutschen Hochschulen protestieren, forderten »lieber Seminarleiter als Eurofighter«. Gegen das teuerste Rüstungsprojekt in der Geschichte der Bundesrepublik sprachen sich in einer Umfrage 80 Prozent der Bevölkerung aus. Aber die Bundestagsmehrheit stimmte zu. Obwohl die sieben bisher gebauten Prototypen der gemeinsam mit Großbritannien, Spanien und Italien entwickelten Jagdmaschine erst etwa zehn Prozent der notwendigen Tests absolviert hatten, reichten der Industrie, den Militärs und den regierenden Politikern in Bonn die empirischen Daten offenbar bereits aus, um die Serienproduktion des Flugzeuges aufzunehmen. Hierin liegen Risiken: Der von der Bundesrepublik Deutschland zu zahlende Teil des Gesamtpreises, Ende 1996 mit rund 23 Milliarden Mark kalkuliert, kann durch spätere technische Modifikationen noch steil in die Höhe gehen, wie wir es von anderen großen Rüstungsprojekten kennen; erinnert sei nur an das Kampfflugzeug Tornado. Zudem wird der Eurofighter, wie der Bundesrechnungshof annimmt, technologisch schon bald veraltet sein. Die Prüfer beanstandeten dazu zu großes Gewicht und das unausgereifte Radargerät. Zudem gilt der militärische Nutzen eines sowohl für den Luftfern- als auch den Luftnahkampf konzipierten einsitzigen Überschallflugzeugs als gering. Wesentlich kostengünstigere

Boden-Luft-Raketen (d.h. Raketen, die vom Boden aus auf Ziele in der Luft gerichtet werden) können die Aufgaben des mit Luft/Luft-Lenkwaffen bestückten Eurofighters übernehmen. Ex-Heeresgeneral Schmückle kam bereits 1988 zu dem Ergebnis, dass der Bau des Flugzeuges militärisch »Sinnlos« sei. Und Ex-Luftwaffengeneral Steinhoff warnte vor technischen Risiken des Projekts und gab zu bedenken, die Ära bemannter Kampfflugzeuge gehe dem Ende zu.

Als Ende der 80er Jahre der Kalte Krieg zu den Akten der Geschichte gelegt wurde, bestand Hoffnung auf eine »Friedensdividende«. Doch der Einzelplan 14 des Bundeshaushalts, der Militäretat, hat auch 1998 noch ein Volumen von 46,7 Milliarden Mark. Er belastet die staatlichen Möglichkeiten, in den Ablauf der privaten Wirtschaft einzugreifen und gesellschaftlich nicht akzeptable Verteilungsergebnisse zu korrigieren. Rüstungskonversion müsste forciert werden, doch das Gegenteil findet statt: Es wird weiter aufgerüstet, obwohl die Haushaltskassen leer sind und die Staatsverschuldung – Hauptargument für die Kürzungen an den Sozialetats – inzwischen weit über zwei Billionen Mark beträgt. Überall werden in den öffentlichen Haushalten die Mittel zusammengestrichen. Öffentliche Güter werden in private verwandelt, die sich nicht mehr jeder leisten kann. Doch für ein fragwürdiges Rüstungsprojekt, das nach Aussage des SPD-Fraktionsgeschäftsführers Peter Struck nicht einmal in ein Gesamtkonzept für die Bundeswehr oder auch nur für die Luftstreitkräfte eingebunden ist, scheint Geld genug da zu sein. Der Bundesrechnungshof nimmt an, dass die 180 Eurofighter für die Bundeswehr nicht 23 Milliarden, wie das Bundesverteidigungsministerium geschätzt hat, sondern erheblich mehr als 30 Milliarden Mark kosten werden. Wie viel würden die Bürger wohl ausgeben wollen, wenn man den Eurofighter zu einem privaten Gut machen würde?

Insgesamt haben allein die jetzigen Luftwaffenprojekte (Heer und Marine lassen wir mal beiseite) einen Wert von etwa 80 Milliarden Mark. Neben dem Eurofighter stehen der NATO-Hubschrauber NH 90 mit knapp zwölf Milliarden Mark, ein zweiter neuer Helikopter, UHU/Tiger, dessen Gesamtpreis in der Kalkulation noch zwischen fünf und elf Milliarden Mark schwankt, und das neue Transportflugzeug Future Transport Aircraft (FTA) mit rund elf Milliarden Mark zu Buche. Noch nicht entschieden ist über Entwicklung und Produktion der Satellitenaufklärflugzeuge Helios und Horus, die ebenfalls mehrere Milliarden Mark kosten sollen. Bei stagnierendem Verteidigungsetat wird Minister Volker Rühe oder sein Nachfolger zugunsten des Eurofighter andere Beschaffungen strecken oder streichen müssen. Insofern haben auch diejenigen Militärs und Rüstungsindustriellen Grund zum Protest, die nicht am Eurofighter, sondern an anderen Vorhaben interessiert sind. Es zeichnet sich ab, dass sich wegen der hohen Kosten dieses einzelnen Projekts der Konkurrenzkampf um staatliche Rüstungsaufträge verschärfen wird – mit der Folge weiterer Konzentration in der Branche – und dass der Druck zunehmen wird, das Außenwirtschaftsgesetz zu lockern, damit ausbleibende Bonner Aufträge durch mehr Rüstungsexporte kompensiert werden.

Wer aber profitiert am Eurofighter? Niemand in Deutschland spricht sich so vehement für ihn aus wie die Daimler-Benz Aerospace AG (Dasa), die an der Produktion mit 30 Prozent beteiligt sein soll – neben British Aerospace und zwei staatlichen Firmen in Spanien und Italien. Für die Dasa ist der Beschluss des Bundestages vom 26. November 1997, den Eurofighter in Serie gehen zu lassen, ein »wichtiger Eckpfeiler für die Zukunftsfähigkeit der Luft- und Raumfahrtindustrie in Deutschland.« Da Rüstungsindustrielle nicht von Gewinnen reden, schieben sie Konjunktur- und Beschäftigungsgründe vor. Man kennt das aus der Geschichte. Reicht die Überzeugungskraft der angeblichen Bedrohung durch angebliche Feinde nicht aus, muss der angebliche wirtschaftliche und soziale Nutzen geltend gemacht werden. Auf Jahre, verheißt die Dasa, würden in Deutschland durch die Eurofighter-Produktion 18 000 Arbeitsplätze gesichert.

Mit Arbeitsplätzen wurde schon im Jahre 1901 argumentiert. Damals schrieb Fürst Otto II. zu Salm-Hostmar an Admiral Alfred Tirpitz, den Chef des Reichsmarineamtes, »eine Bewegung einzuleiten, welche dahin geht, den Reichstag zu veranlassen, an die Regierung die Bitte zu richten, angesichts der schlechten Konjunktur und der ungünstigen Geschäftslage von Handel und Industrie und der damit zusammenhängenden Arbeitslosigkeit vieler Tausender von Arbeitern den auf einen längeren Zeitraum verteilten Bau von Kriegsschiffen in möglichst beschleunigtem Tempo herbeizuführen.« Wohin das führte, ist bekannt.

Der Beschäftigungseffekt der Jagdflieger-Produktion ist fraglich; in anderen Branchen könnte man mit gleichem Aufwand viel mehr Menschen beschäftigten. Außer Frage steht dagegen der Gewinneffekt, von dem die Öffentlichkeit wenig erfährt. Wer spricht schon darüber, wie viel am Eurofighter verdient wird? Nur mit einiger Mühe lässt es sich ermitteln – und zwar folgendermaßen:

Kosten und Gewinne werden anhand der »Verordnung PR 30/53 des Bundesministers für Wirtschaft über die Preise bei öffentlichen Aufträgen« in Verbindung mit den »Leitsätzen für die Preisermittlung aufgrund von Selbstkosten« kalkuliert. Die sogenannten Selbstkosten werden grundsätzlich mit einem fünfprozentigen Gewinnaufschlagssatz auf alle entstandenen Kosten versehen. Ist kein Selbstkostenpreis vereinbart, sondern ein Selbstkostenerstattungspreis, dann müssen nur die Kosten steigen, damit auch der absolute Gewinn wächst. In die Kosten wird immer auch eine sechsprozentige Verzinsung des betriebsnotwendigen Kapitals einkalkuliert, obwohl ein solcher Zinsaufwand in Wirklichkeit nicht entstehen muss. Das bedeutet einen Gewinnaufschlag auf Gewinne und einen Zinseszinseffekt. Bis Ende 1989 konnten sogar kalkulatorische Abschreibungen auf der Basis von Wiederbeschaffungswerten verrechnet werden. Die »Verordnung zur Änderung preisrechtlicher Vorschriften« Nr. 1/89 hat zwar diese Möglichkeit abgeschafft, so dass Abschreibungen heute nach Anschaffungs- oder Herstellungskosten entsprechend dem deutschen Handels- und Steuerrecht bewertet werden. Dies gilt aber nicht für die Kostenart der kalkulatorischen Zinsen. Hier wird das im betriebsnotwendigen kapital enthaltene Eigenkapital noch zusätzlich zum Gewinnaufschlag verzinst.

Jetzt wendet das Bundesverteidigungsministerium folgende Gewinnformel an, die ein allgemeines Unternehmerwagnis abdecken und darüber hinaus einen Leistungsgewinn ermöglichen soll:

$G = 0{,}05\ (Q + 1{,}5\ BNAV/BNV)\ E + 0{,}01\ F$

G ist der kalkulatorische Gewinn. Er errechnet sich aus F (Fertigungsmaterial und Fremdleistungen), E (Eigenleistung = Nettoselbstkosten minus F), BNAV (betriebsnotwendiges Anlagevermögen), BNV (betriebsnotwendiges Vermögen) und Q (Qualifikationsfaktor). Für die Vorleistungen ist also nur ein Gewinnzuschlag von einem Prozent erlaubt. Wichtiger sind die Anlagenintensität (BNAV/BNV) und die Eigenleistung E in Relation zu den Vorleistungen. Der Qualifikationsfaktor, der die Innovationsleistung berücksichtigt, beträgt bei Studien-, Forschungs- und Entwicklungsaufträgen 1,10, bei Produktionsaufträgen 1,05 und bei Instandsetzungsaufträgen 0,70. Für den Eurofighter lautet die Gewinnformel demnach in der Entwicklungsphase

$$G = 0{,}05\,(1{,}10 + 1{,}5\ BNAV/BNV)\,E + 0{,}01\,F$$

und in der Produktionsphase

$$G = 0{,}05\,(1{,}05 + 1{,}5\ BNAV/BNV)\,E + 0{,}01\,F$$

Unterstellt man während der Produktionsphase eine Anlagenintensität von 50 Prozent und eine Vorleistungsstruktur von 40 Prozent, so errechnet sich ein kalkulatorischer Gewinnaufschlagssatz in Höhe von 5,8 Prozent. Je höher die Anlagenintensität und je höher die Wertschöpfung, desto höher ist der kalkulatorische Gewinnaufschlagssatz. Zusätzlich werden in den Nettoselbstkosten sechs Prozent kalkulatorische Zinsen auf Basis des betriebsnotwendigen Kapitals verrechnet. Da die Höhe des betriebsnotwendigen Kapitals unbekannt ist, lässt sich hier nur eine Vermutung anstellen. Realistisch ist ein umgerechneter Zinssatz bezogen auf Selbstkosten (Herstellungskosten plus Verwaltungsgemeinkosten) in Höhe von vier bis 4,5 Prozent. Geht man von 4,5 Prozent aus und schlägt den anhand der Gewinnformel ermittelten Gewinnsatz von 5,8 Prozent auf, so werden insgesamt ca. 10,6 Prozent Gewinn pro Eurofighter realisiert. Man könnte auch sagen: Die Umsatzrendite liegt etwa zwischen zehn und elf Prozent.

Aufgrund einer Preisgleitklausel erhöhen sich sowohl der Kosten- als auch der Gewinnanteil. Für das Inflationsrisiko kommt also einseitig das Bundesverteidigungsministerium auf. Während der Produktionszeit erzielte Produktivitätsfortschritte werden dagegen in der Preisgleitklausel nicht entsprechend gegengerechnet. Nach den bereits in der Entwicklungsphase realisierten Gewinnen, steht demnach dem Daimler-Benz-Konzern auch oder gerade während der Produktionsphase ein hochprofitables Rüstungsprojekt bevor.

Ossietzky. Zweiwochenschrift für Politik/Kultur/Wirtschaft, Heft 3/1998

Rüstungsirrsinn nimmt kein Ende

Als Bundeskanzler Olaf Scholz (SPD) nach dem Einmarsch Russlands in die Ukraine am 24. Februar 2022 den Irrsinn eines sogenannten »Sondervermögens« für Rüstung im Bundestag verkündete, gab es stehenden Applaus der VolksvertreterInnen. Das erinnerte in fatalerweise an den Beginn des Ersten Weltkriegs 1914. Auch damals bejubelten ParlamentarierInnen im Reichstag die umfangreichen Kriegskredite. Nur wenige, wie Rosa Luxemburg und Karl Liebknecht waren dagegen. Am Ende bezahlten sie ihr »Dagegensein« mit ihrem Leben. Sie wurden von einem rechten militärischen Mob und politischen Revisionisten in der SPD umgebracht. Und heute sprechen sich wieder nur wenige PolitikerInnen gegen die unausrottbare Mär von »Aufrüstung schafft Frieden« aus.

Man kann es nicht glauben, aber es ist die bittere Wahrheit. Verfassungsrechtlich abgesicherte und massiv gesteigerte Rüstungsausgaben wurden in einem sozial zerrissenen Deutschland mit einer Armutsquote von rund 16 Prozent und in dem jedes 5. Kind in Armut aufwachsen muss, am 3. Juni 2022 im Bundestag und am 10. Juni im Bundesrat beschlossen. Und dass auch vor dem Hintergrund einer weiter existierenden chronischen Arbeitslosigkeit und einem gigantischen Niedriglohnsektor mit Millionen von prekär Beschäftigten sowie einer daniederliegenden öffentlichen Infrastruktur und einer weit unterfinanzierten Bildung und Gesundheit.

Außerdem steht das Land vor gigantischen Herausforderungen zur Bewältigung der Klimakrise. Hier sind hohe jährliche Investitionen und soziale Absicherungen notwendig.

VolksvertreterInnen und ihre Parteien, die schon seit über 40 Jahren eine unsägliche marktradikale (neoliberale) Politik gegen die Mehrheit der Bevölkerung und gegen die Natur betreiben, haben es jetzt auch noch fertiggebracht und ein Aufrüstungsprogramm von 100 Mrd. Euro mit einer Verfassungsänderung ins Grundgesetz zu schreiben – es reicht! Von den 735 VolksvertreterInnen stimmten 568 mit ja, 96 immerhin mit nein, 20 enthielten sich und 51 stimmten erst gar nicht ab. Von den 39 Abgeordneten der Linkspartei waren bis auf 5, die ihre Stimme nicht abgaben, alle 34 ParlamentarierInnen gegen die Verfassungsänderung. Nur wenige prominente Mitglieder des Bundestages, wie Frank Bsirske, ehemaliger ver.di-Vorsitzender und Fraktionsmitglied für Bündnis90/Die Grünen, stimmten auch gegen ihre Partei.

Das 100 Milliarden Euro Aufrüstungsprogramm reichte den VolksvertreterInnen aber noch nicht. Außerdem sollen zukünftig (im Trend) jährlich 2 Prozent des nominalen Bruttoinlandsprodukts (BIP), nur fürs Militär und Rüstung verausgabt werden. Das wären 2021 gut 71 Milliarden Euro gewesen. Tatsächlich waren es aber 2021 im Einzeletat 14 (»Verteidigungshaushalt«) »nur« 47,5 Milliarden Euro. Das heißt, zukünftig wird es in Deutschland durch das 2-Prozent-Diktat zu einer Niveauanhebung bei den Militärausgaben um fast 50 Prozent kommen. Relativiert man die Militärausgaben nicht in Bezug auf das BIP, sondern auf den »normalen« Bundeshaushalt (ohne Sonderausgaben für Corona und Ukraine-Krieg), so wurden 2019 von den gesamten Bundesausgaben in Höhe von 397,0 Milliarden Euro, nur fürs Militär 43,2 Milliarden Euro ausgegeben. Das waren 10,9 Prozent. Hierin enthalten sind dann aber nur die Militärausgaben des Einzeletats 14 und nicht auch die verdeckten zusätzlichen Ausgaben in anderen Einzeletats des Bundeshaushalts gemäß der Definition »Verteidigungsausgaben nach NATO-Kriterien«.

Und wo bleibt hier die Presse, die sogenannte »vierte Gewalt« in der Demokratie? Sie ist fast unisono für Aufrüstung. Kritische Stimmen gibt es so gut wie nicht. Ich bin der herausragenden und ehemaligen Chefredakteurin der *Frankfurter Rundschau*, Bascha Mika, sehr dankbar, wenn sie folgendes schreibt: »Da tummeln sich Pressevertreter:innen maulheldenhaft in Schützengräben, überschlagen sich bei der Forderung nach noch schwereren Waffen, treiben die Regierung wegen angeblicher Zögerlichkeit vor sich her und spotten über die Warnung des Friedensinstituts SIPRI vor einem Atomkrieg. Warum bieten sie sich nicht gleich bei Selenskyj als Söldner:innen an, um mal richtig Krieg zu erleben?« Ralph Urban, Vorstandsmitglied der IPPNW (Internationale Ärzte für die Verhütung des Atomkrieges) sagt zu Recht. »Der Reflex zur Bewaffnung und Aufrüstung als Antwort auf den Angriffskrieg in der Ukraine ist (...) nicht hilfreich. Wir brauchen stattdessen gerade jetzt ein neues Nachdenken über Frieden und Sicherheit, das konkrete Handlungsschritte zur Begrenzung der Klimakatastrophe und eine gerechte Ressourcenverteilung einschließt. Eine neue, nachhaltige Friedensordnung in Europa kann nur durch Deeskalation, Verhandlungen und Abrüstung erreicht werden! Eine Welt, in der jeder Staat aufrüstet und weitere Staaten nach Atomwaffen streben, ist keine sicherere Welt.«

Nach einem Bericht des schwedischen Friedensforschungsinstituts SIPRI stocken die neun Atommächte ihre Anzahl an atomaren Sprengköpfen in den kommenden Jahren weiter auf. Zusammen kommen die Länder auf 12.705 Sprengköpfe, wovon Russland über 5.977 und die USA über 5.428 Sprengköpfe verfügen. Dan Smith, Direktor des SIPRI-Instituts, bemerkt dazu: »Die derzeit 12.705 Atomwaffen sind viel weniger als die 70.000 Mitte der 80er Jahre. Aber die 12.705 können alles Leben auf unserem Planeten weiter komplett auslöschen. Das sollte schon ein Grund zur Sorge sein. Die einzige Möglichkeit, PolitikerInnen zum Handeln zu bewegen besteht darin, dass die Menschen diese Sorge auf die Tagesordnung bringen.« Herbert Wehner (SPD) hat CDU/CSU Abgeordneten im Bundestag einmal hinterhergerufen, als diese das Parlament auf eine Äußerung von ihm verließen, »wer raus geht muss auch wieder reinkommen«. Wie bitteschön will man hier aber noch wieder »reinkommen«, wenn US-Präsident Joe Biden vor der Weltöffentlichkeit Wladimir Putin einen »Verbrecher« nennt. Wo ist da noch ein »Landeplatz«, ein Exit, für beide Seiten? Mit Putin gäbe es keinen Neuanfang mehr, sagen dann ganz »Schlaue«. Dann müssen wir also warten bis Putin gestorben ist, um mit seinem Nachfolger und Russland was zu verhandeln und den Krieg zu beenden? Oskar Lafontaine hat recht, wenn er sagt, auch nach Putin wird es Russland geben. Die Welt kann hier aber nicht warten. Wir brauchen sofort eine Lösung und die kann nur lauten, der Krieg muss umgehend durch einen Waffenstillstand unterbrochen werden und er ist dann am *Verhandlungstisch* zwischen Russland und der Ukraine zu beenden. Dazu müssen beide Seiten eine Lösung finden, mit der man leben kann und keiner sein Gesicht verliert. Das kann nur bedeuten, beide Seiten werden was geben und erhalten müssen. Das Zauberwort heißt *Kompromiss*.

Als Vermittler sollte UN-Generalsekretär Antonio Guterres mit am Verhandlungstisch sitzen, vielleicht auch der Papst und der russische Patriarch Kyrill. Weitere Waffenlieferungen dagegen, wie von der Ukraine vehement gefordert, widersprechen dagegen einer notwendigen *Friedensinitiative* und sind hochgradig kontraproduktiv. Der ehemalige US-amerikanische Außenminister Henry Kissinger hat einen, aber mehr einseitigen Vorschlag gemacht. Die Ukraine müsse Territorium an Russland abtreten, damit ein Friedensschluss möglich werde. Überhaupt warnte er vor einer demütigenden Niederlage Russlands, die Europas Stabilität auf lange Zeit gefährden würde. Ähnlich äußerte sich auch Macron. Ohne für die Gebietsabtretungen an Russland aber *Sicherheitsgarantien von Russland* bezüglich eines weiteren kriegerischen Überfalls zu erhalten, wird sich die Ukraine darauf natürlich nicht einlassen können. Es wird deshalb ganz schwierig werden, damit es nicht zu einem *weltweiten Gau* kommt. Wenn man gläubig ist, kann man wohl nur noch beten oder mit Albert Einstein konstatieren: »Ich bin [mir] nicht sicher, mit welchen Waffen der dritte Weltkrieg ausgetragen wird, aber im vierten Weltkrieg werden sie mit Stöcken und Steinen kämpfen.«

Ossietzky. Zweiwochenzeitschrift für Politik/Kultur/Wirtschaft, Heft 14/2022

Aber bitte nicht für Rüstung: Finanzpläne von Union und SPD

Interview mit Ökonom Heinz-J. Bontrup über das geplante Sondervermögen und die Lockerung der Schuldenbremse

Union und SPD haben sich auf ein kreditfinanziertes Investitionsprogramm für die öffentliche Infrastruktur von 500 Milliarden Euro geeinigt, was linke Ökonomen seit vielen Jahren fordern. Was halten Sie von dem Weg über ein Sondervermögen?

Ich bin dagegen, dass die Schuldenbremse umgangen werden soll durch Sonderschulden, die in die Verfassung geschrieben werden sollen. Man sollte die Schuldenbremse nicht nur modifizieren, sondern sie schlichtweg abschaffen. Sie hat in der Vergangenheit großen Schaden angerichtet und zu einer zerrissenen Gesellschaft in Deutschland geführt. Und nicht zuletzt auch zu einem fürchterlichen Rechtsrutsch. Dass man Staatsausgaben kreditfinanzieren muss, vor allen Dingen in der Krise – ja, das wusste schon der große britische Ökonomen John Maynard Keynes. Das ist aber von Neoliberalen in Deutschland über Jahre immer abgelehnt worden.

Offenbar hat man endlich gemerkt, dass man sich mit dieser Schuldenbremse selbst im Weg steht. Wie beurteilen Sie den Inhalt des Sondervermögens?

Ein Investitionsprogramm im Umfang von 500 Milliarden Euro ist schon der richtige Ansatz. Dafür braucht es auch konsumptive Staatsausgaben, wobei dies von radikalen Neoliberalen schon wieder diskreditiert wird. Denken Sie nur an die soziale Abfederung der Energiewende, die weiter vorangetrieben werden muss. Aber die Summe ist zu gering, sie soll ja verteilt werden über einen Zeitraum von zehn Jahren. Das wären dann nur etwa 50 Milliarden im Jahr für Energie, Klimaschutz, Gesundheit, Rente, Pflege, Bildung, sozialen Wohnungsbau. Das sind ja alles ungelöste Probleme, die man immer hinausgeschoben hat. Hier muss der Staat in die Finanzierung – schuldenbasiert, aber auch steuerfinanziert.

Von einer Steuerfinanzierung ist im Sondierungspapier nichts zu lesen.

Man setzt auf ein klassisches Deficit Spending, es bräuchte aber eine zusätzliche Steuerfinanzierung. Bei einem Geldvermögen der privaten Haushalte von rund neun Billionen Euro wäre die Wiedereinführung einer Vermögensteuer dringend notwendig, auch eine Erhöhung der Erbschaftsteuer und der Kapitalertragssteuersätze. Ich würde noch weitergehen, was die Finanzierung anbelangt. Man könnte darüber nachdenken, sukzessive einen Teil der Riesen-Goldbestände der Bundesbank zu verkaufen. Und um das rund zu machen, geht es auch um die europäische Ebene. Die EU will ja den Fiskalpakt lockern, da müsste dann flankierend die Europäische Zentralbank den Leitzins wieder auf null setzen. Wenn durch die Neuverschuldung die Zinsen der Staatsanleihen steigen, würden ja noch mal Reiche und Vermögende profitieren.

Das Deutsche Institut für Wirtschaftsforschung (DIW) hat durchgerechnet, dass es mit einem echten 500-Milliarden-Infrastrukturprogramm einen Konjunkturschub von jährlich zwei Prozent des BIP geben würde. Rechnen Sie auch mit einem solchen Wumms?

Schon Keynes, der große britische Ökonom, hatte aufgezeigt, dass die multiplikativen Faktoren bei Staatsausgaben genauso hoch sind wie bei privaten Investitionen. Ich zweifle nicht daran, weil das DIW saubere Input-Output-Rechnungen macht. Klar ist aber auch, dass es bei Rüstungsausgaben anders ist: Panzerkäufe des Staates haben nur einen Einmaleffekt für Wachstum und Beschäftigung. Es gibt ein klares ökonomisches Argument für Staatsausgaben für Infrastruktur und Maschinen, aber bitte nicht für Rüstung.

Die geplante Lockerung der Schuldenbremse für Militärausgaben im Umfang von einem Prozent des BIPs wäre, volkswirtschaftlich betrachtet, also ein klassisches Strohfeuer?

Ja, absolut. Rüstungsausgaben sind nicht reproduktiv. Auch Keynes hat sich mehrfach dagegen ausgesprochen, mit Rüstungsausgaben die Wirtschaft zu beleben, zumal dies am Ende womöglich im Krieg endet. Wer sich heute bei Rüstungsausgaben auf Keynes beruft, der hat ihn nie gelesen.

Die Rüstungsindustrie ist für die deutsche Volkswirtschaft bisher eher unbedeutend.

In der kurzen Zeit der Abrüstung in den 1990er Jahren ist auch die deutsche Rüstungsindustrie massiv abgebaut worden. Sie hat zwar jetzt einen Hype, das sehen wir bei Rheinmetall, aber die Relevanz für die Volkswirtschaft insgesamt oder den industriellen Sektor hält sich nach wie vor in Grenzen.

Würde ein großes Aufrüstungsprogramm dann die wichtigen Zukunftsbranchen an den Rand drängen?

Den Euro kann man immer nur einmal ausgeben, das ist völlig klar. Alles Geld, das jetzt in Rüstung fließt, fehlt für notwendige Transformationen im industriellen Sektor, der massiv in Deutschland leidet. Dabei haben wir ja schon 100 Milliarden Euro Sonderschulden für Rüstung gemacht. Das ist ein politischer Skandal bei einer Armutsquote von etwa 17 Prozent im Land.

Interview: Kurt Stenger
nd.DerTag vom 12.3.2025

Politik hat es immer noch nicht verstanden

Die neoliberalen Geister brauchen mal wieder Keynes

Schon 2009, im Jahr der ins Grundgesetz geschriebenen Schuldenbremse, habe ich in mehreren Veröffentlichungen dargelegt, das die Schuldenbremse ökonomisch kontraproduktiv ist und die Spaltung der Gesellschaft vertiefen wird. Genau das ist eingetreten. Noch nie war Deutschland auf der einen Seite so reich und auf der anderen so arm. Der bekannte Politologe Christoph Butterwegge spricht von einer »zerrissenen Gesellschaft«. Neoliberale in Politik, Wirtschaft, Wissenschaft und Medien haben in den letzten rund 40 Jahren die ökonomischen und sozialen Disruptionen zu verantworten – nicht zuletzt auch den politischen Rechtsrutsch. In ihrem naiven Marktwahn haben die neoliberalen Herrschaftseliten in einer Zuschauerdemokratie vieles privatisiert und den Staat aufs Notwendige zurückgestutzt. Öffentliche Güter waren ein Graus, das Soziale wurde als Kostgänger der Wirtschaft diffamiert. Steuersenkungen für Unternehmer und Vermögende wurden dagegen als Wachstumstreiber fast heiliggesprochen und selbstverständlich mussten die Gewerkschaften und die abhängig Beschäftigten an die Kette gelegt werden. Shareholder Value war die Doktrin. Es kam im Befund zu einer gigantischen Umverteilung von den Arbeits- zu den Kapitaleinkünften. Arbeitslose wurden bekämpft und nicht die Arbeitslosigkeit als »Reservearmee« zur Kleinhaltung von Lohnforderungen. Zudem ist in Deutschland ein nie für möglich gehaltenes Arbeitsprekariat geschaffen worden. Heute trotz Arbeit arm, und im Alter weiter arm, bei einer nur mickrigen Rente.

Der große britische Ökonom, Sir John Maynard Keynes, nannte Regierende unfähig, bösartig und verrückt. Mit solch Führenden in der Politik stünde unsere Zivilisation kurz vor dem Ende. Die viel gelesene US-amerikanische Historikerin, Barbara Tuchman, hat es in ihrem Buch »Die Torheit der Regierenden. Von Troja bis Vietnam«, ein wenig freundlicher, aber auch deutlich, ausgedrückt, wenn sie schreibt: »In der Regierungskunst, so scheint es, bleiben die Leistungen der Menschheit weit hinter dem zurück, was sie auf fast allen anderen Gebieten vollbracht hat. Warum bleiben Einsicht und Verstand so häufig wirkungslos?«

Immer dann, wenn aber die neoliberalen Geister nicht mehr weiterwissen, berufen sie sich auf den ansonsten verhassten Keynes, der schon in den 1920er Jahren einen starken Interventionsstaat für kapitalistische Ordnungssysteme gefordert hat. Nach der schweren weltweiten Finanzkrise 2007-2009 war das so und auch nach der Pandemie 2020-2021. Ich gebe »laissez faire« auf, das war die Botschaft von Keynes. Märkte verfügen über keine »Selbstheilungskräfte«. In der Krise muss der Staat per Verschuldung Geld ausgeben: die Privaten tun es nicht. Wenn keiner mehr Geld ausgibt, kann auch keiner mehr Geld einnehmen. Wenn wenigstens diese ökonomische Trivialität verstanden würde! Die Privaten sitzen in der kapitalistisch immanenten Krise in ihrer selbst aufgestellten »einzelwirtschaftlichen Rationalitätsfalle«, es kommt zu einem »Sparparadoxon« und die Privatwirtschaft findet ohne staatliche Interventionen keinen Krisenausgang mehr.

Deshalb holen jetzt auch die Neoliberalen in ihrer Not, personalisiert durch den ehemaligen BlackRock-Manager Friedrich Merz (CDU), der sich anschickt Bundeskanzler zu werden, Keynes erneut auf das kapitalistische Spielfeld zurück, um das System vor sich selbst zu retten. Wurde Staatsverschuldung und die Abschaffung der Schuldenbremse in der Opposition und im Wahlkampf von Merz noch vehement abgelehnt, kann er auf einmal gar nicht genug vom keynesianischen Deficit Spending bekommen. Eine Billion Euro schuldenfinanzierte Staatsausgaben, wenn auch über die nächsten Jahre verteilt, hat es noch nie in der deutschen Geschichte gegeben. Drei Parteien mit Wahlverlusten, das gilt insbesondere für die SPD, bei der gerade am 23. Februar 2025 vollzogenen Bundestagswahl, wollen jetzt den alten und nicht den neu gewählten Bundestag, über das geplante gigantische Verschuldungspaket abstimmen lassen. Die potenzielle Koalition aus CDU/CSU/SPD ist dabei nur von 37 Prozent der Wahlberechtigten gewählt worden und achtzehn PolitikerInnen der Parteien haben sich in Hinterzimmern die am 8. März 2025 vorgelegten »Ergebnisse der Sondierungen von CDU, CSU und SPD« ausgedacht.

Grundgesetzänderungen mit dem abgewählten Bundestag sind politisch verwerflich

Dabei sind sie auch zu dem Ergebnis gekommen, das die Schuldenbremse im Grundgesetz, die man nach wie vor nicht abschaffen will, nur für Rüstung ab einem Prozent bezogen auf das nominale Bruttoinlandsprodukt (BSP) modifiziert werden soll. Das BIP lag 2024 bei 4.305,3 Milliarden Euro. Das wären dann schon gut 43 Milliarden Euro nur für Aufrüstung. Darüber hinaus wollen Politiker und Parteien angefeuert von Medien ernsthaft Rüstungsausgaben ohne Begrenzung nach oben per Aussetzung der Schuldenbremse genehmigen. Zur Zustimmung des Wahns im

Bundesrat lockt man die unterfinanzierten 16 Bundesländer, die laut Schuldenregeln heute einen ausgeglichenen Haushalt vorlegen müssen, mit einer Lockerung der Schuldenbremse. Künftig sollen auch hier die Länder, wie der Bund, 0,35 Prozent des nominalen Bruttoinlandsprodukts als Kredite aufnehmen dürfen. Das zivile Ausgabenprogramm soll dagegen als »Sondervermögen« (richtig ist hier der Begriff Sonderschulden) im Grundgesetz verankert werden.

Für beide Vorhaben braucht es aber zur Umsetzung eine Zwei-Drittel-Mehrheit, die im neu gewählten Bundestag und Bundesrat nicht zustande kommt. Deshalb will man politisch tricksen, selbst wenn auch die Grundgesetzänderung gemäß Art. 39 GG verfassungsrechtlich mit dem alten Bundestag erlaubt ist. Dies zeigt einmal mehr, was Keynes über Volksvertreter dachte. Nur das Volk sollte über Grundgesetzveränderungen entscheiden, so wie es auch die Schweiz praktiziert. Man kann nur hoffen, dass die Grünen, zumindest haben sie das signalisiert, das schmutzige politische Spiel nicht mitmachen. Selbst der CDU-Ministerpräsident aus NRW, Hendrik Wüst, zeigt Verständnis für die Vorbehalte der Grünen, hofft aber noch auf ihre Zustimmung.

Die geplante noch größere Aufrüstung ist an Dummheit nicht mehr zu toppen

»Putin wird Berlin nicht bombardieren«, sagt Sönke Neitzel, Professor für Militärgeschichte und Kulturgeschichte der Gewalt von der Universität Potsdam. Er kennt niemand, der so etwas für realistisch erachtet. »Man glaubt eher, dass Russland sich auf ein begrenztes Testen der Nato konzentrieren wird mit dem Ziel, die Nato politisch zu zerstören. Neben den 100 Milliarden Euro, die als Sonderschulden im Zuge der sogenannten »Zeitenwende« (Olaf Scholz) bereits 2022 in die Aufrüstung mit einer Veränderung im Grundgesetz verankert wurden, und das bei einer Armutsquote von rund 17 Prozent im Land, sind jetzt weitere 500 Milliarden Euro für die Rüstung vorgesehen; weitgehend von den Beschränkungen der Schuldenbremse ausgenommen. Insbesondere die SPD sollte es hier aber nicht wagen, sich auf Keynes zu berufen, der einen Rüstungskeynesianismus strikt abgelehnt hat. Er sah die Gefahr und wusste, wohin Aufrüstung am Ende führt: in den Krieg, was dann ja auch mit dem Zweiten Weltkrieg passierte. Wie am Ende der ersten deutschen Demokratie treten aber auch heute wieder die Bellizisten auf. Man kann es nicht glauben. Hier wird frech behauptet und gelogen. Die Sicherheit Deutschlands sei wegen einer unterfinanzierten Bundeswehr in Gefahr. Richtig ist, schreibt der Friedens- und Konfliktforscher Herbert Wulf: »Die deutschen Ausgaben für Verteidigung (nach Nato-Kriterien) stiegen seit 2014 von 34,7 auf 57,7 Milliarden Euro im Jahr 2022. Das ist ein satter Anstieg um 66 Prozent in acht Jahren. Es ist ein Mythos, das die Bundeswehr schlecht ausgerüstet ist, weil sie zu wenig Geld bekommt.«[1] Die Bundeswehr muss einfach nur lernen, mit Geld rational umzugehen.

Wir müssten »kriegstüchtig« (so u.a. der deutsche SPD-Verteidigungsminister Boris Pistorius) gemacht werden. Bundeswehrsoldaten empfiehlt man, die sollten vorsorglich schon mal ihr Testament machen und es müssten unterirdische Krankenhäuser gebaut werden. Das »Reich des Bösen«, damals noch die so vom neoliberalen US-Präsident Ronald Reagan betitelte Sowjetunion, würde heute, bezieht man es auf Russland, in Deutschland und ganz Europa in eine Knechtschaft unter dem Diktator Putin führen. An dieser Stelle kann man dann nur noch dringend empfehlen, sich mit Geschichte und den tatsächlichen Fakten auseinanderzusetzen und vor allen Dingen die Präambel zum Grundgesetz zu lesen. Russland hat Deutschland noch nie angegriffen. Umgekehrt ist es aber richtig. Russland ist ökonomisch, sieht man einmal von seinen Rohstoffen ab, lediglich ein Zwerg und bei der konventionellen Rüstung den Nato-Staaten, auch ohne die USA, weit unterlegen. Russland ist jedoch bei der atomaren Rüstung auf Augenhöhe mit den USA. Wie kann man da nur eine Nanosekunde glauben, man könne Russland militärisch besiegen?

---

1 Herbert Wulf: Haushalts-Déjà-vu, in: Wissenschaft & Frieden, 4/2023

Steuererhöhungen für Vermögende sind notwendig

Neben der Aufrüstung sollen weitere 500 Milliarden Euro zur Umgehung der Schuldenbremse als Sonderschulden ins Grundgesetz geschrieben werden. Die hier vorgesehenen Staatsausgaben, verteilt über zehn Jahre, kann man weitgehend nachvollziehen, wenn auch von ganz radikalen Neoliberalen einige Ausgaben als konsumtive Staatsausgaben diskreditiert werden. Fakt ist, Deutschland leidet unter einer massiven Unterinvestierung. Es gibt nicht nur Infrastrukturprobleme. Energie, Klimaschutz, Gesundheit, Rente, Pflege, Bildung und sozialer Wohnungsbau, hier warten riesige ungelöste Probleme mit Milliarden an Aufwendungen. Das Geld, das man sinnlos in nichtreproduktive Rüstungsausgaben stecken will, müsste hier für zivile Aufgaben in eine optimale Allokation gebracht werden.

Bei aller Notwendigkeit der Finanzierung durch Staatsverschuldung darf aber nicht die Finanzierung durch Steuern vergessen werden. Hier empfiehlt sich endlich die Wiedereinführung einer Vermögensteuer auf das Geldvermögen der privaten Haushalte, dass bei rund neun Billionen Euro liegt, und die Erhöhung der Erbschaftsteuer- und Kapitalertragssteuersätze. Damit könnte man dann auch den Rentier als »funktionslosen Investor« (Keynes), zumindest ein Stück weit, gesellschaftlich sanktionieren. Auch ist in Anbetracht der zukünftig riesigen Aufgaben in Deutschland ein teilweiser Verkauf der Goldbestände bei der Deutschen Bundesbank zu überlegen, ohne dass es am Markt wegen des zusätzlichen Angebots zu einem größeren Preisverfall kommt. Und da in der EU alle Mitgliedsstaaten vor ähnlichen Herausforderungen und Belastungen in ihren Volkswirtschaften und ihrer Haushalte stehen, wobei hier die Staatsverschuldung in vielen Ländern wesentlich höher ist als in Deutschland, muss die Europäische Zentralbank (EZB) den Leitzins wieder auf null stellen. Dies alleine schon deshalb, weil ansonsten die Vermögenden von der Staatsverschuldung mit hohen Zinsen profitieren und weil niedrige Zinsen zu privaten Investitionen anregen, die neben den öffentlichen Ausgaben ebenso notwendig sind.

NachDenkSeiten, 18. März 2025

Rüstungskeynesianismus ist zurück

Immer dann, wenn die neoliberalen Geister und Marktradikalen in der Krise nicht mehr weiterwissen, berufen sie sich auf den ansonsten verhassten *Keynes*. So bei der schweren weltweiten Finanz- und Bankenkrise 2007-2009 und auch während der Pandemie 2020-2021. Ich gebe »laissez faire« auf, das war die Botschaft von *Keynes*. Märkte verfügen über keine »Selbstheilungskräfte«. In der Krise muss der Staat per Verschuldung Geld ausgeben: die Privaten tun es nicht. Denn: *Wenn keiner mehr Geld ausgibt, kann auch keiner mehr Geld einnehmen*. Selbst diese Trivialität verstehen aber die Neoliberalen nicht. Der Staat dürfe sich nicht verschulden, Einnahmen und Ausgaben müssten im Saldo eine Null ergeben, und politische Geisterfahrer brachten es 2009 fertig und schrieben diesen ökonomischen Bullshit in Form einer Schuldenbremse ins Grundgesetz.

Offensichtlich haben aber jetzt auch die Neoliberalen in ihrer blanken politischen Not, personalisiert durch den ehemaligen BlackRock-Manager *Friedrich Merz* (CDU), der sich anschickt Bundeskanzler zu werden, *Keynes* erneut auf das kapitalistische Spielfeld zurückgeholt, um wieder einmal das System vor sich selbst zu retten. Wurde Staatsverschuldung und die Abschaffung der Schuldenbremse in der Opposition und im Wahlkampf von *Merz* noch vehement abgelehnt, kann er auf einmal gar nicht genug vom keynesianischen Deficit Spending bekommen. Eine Billion Euro schuldenfinanzierte *zusätzliche Staatsausgaben*, wenn auch über die nächsten Jahre verteilt, hat es noch nie in der deutschen Geschichte gegeben.

Grundgesetzänderungen für Rüstung

Dabei sind CDU, CSU und SPD auch zu dem Ergebnis gekommen, dass die Schuldenbremse im Grundgesetz, die man nach wie vor nicht abschaffen will, nur für Rüstung, ab einem Prozent bezogen auf das nominale Bruttoinlandsprodukt (BIP) modifiziert werden soll. Das BIP lag 2024 bei 4.305,3 Milliarden Euro. Das wären dann schon gut 43 Milliarden Euro nur für Rüstung und fürs Militär. Darüber hinaus haben Politiker und Parteien,[1] angefeuert von Bellizisten und Medien, ernsthaft Rüstungsausgaben ohne Begrenzung nach oben per Aussetzung der Schuldenbremse genehmigt. Zur Zustimmung des *Rüstungswahns* im Bundesrat hat man die unterfinanzierten 16 Bundesländer mit 100 Milliarden Euro aus dem 500 Milliarden-Topf für Infrastruktur und mit einer Lockerung der Schuldenbremse ins Boot geholt. Künftig sollen auch die Länder, wie der Bund, 0,35 % des nominalen Bruttoinlandsprodukts als Kredite pro Jahr aufnehmen dürfen. Bisher war den Ländern zur Finanzierung ihrer Ausgaben eine Aufnahme von Krediten verboten.

Das geplante 1.000 Milliarden Euro Ausgabenprogramm brauchte aber zur Umsetzung eine Zwei-Drittel-Mehrheit, die im neu gewählten Bundestag am 23. Februar 2025 nicht zustande gekommen wäre. Deshalb hat man die Grundgesetzänderung mit dem alten Bundestag am 18. März 2025 und ein paar Tage später am 21. März auch im Bundesrat in Windeseile durchgesetzt. Die Grünen haben hier für die nötige Mehrheit gesorgt, nachdem man ihnen 100 Milliarden Euro aus dem zivilen Ausgabenprogramm für Klimaschutz und Energiewende zugesagt hat. Für das Aufrüstungsprogramm war die ehemalige Friedenspartei sofort zu haben, auch dafür die Schuldenbremse abzuschaffen.

Gemäß Art. 39 Grundgesetz war die Abstimmung verfassungsrechtlich möglich, weshalb auch das Bundesverfassungsgericht die Klagen gegen die Veränderungen im Grundgesetz durch den noch bestehenden alten Bundestag und Bundesrat abgewiesen hat. In der Öffentlichkeit ist dabei aber überhaupt nicht über das Vetorecht des Bundespräsidenten, *Walter Steinmeier* (SPD) und des Bundeskanzlers *Olaf Scholz* (SPD) gemäß Art. 39 Abs. 3 Grundgesetz diskutiert worden. Sie hätten den neu gewählten Bundestag vor Ablauf

---

1 Die potenzielle Koalition aus CDU/CSU/SPD ist dabei nur von 37 Prozent der Wahlberechtigten gewählt worden und achtzehn PolitikerInnen der Parteien haben sich in Hinterzimmern die am 8. März 2025 vorgelegten »Ergebnisse der Sondierungen von CDU, CSU und SPD« ausgedacht.

der rechtlich gesetzten 30-Tage-Frist umgehend konstituieren lassen können. Dann wären die jetzt vollzogenen Grundgesetzänderungen nicht möglich gewesen. Das wollten sie aber nicht. Dafür werden sie in der Geschichte die politische Verantwortung zu tragen haben. Aber auch ein Drittel der Abgeordneten des Bundestages hätte nach Art. 39 Abs. 3 Grundgesetz ausgereicht, um den Präsidenten des Bundestages zu verpflichten, den neu gewählten Bundestag umgehend einzuberufen. Das scheiterte an der AfD, Linkspartei und am BSW, die sich dazu nicht gemeinsam auf einen Antrag haben einigen können.

Schon 2022 war es nach dem *russischen Überfall auf die Ukraine* zu einer heftigen Aufrüstung mit Grundgesetzverankerung gekommen. Die *Kriegsursache* wird kontrovers diskutiert, genauso wie die Beendigung des Krieges. In Deutschland löste der Krieg eine *Energiekrise* und *Stagflation* aus. Zur Umgehung der *Schuldenbremse* verankerte der Bundestag und -rat mit einer Zwei-Drittel-Mehrheit im Grundgesetz ein 100-Milliarden-Euro Aufrüstungsprogramm und erhöhte die Rüstungsausgaben bezogen auf das nominale Bruttoinlandsprodukt auf 2 % jährlich, ohne das Volk zu fragen. Kanzler *Scholz* nannte das eine »Zeitenwende«. Wir leben eben nur in einer *indirekten (parlamentarischen) Demokratie*. Dass scheint vielen nicht bewusst zu sein. Und den offensichtlich vom Volk gewählten geschichtsvergessenen Parlamentariern und Bellizisten sei das Versprechen der Deutschen nach dem Zweiten Weltkrieg in Erinnerung gerufen: »Nie wieder Krieg«, und auch die Präambel des Grundgesetzes, wonach wir *»dem Frieden der Welt zu dienen«* haben. *Andreas Engelmann*, Bundessekretär der Vereinigung Demokratischer Jurist:innen (VDJ), und *Rainer Rehak*, Co-Vorsitzender des Forums Informatiker:innen für Frieden und gesellschaftliche Verantwortung (FIfF) schreiben dazu: »Bis heute beinhaltet das Grundgesetz den normativen Auftrag, die Existenz einer Streitkraft mit dem Friedensgebot in praktische Konkordanz zu bringen. Der ausgerufene Primat der Aufrüstung und der exzessive Einsatz von öffentlichen Mitteln zu diesem Zweck verschiebt dieses prekäre Gleichgewicht in die Richtung einer Rückkehr des Militarismus. Deutschland hatte bereits zweimal eine kriegstüchtige Armee. Und lange vor dem Blutvergießen im Krieg beginnt die Militarisierung im Inneren.«[2] Die Verfasser des Grundgesetzes von 1949 würden sich im Grabe umdrehen, wenn sie wüssten, wie heute Politiker mit dem Grundgesetz umgehen. Es ist deshalb nicht mehr akzeptabel, Grundgesetzänderungen durch gewählte Politiker, die sich Volksvertreter nennen, vornehmen zu lassen. Zu oft waren hier schon die Änderungen durch politischen Dilettantismus und nur von wenig Weisheit geprägt. Die viel gelesene US-amerikanische Historikerin Barbara Tuchman schreibt: »In der Regierungskunst, so scheint es, bleiben die Leistungen der Menschheit weit hinter dem zurück, was sie auf fast allen anderen Gebieten vollbracht hat. Weisheit, die man definieren könnte als den Gebrauch der Urteilskraft auf der Grundlage von Erfahrung, gesundem Menschenverstand und verfügbarer Information, kommt in dieser Sphäre weniger zur Geltung und ihre Wirkung wird häufiger vereitelt, als es wünschenswert wäre.«[3] Daher ist es dringend geboten: Nicht Politiker dürfen das Grundgesetz ändern, sondern nur das Volk in einem Referendum, so wie es die Schweiz schon immer praktiziert.

Rüstungswahn und Realitätsverlust

Für den *Wissenschaftlichen Dienst* des Deutschen Bundestags ist Deutschland weitgehend zur Kriegspartei geworden.[4] Neben den schon bis jetzt verausgabten 44 Milliarden Euro für die Ukraine, und das bei einer Armutsquote von rund 17 % und Armenspeisungen durch sogenannte Tafeln in Deutschland, stelle ich als Ökonom die Frage, wer den Gegenwert für die Milliarden Ukraine-

2 Andreas Engelmann, Rainer Rehak, Was wird aus dem Friedensgebot im Grundgesetz?, in: Frankfurter Rundschau vom 25. März 2025, S. 6

3 Barbara Tuchman, Die Torheit der Regierenden. Von Troja bis Vietnam, 6. Aufl., Frankfurt a. M. 2016, S. 11

4 Vgl. Wissenschaftliche Dienste des Deutschen Bundestags, Rechtsfragen der militärischen Unterstützung der Ukraine durch NATO-Staaten zwischen Neutralität und Konfliktteilnahme, Berlin, 16. März 2022

Hilfen erarbeitet und wer die Profiteure sind. Für letzteres kann die Frage schnell beantwortet werden: Die *Rüstungsindustrie*.[5] Dabei hat der Krieg, nur für die Jahre 2022-2023, in Deutschland zu einem Wachstumsverlust von rund 240 Milliarden Euro geführt und für 2024 und 2025 kann mit einem weiteren ähnlich hohen Verlust gerechnet werden.

Die Sicherheit Deutschlands sei wegen einer unterfinanzierten Bundeswehr in Gefahr, so ertönt es von Bellizisten aus allen gesellschaftlichen Bereichen. Richtig ist, so der Konflikt- und Friedensforscher Herbert Wulf: »Die deutschen Ausgaben für Verteidigung (nach Nato-Kriterien) stiegen seit 2014 von 34,7 auf 57,7 Milliarden Euro im Jahr 2022. Das ist ein satter Anstieg um 66 Prozent in acht Jahren. Es ist ein Mythos, das die Bundeswehr schlecht ausgerüstet ist, weil sie zu wenig Geld bekommt.«[6] Die Bundeswehr muss einfach nur lernen, mit Geld rational umzugehen. »Hurra wir ziehen in den Krieg«, wie vor dem Ersten Weltkrieg, ist die mittlerweile von Leitmedien unverantwortlich verbreitete Stimmung im Volk. Die Politikwissenschaftler *Klaus Schnelle* und *Stephan Hensell* von der Universität Bremen fragen: »Tappen wir in die Hysterie-Falle?«.[7] Nein, wir sind längst Gefangene und leiden unter Realitätsverlust. Der herausragende Philosoph Jürgen Habermas übt massive Kritik an den politischen Entscheidungsträgern in Europa. Er wirft ihnen vor, nicht genügend mit Russland und deren Präsidenten Putin verhandelt zu haben. Stattdessen habe man sich den Kriegszielen der Ukraine ausgeliefert.[8]

5 Die Rüstungsindustrie war schon immer Profiteur von Gewaltanwendung, Krieg und Tod. Vergleiche dazu ausführlich Heinz-J., Bontrup, Norbert Zdrowomyslaw, Die deutsche Rüstungsindustrie. Vom Kaiserreich bis zur Bundesrepublik. Ein Handbuch, Heilbronn 1988, Bontrup, H.-J., Preisbildung bei Rüstungsgütern, Köln 1986

6 Herbert Wulf: Haushalts-Déjà-vu, in: Wissenschaft & Frieden, 2023/4

7 Klaus Schnelle, Stephan Hensell, Tappen wir in die Hysterie-Falle?, in: Frankfurter Rundschau vom 31. März 2025, S. 7

8 Vgl. Michael Hesse, »Unverzeihliche Fehler«. Philosoph Jürgen Habermas hat sich zum Krieg, der Aufrüstung und der Zukunft Europas geäußert, in: Frankfurter Rundschau vom 24. März 2025, S. 19

Entgegen allen objektiven Fakten müssten wir schnellstens »*kriegstüchtig*« gemacht werden, so nicht nur der deutsche Verteidigungsminister *Boris Pistorius* (SPD). Bundeswehrsoldaten empfiehlt man, sie sollten vorsorglich schon mal ihr Testament machen und es sollen unterirdische Krankenhäuser gebaut werden. Das »*Reich des Bösen*«, damals noch die so vom neoliberalen US-Präsident Ronald Reagan (1911-2004) betitelte Sowjetunion, würde heute, bezieht man es auf Russland und Wladimir Putin, ganz Deutschland und Europa in eine russische Knechtschaft führen. An dieser Stelle kann man dann nur noch dringend empfehlen, sich mit Geschichte und den tatsächlichen Fakten auseinanderzusetzen. Russland hat Deutschland noch nie angegriffen. Umgekehrt war es aber zweimal der Fall.

Ein Feindbild muss her

Für mehr Rüstung und am Ende für Krieg, für diesen »*organisierten Wahnsinn*« (Willy Brandt (SPD)) durch politische und wirtschaftliche Herrschaftseliten verursacht, braucht es in der Bevölkerung immer ein *Feindbild*. Das Volk muss auf Krieg eingestellt und vorbereitet werden. Krieg entbehrt hier aber jeder Rationalität, was auch dadurch zum Ausdruck kommt, dass man von »Gewinnern« und »Verlierern« spricht, obwohl feststeht, dass es am Ende eines Krieges nur *Verlierer* gibt. Das wird auch im Russland-Ukraine-Krieg nicht anders ein. Auch hier werden nur die Toten gezählt und die zerstörte Infrastruktur beklagt werden. Schon jetzt spricht man von Milliarden Euro an Wiederaufbauhilfen für die Ukraine. Natürlich wissen intelligente Menschen, dass im Krieg die Ratio aussetzt, was aber auch schon für die Kriegsvorbereitung, für die Propagandaphase, gilt. Und was im Krieg als erstes abhandenkommt, ist die *Wahrheit*. Deshalb erstaunt es wissenschaftlich auch nicht, dass Herrschende dialektisch zunächst viel über *Frieden* reden (müssen), und wenn sie das tun, dann kann man sich meist sicher sein, gibt es *Krieg*. Der vermeintliche Feind muss dazu abgewertet und das eigene Land aufgewertet werden.

Bundespräsident Gustav Heinemann (SPD) warnte dagegen in Anbetracht des nach dem Zweiten Weltkrieg schwelenden *Ost-West-*

Konflikts vor der primitiven ständigen Aggression gegen die Sowjetunion. »Wir müssen erkennen, daß die antisowjetische Hetze den Vorspann für die westliche Rüstungspolitik darstellt.« Und es war Willy Brandt, der erste SPD-Bundeskanzler nach dem Zweiten Weltkrieg, der ab 1969 auf ein friedliches Zusammenleben mit unseren östlichen und westlichen Nachbarn und auf die dazu notwendige *Abrüstung* setzte; trotz politökonomischer Divergenzen mit der Sowjetunion. Die *Entspannungspolitik* von Brandt bis zu Angela Merkel infrage zu stellen, zeugt nicht nur von einem nicht vorhandenen geschichtlichen Wissen, sondern negiert auch Diplomatie als einzig richtige politische Strategie und setzt dagegen auf eine borniert-destruktive Politik der militärischen Bedrohung und Zerstörung. Die Bellizisten, die nach einer kriegerischen Lösung rufen und damit den 3. Weltkrieg riskieren, sind *Menschen- und Verfassungsfeinde.*

Russland wird völlig überbewertet

Russland mit gut 145 Millionen Menschen ist ökonomisch, sieht man einmal von seinen Rohstoffen ab, lediglich ein Zwerg und bei der konventionellen Rüstung den Nato-Staaten, mit gut 970 Millionen Menschen, auch ohne die USA mit 340 Millionen Einwohnern, weit unterlegen. Die Nato-Staaten haben über 3 Millionen Soldaten unter Waffen (davon in den USA 1,33 Millionen) und verfügen zugleich über ein tiefes Reservoir an Reservisten. Im Vergleich dazu hat Russland eine Personalstärke von gut 1,32 Millionen aktiven Soldaten und rund 2,0 Millionen Reservisten. Die Nato hat 2.443 Mrd. US-Dollar an Militärausgaben in Jahr 2023 getätigt und Russland 109 Mrd. US-Dollar, das sind 4,5 %. Wie kann man vor diesen gesamten Indikationen gegenüber Russland, von der Notwendigkeit einer massiven Aufrüstung faseln? Lediglich bei der atomaren Rüstung ist Russland auf Augenhöhe mit den USA, was im Zuge eines »Gleichgewichts der Kräfte« bisher einen potenziellen Dritten Weltkrieg verhindert hat. Hier seien insbesondere alle Geschichtsvergessene an die unsägliche Hochrüstungsspirale zwischen den Staaten der Nato (»Nato-Doppelbeschluss«) und dem Warschauer Pakt in den 1980er Jahren erinnert.

Eine Gruppe von Sicherheits- und Militärexperten um Johannes Varwick, Politikwissenschaftler an der Martin-Luther-Universität Halle-Wittenberg, hat jetzt in einer Stellungnahme reagiert und den Ton der *aktuellen sicherheitspolitischen Debatte* in Deutschland scharf kritisiert. Diese habe »Maß und Mitte« verloren. »Der derzeit verbreitete Alarmismus in Teilen der Politik und Medien ist nicht plausibel und basiert auf keiner seriösen Bedrohungsanalyse«, heißt es in der Stellungnahme. Die Unterzeichner kritisieren, dass sich einige Wortführer in der öffentlichen Debatte »geradezu in einen Rausch« redeten. Auch Gemeindiensteinschätzungen, die aggressive Pläne Russlands stark betonen, seien »nicht nachvollziehbar. Dagegen so die Unterzeichner der Stellungnahme, spreche bei nüchterner Betrachtung wenig dafür, dass Russland sich mit der Nato militärisch anlegen und deren Territorium angreifen könnte oder das tun wolle. Das von Wladimir Putin regierte Land sei eine »beherrschbare militärische Bedrohung«, die Nato sei »heute und auf absehbare Zeit in praktisch allen militärischen Belangen ungleich starker als Russland«.[9]

Zusätzliche zivile Staatsausgaben

Neben der jetzt im Grundgesetz festgeschriebenen Aufrüstung sind als zusätzliche *zivile Staatsausgaben* 500 Milliarden Euro zur Umgehung der Schuldenbremse nicht als »Sondervermögen«, sondern als *Sonderschulden* im Grundgesetz verankert werden. Ohne diese Maßnahme hätte die herrschende Politik den *unverantwortlichen Aufrüstungskurs* dem Volk auch nicht nur im Ansatz »verkaufen« können. Die hier vorgesehenen zivilen Ausgaben, verteilt über zwölf Jahre, kann man mehr als nachvollziehen, wenn auch schon wieder von ganz radikalen Neoliberalen einige Ausgaben als *konsumtive Staatsausgaben* diskreditiert werden. Ohne diese sogenannten konsumtiven Ausgaben wird es aber nicht gehen. Siehe hier nur die soziale Begleitung der Energiewende durch

9 Zitiert bei Adrian Kaske, Wegen Russland nicht alarmiert. Fachleute sehen geringes Kriegsrisiko, in: Frankfurter Rundschau vom 2. April 2025, S. 5

ein dringend notwendiges »Klimageld«. Fakt ist, und die Spatzen pfeifen es von den Dächern, Deutschland leidet unter einer massiven Unterinvestierung, die von der *neoliberalen Politik* der letzten Jahrzehnte zu verantworten ist.[10] Hier gibt es nicht nur Infrastrukturprobleme und einen Digitalisierungsrückstau. Energie, Klimaschutz, Gesundheit, Rente, Pflege, Bildung und sozialer Wohnungsbau, hier warten riesige ungelöste Probleme mit Milliarden an notwendigen Aufwendungen. Das Geld, das man jetzt sinnlos in *nichtreproduktive Rüstungsausgaben* steckt, hätte hier für weitere zivile Aufgaben und Ausgaben in eine optimale Allokation gebracht werden müssen. Die Chance wurde von der Politik kläglich vertan. Auf die Frage »Gibt es Wachstum durch Rüstung?« antwortet der Ökonom Helge Peukert: »Rein volkswirtschaftlich gesehen ist Rüstungsproduktion zwecks Ankurbelung des Wachstums und der Zukunftsfähigkeit des heutigen Deutschlands vergleichsweise dürftig. Der längerfristige Ankurbelungseffekt, der Multiplikator, wird in seriösen Studien meist mit eins angegeben. Das ist mickrig.«[11]

Was wird jetzt passieren? Die sich anbahnende Koalition aus CDU/CSU/SPD, die in einem Koalitionsvertrag die Politik für die nächsten vier Jahre festschreibt, wird, wie alle Regierungen davor, weiter eine unsägliche *neoliberale Wirtschaftspolitik* betreiben. Der »normale« Bundeshaushalt, ohne die festgeschriebenen zusätzlichen *Sonderschulden* in Höhe von 1.000 Milliarden Euro, wird ein *Austeritätshaushalt* sein. Man müsse Sparen, insbesondere bei den *Sozialausgaben* und die SPD wird, wie schon immer in der Geschichte, diesen Kurs begleiten und sich nach den Wahlen 2029 darüber erstaunt zeigen, dass die einst so stolze linke Arbeiter- und spätere Volkspartei endgültig erledigt ist.

---

10 Vgl. dazu ausführlich Heinz-J. Bontrup, Arbeit, Kapital und Staat, Plädoyer für eine demokratisierte Wirtschaft, 6. Aufl., Köln 2021

11 Helge Peukert, »Verteidigung ist nicht alleine Sache für Militärtechnokraten«, (Interview), in: Frankfurter Rundschau vom 19. März 2025, S. 9.

Staatsverschuldung ist notwendig…

Der Staat muss sich verschulden. Das steht außer Frage. Dazu muss die im Grundgesetz verankerte *Schuldenbremse* aber nicht nur novelliert, sondern wieder wie vor 2009 als »goldene Finanzierungsregel« des Staates, allerdings mit einer erweiterten Investitions- und Ausgabendefinition, verankert werden. Staatsschulden sind nicht vergleichbar mit Privatschulden zwischen Wirtschaftssubjekten. *Schulden des Staates sind immer nur Schulden, die sich ein Volk selbst schuldet.* Deshalb muss hier auch keine Tilgung, wie im zivilrechtlichen Kreditverhältnis erfolgen. Staatsschulden können aber dann zu einem Problem werden, wenn die Inländer überwiegend Schulden bei *ausländischen Gläubigern* haben, wie es in Griechenland 2010 der Fall war und es in Folge zum Staatsbankrott kam.

Für die deutsche Volkswirtschaft trifft das aber nicht zu. Die nach wie vor hohen *Exportüberschüsse* Deutschlands sorgen hier dafür, dass das Ausland bei uns verschuldet ist. Dies zeigt die gesamtwirtschaftliche Vermögensverteilungsrechnung mit ihren Gläubiger-Schuldner-Positionen überdeutlich (siehe dazu die folgende Tab.). Das Ausland hat sich bei uns von 1991-2023 mit 3.874,0 Mrd. Euro verschuldet; jahresdurchschnittlich mit 117,4 Mrd. Euro. Von allen Sektoren ist damit gesamtwirtschaftlich das Ausland der mit Abstand größte Schuldner Deutschlands. Die Staatsschuld ist dagegen um 1.388,3 Mrd. Euro; jahresdurchschnittlich um 42,1 Mrd. Euro gestiegen. Die drei Gläubiger-Sektoren, private Haushalte, Nichtfinanzielle Kapitalgesellschaften und Finanzielle Kapitalgesellschaften konnten dagegen ihr Vermögen von 1991-2023 um insgesamt 5.262,3 Mrd. Euro; jahresdurchschnittlich um 159,5 Mrd. Euro steigern. Der Saldo der Schulden und des Vermögens ist gesamtwirtschaftlich natürlich null.

Bei Staatsverschuldung entsteht aber ein *Verteilungsproblem*. Der Staat muss zwar nicht tilgen, er muss aber *Zinsen* an die Gläubiger zahlen. Da von den Zinszahlungen jedoch nur Vermögende profitieren, versteht man überhaupt nicht, worum gerade Vermögende die größten Gegner von Staatsschulden sind. Sie befürchten aber wohl spätere Steuerzahlungen, denen sie sich dann auch nicht mehr

Tab.: Gesamtwirtschaftliches ex-post-Gleichgewicht für Deutschland Gesamtwirtschaftliche Gläubiger-Schuldner-Positionen, kumuliert 1991-2003

	Σ 1991-2023	Durchschnitt p. a.
Verfügbares Einkommen	70.062,4	2.123,2
Konsum	62.609,3	1.897,3
Ersparnis	7.453,1	225,9
Private Haushalte	4.458,4	135,1
Nichtfinanzielle Kapitalgesellschaften	612,8	18,6
Finanzielle Kapitalgesellschaften	191,1	5,8
Staat	-1.388,3	-42,1
Ausland	-3.874,0	-117,4
Saldo	0,0	0,0

Quelle: Statistisches Bundesamt, Deutsche Bundesbank, Datenstand Juni 2024, eigene Berechnungen; Angaben in Milliarden Euro; Private Haushalte umfassen hier auch private Organisationen ohne Erwerbszweck und Personengesellschaften sowie Einzelunternehmen

entziehen können. Die ökonomisch dümmste Floskel gegen Staatsschulden lautet übrigens: »*Wir können den zukünftigen Generationen doch keine Schulden aufbürden und hinterlassen.*« Hier wird dann nicht einmal die Gleichung Schulden = Vermögen (siehe Tab.) verstanden, weil natürlich nicht nur Schulden, sondern auch das gleichgroße Vermögen vererbt wird, und man versteht auch nicht das eine staatliche Verschuldung im *Inter-Generationenvergleich* ökonomisch die gerechteste Verteilung von Kosten und Nutzen der heute getätigten Staatsausgaben impliziert.

… aber auch Steuererhöhungen

Im Gegensatz zu Steuererhöhungen befriedet Staatsverschuldung. Der Einzelne spürt sie nicht. Er wird nicht belastet. Im Gegenteil, er erhofft sich Vorteile, die auch über mehr Wirtschaftswachstum multiplikativ eintreten werden. Bei aller Notwendigkeit der Finanzierung der Staatsausgaben durch Staatsverschuldung darf aber trotzdem, wegen der Zinszahlungen auf die Staatsschuld und deren Verteilungswirkungen, nicht die *Finanzierung durch Steuern* vergessen werden. Dies gilt insbesondere für eine *Unternehmensbesteuerung* und eine zu verhindernde *Steuerflucht.*[12] »Holt die Milliarden, wo sie liegen! Wenn Deutschland modernisiert und die Demokratie stabilisiert werden soll, müssen Reiche wieder angemessen zum Gemeinwesen beitragen«, schreiben Stefan Körzell, Vorstandsmitglied im DGB, und Yannick Haan, Publizist, Erbe und Mitglied der Initiative taxmenow.[13] Hier empfiehlt sich die Erhebung einer *einmaligen Vermögensabgabe.* Das Deutsche Institut für Wirtschaftsforschung (DIW) in Berlin hat dazu schon 2012 eine Simulationsrechnung vorgenommen. Im Ergebnis würde hier eine Vermögensabgabe bei einem persönlichen Freibetrag in Höhe von 250.000 Euro (Ehepaare 500.000 Euro) eine Bemessungsgrundlage von 92 % des Bruttoinlandsprodukts ergeben. Eine Abgabe von 10 % auf diese Bemessungsgrundlage könnte somit gut 9 % des Bruttoinlandsprodukts mobilisieren – rund 230 Milliarden Euro. Steuerpflichtig wären dabei nur die reichsten 8 % der erwachsenen Bevölkerung ab 17 Jahren.[14] Alternativ schlage ich vor, auf das heute vorliegende *Geldvermögen der privaten Haushalte* in Höhe von rund 9 Billionen Euro einmalig einen Steuersatz von 5 % zu erheben. Der Staat könnte so rund 400 Milliarden Euro *sofort* vereinnahmen, weil das ohne nennenswerten technischen Aufwand umgesetzt werden kann. Dazu müsste lediglich der Bundestag und -rat ein Gesetz verabschieden, wodurch das Bundesfinanzministerium ermächtigt wird, die jeweiligen Geldeinlagen der privaten Haushalte bei Banken und Fonds mit 5 %, oberhalb eines Freibetrags von 100.000 Euro, zu besteuern. Das Problem wird »nur«, wie immer bei Steuererhöhungen für Vermögende die Gegenwehr der *politischen* und

12 Vgl. Arbeitsgruppe Alternative Wirtschaftspolitik, Memorandum 2021, hier das Kap. 5 »Unternehmensbesteuerung: Steuerflucht verhindern«, S. 247ff.

13 Vgl. Stefan Körzell, Yannick Haan, Holt die Milliarden, wo sie liegen!, in: Frankfurter Rundschau vom 25. März 2025, S. 4

14 Vgl. Stefan Bach, Vermögensabgaben – ein Beitrag zur Sanierung der Staatsfinanzen in Europa, in: DIW-Wochenbericht, Nr. 28/2012, S. 3ff. vgl. auch Stefan Bach, Niedrigzinsen: Vermögensabgabe der Mittelschicht, in: Wirtschaftsdienst – Zeitschrift für Wirtschaftspolitik, 93 (9), S. 580

ökonomischen Herrschaftselite sein. Hier besteht eben, nach *Theodor W. Adorno* (1903-1969) und *Max Horkheimer* (1895-1973), eine »*privilegierte Komplizenschaft*«.

Neben einer einmaligen Vermögensabgabe ist *dauerhaft* die *Wiedereinführung einer Vermögensteuer*[15] auf das gesamte Vermögen der Deutschen unumgänglich und auch die Erhöhung der Erbschaftsteuer- und Kapitalertragssteuersätze, wobei letztere nicht als 25 %ige Pauschalsteuer auf Kapitalerträge, sondern mit dem Grenzsteuersatz aller anderen Einkommen zu versteuern sind. Steuerfreibeträge sind dabei natürlich vorzusehen. Mit den Steuererhöhungen könnten dann auch die Rentiers als »funktionslose Investoren« (Keynes), zumindest ein Stück weit, gesellschaftlich sanktioniert und diszipliniert werden.

Geldpolitik muss helfen

Auch ist in Anbetracht der zukünftig riesigen Aufgaben in Deutschland ein teilweiser *Verkauf der Goldbestände* bei der Deutschen Bundesbank zu überlegen, ohne dass es am Markt wegen des zusätzlichen Angebots zu einem größeren Preisverfall kommt. Und da in der EU alle Mitgliedsstaaten vor ähnlichen Herausforderungen und Belastungen in ihren Volkswirtschaften und staatlichen Haushalten stehen, wobei hier die Staatsverschuldung in vielen Ländern wesentlich höher ist als in Deutschland, muss die Europäische Zentralbank (EZB) den *Leitzins* wieder auf *null* stellen. Dies alleine schon deshalb, weil ansonsten, wie erwähnt, die Vermögenden von der Staatsverschuldung mit hohen Zinsen profitieren und der Staat höhere Zinsaufwendungen hat und weil niedrige Zinsen zu *privaten Investitionen* anregen, die neben den öffentlichen Investitionen und Ausgaben ebenso notwendig sind. Erste Vorboten für *Zinserhöhungen* sind im Geschäftsbankenbereich schon da, die nicht nur den dringend zu forcierenden Wohnungsbau, sondern alle zinsreagibelnden Wirtschaftssektoren, im Wachstum einschränken. Und ein Leitzins null beugt

15 Vgl. Thomas Ewald-Wehner, Dringend erforderlich: Wiedererhebung der Vermögensteuer, in: Z, Nr. 141, März 2025, S. 65ff.

auch *Preissteigerungen* bzw. *Gewinnsteigerungen* vor, die sich aus den kommenden vermehrten Staatsausgaben bei einer hoch konzentrierten Wirtschaft ergeben könnten.

Zeitschrift Sozialismus.de, Heft 5/2025

Die töricht Herrschenden

Albert Einstein verachtete das Militär und sein gesellschaftliches Gehabe, als er schrieb: »Wenn einer mit Vergnügen zu einer Musik in Reih und Glied marschieren kann, dann hat er sein großes Gehirn nur aus Irrtum bekommen, da für ihn das Rückenmark schon völlig genügen würde.« Heute ist das Militaristische in Deutschland zurück und die Bellizisten können ihre unverantwortliche Propaganda in fast allen Medien verbreiten. Kritische Stimmen haben bei den Zeitungsverlegern so gut wie keine Chance auf eine Veröffentlichung (vgl. Ossietzky 11/2025; »Die Panzer sollen rollen«). Man muss schon ziemlich borniert sein, um als Mensch Aufrüstung, Kriegsvorbereitung und am Ende einen todbringenden Krieg zu fordern. In der Politik wird die gesellschaftlich zerstörerische Forderung trotzdem, durch ein hier vielfach nur anzutreffendes lineares und ein rein ereignisbezogenes Denken geradezu forciert. Die viel gelesene US-amerikanische Historikerin Barbara Tuchman schreibt in ihrem Buch »Die Torheit der Regierenden. Von Troja bis Vietnam«: »In der Regierungskunst, so scheint es, bleiben die Leistungen der Menschheit weit hinter dem zurück, was sie auf fast allen anderen Gebieten vollbracht hat. Weisheit, die man definieren könnte als den Gebrauch der Urteilskraft auf der Grundlage von Erfahrung, gesundem Menschenverstand und verfügbarer Information, kommt in dieser Sphäre weniger zur Geltung und ihre Wirkung wird häufiger vereitelt, als es wünschenswert wäre.« Das muss uns heute, mehr denn je, in große Sorge versetzen, denn damit ist gesellschaftlich Gefahr in Verzug. Ich erwarte von Volksvertretern, dass sie Ereignisse kausal und holistisch einordnen und auch in Geschichte bewandert sind und nicht zuletzt über ein theoriebasiertes und praktisches ökonomisches Wissen verfügen. Wenn man dabei nicht einmal Letzteres nachweisen kann, darf sich das Volk auch nicht wundern, wenn Kapitalisten für ihre Profitinteressen Politiker jeden Tag manipulieren und vorführen können. Nur ein Beispiel: Ein Finanzminister sollte im bürgerlichen Beruf Wirtschaftswissenschaften mit Abschluss studiert haben. Wie will er ansonsten auch nur im Ansatz ökonomisch mitreden können und unter vielem anderen wissen, dass alles Militärische und eine letztlich todbringende Rüstung immer nur einen nichtproduktiven ökonomischen Charakter haben. Da hilft ihm dann auch ein Berater nicht weiter, zumal, wenn dieser nur von ihm auserwählt wurde und ihm das rät, was er hören will.

Militärisches Denken und Rüstung haben in der Menschheitsgeschichte schon immer mit einem Realitätsverlust korreliert, den der herausragende Soziologe und Sozialphilosoph Oskar Negt einmal als die letzte Stufe einer pervertierten gesellschaftlichen Krisenentwicklung bezeichnet hat. Vorab kommt es in der Krise zu einer angstgetriebenen gesellschaftlichen Anpassung, die, je länger die Krise währt, dann in ein devotes Verhalten in der Gesellschaft übergeht. Überall trifft man nur noch auf ein »Duckmäusertum«; im Kreuzworträtsel übrigens als »Kriechertum« bezeichnet. Selbst der Wissenschaftsbereich ist davon nicht befreit.

Gesellschaftlicher Realitätsverlust lag in Deutschland sowohl vor Ausbruch des Ersten als auch des Zweiten Weltkriegs vor. Der Einzige, der im Reichstag 1914 sitzen blieb und gegen die Kriegskredite stimmte, war der SPD-Abgeordnete Karl Liebknecht. Am Ende bezahlte er die Nein-Stimme mit seiner Ermordung, die in die lange Reihe politischer Morde von rechts gehört und die bis heute in Deutschland heruntergespielt werden. Und auch die Politik (inklusive der SPD) sowie die Gewerkschaftsspitze des ADGB litten 1933 unter Realitätsverlust. Der ADGB biederte sich Hitler sogar an und feierte, unglaublich, mit den Faschisten gemeinsam den 1. Mai. Was danach passierte, ist hinlänglich bekannt. Trotz aller Borniertheit von Politik sei hier aber auch den Kapitalisten gesagt, dass sie bei einem Krieg die größten Verlierer sind. Dazu empfehle ich den französischen Ökonomen und Verteilungstheoretiker Thomas Piketty zu studieren. Dort finden sich die empirischen Befunde.

Bertolt Brecht und auch Einstein haben schon kurz nach dem Zweiten Weltkrieg vor weiteren Kriegen gewarnt. Heute wissen wir, über 240 Kriege mit bis zu 30 Millionen Toten wurden Realität und womöglich wird gerade von ein paar Narzissten und machtbesessenen Autokraten in der Welt der Dritte Weltkrieg vorbereitet, der dann das Ende der Menschheit bedeuten würde. Wie sagte Einstein: »Ich bin [mir] nicht sicher, mit welchen Waffen der Dritte Weltkrieg ausgetragen wird, aber im Vierten Weltkrieg werden sie mit Stöcken und Steinen kämpfen.« Kriege sind dabei noch nie von Völkern, sondern immer nur, hinter ihrem Rücken, von Herrschenden vorbereitet und ausgelöst worden. Bei beiden Weltkriegen waren es törichte deutsche Herrscher, die nicht minder törichte politische willige Helfer fanden. So konnten Kaiser Wilhelm II. und Hitler, die Deutschen, ohne sie gefragt zu haben, in den Ersten und Zweiten Weltkrieg schicken.

An meiner Alma Mata stand an einem Gebäude in den 1970er Jahren geschrieben: »Stell dir vor, es ist Krieg und keiner geht hin« (Carl Sandburg). Wann stehen die Völker der Welt gegen die Torheit der Regierenden endlich auf? Die Frage gilt hier nicht nur für totalitäre Systeme, sondern auch gegenüber den selbsternannten politischen Herrschaftseliten in indirekten (parlamentarischen) Demokratien, die nach dem Wahlabend nur noch Zuschauerdemokratien sind. Achten Sie einmal darauf: vor der Wahl reden Politiker im »Wir« und nach der Wahl im »Ich«. Als Bürger verbitte ich es mir, dass die nur auf Zeit gewählten »Volksvertreter:innen« in meinem Namen von »kriegstauglich« und »kriegsfähig« reden. Politik ist dem *Frieden* verpflichtet und dem Versprechen der Deutschen nach dem Zweiten Weltkrieg: *»Nie wieder Krieg«*. In der Präambel des Grundgesetzes steht, dass das deutsche Volk *»dem Frieden der Welt zu dienen«* hat. Andreas Engelmann, Bundessekretär der Vereinigung Demokratischer Jurist:innen (VDJ), und Rainer Rehak, Ko-Vorsitzender des Forums Informatiker:innen für Frieden und gesellschaftliche Verantwortung (FIfF), schreiben in der *Frankfurter Rundschau* vom 25. März dieses Jahres dazu: »Bis heute beinhaltet das Grundgesetz den normativen Auftrag, die Existenz einer Streitkraft mit dem Friedensgebot in praktische Konkordanz zu bringen. Der ausgerufene Primat der Aufrüstung und der exzessive Einsatz von öffentlichen Mitteln zu diesem Zweck verschiebt dieses prekäre Gleichgewicht in die Richtung einer Rückkehr des Militarismus. Deutschland hatte bereits zweimal eine kriegstüchtige Armee. Und lange vor dem Blutvergießen im Krieg beginnt die Militarisierung im Inneren.«

Die Verfasser des Grundgesetzes von 1949 würden sich im Grabe umdrehen, wenn sie wüssten, wie heute herrschende Politik mit dem Grundgesetz umgeht, die es mit Unterstützung der SPD und von Bündnis90/Die Grünen fertiggebracht und eine halbe Billion Euro für Rüstungsausgaben mit einer Grundgesetzänderung ins Grundgesetz geschrieben hat. Hier sei noch einmal Albert Einstein zitiert: »Ein Pazifismus, der die Rüstungen der Staaten nicht bekämpft, ist und bleibt ohnmächtig. Die Rüstungsindustrie ist eine der größten Gefährdungen der Menschheit.«

In diesem Kontext weist das Manifest zur »Friedenssicherung in Europa«, der offensichtlich letzten aufrechten Sozialdemokraten, den richtigen Weg. Zu Recht wird eine Kehrtwende in der deutschen Außen- und Sicherheitspolitik gefordert. Gut hundert prominente SPD-Politiker:innen schreiben: »Militärische Alarmrhetorik und riesige Aufrüstungsprogramme schaffen nicht mehr Sicherheit für Deutschland und Europa, sondern führen zur Destabilisierung und zur Verstärkung der wechselseitigen Bedrohungswahrnehmung zwischen Nato und Russland.« Klar abgelehnt wird ebenfalls zu Recht in dem Manifest eine Erhöhung des Verteidigungsetats auf 3,5 oder gar fünf Prozent des nominalen Bruttoinlandsprodukts. Statt mehr Geld für eine derartige aberwitzige Rüstungseskalation auszugeben ist das Geld unter anderem für eine Armutsbekämpfung und Klimaschutz zu verausgaben. Die primitiven Antworten von den Bellizisten im Land kamen umgehend. Auch von den führenden in der SPD und der ehemaligen grünen Friedenspartei. Das Verhalten der SPD in ihrer ganzen Geschichte ist dabei hinlänglich bekannt: Links blinken und am Ende rechts abbiegen. Und allen Rüstungs- und Kriegstreibern sage ich abschließend: »Der Hauptgrund für Stress ist der tägliche Kontakt mit Idioten«. Soll übrigens auch Einstein so gesehen haben.

NachDenkSeiten, 16. Juni 2025

Mehr direkte und wirtschaftliche Demokratie

Der politische Überbau basiert in Deutschland auf einer nur indirekten (parlamentarischen) Demokratie. Die Mängel werden hier immer deutlicher. Politikverdrossenheit und eine dramatische Abnahme in das Vertrauen von Politikern hat gefährliche Größenordnungen erreicht. Die Schweiz mit ihrer weitgehenden direkten Demokratie könnte hier eine Alternative sein. Im wirtschaftlichen Unterbau muss die Herrschaft der Kapitaleigentümer durch eine Wirtschaftsdemokratie in den Unternehmen, als auch auf den Märkten und in der Makroökonomie aufgehoben werden.

Die Mängel indirekter Demokratien

Laut Sonntagsumfrage der Forschungsgruppe Wahlen vom 15. September 2023 wäre die AfD die zweitstärkste Partei im Deutschen Bundestag. Sie käme hinter der CDU/CSU mit 26 Prozent auf 21 Prozent, vor der SPD mit 17 Prozent, den Grünen mit 16 und der FDP mit 6 Prozent. Die übrigen Parteien würden in Summe auf 9 Prozent kommen. Die LINKE wäre im Bundestag nicht mehr vertreten. Alle etablierten und herrschenden Parteien sind über diesen Befund entsetzt und lamentieren mit gegenseitigen Schuldzuweisungen vor sich hin. Dabei ist die *Ursache* eindeutig. Diese wird aber verschwiegen, allenfalls wegdiskutiert. Wie will man auch die Ursache eingestehen, wenn man selbst die Ursache für das Übel ist? Dieser Befund bereitet große Sorgen, denn so lässt sich die Ursache nicht beseitigen und es kommt zu einem systemimmanenten *Staats-* bzw. *Politikversagen.*

Dies war schon immer das große Problem in *indirekten parlamentarischen Demokratien.* Die Schweiz, als einziges Land auf der Erde mit einer *direkten Demokratie*, hat diese politischen Ursachen für eine Demokratiegefährdung nicht. »In Deutschland, schreibt die ehemalige Bundesverfassungsrichterin Gertrude Lübbe-Wolff, »gibt es direktdemokratische Entscheidungsmöglichkeiten in den Ländern und Kommunen. Auf Bundesebene dagegen, dort also, wo die meisten und die wichtigsten Gesetze gemacht werden, haben wir eine fast rein repräsentativdemokratische Verfassung. Die Bürger sind, was politisches Entscheiden angeht, weitestgehend auf Wahlen beschränkt.« So lebt dann das Volk in indirekten Demokratien lediglich in einer *Zuschauerdemokratie.* »Die Volksvertreter können, sind sie einmal im Amt, so handeln, wie es ihnen beliebt, gleichgültig, wie die Wähler wünschen, dass sie handeln«, schreibt der Schweizer Philosoph Andreas Urs Sommer, Professor für Philosophie mit dem Schwerpunkt Kulturphilosophie an der Universität Freiburg, in seinem Buch »Eine Demokratie für das 21. Jahrhundert«. Warum die Volksvertretung überholt ist und die Zukunft der direkten Demokratie gehört«.

Als erstes muss man hier einmal, insbesondere von Wissenschaft und Medien, erwarten können, dass man der Gesellschaft, dem Volk, lehrt zwischen einer *indirekten* und *direkten* Demokratie als Alternative zu unterscheiden. Dies findet leider nicht statt. Immer wieder und überall wird nur über Demokratie geredet, nicht aber über ihre zu differenzierende Form. Bei vielen Menschen ist hier sogar Naivität im Spiel. Man glaubt an einen *neutralen Staat*, der immer nur das Beste für seine Bürger und Bürgerinnen will. Hier muss zweitens von Wissenschaft und Medien Aufklärungsarbeit geleistet werden. Von den sich damit selbst schädigenden Politikerinnen und Politikern ist diesbezüglich nichts zu erwarten. Einen neutralen Staat gibt es selbstverständlich nicht, der das *ganze Wohl der Gesellschaft* im Fokus hat. Dies müsste gelehrt werden, damit es sich tief ins Bewusstsein der Gesellschaft verankert. Der auch im staatszentrierten Keynesianismus suggerierte Eindruck von wohlwollenden und gleichgerichteten politischen Entscheidungsträgern war hier schon immer falsch und wird heute zu Recht von der Neuen Politischen Ökonomie (NPÖ) zurückgewiesen. So wie es ein *Marktversagen* in marktwirtschaftlich-kapitalistischen Ordnungen gibt, gibt es auch ein vielfältiges *Staats- und Politikversagen*. Politiker und Parteien verfolgen in indirekten parlamentarischen Demokratien *Eigeninteressen*, die zwar auch am *Gemeinwohl* orientiert sein können, aber nicht sein müssen, sondern in der Regel vielmehr nur Partialinteressen befriedigen. Hier besteht immer potenziell die Gefahr einer *Verselbstständigung*. »Der Bundestag agiert abgehoben und fern der *Lebensrealität der Menschen*« kritisiert die Soziologie-Professorin Christiane Bender von der Helmut-Schmidt-Universität der Bundeswehr Hamburg in einem Interview mit der *Frankfurter Rundschau*. Dies führt, verständlicherweise, zu einer zunehmenden *Demokratieverdrossenheit* im Volk. Bei der letzten Bundestagswahl 2021 stellten die *Nicht-Wähler* die größte »Partei«. Bezogen auf die Wahlberechtigten ist die derzeitige Ampel-Regierung, bestehend aus SPD, Bündnis 90/Die Grünen und FDP, nur von 49,5 Prozent, also knapp der Hälfte der Bürgerinnen und Bürger gewählt worden. Das *Vertrauen in die Demokratie* schwindet seit der Wahl besonders rapide, stellt in einer jüngsten repräsentativen Umfrage die Körber-Stiftung fest. In der Umfrage sagten 71 Prozent auch, dass führende Leute in Politik und Medien in ihrer *eigenen Welt* lebten, aus der sie auf den Rest der Bevölkerung herabschauten und fast die Hälfte der Deutschen (46 Prozent) findet, dass es im Land weniger bis gar nicht gerecht zugeht. Um es aber im Land *gerecht* zugehen zu lassen, dafür gäbe es in Deutschland, in Summe eines der reichsten Länder der Erde, einen hinreichenden umverteilenden Spielraum beim Einkommen. Gleichzeitig bestünde auch die Möglichkeit in die völlig ungleiche Vermögensverteilung politisch einzugreifen. Dies vollzieht aber eben eine interessenorientierte Politik nicht.

In einer direkten Demokratie wäre dagegen eine solche kontraproduktive Politik nicht möglich. Dabei ist wohl der größte Vorteil das *direkte Abstimmen* der Bürgerin und des Bürgers über *Sachfragen*. »Nicht einmal alle paar Jahre in der Wahl von Repräsentanten alles auf eine Karte zu setzen, sondern unentwegt in der Sache gefragt zu sein. Direkt-partizipative Demokratie dient dem Komplexitätsabbau, oder vielmehr dem Abbau geballter Komplexität. Denn jede *Sachentscheidung* muss für sich getroffen werden; ich muss nicht einmal für vier Jahre jemanden mandatieren, der für mich alles entscheidet. Gerade in einer komplexen Gesellschaft ist nicht der parlamentarische Repräsentatismus das Gebotene, sondern die direkt-partizipatorische Demokratie. Komplexität ist viel besser zu bewältigen, wenn wir alle möglichst alle Einzelentscheidungen zu treffen haben«, schreibt zu Recht Andreas Urs Sommer.

Was offenbart sich hier? Wir brauchen in Deutschland, ja, in der gesamten EU, eine *direkte Demokratie* im gesellschaftlich staatlichen Überbau. Davon sind wir aber selbst nur im Denken, geschweige denn in der politischen Umsetzung, ganz weit entfernt. Die »Ampelregierung«, die in ihrer politischen Außendarstellung das *Demokratische* immer wieder geradezu ostentativ hervorhebt, will mit einer auf Bundesebene möglichen Einführung von Bürger- und Bürgerinnen-Entscheidungen nichts zu tun haben, dies nicht einmal einer Prüfung unterziehen. Die Koalitionäre wollen stattdessen lediglich »die Entscheidungsfindung verbessern, indem wir neue Formen des Bürgerdialogs wie etwa *Bürgerräte* nutzen, ohne das Prinzip der Repräsentation aufzugeben«. Das ist aber nicht einmal eine notwendige, geschweige denn eine hinreichende Voraussetzung für eine direkte Demokratie, um die längst etablierte Politikverdrossenheit im Volk und die tiefsitzende politische Krise im Land zu beseitigen. Dazu brauchen wir außerdem nicht nur eine direkte politische Demokratie, sondern zusätzlich eine *Demokratisierung der Wirtschaft* (vgl. dazu ausführlich das »Bontrup-Modell« in: Bontrup/Marquardt, Volkswirtschaftslehre aus orthodoxer und heterodoxer Sicht, Berlin/Boston 2021, S. 884ff.). Hier sind in der kapitalistischen Wirtschaft die Verhältnisse realiter sogar *autokratisch*. Einseitig haben die *Kapitaleigentümer* das Sagen, weil sie über das »Investitionsmonopol« (so der herausragende Ökonom Erich Preiser) verfügen und die abhängig Beschäftigten sich dem zu beugen haben. Eine paritätisch-qualifizierte Mitbestimmung gibt es nicht. Demokratie im Staat, selbst wenn es nur eine indirekte ist, und Autokratie in der Wirtschaft, eine solche Dichotomie schließt sich zwar, wie wir täglich sehen, nicht aus, sie ist aber nicht zukunftstauglich. Auch in der Wirtschaft werden die abhängig Beschäftigten nicht mehr lange den Zustand von »Untertanen der Kapitaleigentümer« akzeptieren. Sie wollen in den Unternehmen mitreden, mitbestimmen und auch an den Ergebnissen partizipieren. Preiser konstatierte hier schon 1965: »Konsequent durchdacht, muss sich die Forderung *mitzubestimmen* in die Forderung verwandeln *mitzubesitzen*. Keine wirtschaftliche Tätigkeit ist denkbar ohne die Verfügung über Produktionsmittel. Ihr Eigentümer hat notwendigerweise ein Übergewicht über den, den er an diesen Produktionsmitteln beschäftigt. Das bloße Mitreden ist nur eine halbe Sache – erst die Teilnahme an den Produktionsmitteln schafft klare Verhältnisse.«

Und wo bleibt hier die Stimme der Gewerkschaften? Der DGB hat 1949 in seinem ersten Grundsatzprogramm eine Wirtschaftsdemokratie gefordert. Die Umsetzung der Forderung scheiterte an der Adenauer-Regierung und danach kam außer dem Montan-Mitbestimmungsgesetz nur noch wenig bis gar nichts in Sachen Wirtschaftsdemokratie. Das aktuelle DGB Grundsatzprogramm »Markt, Staat, Mitbestimmung und Gestaltung« ist völlig enttäuschend und bleibt hinter der Forderung nach einer Wirtschaftsdemokratie weit zurück. In den Einzelgewerkschaften wird nicht einmal das so fundamental wichtige Thema diskutiert. Zuletzt hat hier die ver.di-Basis 2015 mit Unterstützung von Wissenschaftlern und Wissenschaftlerinnen einen Vorstoß gewagt, der dann aber völlig in den Mühlen der Gewerkschaftsbürokratie untergegangen ist und damals auch nicht so richtig vom Bundesvorstand gewollt war. In der Begründung zur Konstituierung der »Arbeitsgruppe Wirtschaftsdemokratie beim ver.di-Bundesvorstand« hieß es jedenfalls: »Die Gewerkschaft ver.di will (…) die Diskussion um Wirtschaftsdemokratie anstoßen – sowohl innerhalb der Gewerkschaften als auch mit den sozialen Bewegungen. Dies ist nötiger denn je.« Wohl wahr! Und was wurde daraus? Nichts!!

Ossietzky. Zweiwochenschrift für Politik/Kultur/Wirtschaft, Heft 17/2023

Politiker, Unvollkommenheiten und Abhängigkeiten

Wir brauchen mehr direkte Demokratie

Die parlamentarische (indirekte) Demokratie ist in vielen Ländern gefährdet. Wir haben längst »*postdemokratische Zustände*«, so der britische Politikwissenschaftler Colin Crouch und der deutsche Philosoph Jürgen Habermas spricht von einer »Fassadendemokratie«. Die Menschen wenden sich ab. Es entsteht Politikverdrossenheit. Das Vertrauen in die Demokratie schwindet seit der letzten Bundestagswahl 2021 besonders rapide, stellt in einer jüngsten repräsentativen Umfrage die Körber-Stiftung fest. Wähler:innen gehen nicht mehr wählen. Die größte »Partei«, bei Wahlen sind heute die *Nichtwähler*. Die derzeitige Ampel-Regierung, bestehend aus SPD, Bündnis90/Die Grünen und FDP, ist, bezogen auf die Wahlberechtigten, nur von 49,5 Prozent, also knapp der Hälfte, der Bürger:innen gewählt worden. Die Menschen durchschauen immer mehr eine Politik, die nicht für die *Mehrheit der Menschen* gemacht wird, was aber die eigentliche Aufgabe von Demokratie wäre, sondern für eine kleine Schicht von Profiteuren in der Gesellschaft, wovon die meisten ihren Reichtum geerbt und die anderen sich die Arbeits- bzw. Mehrwerte durch Ausbeutung der Arbeitskräfte angeeignet haben. Auf der anderen Seite leiden gut 16 Prozent der deutschen Bevölkerung unter Armut und jedes 5. Kind hat arme Eltern. Nicht nur die schon lange ausgegrenzten gesellschaftlichen Ränder, Soziologen sprechen von einer »Externalisierung«, sondern selbst der Mittelstand fühlt sich mittlerweile von der jeweils herrschenden Politik bedroht.

Bedrohungen empfinden aber auch immer mehr Politiker:innen, die regelmäßig vom Volk gewählt und auf Zeit mit dem staatlichen Gewaltmonopol ausgestattet werden. Politiker:innen werden körperlich angegriffen und ermordet. Hier kam es während der Weimarer Zeit, am Ende der ersten deutschen Demokratie, sogar zu hunderten von politischen Morden. In den USA waren Präsidenten und Politiker:innen schon immer Zielscheibe von Attentaten, die auch tödlich endeten. Was ist das für eine »Demokratie«, wo sich Wähler:innen und Gewählte gegenseitig bedrohen und bis aufs Äußerste bekämpfen und wo Politiker:innen vor dem Volk vielfach mit Polizeigewalt beschützt werden müssen? Was sind die *Ursachen* für die verheerenden *Symptome*?

Der große französische Philosoph Jean-Jacques Rousseau (1712-1778) schrieb schon 1762 im dritten Buch seines Gesellschaftsvertrages: »Das englische Volk hält sich für frei. Es irrt gewaltig. Es ist nur frei während der Wahl der Mitglieder des Parlamentes. Sobald diese gewählt sind, wird das Volk zum Sklaven und ist nichts.« Und der SPD-Politiker Herbert Wehner (1906-1990) brachte es in jüngerer Geschichte auf den Punkt: »Der Wähler legitimiert mit seiner Wahl die Entscheidungen, die anschließend gegen ihn unternommen werden.« So lebt dann das Volk in einer *Zuschauerdemokratie*. »Die Volksvertreter:innen können, sind sie einmal im Amt, so handeln, wie es ihnen beliebt, gleichgültig, wie die Wähler wünschen, dass sie handeln«, so der Schweizer Philosoph Urs Sommer, Professor für Philosophie an der Universität Freiburg. Auch die ehemalige Bundesverfassungsrichterin Gertrude Lübbe-Wolff konstatiert: »Die Bürger:innen sind, was politisches Entscheiden angeht, weitestgehend auf Wahlen beschränkt.«

Einmal in die Parlamente gewählt sind Volksvertreter:innen nicht mehr an Aufträge und Weisungen gebunden, sondern nur noch ihrem *Gewissen* verpflichtet. So steht es im Grundgesetz. Das stimmt aber realiter nicht. Politiker:innen sind vielmehr Abhängige ihrer jeweiligen Parteien und hier insbesondere Abhängige von den Parteispitzen, die sie als Kandidat:innen zur Wahl letztlich aufstellen und damit auf ein parteipolitisches Wahlprogramm festlegen und verpflichten. Die Wähler:innen entscheiden sich dann womöglich mehr für die Partei und das Wahlprogramm, als für die aufgestellten Politiker:innen. Nach der Wahl erzielt die Partei aber nur in Ausnahmefällen eine absolute Mehrheit und es kommt in der Regel zu Koalitionen und Koalitionsverträgen. Dann müssen die Wähler:innen feststellen, dass von dem Wahlprogramm der gewählten Partei nicht mehr viel im Koalitionsvertrag übriggeblieben ist. Und selbst an der Umsetzung des Vertrages während der Legislaturperiode hapert es, es kommt zu »Verwässerungen« oder sogar zu einer vollständigen Streichung der Vereinbarung.

EU-Politiker:innen werden bei Wahlen zum Europäischen Parlament nicht einmal in ein richtiges, sondern nur in ein *Pseudoparlament* gewählt (vgl. dazu den Beitrag »Die EU-Wahl wird nichts verändern«, vgl. S. 332ff.). Gesetze erlassen, die wichtigste Aufgabe der Legislative, kann das sogenannte EU-Parlament nicht. Und wenn nicht einmal die existenziell wichtige *Gewaltenteilung* zwischen Legislative, Exekutive und Judikative in indirekten Demokratien sauber funktioniert, dann ist mehr als Gefahr in Verzug. Das zeigen auf EU-Ebene Länder wie Polen und Ungarn, aber auch in anderen Ländern gibt es innerstaatliche Übergriffe. So schreibt die *Frankfurter Rundschau* in Bezug auf Österreich: »Politik setzt Judikative unter Druck. Die Wirtschafts- und Korruptionstaatsanwaltschaft (WKStA), die eine zentrale Rolle bei allen Ermittlungen in den jüngsten Polit-Affären spielt, sollte nach Erkenntnissen der Kommission zerschlagen werden. Für diese Bestrebungen habe es im vergangenen Jahrzehnt mehrfache Hinweise gegeben. Die Kommission sprach von Seilschaften und einer zweifelhaften Rolle einiger Mitglieder des Justizsystems. Es herrschte ein ›Verantwortungsnebel‹ und eine teils fehlende Distanz zur Politik. Extrem lange Verfahrensdauern von bis zu 15 Jahren seien zudem ein Mittel ›zur sachfremden Einflussnahme‹ auf Ermittlungen gewesen.«

Wo war hier übrigens in Deutschland der Generalbundesanwalt bei der Causa-Spendenaffäre des deutschen CDU-Bundeskanzlers Helmut Kohl (1930-2017)? »Am 4. Dezember 2017 wurde eine Fernseh-Dokumentation von SWR und ARD ausgestrahlt und parallel erschien ein Bericht im Spiegel über die Rolle Kohls in der Spendenaffäre. In beiden Berichten wurde die Version Kohls, dass er vier bis fünf Spendern sein Ehrenwort gegeben habe, ihre Namen nicht preiszugeben, als ›absolut unglaubwürdig‹ bewertet. Kohls Mitarbeiter im Konrad-Adenauer-Haus hätten seit den 1970ern ein System geheimer Kassen betrieben, aus denen sich Kohl nach Bedarf bedient hätte – nicht zur eigenen Bereicherung, aber zum eigenen politischen Vorteil. Das Geld in diesen Kassen sei aus der Industrie gekommen und in der Schweiz weißgewaschen worden. Alleine das über die Schweiz verschobene Geld betrug demnach rund 200 Millionen Euro. Schon im Jahr 2015, zu Lebzeiten Kohls, war diese Version durch den CDU-Frontmann Wolfgang Schäuble (1942-2023) in einem Interview so bestätigt worden«, schreibt Wikipedia. Immerhin wurde in einem anderen Fall der zweimalige österreichische Bundeskanzler Sebastian Kurz (ÖVP) wegen Falschaussagen in einem Untersuchungsausschuss angeklagt und verurteilt, was zu einem Rückzug von allen politischen Ämtern führte. Kurz arbeitet jetzt als Investor und Unternehmer in den USA und verfügt über Verbindungen zu vielen Unternehmen und Organisationen. Vor kurzem nahm er an der Luxus-Hochzeit des Sohnes der reichsten indischen Familie teil. Die Hochzeit hat einen dreistelligen Millionenbetrag gekostet. Politiker:innen halten sich eben gerne im internationalen Geldadel auf und lassen sich dabei nicht selten von Reichen auch korrumpieren. Wir können es drehen und wenden, wie wir wollen, nur eine *direkte Volksdemokratie* schützt das Volk vor Volksvertreter:innen, Parteien und damit die Demokratie. In der Schweiz muss man keine Angst vor Politiker:innen und Parteien haben, sie könnten die Macht über das Volk bekommen, weil sie letztlich nichts zu sagen haben. Selbst über die Verfassung wachen hier nicht durch Politik berufene Verfassungsrichter, sondern das Volk, das auch nur Verfassungsänderungen in Abstimmungen vornehmen kann.

So wie es in marktwirtschaftlich-kapitalistischen Ordnungen ein Marktversagen gibt, so gibt es auch ein vielfältiges Staats- und Politikversagen in parlamentarischen Demokratien. Politiker:innen und Parteien verfolgen hier *Eigeninteressen*, die zwar auch am Gemeinwohl orientiert sein können, aber nicht sein müssen, sondern in der Regel vielmehr nur Partialinteressen befriedigen. Hier besteht regelmäßig die Gefahr einer nicht mehr *kontrollierbaren Verselbstständigung*. »Der Bundestag agiert abgehoben und fern der Lebensrealität der Menschen« kritisiert die Soziologie-Professorin Christiane Bender von der Helmut-Schmidt-Universität der Bundeswehr in Hamburg. Das bestätigt die Körber-Stiftung in der schon zitierten Umfrage, wonach 71 Prozent der Befragten davon ausgehen, dass Politiker:innen in einer eigenen Welt lebten und auf den Rest der Bevölkerung herabschauten. Nicht einmal jeder zweite Deutsche fühlt sich von der deutschen Politik respektvoll behandelt. Das berichtet die *Neue Osnabrücker Zeitung* aus einer repräsentativen Umfrage des German Internet Panels der Universität Mannheim.

Politiker:innen unterliegen, wie alle Menschen, vielfältigen menschlichen Schwächen. Vor allen Dingen können sich Menschen irren. Tun das Wenige für Alle, wie das in repräsentativen Demokratien immer möglich ist, kann das katastrophale Folgen für das Ganze, für das Volk haben. Man denke hier nur an die Entscheidung Krieg oder Frieden. Eine Stellvertreterentscheidung ist hier inakzeptabel und trotzdem wurde sie schon immer und auch heute noch durch Politiker:innen, ohne das Volk zu fragen, getroffen. Volksvertreter:innen unterliegen bei ihrem Tun oder auch nicht Tun vielen *Abhängigkeiten* und *Unvollkommenheiten.* Sie sind abhängig von der Wahl- und Wiederwahl des Volkes und von ihrer Partei. Ohne diese sind sie politisch ein Niemand, dass gilt auch für die in einem Wahlkreis direkt Gewählten. Insofern haben sie bei einem Wechsel zu einer anderen Partei oder als parteiloser Abgeordneter ihr Mandat auch zurückzugeben. Aber selbst das machen sie nicht, weil viele vom Sitz im Parlament existenziell abhängig sind. Dass gilt insbesondere für Politiker:innen die sich schon in jungen Jahren in die Politik begeben. Man könnte sagen, vom Kreißsaal in den Hörsaal und danach in den Plenarsaal, wobei nicht wenige den Hörsaal ohne Abschluss an einer Hochschule mit einer Exmatrikulation verlassen müssen. Ohne Ausbildung und bürgerlichen Beruf denkt man verständlich an eine ex-post politische Karriere in der Wirtschaft oder bei Verbänden. Auch das schafft Abhängigkeiten und womöglich Anfälligkeiten für Korruption.

Politik ist auch unvollkommen. Das Denken beschränkt sich hier auf *Ereignisse.* Diese haben aber immer eine Vorgeschichte, die in Form eines holistischen Denkens zu berücksichtigten ist. Das ist im Politischen aber nicht opportun, weil gefährlich, genauso wie das Aussprechen von *Wahrheiten*, weshalb Politiker:innen auch kausales Denken negieren. Man »lebt« in einer Welt der politischen *Symptom-*

bekämpfung ohne noch nach den *Ursachen* zu fragen und diese zu beseitigen. Das was in der Wissenschaft unumgänglich ist, findet in der Politik nicht statt, wo darüber hinaus nur in kurzfristigen Wahlzyklen gedacht wird, man will ja im Hier und Jetzt wiedergewählt werden. So ist Politik nicht nachhaltig und sollten Politiker:innen tatsächlich über ihre Wahlperiode hinaus ein langfristiges und nachhaltiges Denken an den Tag legen, so verbindet sich Zukunft im politischen Raum in der Regel mit einem reinen *Wunschdenken*, das zu katastrophalen Ergebnissen führt. Ein aktuelles Beispiel ist hier die Energiewende. Das Westfälische Energieinstitut in der Westfälischen Hochschule hat zu einem solchen Wunschdenken, unter der Federführung von sieben Professoren des Instituts (einer davon ist der Verfasser des Artikels), eine Energiestudie unter dem Titel »Energie- und Klimawende zwischen Anspruch, Wunschdenken und Wirklichkeit – Umsetzungspfade« vorgelegt. Hier wird gezeigt, dass die von der Ampel-Regierung geplante Energiewende weder technisch noch sozioökonomisch umsetzbar ist. Zweimal wurde die Studie Bundeswirtschafts- und Klimaschutzminister Robert Habeck (Bündnis90/Die Grünen) zugänglich gemacht. Der hat es aber nicht einmal für nötig erachtet, den Eingang der Studie in seinem Ministerium zu bestätigen. Sieben Professoren sind über ein derartiges Verhalten entsetzt. Zumal gerade die Grünen als Partei sich immer eine partizipative offene Diskussion in der Gesellschaft wünschen – zumindest in Sonntagsreden.

Eine weitere Unvollkommenheit bei Politiker:innen ist, dass sie in der Regel *kein ökonomisches Wissen* haben. Weder theoretisches noch praktisches Wissen. Dass sieht man nicht nur an dem amtierenden Finanzminister Christian Lindner (FDP), der in einer unglaublichen Ignoranz an der staatlichen Schuldenbremse festhält (vgl. dazu auch den Beitrag »Herr Lindner, treten sie zurück«, S. 263ff.), die niemals 2009 im Rahmen der Föderalismusreform II von Politiker:innen mit einer Zwei-Drittel-Mehrheit ins Grundgesetz hätte aufgenommen werden dürfen. Jetzt wollen zumindest SPD und Bündnis90/Die Grünen Anpassungen bei der Schuldenbremse vornehmen; ganz streichen wollen sie die kontraproduktive

Kreditbremse aber nicht. Der Politikwissenschaftler Stefan Bajohr von der Universität Düsseldorf ordnet die Schuldenbremse politisch richtig ein, wenn er schreibt: »Die so genannte Schuldenbremse, also das Ergebnis der Reform des deutschen Kreditverfassungsrechts von 2009, ist nicht wie manche meinen, eine Schlussfolgerung aus der Finanz- und Staatsschuldenkrise ab 2008. Diese hätte ja angesichts des Wirkens der erwähnten keynesianisch inspirierten Konjunkturprogramme eher in anderer Richtung ausfallen müssen. Nein, die Schuldenbremse ist das Ergebnis des neoliberalen Staatsverständnisses, das den privaten Nutzen voranstellt und den öffentlichen Sektor daran hindern will, das Allgemeininteresse an ausreichenden öffentlichen Leistungen vor allem in den Bereichen Gesundheit und soziale Sicherheit, Chancengleichheit und Bildung, Umweltschutz und Kultur zu realisieren. Die strikte Schuldenregel sollte in Kraft gesetzt werden, um Staat und Kommunen daran zu hindern, die eingeschlagene Steuersenkungspolitik der vergangenen Jahrzehnte durch Krediteinnahmen auszugleichen. Am Ende des Weges soll ›eine neue Stabilitätskultur‹ stehen, in der sich der öffentliche Sektor den privatwirtschaftlichen Interessen allein schon deshalb zu beugen hat, weil ihm die finanziellen Mittel zum Gegensteuern fehlen.«

Die Wirkung der ökonomisch kontraproduktiven Grundgesetzverankerung der Schuldenbremse hat die Ampel-Regierung im November 2023 mit dem *Bundesverfassungsgerichtsurteil* zu spüren bekommen. Die Richter monierten hier eine schwerwiegende Umgehung der Schuldenbremse. So wurden Kürzungen im Bundeshaushalt notwendig, die sich bis in den aktuellen von der Regierung vorgelegten Bundeshaushaltsentwurf für 2025 und darüber hinaus bis 2028 zeigen. Und dies trotz eines ebenfalls ins Grundgesetz aufgenommen sogenannten »Sondervermögens Bundeswehr« (richtig ist hier die Formulierung »Aufrüstung durch Verschuldung«), bei der die Schuldenbremse nicht zur Anwendung kommt. (Zur Einordnung des »Sondervermögens«, vgl. ausführlich den Beitrag »Rüstungskeynesianismus ist zurück«, S. 391ff.) Mehr bornierte Politik geht nicht – es reicht«. Ohne das Volk zu fragen, hat die Bundesregierung damit einen gefährlichen *Aufrüstungskurs* initiiert und ins Grundgesetz geschrieben, dass in der originären Fassung von 1949 genau dies nicht wollte, sondern rein friedensorientiert verfasst war. Staatsschulden für Rüstung werden heute von Politiker:innen als gute Staatsschulden deklariert, für zivile Staatsausgaben dürfen aber keine Schulden gemacht werden. Dies zeigt eine unglaubliche Borniertheit der Politik, die nicht einmal den nichtreproduktiven Charakter von Rüstungsausgaben und die wesentlich geringeren multiplikativen Wachstums- und Einkommenseffekte im Vergleich zu zivilen Staatsausgaben ökonomisch richtig einordnen kann. Hier fällt einem dann das alte chinesische Sprichwort ein, das sich die Dummheit Kraft ihres Selbst leider nicht erkennen kann. Mit der Dummheit von Politiker:innen beschäftigt sich die bekannte US-amerikanische Historikerin, Barbara Tuchman (1912-1989), in ihrem Buch über »Die Torheit der Regierenden. Von Troja bis Vietnam« ausführlich.

Es darf nicht sein, dass nur vom Volk gewählte Vertreter:innen über den Rüstungskurs eines Landes entscheiden. Das gilt auch für die grundsätzlichen Richtlinien der Wirtschaftspolitik. Paradigmenwechsel von einem Wohlfahrts-Keynesianismus hin zu einem marktradikalen Neoliberalismus, wie ab etwa Mitte der 1970er Jahre vollzogen, darüber haben keine Politiker:innen zu entscheiden, sondern das Volk, zumal, wenn sich heute Politiker:innen einseitig von Wirtschaftswissenschaftler:innen beraten lassen, die dem Neoliberalismus das Wort reden. Wie jede Wissenschaft beruht auch die Wirtschaftswissenschaft auf einem umfassenden Theoriegebäude und einem verifizierten Wissen. Keiner erwartet, dass Politiker:innen die hier auftretende wissenschaftliche Komplexität verstehen müssen, dies tun selbst die meisten akademisch gebildeten Ökonomen:innen nicht. Wer kann schon beispielsweise die Frage beantworten, ob Keynes ein Keynesianer war oder worin sich der Kurzzeit-Keynes vom Langzeit-Keynes unterscheidet. Selbst Keynesianer tun sich hier schwer. Auch auf einzelwirtschaftlicher Ebene müssen Politiker:innen nicht wissen, wie Abschreibungen unterschiedlich in der Gewinn- und Verlustrechnung und der Kapitalflussrechnung eines Unternehmens wirken. Was man aber zumindest von Politiker:innen in parlamentarischen Demokratien erwarten darf, ist, dass sie bei ihrer notwendigen Beratung auf eine dialektische Vorgehensweise zu achten und zu setzen haben. Das ist aber nicht der Fall, wie gerade eine Studie der Otto-Brenner-Stiftung zur einseitigen ökonomischen Beratung von Politik durch Beiräte beim Bundesfinanz- und Bundeswirtschaftsministerium aufgezeigt hat. Dabei fällt aber selbst in dieser kritischen Studie eine Nichterwähnung der seit 1975 jährlich erscheinenden Memoranden der Arbeitsgruppe Alternative Wirtschaftspolitik auf, die immer links-keynesianische Gegenpositionen zum neoliberalen Mainstream entwickelt und veröffentlicht hat.

In einer *partizipativen-direkten Demokratie* würde das alles ganz anders laufen. »Sie steht – ungeachtet aller demagogischen Anfälligkeit – gegen die Verweltanschaulichung des Politischen: Man muss sich bei jeder Entscheidung, die einem aktive Partizipation abverlangt, neu orientieren und formieren, neu positionieren und bleibt so in ständiger Bewegung, bleibt politisch handelnd. Demgegenüber scheint die Ideologisierung des Politischen eine unmittelbare Folge des Repräsentatismus zu sein: Weil ich dort von politischen Einzelentscheidungen ausgeschlossen bin und sie meinen Repräsentanten überlassen muss, zu deren Wahl ich alle paar Jahre beitragen darf, muss ich mir eine politische Weltanschauung zulegen, die sich irgendwo auf einer ziemlich starren Bandbreite von ganz links bis ganz rechts ansiedelt. Dürfte ich hingegen *politische Sachentscheidungen* fällen, könnte mir die Selbstverortung irgendwo auf dieser starren Bandbreite herzlich egal sein«, schreibt Urs Sommer und stellt zusammenfassend fest: »Direkte Partizipation unterbindet die Ideologisierung des Politischen.«

Der wohl größte Vorteil bei direkten Abstimmungen der Bürger:innen über Sachfragen ist nicht alle paar Jahre bei der Wahl von Repräsentanten und Parteien alles auf eine Karte setzen zu müssen, sondern permanent in der Sache gefragt zu sein. »Direkt-partizipative Demokratie dient dem *Komplexitätsabbau*, oder vielmehr dem Abbau geballter Komplexität. Denn jede Sachentscheidung muss für sich getroffen werden; ich muss nicht einmal für vier Jahre jemanden mandatieren, der für mich alles entscheidet. Gerade in einer komplexen Gesellschaft ist nicht der parlamentarische Repräsentatismus das Gebotene, sondern die direkt-partizipatorische Demokratie. Komplexität ist viel besser zu bewältigen, wenn wir alle möglichst alle Einzelentscheidungen zu treffen haben«, so Urs Sommer. Hier gilt dann mit dem US-amerikanischen Managementberater und viel gelesenen Autor Ken Blanchard der Sinnspruch: »Keiner von uns ist so klug wie wir alle,« womit dann auch gegen den immer wieder vorgetragenen Vorwurf, für »Sachentscheidungen sei das Volk zu dumm« und würde nur »Demagogen begünstigen«, alles gesagt ist. Und wem das nicht genügt, dem empfehle ich zur Vertiefung das Buch »Demophobie. Muss man die direkte Demokratie fürchten?, von Gertrude Lübbe-Wolff.

Alle in meinem Beitrag aufgeführten Punkte, die sicher nicht vollständig sind, sprechen im Befund eindeutig für *partizipative Sachentscheidungen* in einer *direkten Demokratie.* »Menschen sind teilhabenwollende Wesen«, so noch einmal Urs Sommer. »Und das Politische – die gemeinsame Gestaltung der eigenen Lebensbedingungen – ist etwas, bei dem man das Teilhaben prinzipiell nicht an andere abgeben kann. Der mündige Mensch ist zur Teilhabe verurteilt. Und muss sich darin unentwegt einüben.« Und Gertrude Lübbe-Wolf ergänzt: »Wo die Bürger sich über Sachfragen informieren, weil sie dabei mitzuentscheiden haben, steigt nicht nur die Sachkunde bezogen auf einzelnen zur Abstimmung stehende Gegenstände, sondern die staatsbürgerliche Kompetenz ganz allgemein, denn jeder ernsthafte Versuch, sich ein Urteil zu bilden, fördert tendenziell die Urteilskraft auch über den konkreten Fall hinaus und trägt insofern zu verbessertem Funktionieren der Demokratie auch in ihren repräsentativen Elementen bei.«

Es ist aber nicht nur die Politik zu demokratisieren, sondern auch die Wirtschaft. Wir brauchen eine *Wirtschaftsdemokratie*, was bis heute aber in der Schweiz auch noch nicht umgesetzt worden ist. Eine gesellschaftliche Dichotomie darf es zwischen Politik im staatlichen Überbau und der Wirtschaft im Unterbau nicht geben. Dazu schrieb schon 1972 der ehemalige 1. Vorsitzende der IG Metall, Otto Brenner: »Wir wissen, dass die Freiheit des Menschen außerhalb seines Arbeitslebens nicht vollständig und gesichert ist, solange der Mensch in seinem Arbeitsleben der Herrschaft anderer unterworfen bleibt. Die Demokratisierung des öffentlichen Lebens, das freie Wahl-, Versammlungs-, Rede- und Presserecht bedarf der Ergänzung durch die Demokratisierung der Wirtschaft, durch Mitbestimmung der arbeitenden Menschen über die Verwendung ihrer Arbeitskraft und der von ihnen geschaffenen Werte.« Einseitig haben aber in der Wirtschaft die *Kapitaleigner* das Sagen, weil sie über das »Investitionsmonopol« (Erich Preiser) verfügen und die abhängig Beschäftigten ihre Arbeitskraft den Produktionsmitteleigentümern verkaufen müssen. Diese doppelte Abhängigkeit macht alle Beschäftigten quasi zu Untertanen des Kapitals. Um diesen unhaltbaren Zustand zu beseitigen, kann es jedoch nicht nur um Mitbestimmung gehen. Der nach dem Zweiten Weltkrieg herausragende Ökonom Preiser konstatierte hier schon 1965 in einem Vortrag an der Universität Bonn: »Konsequent durchdacht, muss sich die Forderung mitzubestimmen in die Forderung verwandeln *mitzubesitzen.* Keine wirtschaftliche Tätigkeit ist denkbar ohne die Verfügung über Produktionsmittel. Ihr Eigentümer hat notwendigerweise ein Übergewicht über den, den er an diesen Produktionsmitteln beschäftigt. Das bloße Mitreden ist nur eine halbe Sache – erst die Teilnahme an den Produktionsmitteln schafft klare Verhältnisse.« Wohl wahr!

NachDenkSeiten, 26. Juli 2024

Mehr direkte Demokratie wagen

Abgeordnete sind häufig überfordert,
die Menschen werden nicht gehört

Politikversagen wird in Deutschland zunehmend unerträglicher. In parlamentarischen Demokratien waren Volksvertreter aber schon immer ein Problem. Sie haben bereits die erste deutsche Demokratie zerstört und sind gerade dabei, auch der zweiten ein Ende zu bereiten. Sie sind der Ursachenherd für zunehmende Politikverdrossenheit. Sie agieren abgehoben und fern der Lebensrealitäten der Bevölkerung und behaupten zynisch, Politik im Namen des Volkes zu machen.

Volksvertreter können, »einmal im Amt, so handeln, wie es ihnen beliebt, gleichgültig, wie die Wähler wünschen, dass sie handeln,« schreibt der Schweizer Philosoph Andreas Urs Sommer. Wir haben lediglich eine »Zuschauerdemokratie«. Nur in der Schweiz entscheidet das Volk durch direktes Abstimmen über Sachfragen. Die Gegner behaupten hier, dass das Volk dafür zu dumm sei. Wie kann aber eine kleine Schar von Parlamentariern schlauer sein, als Millionen von Menschen in einem Land? Das entbehrt jeder Logik und ist absurd. Die Wahrheit ist, dass die wenigen Parlamentarier fachlich bei den meisten Sachfragen völlig überfordert sind und zudem nicht frei, auf Grund der Parteiräson, entscheiden können; hier wollen wir auch nicht den Einfluss von Lobbyisten auf ihre Entscheidungen vergessen.

Hinzu kommt das Verfolgen von Eigeninteressen der Volksvertreter. Und dies alles vor dem Hintergrund einer nicht hinterfragten kapitalistischen Ordnung, die final nur ein Ziel verfolgt: eine maximale Profitrealisierung und Kapitalakkumulation für Wenige. Die hier angelegte Dialektik zwischen Kapital und Arbeit wird mit ihren ökonomischen und letztlich gesellschaftlichen Implikationen nicht ansatzweise kausal und holistisch in der Politik reflektiert; nicht einmal der kontraproduktive Machteinfluss der Wirtschaft auf die Politik.

Daher muss in Deutschland dringend über die Umsetzung einer direkten Demokratie diskutiert werden, zumindest über die Einführung von Volksentscheiden auf Bundesebene für fundamentale politische Entscheidungen. Dazu gehört auch, dass das Parlament zukünftig das Grundgesetz nicht mehr verändern darf. Dazu bedarf es eines Volksentscheids! Direkte Demokratie ist direkte Partizipation der Bürger am Staat. Wäre es so, dann stünde heute z.B. das 100-Milliarden-Rüstungsprogramm nicht im Grundgesetz.

Frankfurter Rundschau, 25. Oktober 2023

Wirtschaftsdemokratie – endlich umsetzen

Mit meinem 2005 veröffentlichten Buch, Arbeit, Kapital und Staat. Plädoyer für eine demokratische Wirtschaft (5. Aufl. 2013), wollte ich eine neue Debatte hinsichtlich eines »angestaubten Relikts aus der Mottenkiste des Traditionssozialismus« (Klaus Dörre) wiederbeleben. Der Haupttitel des Buches wurde sehr bewusst mit dem Dreiklang »Arbeit, Kapital und Staat« gewählt, weil erstens das Fundament einer Wirtschaftsdemokratie auf der Arbeit der Menschen und dem aus der Arbeit entstehendem Kapital (der »toten Arbeit« (Karl Marx)) sowie dem sich darüber erhebenden demokratisch verfassten Staat basiert. Zweitens sind »Arbeit, Kapital und Staat« interdependent verknüpft. Und drittes ist entscheidend, dass eine dezentrale marktwirtschaftlich-kapitalistische Ordnung aus einer völlig kontraproduktiven Dichotomie zwischen einem demokratisch verfassten staatlichen (politischen) Überbau und einer autokratisch, einseitig von Kapitaleigentümern beherrschten Wirtschaft, also aus einer *Machtasymmetrie*, besteht. Dabei »verträgt« sich aber offensichtlich der Staat, in allen denkbaren gesellschaftlichen Herrschaftsformen, von einer Demokratie, über eine Monarchie bis zu einem faschistischen (verbrecherischen) Staat (Barkai 1977) mit einer kapitalistischen Wirtschaft als Unterbau, in der das private Kapital von je her das alleinige Sagen beansprucht. Hier herrschen die Kapitaleigentümer durch das am Profitprinzip ausgerichtete *»Investitionsmonopol«* (Erich Preiser) und durch die verfassungsrechtlich geschützte *unternehmerische Freiheit.* Aber auch, weil der abhängig Beschäftigte, der nur seine Arbeitskraft besitzt, darauf angewiesen ist, dass ihn ein Unternehmer am Arbeitsmarkt nachfragt. Dennoch konnten die Gewerkschaften, zumindest in Deutschland, während einer kurzzeitigen Schwächephase des Kapitals nach dem Zweiten Weltkrieg – aufgrund der Verbandelung mit dem Hitler-Faschismus-aber 1951 immerhin eine qualifizierte unternehmensbezogene Mitbestimmung im *Montan-Mitbestimmungsgesetz* durchsetzen. Hier hat weder das Kapital noch die Arbeit das alleinige Sagen. Einigt man sich nicht, entscheidet eine von beiden Seiten in den Aufsichtsrat bestellte dritte (neutrale)

Person. Diese wirkliche Mitbestimmung gilt aber nur noch für etwa 80.000 von insgesamt rund 40 Millionen abhängig Beschäftigten in Deutschland. Sie ist also zu einer Marginalie geworden. Was nach dem Montan-Mitbestimmungsgesetz an Mitbestimmungsgesetzen zur Beschneidung der Kapitalmacht noch kam, war zwar wichtig, reichte aber nicht annähernd für eine gleichberechtigte Mitsprache, vor allen Dingen in wirtschaftlichen Fragen, in den Unternehmen aus. Dabei nannte schon 1979 der Ökonom Rudolf Hickel die *Demokratisierung der Wirtschaft* »die wichtigste gesellschaftspolitische Aufgabe der Gegenwart, aber vor allem auch der Zukunft. Denn erst mit der Demokratisierung der Wirtschaft werden die gesellschaftsstrukturierenden Machtzentren zurückgedrängt und einer direkten Planung und Kontrolle unterzogen. Gleichzeitig wird damit auch eine für die herrschende Staatsauffassung typische Dichotomie überwunden. Während das System der parlamentarischen Demokratie von der Idee lebt, es reiche aus, die politischen Strukturen eines Landes zu demokratisieren, fordert eine radikale – d.h. eine an den gesellschaftlichen Wurzeln ansetzende – Demokratisierung auch und eben die Einbeziehung der Wirtschaft« (Hickel 1979, S. 150).

Bis heute gibt es aber keine demokratische Unternehmensverfassung – der Mensch steht in den Unternehmen nicht im Mittelpunkt, sondern nach wie vor ausschließlich die Verwertung des Kapitaleinsatzes mit maximalem Profit bzw. Profitraten. Der Mensch ist hier fürs Kapital nur ein Mittel zum Zweck seiner Profitbefriedigung. Und dies: Obwohl nur der abhängig Beschäftigte im Produktionsprozess die notwendigen Werte schafft. Mehr als erwähnenswert ist dabei der Tatbestand, dass die gesamte Betriebswirtschafts- und auch die spezielle Personalwirtschaftslehre sich diesbezüglich einseitig dem Kapital verpflichtet fühlen und ernsthaft davon ausgehen, dass das »tote« Kapital, das Maschinen, Werte schaffen (Bontrup 2017, S. 74-74, Krell 1994).

Wirtschaftsdemokratie auf einzelwirtschaftlicher Ebene

Im Folgenden kann hier nicht ein holistisches Konzept einer Wirtschaftsdemokratie vorgestellt werden. Wirtschaftsdemokratie, zuerst von Fritz Naphtali 1928 entwickelt und vor allen Dingen nach dem Zweiten Weltkrieg von Ota Šik (1979) konkret weiterentwickelt, umfasst nicht nur den Dreiklang aus Makro-, Meso(Markt)- und Mikroebene in der Wirtschaft (Bontrup 2006 und 2012), sondern auch eine dazu notwendige demokratische Staatstheorie als Überbau, und damit quasi die Entwicklung einer umfassenden Gesellschaftstheorie. Dies ist wissenschaftlich eine interdisziplinäre Herkulesaufgabe für Ökonomen, Politologen, Soziologen und Juristen, die bisher nach meinen Erkenntnissen noch nie angegangen wurde. Hier soll bescheiden nur auf die einzelwirtschaftliche Ebene eingegangen und dafür aber ein konkreter Versuch einer dringend benötigten *Wirtschaftsdemokratie* vorgestellt werden, die auch nach verfassungsrechtlichen Veränderungen verlangt. Dabei ist eine Erkenntnis unumstößlich: »Ohne Verschiebung ökonomischer *Machtstrukturen* in Richtung auf die Begrenzung der Macht des Kapital (auf einzelwirtschaftlicher Ebene) ist jede grundlegende Wirtschaftsreformpolitik zum Scheitern verurteilt. (…) Wirtschaftsdemokratische Reformen orientieren sich (daher) an den entscheidenden *Funktionsdefiziten* der gewinndeterminierten hochkonzentrierten Marktsteuerung« (Heseler 1986) aber auch auf eine der gesellschaftlichen Mehrheit dienenden makroökonomischen Politik.

Auf der Marktebene muss es zu einer unnachgiebigen staatlichen Kontrolle von *Machtmissbrauch durch Unternehmen im Wettbewerb* kommen (Bontrup 2012 und 2010). Wettbewerb, solange er auf *Leistung* aufbaut, ist zu schützen und durch eine nicht-wettbewerbliche Bereitstellung von öffentlichen Gütern der Daseinsvorsorge zu ergänzen. Auch ist eine Vergesellschaftung von Großkonzernen zu diskutieren; nicht immer ist dabei aber eine Zerschlagung ökonomisch aus Gründen von economics of scale sinnvoll. Und es muss auf der Marktebene dringend die neoliberal intendierte *Umverteilung* bei den primären Einkommen zu Gunsten einer kleinen vermeintlichen gesellschaftlichen Elite gestoppt werden. Auf der Makroebene ist durch eine entsprechende Steuerpolitik das bisher völlig ungleich verteilte Vermögen in Angriff zu nehmen.

Ohne eine gleichberechtigte *immaterielle und materielle Partizipation* zwischen Kapital und Arbeit in den Unternehmen, auf der einzelwirtschaftlichen Ebene, wird dies aber nicht möglich sein. »Will man eine wirkliche Selbstregierung des Volkes in allen wichtigen Angelegenheiten, dann geht es nicht an, große Teile des Wirtschaftslebens zur Privatsache zu erklären und für die Demokratie zur Sperrzone zu machen. Im Gegenteil: Wenn die Demokratie eine akzeptable und legitimierbare Form ist, um Staaten zu regieren, dann kann sie für die Führung von Unternehmen nicht von vornherein illegitim sein« (Krätke 2003). Otto Brenner, langjähriger Vorsitzender der IG Metall, konkretisierte und begründete 1961 noch einmal die Forderung nach mehr *Mitbestimmung in den Unternehmen*: »Der Gedanke der Mitbestimmung bedeutet im Grunde nichts anderes als eine Ausprägung der gewerkschaftlichen Idee der Freiheit. Freiheit ist für uns nicht nur ein politischer Begriff, sondern vor allem auch eine soziale Kategorie. Wir wissen, dass die Freiheit des Menschen außerhalb seines Arbeitslebens nicht vollständig und gesichert ist, solange der Mensch in seinem Arbeitsleben der Herrschaft anderer unterworfen bleibt. Die Demokratisierung des öffentlichen Lebens, das freie Wahl-, Versammlungs- Rede- und Presserecht bedarf der Ergänzung durch die *Demokratisierung der Wirtschaft*, durch Mitbestimmung der arbeitenden Menschen über die *Verwendung ihrer Arbeitskraft* und der von *ihnen geschaffenen Werte*. Die Forderung nach Mitbestimmung der arbeitenden Menschen ist historisch entstanden in einer Wirtschaftsordnung, die auf dem privaten Besitz an Produktionsmitteln beruht, auf der Trennung des Arbeiters von den Produktionsmitteln und vom Produkt seiner Arbeit und auf der damit gegebenen Bevorzugung der Produktionsmittelbesitzer. Mit anderen Worten: Wir haben es mit einer Wirtschaftsordnung zu tun, in der es keine Freiheit im sozialen Bereich und keine Demokratie im Wirtschaftsleben gibt. Der Gedanke der Mitbestimmung bedeutet nichts anderes als einen Versuch, Freiheit und Demokratie auch im Bereich der Wirtschaft, auch für die Arbeitnehmer zu verwirklichen« (Brenner 1972, S. 58).

Wirtschaftsdemokratische Umsetzungsnotwendigkeiten (Prämissen)

Um Wirtschaftsdemokratie auf der *einzelwirtschaftlichen Ebene* umzusetzen, bedarf es einer breiten und vertieften gesellschaftlichen Diskussion auf drei Ebenen:

- Erstens ist hier die subjektive Wertlehre zu nennen, die mit ihrer ökonomischen Mystifikation diametral zur *objektiven Arbeitswerttheorie* der klassischen Nationalökonomie steht (vgl. Fröhlich 2009).
- Zweitens ist als Grundtatbestand der kapitalistisch systemimmanente Widerspruch zwischen Kapital und Arbeit hinsichtlich der *Wertschöpfungsverteilung* zwischen Arbeits- und Besitzeinkommen (Zins, Miete/Pacht und Gewinn) zu nennen.
- Und drittens das »*Investitionsmonopol des Kapitals*« (Erich Preiser).

Im Ergebnis dieser drei kapitalistischen Grundtatbestände und Widersprüche kommt es zu einer nicht akzeptablen systemimmanenten und -strukturellen Benachteiligung des »Faktors« Arbeit. Schon 1516 schrieb der englische Lordkanzler, Sir Thomas Morus, in seinem Buch »Utopia«: »Vom Taglohn der Armen zwacken die Reichen täglich noch etwas ab – nicht nur durch private betrügerische Manipulationen, sondern auch aufgrund staatlicher Gesetze« (zitiert bei: Geißler, H., Ou Topos. Suche nach dem Ort, den es geben müßte, 5. Aufl., Reinbek bei Hamburg).

Daran hat sich vom Grundsatz bis heute nichts geändert. Den abhängig Beschäftigten steht immer noch nicht, trotz einer demokratischen Verfassung, der volle Gegenwert ihrer Arbeit zu. Die Abhängigen erhalten im Produktionsprozess nur einen Lohn für ihre Arbeitskraft, und selbst dieser ist häufig so niedrig, dass er weder zum Leben noch zum Sterben reicht. Der bekannte US-amerikanische Ökonom John Kenneth Galbraith spitzt den Ausbeutungsprozess der abhängig Beschäftigten zu und bezeichnet den kapitalistischen Vorgang als »plumpen Diebstahl« an der Arbeiterschaft. Und der deutsche Jesuitenpater und Ökonom Oswald von Nell-Breuning machte dies noch einmal 1960 in seinem

Buch »Kapitalismus und gerechter Lohn« anhand der Verteilung der Wertschöpfung zwischen Kapital und Arbeit deutlich, als er schrieb: »Man könnte das auch so ausdrücken: die Arbeitnehmer schenken den Unternehmern die Kapital- oder Investitionsgüter und sind zufrieden, als Entgelt für ihre Leistung im Produktionsprozess denjenigen Teil der produzierten Güter zu erhalten, der in Konsumgütern besteht. Auf diese Weise werden die Unternehmer reicher und reicher, die Arbeitnehmer bleiben Habenichtse« (Nell-Breuning 1960).

Wäre es anders, gäbe es keinen Gewinn, auch keine Zinsen, Mieten und Pachten, eben keine kapitalistischen Besitzeinkünfte und somit auch keine Ausbeutung. Die *Arbeitswerttheorie*, die Lehre von der Wertschöpfung durch produktive menschliche Arbeit, die dies zeigt, wurde von William Petty bereits im 17. Jahrhundert wissenschaftlich begründet, von Adam Smith und David Ricardo weiterentwickelt, und dann mit der Theorie des absoluten und relativen Mehrwerts von Karl Marx vollendet. Von Petty stammt der Satz: »Die Arbeit ist der Vater und das aktive Prinzip des Wohlstandes, so wie der Boden seine Mutter ist.« Kapital entsteht erst aus der Kombination von Beiden. Das Kapital ist als vergegenständlichte (»tote«) Arbeit zu seiner Verwertung auf die lebendige Arbeit des Menschen angewiesen. Dem steht die heute in der Wirtschaftswissenschaft herrschende *subjektive Wertlehre* der Neoklassik gegenüber, die gegen Ende des 19. Jahrhundert die Klassik ablöste. Hoben die klassischen Lehrmeinungen noch die wirtschaftliche Rolle der sozialen Klassen hervor, so waren jetzt Theorien, »die einen Konflikt anregten (…) unerwünscht. Theorien, die die Aufmerksamkeit vom Antagonismus der sozialen Klassen ablenkten, waren (dagegen) hoch willkommen« (Robinson/Eatwell 1974, S. 68).

Die Verteilung der arbeitsteilig produzierten Wertschöpfung wird dabei in der neoklassischen subjektiven Wertlehre unabhängig von der *Eigentumsfrage* (vgl. den Beitrag »Die Eigentumsfrage«, S. 18ff.) mit der *Grenzproduktivitätstheorie* aufgelöst, bei der jeder Produktionsfaktor (Arbeit, Boden und Kapital) gemäß seinem produktiven Beitrag für die jeweils letzte eingesetzte Einheit zum Gesamtprodukt entlohnt wird. Aus dem so entstehenden Einkommen Lohn, Gewinn, Zins und Grundrente lässt sich dann immer die bestehende Einkommensverteilung – quasi durch einen Tautologieschluss – rechtfertigen. Jeder »Faktor« schafft für sich einen eigenen Wert. Die menschliche Arbeitskraft wird damit den anderen Produktionsfaktoren Boden und Kapital gleichgestellt. Der Ökonom Otto Conrad (1934) hat diese Sicht als die »*Todsünde der Nationalökonomie*« bezeichnet und sich gegen eine solche Gleichstellung mit dem allein neuwertschaffenden Menschen verwahrt: Niemand käme auf die Idee, dass eine Geige »geigt« oder ein Fernrohr »sieht«. Produktionsmitteln aber werde zur Verklärung (Mystifikation) der gesellschaftlichen Wertschöpfung eine eigenständige Leistung zugeordnet. Richtig ist dabei nur: Kapital und Boden geben zwar während des Produktionsprozesses einen Wert im Rahmen ihrer jeweiligen Nutzung ab, sie schaffen aber lediglich durch den Einsatz von menschlicher Arbeit einen entsprechenden Neuwert oder Mehrwert (Gewinn, Zins, Grundrente).

Außerdem gilt: In jedem Produktionsprozess kommen, neben einem Naturgebrauch, immer zwei Inputfaktoren zum Einsatz: Arbeit (A) und Kapital (K). Mit nur einem Faktor ist kein Output, keine Wertschöpfung (W), möglich.

$$W = f(A, K)$$
$$W = f(A, 0) = 0$$
$$W = f(0, K) = 0$$

Arbeit und Kapital stehen in der Produktion interdependent zueinander und zur Hebung von ständig zu erhöhenden Arbeitsproduktivitäten wird Arbeit in einem laufenden *Rationalisierungsprozess* ständig durch Kapital substituiert, ohne dass letztlich ein vollständiger Ersatz gelingt. Und obwohl dies alles uneingeschränkt als ökonomisches Gesetz gilt, unterliegt im Kapitalismus der arbeitende vom Unternehmer abhängige Mensch dem entscheidenden »*Investitionsmonopol des Kapitals*«. Das heißt, nur das Kapital entscheidet *wann*, *wie* und *wo* investiert wird, womit dann ein Paradoxon vorliegt. Denn wenn mit nur einem Produktionsfaktor (dem Kapital) kein Output in der Produktion, also keine Wertschöpfung möglich ist, warum haben dann in den Unternehmen nur die *Kapitaleigner* über die Arbeitsnachfrage, den Arbeitseinsatz, Entlassungen, Investitionen und die Gewinnverwendung zu bestimmen?

Dies hat mehrere, aber in Demokratien, gesellschaftlich nicht akzeptable Gründe. Zunächst einmal *verfassungsrechtliche*. Die Verfassung schützt das Kapital einseitig durch das *Privateigentum an den Produktionsmitteln* und durch die unternehmerische Freiheit zum ökonomischen Handeln nach maximalem Profit bezogen auf das eingesetzte Kapital. Im Ergebnis bedeutet dies: Die im Produktionsprozess eingesetzte Maschine zählt in der Verfassung mehr als der arbeitende Mensch, der diese Maschine erst geschaffen hat. Dadurch sind die abhängig Beschäftigten im Produktionsprozess den Kapitaleignern hoffnungslos unterlegen. Der Unternehmer (Kapitalist) darf dem Menschen sogar seine ökonomische *Existenzgrundlage*, seinen Arbeitsplatz, jederzeit durch Entlassung, auch nur zur Steigerung der Profitrate, nehmen. Um hier Abhilfe zu schaffen, müssen die deutschen unzureichenden betrieblichen und unternehmerischen »Mitbestimmungsgesetze« zu einer wirklichen Parität zwischen Kapital und Arbeit, wie im Montan-Mitbestimmungsgesetz, mindestens ausgebaut werden.

Hinzu kommt, dass die Unternehmer völlig frei sind, überhaupt die abhängig Beschäftigten an den Arbeitsmärkten nachzufragen. Nur durch die unternehmerische Nachfrage erhalten die Abhängigen und sogenannten »Unselbstständigen« aber einen *ökonomischen Wert*. Bleiben sie arbeitslos, können sie von den Kapitalisten und ihren Claqueuren gesellschaftlich ständig als »Sozialschmarotzer« und »Faule« diffamiert werden. Dies führt letztlich zu Scham- und Schmachgefühlen bei den gesellschaftlich »Externalisierten«, wie Viviane Forrester in ihrem Buch »Der Terror der Ökonomie« herausgearbeitet hat. »Die Scham«, so Forrester (1998), »sollte an der Börse gehandelt werden: Sie ist ein wichtiger Grundstoff des Profits.«

Unternehmensbezogene wirtschaftsdemokratische Lösungsansätze

Um die aufgezeigten, nicht akzeptablen systemimmanenten und -strukturellen Benachteiligungen des »Faktors« Arbeit zu beseitigen, bedarf es grundlegender (radikaler) Veränderungen. So muss dringend das bestehende, aber nur für noch wenige abhängig Beschäftigte gültige, *Montan-Mitbestimmungsgesetz* in allen Unternehmen (branchen- und rechtsformunabhängig) ab ständig 500 Beschäftigten zur Anwendung kommen. In den Unternehmen unter 500 Beschäftigten ist das *Betriebsverfassungsgesetz* dahingehend zu novellieren, dass auch hier die Betriebsräte an wirtschaftlichen Entscheidungsprozessen gleichberechtigt zum Kapital mitbestimmen dürfen. Nur dann können die beiden notwendigen ständig auftretenden einzelwirtschaftlichen Probleme auch demokratisch gelöst werden. Erstens ist dies der Umgang mit Beschäftigten bei unternehmensbezogenen *Krisenanpassungen* und zweitens eine *materielle Mehrwertpartizipation* durch abhängig Beschäftigte.

Krisenanpassungen

In einem fairen Leistungswettbewerb, der auch in einer Wirtschaftsdemokratie ein entscheidender Ordnungsfaktor ist und bleiben muss, können Unternehmen wegen mangelnder Leistungen oder auch durch gravierende (strukturelle) Nachfrageveränderungen in eine Krise geraten. Dies ist aber auch durch einen *Machtmissbrauch* von Marktteilnehmern auf den Märkten möglich. Hier können Unternehmen andere ausbeuten, was heute ständig der Fall ist. Bei einer durchgesetzten Wirtschaftsdemokratie auf der Marktebene kann dies aber ausgeschlossen werden. Dennoch bleiben die ersten beiden Fälle (mangelnde Leistungen und Strukturveränderungen), bei denen letztlich Beschäftigte von Lohnkürzungen und Entlassungen bedroht sind. Um hier die Menschen, im wertschaffenden Wirtschaftsprozess auf einzelwirtschaftlicher Ebene, zu schützen, und nicht den Profit von wenigen, muss es in einer Wirtschaftsdemokratie durch entsprechende Gesetze verboten werden, Arbeitsentgelte so lange zu senken und Beschäftigte zu entlassen, wie die

Unternehmen noch *Gewinne* erzielen. Dies gilt auch für womöglich intendierte Gewinn- und Profitratenerhöhungen. Außerdem dürfen Gewinne an die Kapitaleigner nur dann ausgeschüttet werden, wenn eine auskömmliche *Eigenkapitalquote* zur wirtschaftlichen Vorsorge eines Unternehmens erreicht ist. Dies ist im Zuge der weltweiten Finanz- und Wirtschaftskrise den Banken auferlegt worden, die zukünftig ihre Eigenkapitalquote bis zu 18 % aufstocken müssen. Heute ist es realiter dagegen üblich, Gewinne in hohem Maße an die Shareholder auszuschütten. So haben allein im Jahr 2017 die 30 DAX-Konzerne 36,5 Milliarden Euro an ihre Eigentümer weitergereicht. Und gleichzeitig wird von den Managern der DAX-Konzerne ein enormer »Kostendruck« behauptet. Einen solchen »Kostendruck« verspürt in einer Branche realiter und wahrhaft aber nur der *Grenzanbieter*, der auf Grund des vorherrschenden (gegebenen) Marktpreises und der Nachfrage gerade noch seine Stückkosten deckt, also weder einen Gewinn noch einen Verlust realisiert. Alle Konkurrenten bzw. Mitanbieter erzielen dagegen auf Grund niedriger Stückkosten Differentialgewinne (vgl. Fehl, Oberender 1976, S. 19). Aber selbst der Grenzanbieter erzielt eine *Wertschöpfung* und auch einen *Mehrwert*, indem er

- Lieferanten (sämtliche Fremdleistungen),
- Beschäftigte (Arbeitsentgelte),
- Fremdkapital (Zinsen),
- Grundeigentümer (Miete/Pacht/Leasing) und den
- Staat (Steuern/Abgaben)

bezahlt bzw. befriedigt. Und ebenso gehen die *Shareholder* des Grenzanbieters nicht leer aus. Sie erhalten über die in den Preisen realisierten *Abschreibungen*, anteilig, gemäß Werteverzehr, ihr eingesetztes Eigenkapital zurück (Eigenkapitalamortisation). Daneben erhalten die Unternehmenseigentümer auch einen in der Regel hohen kalkulatorischen *Unternehmerlohn*, wenn sie ihre Arbeitskraft als Manager in ihr Unternehmen einbringen. Und beschäftigen die Shareholder Vorstände oder Geschäftsführer, dann erhalten auch diese häufig völlig überzogene Einkommen und Tantiemen (vgl. Bontrup 2017a, S. 365ff.). Die Kapitaleigentümer eines Grenzanbieters erzielen allerdings keine unternehmensbezogene *Verzinsung ihres Eigenkapitals* (Gewinn). Dies ist gesellschaftlich betrachtet aber ein volkswirtschaftliches Optimum und zeugt vom Funktionieren einer wettbewerblichen Ordnung. Gewinne sind hier ausschließlich nur den *innovativen Unternehmen* in einem *dynamischen Wettbewerbsprozess* vorbehalten (vgl. Olten 1995, S. 57ff.). Deshalb mutet die Sicht von Adam Smith und seine »unsichtbare Hand« der Konkurrenz, die Unternehmen zum »Diener der Nachfrager« macht, auch geradezu naiv an. Er schreibt: »Konsum ist der einzige Sinn und Zweck aller Produktion; und das Interesse des Produzenten sollte nur insoweit berücksichtigt werden, als es für die Förderung des Konsumenteninteresses nötig sein mag. Diese Maxime ist so selbstverständlich, daß es unsinnig wäre, sie beweisen zu wollen« (Smith 1976, 1999, S. 645). Hätte er mal lieber eine Beweisführung versucht, dann wäre er zu der Erkenntnis gelangt, dass die Maxime der entscheidenden Triebfeder der kapitalistischen Ordnung massiv widerspricht. Hier geht es nicht um eine *Befriedigung von Konsumentenbedürfnissen*, oder um die *Schaffung von Arbeitsplätzen*, sondern ausschließlich darum, aus vorgeschossenem Geldkapital (G) durch eine kapitalistische Ausbeutungsproduktion, in der der Mehrwert entsteht, mehr an Geldkapital (G') zu machen (G – Produktion (Mehrwert) – G'). Die Versorgung der Menschen mit Gütern und Diensten ist dabei nur ein Nebenprodukt, weswegen auch Mangel und Überfluss stets gleichzeitig existieren. Das Kapital hat wegen seiner Vermehrungssucht nie genug. Es hat einen ständigen Wachstumsdrang.

Was ist aber, wenn kapitalistische Unternehmen trotzdem in *Verlustsituationen* kommen? Um dann einen Gewinn zu erzielen, ohne Lieferanten auszubeuten und Beschäftigte zu entlassen oder den Staat nicht zu bedienen sowie die Nachfrager über höhere Preise anzugreifen, müssen in einer *wirtschaftsdemokratischen Unternehmensverfassung* die für die Empfänger arbeitslosen Einkommen, die Zinsen der Fremdkapitalgeber und die Mieten und Pachten/Leasinggebühren der Grundeigentümer gesenkt und im Extremfall auf null gebracht werden. Beide, Zinsen und Grundrente, stellen, wie der Gewinn, Mehrwert dar, der durch die Beschäftigten geschaffen wurde. Auch in den *Fremdleistungen der Lieferanten* sind Arbeitsentgelte enthalten. Und der Staat benötigt Steuern und Abgaben zur öffentlichen Daseinsfürsorge, ohne die es überhaupt keine Unternehmen geben würde. Und sollte ein Unternehmen selbst bei Zinsen und Grundrenten von Null dann einen *tatsächlichen Verlust* erwirtschaften, so berechtigt dies auch noch nicht zur Kürzung von Arbeitsentgelten und zur Entlassung von Beschäftigten. Die auflaufenden Verluste sind dann so lange gegen das *Eigenkapital* zu buchen, bis dieses aufgebraucht ist. Schließlich haben die Beschäftigten das Eigenkapital, bis auf den originären Kapitaleinsatz der Shareholder, in Form von vergangenen und thesaurierten Gewinnen erwirtschaftet. Ist am Ende das Eigenkapital verbraucht, weil es das Unternehmen (Management und Beschäftigte) zusammen nicht geschafft haben, die Krise zu überwinden, dann muss das gesamte Unternehmen aus dem Markt ausscheiden. Dann verlieren natürlich *alle Beschäftigten* ihre Arbeit. Im Gegensatz zu heute, wo es regelmäßig zu *Teil-Entlassungen* und damit zu einer *Entsolidarisierung* unter den Beschäftigten kommt. Ein Teil der Belegschaft (die »Verlierer«) muss gehen, damit andere (die »Gewinner«) bleiben können. Nicht selten aber auch nur vorläufig, weil das Unternehmen am Ende dann doch in die *Insolvenz* geht. Und auch die für die »Verlierer« ausgehandelten *Sozialpläne*, bieten nicht annähernd einen Ersatz (einen rechtlich sogenannten »Nachteilsausgleich«) für den ökonomisch verlorenen Arbeitsplatz.

Mehrwertpartizipation

Neben der entscheidenden *Beschäftigungssicherung* von Menschen gehört zu einer wirtschaftsdemokratischen Unternehmensverfassung auch eine *Mehrwertpartizipation*. In kapitalistischen Ordnungen haben sich die Beschäftigten und ihre Gewerkschaften daran gewöhnt bzw. sich offensichtlich damit abgefunden, dass die Arbeitenden nicht den am Markt realisierten vollen »*Wert ihrer Arbeit*«, sondern nur ihren »*Tauschwert der Arbeit*« als Lohn erhalten. Insofern ist und bleibt selbst der höchste Lohn ein Ausbeutungslohn. Daran ändern auch verteilungsneutrale Tarifabschlüsse nichts. Sie zementieren lediglich die Lohn- und Profitquote und damit die aufgezeigte starke Ungleichverteilung der *Vermögensbestände*.

Dennoch steht völlig außer Frage, dass in einem ersten Schritt durch *Tarifverträge* alle abhängig Beschäftigten in Form eines Äquivalententausches mit einem Arbeitsentgelt abzusichern sind. Das Arbeitsentgelt stellt sozusagen eine *erste Auszahlung* auf den »Wert der Arbeit« dar. Die Absicherung ist realiter aber nicht gegeben. Und auch die bestehenden Tarifverträge konnten, wie aufgezeigt, den *verteilungsneutralen Spielraum* nicht realisieren. Hier kam es zu einer massiven Umverteilung zu Lasten der Beschäftigten und damit zu Gunsten des Mehrwerts. Mit Lohnerhöhungen *oberhalb* des verteilungsneutralen Spielraums, also mit einer Umverteilung zu Lasten des Mehrwerts, kann man dieses Problem aber nicht auflösen. Hierdurch kommt es vielmehr zu kontraproduktiven *Preissteigerungen*. Dies umso mehr die Wirtschaft hoch konzentriert und vermachtet ist. Durch die Inflation werden dann ex-post die nominalen Tarifabschlüsse zwischen Gewerkschaften und Unternehmerverbänden real wieder entwertet. Der Ökonom und Soziologe Werner Hofmann stellt dazu fest: »An den Märkten der Konsumgüter, wo den geschlossen operierenden taktischen Einheiten des verbündeten Kapitals nichts gegenübersteht als eine zersplitterte, unkundige und ohnmächtige Verbraucherschaft, kann jeder Erfolg der Lohnfront ohne viel Lärm zunichtegemacht werden. – Ohne daß es nötig wäre, mit den Gewerkschaften aufzuräumen, ohne spektakuläre Schritte gelangt das Kapital heute an sein Ziel« (Hofmann 1988, S. 110). Außerdem ist bei Preissteigerungen damit zu rechnen, dass die *Notenbank* mit einer restriktiven Geldpolitik reagiert und es damit zu Wachstums- und Beschäftigungsverlusten kommt.

Will man diese negativen Wirkungen vermeiden, aber trotzdem zu Gunsten der abhängig Beschäftigten umverteilen, so geht dies letztlich nur durch eine *Gewinnpartizipation*. Erhalten hier die abhängig Beschäftigten Gewinnanteile, so kommt es nicht zu inflationären Effekten, wie bei Arbeitsentgeltzahlungen oberhalb des verteilungsneutralen Spielraums. Jedenfalls haben die Unternehmer keinen Grund über zu hohe Arbeitsentgelte zu klagen und diese über die Preise an die Nachfrager weiterzugeben. Die Beschäftigten nehmen hier durch *Tarifverträge* zunächst einmal an der Produktivitäts- und Preisentwicklung teil. Dadurch kommt es zu einer *Verteilungsneutralität.* Um jetzt aber in den Mehrwert einzudringen, müssen die Beschäftigten am *Gewinn* partizipieren. Und zwar am *Gewinn nach Steuern.* Ausgehend von der Wertschöpfung eines Unternehmens, erhalten die Beschäftigten zunächst einmal ihr Arbeitsentgelt, sozusagen als »Vorschuss« für ihre individuell bereitgestellte Arbeitskraft, und danach werden die *Fremdkapitalgeber* mit Zinsen und die *Grundeigentümer* mit einer Grundrente befriedigt. Der sich dann nach Abzug ergebene *Gewinn* wird danach zur Bedienung des *Staates* versteuert, so dass der *Gewinn nach Steuern* verbleibt.

Da bisher in der Rechnung als Einzige die *Eigenkapitalgeber* noch nichts bzw. keine Verzinsung ihres eingesetzten Eigenkapitals erhalten haben, wird jetzt eine *Eigenkapitalrendite* vom Gewinn nach Steuern in Abzug gebracht. Außerdem müssen von dem dann noch verbleibenden Gewinn notwendige *Investitionen* finanziert werden und es sollte auch eine *Kapitalrücklage zur Unternehmensvorsorge* erfolgen. Der danach final noch übrig bleibende Gewinn kann dann zwischen Shareholdern und Beschäftigten zur Aufteilung kommen. Hier empfiehlt sich für die abhängig Beschäftigten keine Konsumierung ihrer Gewinnanteile, sondern eine Umwandlung in eine *Kapitalbeteiligung.* Warum? Darauf gibt John Maynard Keynes die richtige Antwort: In kapitalistischen Ordnungen hängt die Realisierung der gesamtwirtschaftlichen Gewinnsumme letztlich immer nur von der Konsumtion und der Investition der Kapitaleigentümer ab. Das heißt, in Summe können die Unternehmer ihren Gewinn selbst bestimmen. Und der Ökonom Harald Mattfeldt ergänzt: »Dies gilt allerdings nur unter der klassischen Annahme, daß die abhängig Beschäftigten *nicht sparen* können (auch in der Gleichgewichtswelt mit einem statischen Modell in einer geschlossenen Volkswirtschaft ohne Staat)« (Mattfeldt, H., 1999, S. 287). Sparen können aber die meisten abhängig Beschäftigten nicht. Sie freuen sich, wenn der nächste Monatserste kommt. Für die Unternehmer gilt dagegen: »Welchen Teil ihrer Gewinne (sie) auch für den Konsum verwenden, der Vermögenszuwachs zugunsten der Unternehmer bleibt der gleiche wie zuvor. Somit sind die Gewinne, als eine Quelle der Kapitalakkumulation bei den Unternehmern, unerschöpflich wie der ›Krug der Witwe‹, wie viel davon auch immer einer ausschweifenden Lebensführung dient« (Keynes 1930, 1955, S. 113).

Soll dies auch für die abhängig Beschäftigten gelten, so benötigen sie *Kapital* und müssen in die Investitionsfunktion eindringen. An das Kapital kommen sie aber eben nur durch die oben abgeleitete *Gewinn-* <u>*und*</u> *Kapitalbeteiligung*. Durch *Sparen aus den Lohneinkommen* bzw. Arbeitsentgelten ist dies dagegen nicht möglich. Hier sei noch einmal Thomas Piketty (2014) zitiert, der, zur Aufregung vieler Kapitalapologeten und ihrer Claqueure feststellt: »Wenn das Kapitaleigentum nach streng *egalitären Gesichtspunkten* verteilt wäre und jeder Arbeitnehmer den gleichen Anteil an den Gewinnen *zusätzlich* zu seinem Lohn erhielte, würde die Frage des Verhältnisses zwischen Gewinnen und Löhnen (fast) niemanden interessieren. Wenn die Trennung zwischen Kapital und Arbeit so viele Konflikte verursacht, dann vor allem wegen der extrem hohen *Konzentration des Kapitaleigentums*. (…) Sie verstößt eklatant gegen die gängigen Vorstellungen von ›gerecht‹ und ›ungerecht‹, so dass es nicht verwunderlich ist, dass es manchmal zu physischer Gewalt kommt. Diejenigen, die nur ihre Arbeitskraft besitzen und häufig in bescheidenen, ja armseligen Verhältnissen leben, (…) können nur schwer akzeptieren, dass die Kapitalbesitzer – die mitunter selber bloß *Erben* sind – sich einen beträchtlichen Teil der erwirtschafteten Werte aneignen können, *ohne selbst zu arbeiten*. Der den Kapitalbesitzern zufließende Anteil kann häufig ein Viertel oder die Hälfte der Produktion, in kapitalintensiven Wirtschaftszweigen wie dem Bergbau mitunter sogar mehr als die Hälfte ausmachen, und er ist noch höher, wenn *Monopole* es den Kapitalbesitzern erlauben, einen noch größeren Teil abzuschöpfen« (Piketty 2014, S. 63).

Wirtschaftsdemokratie, Eigentum und Verfassung

Die zuvor beschriebenen massiven Eingriffe in die heute autokratische einzelwirtschaftliche Herrschaftsstruktur des Kapitals machen eine *verfassungsrechtliche* Diskussion erforderlich. Dies verlangt insgesamt auch die Umsetzung einer Wirtschaftsdemokratie auf der Marktebene und der gesamtwirtschaftlichen Planungsebene für eine Makroökonomie, da es hier zu einer umfassenden Intervention in die Wirtschaftsordnung und damit in ein bestehendes morphologisches Gebilde kommt, dass abhängig vom Gefüge einzelner Subordnungsformen wie des Eigentums, der Planung, der Unternehmen, der betriebsinternen Willensbildung und Ergebnisrechnung, der Marktformen und Preisbildung sowie der Geldversorgung ist. Ein komplexes und kompliziertes Geflecht also, das zwar in der deutschen Verfassung (Grundgesetz) nicht explizit beschrieben wird, dennoch aber seine indirekte Ableitung findet, ohne dass sich dabei das Gesetz für eine *bestimmte Wirtschaftsordnung* mit entsprechenden Subordnungsformen ausspricht. »Das Grundgesetz«, heißt es im Mitbestimmungs-Urteil vom 1. März 1979, enthalte »keine unmittelbare Festlegung und Gewährleistung einer bestimmten Wirtschaftsordnung« (BVerfGE 50, 290, S. 336f.). Schon im ersten Urteil 1954 zur »wirtschaftspolitischen Neutralität«, hat das Bundesverfassungsgericht festgestellt, »dass das Grundgesetz weder die wirtschaftspolitische Neutralität der Regierungs- und Gesetzgebungsgewalt noch eine nur mit marktkonformen Mitteln zu steuernde ›soziale Marktwirtschaft‹ garantiere« (Tuan 1998, S. 23).

Aber der »Grundrechtskatalog der Verfassung gewährt dem Einzelnen als Rechtsperson einen bestimmenden Anteil an der Sozial- und Wirtschaftsgestaltung. Der Einzelne soll am sozialen und wirtschaftlichen Leben nicht nur zur ›Abstimmung der Feinproportionen‹ als ›öffentlicher Planvollstrecker‹, sondern eigenverantwortlich, autonom und (auch) mit privatnütziger Zielsetzung an der Gestaltung der Rechts-, Gesellschafts- und Wirtschaftsordnung mitwirken« (Papier 2007, S. 5). Aus diesen in der deutschen Verfassung »verbürgten Freiheiten für die wirtschaftliche Betätigung«, so der ehemalige Vorsitzende des Bundesverfassungsgerichts, Hans-Jürgen Papier, könne deshalb in Deutschland »eine Wirtschaftsordnung, die eine Koordination der Volkswirtschaft prinzipiell im Wege der Zentralverwaltung und in einem System imperativer und zentralisierter Staatsplanung bewerkstelligen wollte«, nicht umgesetzt werden (Papier, S. 5). »Das Grundgesetz ist also nicht in dem Sinne *neutral*, dass die vorgefundene und gewachsene Wirtschaftsordnung prinzipiell in eine *Zentralverwaltungs- oder Zentralplanwirtschaft* umstrukturiert werden könnte. Die individuellen Freiheitsrechte kennen zwar vielfältig abgestufte Regelungs- und Eingriffsvorbehalte zugunsten des einfachen Gesetzgebers. Für alle Grundrechte gilt aber zum einen die *allgemeine Eingriffsschranke* des Art. 19 Abs. 2 GG, nach der die Grundrechte in keinem Fall in ihrem Wesensgehalt angetastet werden dürfen, und zum anderen das *rechtsstaatliche Übermaßverbot*. Darüber hinaus gewährt Art. 14 Abs. 1 GG nicht nur eine Rechtsstellungsgarantie zugunsten des individuellen Eigentümers, sondern garantiert auch das *Privateigentum* und das *Erbrecht* als Institute der Rechts- und Wirtschaftsordnung« (Papier, S. 5).

Diese von Papier vorgenommene Interpretation zeigt eine totale *Ausblendung der ökonomischen Realität* und die Argumentation ist zudem geschichtslos. Die sogenannten *individuellen »Freiheitsrechte«* existieren realiter nicht gleichverteilt am Markt. Im Gegenteil, der Markt ist verantwortlich für die permanente Schaffung von Ungleichheiten bei Einkommen und Vermögen und Machtasymmetrien durch Konzentrations- und Zentralisationsprozesse. Und Papier hat auch nicht begriffen, dass jeder Unternehmer ebenso die freiheitlichen Grundrechte der abhängig Beschäftigten durch sein ausgeübtes *Direktionsrecht* einschränkt, wie durch die ihm gegebene Möglichkeit, die Beschäftigten jederzeit, trotz Kündigungsschutzgesetz, entlassen zu können. Dies gilt selbst für die betriebsbedingte Kündigung, wenn ein Unternehmer trotz gegebener Gewinne, nur zur Steigerung seiner Profitrate, einen Personalabbau betreibt. Hinzu kommt die einseitige Freiheit von Unternehmern darüber zu entscheiden, ob sie überhaupt einen abhängig Beschäftigten am Arbeitsmarkt nachfragen. Die im Art. 12 GG über die Berufsfreiheit abgeleitete und garantierte *»unternehmerische Freiheit«* wird damit verfassungsrechtlich höher bewertet als die Rechte der Beschäftigten auf eine notwendige Verwertung ihrer Arbeitskraft im Unternehmen. Die Verfassung und das gesamte nachgeordnete Arbeitsrecht sind völlig asymmetrisch. Hier dominiert einseitig das Kapital (vgl. Bontrup 2015, S. 18). Dies alles ist mit einer Wirtschaftsdemokratie nicht zu vereinbaren. Hier wären also zur Umsetzung einige *Verfassungsänderungen* aus gutem Grund notwendig. In erster Linie geht es dabei um die *Eigentumsfrage*. Diese kann in der Ökonomie nicht von der Produktion des Überschussproduktes bzw. der Mehrwertproduktion beurteilt werden. Was Papier in seiner rein juristischen Bewertung der Verfassung aber macht.

Vor dem geschilderten Hintergrund einer zu heute radikal veränderten Krisenanpassung und Mehrwertpartizipation in den Unternehmen, würde es automatisch zu einer veränderten Eigentumssituation kommen. Dazu zählt auch die dargelegte Mitbestimmungsveränderung zur Einflussnahme auf die Verwendung des Eigenkapitals in Unternehmen. Ergänzt werden muss das Ganze aber noch durch eine staatliche Genossenschaftsförderung, durch mehr vergesellschaftete Unternehmen mit öffentlichem Einfluss in den Bereichen der Energie- und Verkehrsversorgung im Zuge einer Rekommunalisierung. Auch die Gesundheitswirtschaft gehört in öffentliche Hände und der Staat muss als Eigentümer von Wohnungen auf dem Wohnungsmarkt aktiv werden. Nicht zuletzt muss der staatliche Sektor wesentlich mehr in die Infrastruktur investieren. Dazu ist die 2009 in die Verfassung geschriebene kontraproduktive Schuldenbremse zu streichen. Dafür sind aber zur Finanzierung der Investitionen die unerträglich hohe Steuerkriminalität zu bekämpfen und die Vermögensteuer und wesentliche höhere Erbschaftsteuersätze einzuführen bzw. eine völlig andere Steuerpolitik umzusetzen (vgl. Arbeitsgruppe Alternative Wirtschaftspolitik 2015, S. 87ff.).

Schon von Anbeginn der Evolutionsgeschichte hatte menschliche (lebendige) Arbeit den entscheidenden Anteil an der Entwicklung des Homo Sapiens und der sich aus dem Zusammenleben der Spezies ergebenden Entwicklung. Erst die Fähigkeit des Menschen, durch Lernprozesse und Arbeitsteilung sein Leben und sein Überleben ständig zu verbessern, hat ihn sukzessive aus der Tierwelt abgesondert und seinen qualitativ neuen gesellschaftlichen Zustand gefestigt. Die Menschheit existiert seit über drei Millionen Jahre. Der erste affenähnliche Mensch hat grobe Arbeitsinstrumente bereits vor etwa 1.750.000 Jahren hergestellt. »Im Verlauf von mehreren hunderttausend Jahren entwickelte sich der Australopithecus durch die Vergrößerung der Schädelkapazität zum Homo erectus, der nun schon wesentlich differenziertere Werkzeuge herstellte. Dieser Frühmensch lebte vor 500.000 Jahren« (Jungbluth 1984, S. 18) Implizierte Arbeit in der urgemeinschaftlichen Produktionsweise noch eine *klassenlose* kollektive (ausbeutungsfreie) Tätigkeit, um in der Gruppe zu überleben, so entstand durch die fortwährende Entwicklung der Arbeitsinstrumente und später durch Arbeitsteilung eine zunehmende Produktivität und schließlich ein *Überschussprodukt*, das zum ersten Mal in der Anthropologie eine materielle Voraussetzung für eine Ausbeutung von Menschen durch Menschen und für Eigentum möglich machte. Seitdem müssen an Produktionsmitteln eigentumslose Menschen für andere Menschen arbeiten, denen die Produktionsmittel gehören. Ob als Sklaven oder als Unfreie vom Feudalherren Abhängige oder als Lohnarbeiter im Kapitalismus. Immer eignen sich die Eigentümer der sachlichen Produktionsmittel das durch Produktion entstehende Überschussprodukt, den Mehrwert, aus menschlicher Arbeit anderer an. Karl Marx beschreibt diese Aneignung aus einer feudalen Gesellschaftsstruktur zur Herausbildung eines frühkapitalistischen Systems »bluttriefend« im 24. Kapitel des Kapitals als »sogenannte ursprüngliche Akkumulation« (Marx 1867, 1974, S. 741ff.).

Für Marx ist diese Akkumulation eine »Expropriation der unmittelbaren Produzenten« und damit »Verwandlung der feudalen in kapitalistische Expropriation.« Somit sind die lohnabhängigen Arbeiter im Kapitalismus, dies betonte übrigens auch Adam Smith, nur zu bedauern. »Der bedauernswerte Arbeiter, der gewissermaßen das ganze Gebäude der menschlichen Gesellschaft auf seinen Schultern trägt, steht in der untersten Schicht dieser Gesellschaft. Er wird von ihrer ganzen Last erdrückt und versinkt gleichsam in den Boden, so dass man ihn auf der Oberfläche gar nicht wahrnimmt« (Smith 1776). Wie innovativ wäre es hier, wenn Politik und Verfassungsjuristen dies einmal bei ihrer Arbeit berücksichtigen würden? Sie kämen dann hoffentlich zu völlig anderen Implikationen und damit Ergebnissen.

Schon in der Antike gab es Eigentum, sogar am Menschen in der Sklavenwirtschaft, und während der feudalen Zeit vom 5. bis zum 15. Jahrhundert konnten die, die über Eigentum an der damals, neben Arbeit, wichtigen Ressource Grund und Boden verfügten, andere für sich, für die Grund- bzw. Bodenrente, auf den Feldern schuften lassen (vgl. Fülberth 2005, S. 85ff.). Und nach der sukzessiven Ablösung der feudalen durch die kapitalistische Ordnung, etwa ab dem 15. Jahrhundert (vgl. Kocka 2013), und der Durchsetzung der Lohnarbeit, ließen dann die Kapitaleigentümer die abhängigen Arbeiter für sich arbeiten – was bis heute gilt.

Mit der *französischen Revolution* von 1789 war dann die rechtlich »freie« Arbeit der Menschen endgültig zu einem ökonomisch neuen abhängigen Lohnarbeitsverhältnis zwischen Unternehmer und Arbeiter geworden. Eine Koalition, einen Zusammenschluss, der Einzelnen ansonsten den Kapitaleigentümern völlig unterlegenen abhängigen Beschäftigten war auch nach der Revolution nicht erlaubt. Die Nationalversammlung erließ 1791 ein Koalitionsverbot. René Guy Le Chapelier, einer der prominentesten Redner der Nationalversammlung, »räumte zwar ein, dass Lohnerhöhungen angesichts der Lage der Arbeiter, die nahezu der Sklaverei gleichkomme, wünschbar seien. Allein sie könnten aber nicht durch kollektive Aktionen durchgesetzt werden, mit denen die Freiheit der Arbeitgeber verletzt würde. Hierzu gab es in der Nationalversammlung außer einigen Nachfragen praktisch keine Diskussion. (…) So verabschiedete die Nationalversammlung das Gesetz am 14. Juni 1791 einstimmig« (Kittner 2005, S. 158f.).

Die Arbeiter, mittellos und ohne Kapital, müssen seitdem ihre Arbeitskraft Unternehmern und Kapitaleignern verkaufen. Die französische Nationalversammlung verkündete die natürlichen und unantastbaren Menschen- und Bürgerrechte: »Das Recht auf Freiheit, Eigentum, Sicherheit und das Recht auf Widerstand gegen Unterdrückung«. Dem Eigentum wurde noch ein gesonderter siebenzehnter Zusatzartikel gewidmet, in dem es als »ein unverletzliches und geheiligtes Recht« hervorgehoben wird, das »niemandem genommen werden« dürfe, es sei denn gegen »gerechte Entschädigung«. Jean-Jacques Rousseau hatte in seiner Abhandlung »Über den Ursprung und die Grundlagen der Ungleichheit unter den Menschen« noch geschrieben: »Der erste, der ein Stück Land eingezäunt hatte und es sich einfallen ließ zu sagen: dies ist mein und der Leute fand, die einfältig genug waren, ihm zu glauben, war der wahre Gründer der bürgerlichen Gesellschaft. Wie viele Verbrechen, Kriege, Morde, wie viel Not und Elend und wie viele Schrecken hätte derjenige dem Menschengeschlecht erspart, der die Pfähle herausgerissen oder den Graben zugeschüttet und seinen Mitmenschen zugerufen hätte: ›Hütet euch, auf diesen Betrüger zu hören; ihr seid verloren, wenn ihr vergesst, dass die Früchte allen gehören und die Erde niemanden« (Rousseau, zitiert bei Harlander u.a. 1994, S. 24).

Rousseau lehnte, genauso wie Aristoteles, Privateigentum dennoch nicht ab. Er unterschied aber zwischen Eigentum an unseren »täglichen Gebrauchsgegenständen« und an Eigentum, das mit *ökonomischer Macht* daherkommt und es ermöglicht, andere für sich arbeiten zu lassen; also sich, ohne eigene Leistung zu erbringen, bereichern zu können. Dies lehnte Rousseau vehement ab. Heute schreibt dazu im Hinblick auf eine notwendige *Differenzierung des Eigentums* der Politikwissenschaftler Alex Demirović (2007, S. 16): »Es stellt einen Unterschied dar, ob einer Person die Nutzungsrechte an einem Sofa oder seinen CDs rechtlich garantiert werden oder aber die Verfügung über Produktionsmittel, die andere Menschen benötigen, um sich selbst zu erhalten. Die Verfügungsgewalt über Produktionsmittel erlaubt es, den Zugang zu ihnen zu beschränken oder sie in einer Weise einzusetzen, daß daraus Nachteile für große Gruppen der Bevölkerung entstehen. Dieser Aspekt nimmt an Bedeutung noch zu, wenn die Produktionsmittel nicht breit verteilt sind auf eine Vielzahl von Eigentümern – wie das der klassische Liberalismus vor Augen hatte –, sondern sich aufgrund der Akkumulationsdynamik konzentrieren.« Auch Aristoteles restringierte das Eigentum, er sah hier eine Grenze, die immer dann überschritten sei, wenn

Eigentum nicht nur zur Sicherung einer »Persönlichkeitsentfaltung« diene, sondern lediglich zur fortwährenden Steigerung eines *individuellen Geldreichtums* eingesetzt würde. Ein Mensch, der danach trachtet, hielt Aristoteles, ebenso wie Rousseau, für eine ziemlich *armselige Kreatur.*

Für den englischen Philosoph John Locke, einer der Väter des politischen Liberalismus, ist Eigentum die rechtliche Umsetzung der »bürgerlichen Freiheit des Einzelnen«, die ein nicht verhandelbares Menschenrecht sei. Beim Eigentumserwerb sah er aber, wie Aristoteles und Rousseau, eine individuelle (arbeitsbezogene) Grenze. Ausgehend davon, dass jeder Mensch ein natürliches Eigentum an seinem Körper hat, und daher Sklavenarbeit gesellschaftlich zu verachten ist, gehören dem jeweils arbeitenden Menschen auch die »Früchte seiner Arbeit«, die dann natürlich sein Eigentum werden. Legitimes Eigentum entsteht nach Locke also nur durch *eigene Arbeit.* »So viel Land ein Mensch bepflügt, bepflanzt, kultiviert und so viel er verwerten kann durch die Nutzung des Ertrages, so viel ist sein eigen« (Locke 1966, S. 30). »Das klingt sympathisch und revolutionär«, schreibt Sahra Wagenknecht, »zumal für einen Liberalen. Immerhin schufteten zu Lockes Lebzeiten in Europa die meisten Menschen auf Äckern, die ihnen nicht gehörten und deren Früchte sie nicht genießen konnten, so wie heute die Mehrheit in Unternehmen arbeitet, die ihnen nicht gehören und deren Erträge andere, die Kapitaleigentümer, kassieren. Und schon zu Lockes Zeiten lag auf der Hand, dass Großeigentum wie etwa die riesigen Ländereien des Adels nie dadurch entstanden war, dass ihre Eigentümer oder auch nur deren Vorfahren Niemandsland durch persönliche Arbeit in Besitz genommen hatten. Forderte Locke mit seiner Theorie also die Enteignung des Ades und die Übergabe des Landes an die Bauern? Das tat er nicht. Er lieferte stattdessen eine besonders trickreiche Legitimierung der damaligen Eigentumsverhältnisse (…). Die Arbeitstheorie des Eigentums gilt nämlich bei Locke ausdrücklich nur für das, was er den *Naturzustand* nennt. Dieser Naturzustand wird mit der Einführung des Geldes verlassen. Mittels Geld hat jeder die Möglichkeit, weit mehr Eigentum zu erwerben, als er bearbeiten kann, denn er kann sein Eigentum durch bezahlte Arbeiter vermehren lassen. Je mehr er hat, desto mehr Leute kann er beschäftigen und desto schneller wächst sein Vermögen. Dieses Eigentum ist nach Locke trotzdem legitim, weil es jedem, dem diese Ordnung und die mit ihr verbundene große Ungleichheit nicht passt, ja freistehe, in Weltgegenden auszuwandern, in denen es noch eigentümerlose Wiesen gibt, die man mit seiner Hände Arbeit in einen eigenen Acker verwandeln kann. Es muss also niemand auf anderer Leute Land schuften; wer es trotzdem tut, tut es also freiwillig und hat damit die bestehende Ordnung anerkannt« (Wagenknecht 2016, S. 245f.).

Das klingt ähnlich, wie heute neoliberale Ökonomen den Arbeitsmarkt interpretieren. Wer hier nicht bereit sei zu einem niedrigen Gleichgewichtslohn zu arbeiten, der sei halt »freiwillig arbeitslos« und »faul«. Und Faule hätten nun mal keinen Anspruch auf eine üppige gesellschaftliche (staatliche) Alimentierung. Hartz IV lässt hier grüßen! Diese absurde Arbeitsmarktableitung ist genauso realitätsleer wie die »Arbeitstheorie« von Locke. Der bekannte Soziologe Max Weber sagt warum: Im Kapitalismus sind »Personen vorhanden, die nicht nur rechtlich in der Lage, sondern auch wirtschaftlich genötigt sind, ihre Arbeitskraft frei auf dem Markt zu verkaufen. Im Widerspruch zum Wesen des Kapitalismus steht es, und seine Entfaltung ist unmöglich, wenn eine solche besitzlose und daher zum Verkauf ihrer Arbeitsleistung genötigte Schicht fehlt, ebenso, wenn nur unfreie Arbeit besteht« (Weber 1924, S. 239f.). Kapitalistische Lohnarbeit ist in der Tat das notwendige Komplement des Kapitals selbst. Damit ist auch die immer wieder vorgetragene Behauptung, jeder könne ja schließlich in einer marktwirtschaftlich-kapitalistischen Ordnung Unternehmer werden und sich damit die Mehrarbeit der abhängig Beschäftigten als Mehrwert (Gewinn, Zins und Grundrente) aneignen, als eindeutig falsch verifiziert. Ja, jeder kann sich zwar theoretisch als Individuum selbstständig machen und Unternehmer werden, aber es können eben nicht viele und schon gar nicht alle! Dies ist, wie Weber herausarbeitet, ein immanentes kapitalistisches Paradoxon! So kommt es auch nicht von ungefähr, dass wir in Deutschland realiter ca. 40 Millionen abhängig

Beschäftigte und nur 4,3 Millionen Selbstständige haben. Davon sind aber gut die Hälfte Solo-Unternehmer, ohne Beschäftigte, von denen viele ein nur prekäres Arbeitsleben fristen. Sie müssen, wie die abhängig Beschäftigten, ausschließlich von ihrer Arbeitskraft leben. Der einzige Unterschied: Sie werden nicht von einem Unternehmer ausgebeutet, sondern sie beuten sich selbst aus (vgl. Koch 2011, Brenke 2015, S. 790ff.). Also gilt auch hier abschließend, dass nur eine durchgreifende Demokratisierung der Wirtschaft auf den kapitalistischen Arbeitsmärkten für Abhilfe sorgt.

Anmerkungen

Arbeitsgruppe Alternative Wirtschaftspolitik (2015): Memorandum 2015: 40 Jahre für eine soziale und wirksame Wirtschaftspolitik gegen Massenarbeitslosigkeit, Köln

Barkai, A. (1977): Das Wirtschaftssystem des Nationalsozialismus. Der historische und ideologische Hintergrund 1933-1936, Köln

Bontrup, H.-J. (2013): Arbeit, Kapital und Staat. Plädoyer für eine demokratische Wirtschaft, 5. Aufl., Köln

Bontrup, H.-J. (2006): Wirtschaftsdemokratie statt Shareholder-Kapitalismus, in: UTOPIE kreativ, Heft 186 (April)

Bontrup, H.-J. (2010): Das Kartellrecht novellieren: Strafrechtliche Konsequenzen für Kartelltäter, in: Orientierungen zur Wirtschafts- und Gesellschaftspolitik, Ludwig-Erhard-Stiftung Bonn, Heft 125, September

Bontrup, H.-J. (2012): Wirtschaftsdemokratie und sozialökologischer Fortschritt, in: WISO, Wirtschafts- und sozialpolitische Zeitschrift, Nr. 3

Bontrup, H.-J. (2012): Wo geht es hier bitte zur Marktwirtschaft?, Marktwirtschaftliche Ordnung, Wettbewerb und Wirtschaftsmacht, Bergkamen

Bontrup, H.-J. (2014): Pikettys Kapitalismus-Analyse. Warum die Reichen immer reicher und die Armen immer ärmer werden, Bergkamen

Bontrup, H.-J. (2015): Das Kapital dominiert. Das deutsche Arbeitsrecht ist asymmetrisch, in: Frankfurter Rundschau vom 5. November

Bontrup, H.-J. (2017): Kritik der neoklassischen Theorie der Lohnfindung, in: Klesczewski, D., Müller-Mezger, S., Neuhaus, F. (Hrsg.), Mindestlohn – (K)Ein gerechter Lohn?, Münster

Bontrup, H.-J. (2017a): Vorstandsbezüge – eine ökonomische Bewertung, in: Arbeit, Zeitschrift für Arbeitsforschung, Arbeitsgestaltung und Arbeitspolitik, Heft 3-4

Brenke, K. (2015): Selbstständige Beschäftigung geht zurück, in: DIW-Wochenbericht, Nr. 36

Brenner, O. (1972): Aus Reden und Aufsätzen, Frankfurt a. M.

Conrad, O. (1934): Die Todsünde der Nationalökonomie, Leipzig, Wien

Demirović, A. (2007): Wirtschaftsdemokratie, Demokratie in der Wirtschaft, Positionen, Probleme, Perspektiven, Münster

Fehl, U., Oberender, P. (1976): Grundlagen der Mikroökonomie, München
Forrester, V. (1998): Der Terror der Ökonomie, München
Fröhlich, N. (2009): Die Aktualität der Arbeitswerttheorie. Theoretische und empirische Aspekte, Marburg
Fülberth, G. (2005): G Strich – Kleine Geschichte des Kapitalismus, Köln
Geißler, H. (2009): Ou Topos. Suche nach dem Ort, den es geben müßte, 5. Aufl., Reinbek bei Hamburg
Harlander, N., Heidack, C., Köpfler, F., Müller, K.-D. (1994): Personalwirtschaft, 3. Aufl., Landsberg am Lech
Heseler, H. (1986): Wirtschaftskrise, Wirtschaftsdemokratie und Vergesellschaftung, in: Heseler, H., Hickel, R., Wirtschaftsdemokratie gegen Wirtschaftskrise. Über die Neuordnung ökonomischer Machtverhältnisse, Hamburg
Hickel, Rudolf (1979): Die Demokratisierung des Unternehmens. Die Neo-Marxistische Konzeption, in: Internationale Stiftung Humanum (Hrsg.): Neomarxismus und Pluralistische Wirtschaftsordnung, Bonn
Hofmann, W. (1988): Industriesoziologie für Arbeiter, Heilbronn
Jungbluth, A. (1984): Die arbeitenden Menschen. Ihre Geschichte und ihr Schicksal, Köln
Marx, K. (1876, 1974): Das Kapital, Bd. 1, Hamburg, Berlin
Keynes, J. M. (1930, 1955): A Treatise on Money, London, deutsche Übersetzung: Keynes, J. M., Vom Gelde, Berlin
Kittner, M. (2005): Arbeitskampf, Geschichte, Recht, Gegenwart, München
Kocka, J. (2013): Geschichte des Kapitalismus, München
Koch, A., Rosemann, M., Späth, J. (2011). Soloselbstständige in Deutschland. Strukturen, Entwicklungen und soziale Sicherung bei Arbeitslosigkeit, in: WISO-Diskurs, Friedrich-Ebert-Stiftung, Bonn
Krätke, M. (2003): Wirtschaftsdemokratie und Marktsozialismus, in: Mut zur konkreten Utopie. Alternativen zur herrschenden Ökonomie. Kritische Interventionen 8, Hannover
Krell, G., (1994): Vergemeinschaftende Personalpolitik (Habil.), Mering
Locke, J. (1966): Über die Regierung in der Übersetzung von W. H. Halles 1906, in Wiederauflage, Reinbek bei Hamburg
Mattfeldt, H. (1999): Auf der Suche nach dem »Krug der Witwe« – Lohnquote und Sparverhalten, in: Helmedag, F., Reuter, N. (Hrsg.), Der Wohlstand der Personen, Festschrift zum 60. Geburtstag von Karl Georg Zinn, Marburg
Naphtali, F. (1928): Wirtschaftsdemokratie. Ihr Wesen, Weg und Ziel, Erstauflage 1928, wieder verlegt 1966 mit einem Vorwort von Ludwig Rosenberg (DGB-Vorsitzender) und einer Einführung von Otto Brenner (1. Vorsitzender der IG Metall), Frankfurt a. M. 1966
Nell-Breuning von, O. (1960): Kapitalismus und gerechter Lohn, Freiburg i. Br.
Robinson, J., Eatwell, J. (1974): Einführung in die Volkswirtschaftslehre, München
Olten, R. (1995): Wettbewerbstheorie und Wettbewerbspolitik, München
Papier, H.-J. (2007), Wirtschaftsordnung und Grundgesetz, in: Aus Politik und Zeitgeschichte (APuZ), Heft 13/ 26. März
Piketty, T. (2014): Das Kapital im 21. Jahrhundert, München

Šik, O. (1979): Humane Wirtschaftsdemokratie. Ein dritter Weg, Hamburg
Smith, A., (1776, 1999): Untersuchung über Wesen und Ursachen des Reichtums der Völker, Düsseldorf. Übersetzt von Monika Streissler aus dem Englischen des 1776 erschienenen Werkes »An Inquiry into the Nature and Causes of the Wealth of Nations«, London
Tuan, L. M. (1998): Wirtschaftsverfassungsrecht im Wandel, (Diss.), Freiburg i. Br.
Wagenknecht, S. (2016): Reichtum ohne Gier, Wie wir uns vor dem Kapitalismus retten, Frankfurt a. M., New York

spw – Zeitschrift für sozialistische Politik und Wirtschaft, Heft 5/2018

»Ich will keine symptombezogene Palliativpolitik«

Interview von Katrin Gerlof

Herr Prof. Bontrup: Wirtschaftsdemokratie ist ein Thema, dass Sie umtreibt. Schon lange. Dabei könnte man doch meinen, dass in einer Demokratie, wie wir sie haben, auch die Wirtschaft demokratisch sein müsste. Dem ist nicht so, sagen Sie. Warum?

Wir leben in einer nur halben Demokratie. Der Staat ist parlamentarisch demokratisch verfasst, also nur indirekt und nicht durch die Bevölkerung direkt demokratisch konstituiert, und die Wirtschaft ist autokratisch durch Kapitaleigentümer beherrscht, denen die Produktionsmittel gehören.

Sie arbeiten an einem Buchprojekt zu diesem Thema und formulieren damit den Anspruch, mit der von Ihnen entwickelten Ordnungstheorie eine Alternative zum Kapitalismus aufzuzeigen. Weil der, schaffe man ihn nicht ab, »weiter unermessliches Leid über Menschheit und Natur« bringen werde. Das ist eine Kampfansage. Zumal Sie ja zugleich auch sagen, dass die Lösung nicht etwa die zentralistische Planwirtschaft sein könne. Stattdessen die Demokratisierung der Wirtschaft, die zugleich eine Beendigung der Despotie des Unternehmers darstelle. Erklären Sie uns, wie dies ohne blutige Schlachten möglich wäre.

Ich würde das nicht so martialisch mit »blutige Schlachten« formulieren. Wir haben doch in Deutschland gesehen, dass es auch unblutige Revolutionen geben kann. Und in der Tat, wir brauchen weltweit eine neue Wirtschaftsordnung, die nicht mehr auf einem Antagonismus zwischen Kapital und Arbeit basiert, der dann noch zusätzlich zu unheilvollen Allianzen zwischen Kapital und Arbeit zu Lasten der Umwelt führt. Die Welt ist nach dem Zusammenbruch der Sowjetunion 1989 weitgehend kapitalistisch geworden und damit in einem nicht zukunftsfähigen einseitig am Profit orientierten System gefangen, dass, wie Papst Franziskus zu Recht feststellte, ein System ist, »das tötet«.

Unter kapitalistischen Verhältnissen, schreiben Sie, ist jedes absolute Arbeitsentgelt ein mehrwertproduzierender Ausbeutungslohn. Gewerkschaften kämpfen dafür, dass der Ausbeutungslohn möglichst hoch ist. Die Diskussionen um den Mindestlohn führen dazu, dass er nicht mehr ganz so obszön niedrig sein kann. Alles gut und wichtig. Aber nicht Ihr Ansatz?

Ja, wobei natürlich nichts gegen hohe Arbeitsentgelte spricht. Aber sie bleiben ein Ausbeutungsentgelt, ansonsten gäbe es keinen Mehrwert, also keinen Zins, Grundrente und Profit. Und was den gesetzlichen Mindestlohn anbelangt, der ja jetzt zum 1. Oktober auf 12 Euro brutto angehoben wird, so zeigt dieser nur überdeutlich das ganze kapitalistische Elend und das die Gewerkschaften im Zuge einer verfassungsrechtlich abgesicherten Tarifautonomie für viele Arbeitstätigkeiten nicht einmal mehr in der Lage sind, reproduktionsfähige Arbeitsentgelte durchzusetzen; und wir wollen hier die Arbeitszeiten und -bedingungen nicht vergessen. Außerdem will ich keine symptomhafte Palliativpolitik, sondern eine ursachenbeseitigende Politik.

Die Aufhebung des Widerspruchs zwischen Lohn- und Mehrwertinteressen – Sie bezeichnen dies ja als die DNA des Kapitalismus – wäre aber nur denkbar, wenn es einen anderen ordnungstheoretischen Weg jenseits von zentraler sozialistischer Planwirtschaft und dezentraler kapitalistischer Marktwirtschaft gäbe. Ein Dritter Weg also. Gibt es dafür Vorbilder?

Nun, zunächst einmal gibt es theoretisch-wissenschaftliche Befunde für eine Alternative zum Kapitalismus und zur bisher praktizierten sozialistischen Planwirtschaft. Da ist der erste umfassende theoretische Versuch mit seinem Buch »Wirtschaftsdemokratie« zum Ausgang der Weimarer Republik von Fritz Naphtali und nach dem Zweiten Weltkrieg die akribische Arbeit von Ota Šik in der Schweiz an seinem großartigen Werk zu einer »Humanen Wirtschaftsdemokratie« zu nennen. Und es gibt viele andere Wissenschaftler, die sich auch schon seit langem mit dem Thema Wirtschaftsdemokratie beschäftigen und dazu Veröffentlichungen gemacht haben. Realiter wurde bisher weltweit nur in Jugoslawien mit einer Arbeiterselbstverwaltung ein alternativer wirtschaftlicher Ordnungsweg zwischen einer dezentralen kapitalistischen und einer zentralen sozialistischen Wirtschaft eingeschlagen. Mit dem Untergang der Sowjetunion endete aber auch die Arbeiterselbstverwaltung in Jugoslawien als ordnungstheoretische und umgesetzte Alternative.

Was alles ist gegenwärtig undemokratisch an der Wirtschaft, an der Art und Weise des Wirtschaftens?

Wie schon gesagt, in der Wirtschaft gibt es, rechtlich abgesichert, die einseitige Herrschaft der Kapitaleigentümer und diese haben nur ein ökonomisches Ziel: Profite zu maximieren. Der Mensch ist dabei sekundär. Die abhängig Beschäftigten, die immer wieder fälschlich als Arbeitnehmer bezeichnet werden, müssen sich den Kapitalisten auf den vielen unterschiedlichen Arbeitsmärkten verkaufen, weil sie eben nicht über das Kapital, über die Produktionsmittel, verfügen. Keiner hat das besser herausgearbeitet und heftig kritisiert als Karl Marx. Die abhängig Beschäftigten verfügen eben nur über ihre Arbeitskraft. Und jetzt kommt das entscheidende im Kapitalismus hinzu: Die Abhängigen haben systeminhärent den Kapitalisten den Mehrwert zu produzieren, der immer dann auf den Märkten, womöglich auch gegen Konkurrenz, realisiert wird, wenn das Arbeitsentgelt der Arbeitskräfte kleiner ist als der verkaufbare Wert der Arbeit insgesamt. Das ist die System-DNA und es verwundert jeden Tag, dass sich Millionen von abhängig Beschäftigten von nur wenigen Kapitalisten diese DNA aufzwingen und damit ausbeuten lassen. Genauso wie es verwundert, dass abhängig Beschäftigte im Kapitalismus von Freiheit reden. Da muss man dann wohl von einem Realitätsverlust sprechen.

In einer Wirtschaftsdemokratie könnten große branchenbezogene Lohnunterschiede bei den Beschäftigten nicht akzeptiert werden, sagen Sie, gehe man davon aus, dass in allen Branchen gesellschaftlich notwendige Arbeit verrichtet wird. Wodurch würden diese vorhandenen und extremen Lohnunterschiede denn verschwinden?

Wir haben in Deutschland riesige branchenbezogene Arbeitsentgeltunterschiede. Diese reichten 2021 von 17,66 Euro brutto je Stunde in der Land- und Forstwirtschaft, Fischerei bis zu 55,47 Euro im Finanz- und Versicherungswesen. Der Durchschnitt über alle Branchen lag bei 35,82 Euro die Stunde. Hier kann man in demokratisierten Unternehmen darauf vertrauen, das solche Differenzen nicht mehr vorkommen. Aber natürlich ist hier auch die in den Branchen jeweils zu erzielende und nur verteilbare wertmäßige Arbeitsproduktivität zu berücksichtigen, so dass am Ende über alle Branchen womöglich ein Ausgleich auf Basis von transparenten Kennziffern herbeigeführt werden muss.

Voraussetzung für wirkliche Wirtschaftsdemokratie seien sowohl ein demokratisch verfasster Staat als auch die vollständige Beseitigung der Herrschaft des Kapitals. Reden wir erstmal über den Staat: Was fehlt unserer parlamentarischen Demokratie, die eine indirekte Demokratie ist, ein Ziel, wie wirkliche Wirtschaftsdemokratie zu verfolgen?

Wirtschaftsdemokratie im ökonomischen Unterbau verlangt im staatlichen Überbau nach einer direkten Demokratie. Die Bevölkerung soll basisdemokratisch entscheiden, wie die Wirtschaft ordnungstheoretisch zu gestalten ist. Ich bin mir da sicher, dass die große Mehrheit den Kapitalismus, so wie wir ihn heute mit all seinen Pervertierungen kennen, abwählen würde. Die Wirtschaft hat nur eine Aufgabe, sie hat für den Menschen allgemein da zu sein und nicht für eine Profitmaximierung von Wenigen. Parlamentarische Volksvertreter:innen in einer indirekten Demokratie unterliegen hier zu vielen politisch-wirtschaftlichen Abhängigkeiten und auch persönlichen materiellen Anreizen. Sie sind daher für eine wirtschaftsdemokratische Konzeptionierung und dazu notwendige Transformation völlig ungeeignet.

Für das, was Sie vorschlagen, müsste die Verfassung ergänzt, geändert werden. Sie sagen selbst, dass es natürlich verfassungsrechtliche Hürden gibt. Geben aber auch zu bedenken, dass die Verfassung tatsächlich keine unmittelbare Festlegung und Gewährleistung einer bestimmten Wirtschaftsordnung enthalte.

Zunächst einmal gilt: Verfassungsänderungen sind was ganz Normales. Die Verfassungsväter von 1949 konnten eben noch nicht alle gesellschaftlichen und auch ökonomischen Veränderungsprozesse antizipieren, die erst heute nach einer Gesetzesveränderung verlangen. Die erste Änderung des Grundgesetzes erfolgte übrigens schon 1951 im Art. 143 GG wegen einer Änderung im Strafgesetzbuch und für mich sind die jüngsten Grundgesetzänderungen von Volksvertreter:innen 2009 mit der sogenannten Schuldenbremse im Art. 109 GG und 109a GG sowie 115 GG und die gerade mit dem 100 Milliarden Aufrüstungsprogramm im Art. 87a GG vollzogene Grundgesetzveränderung völlig inakzeptabel. Dies bestärkt mich in dem Ruf nach einer direkten Demokratie. Und es ist richtig, dass eine Wirtschaftsdemokratie auch nach einer verfassungsrechtlichen Veränderung verlangt, die aber möglich ist. Und wir wollen bitte nicht vergessen, der letzte Artikel im Grundgesetz ist der Art. 146 GG, der bestimmt, wonach nach Vollendung der Einheit und Freiheit Deutschlands das Grundgesetz seine Gültigkeit an dem Tag verliert, an dem eine Verfassung in Kraft tritt, die vom deutschen Volke in freier Entscheidung beschlossen worden ist. Auf den Tag warte ich immer noch.

Und sie sagen das Grundgesetz und das nachgeordnete Arbeitsrecht seien völlig asymmetrisch, denn im Recht dominiere das Kapital einseitig.

Ja, das ist so. Im Grundgesetz ist das durch zwei Artikel bestimmt. Im Art. 14 GG durch das Eigentum und Erbrecht, wobei das Eigentum ökonomisch in Produktionsmitteln und sonstigem Eigentum, völlig unverständlich, nicht differenziert wird, und hier auch die vielbeschworene soziale Verpflichtung des Eigentums nicht weiterhilft als auch die Möglichkeit einer Enteignung zum Wohle der Allgemeinheit, die von entsprechenden Entschädigungszahlungen konterkariert wird. Auch das Schielen auf Art. 15 GG (Vergesellschaftung) verlangt hier nach einer Entschädigung. Die Kapitaldominanz im Grundgesetz wird zudem durch Art. 12 GG, durch die unternehmerische Freiheit, zementiert. Daraus leitet sich mit dem Ökonomen Erich Preiser das im ökonomischen Prozess entscheidende »Investitionsmonopol« der Kapitalisten ab. Und es versteht sich so von Selbst, dass das dem Grundgesetz nachgeordnete einfache Arbeitsrecht, dass in vielen unterschiedlichen Gesetzen, auch in den sogenannten Mitbestimmungsgesetzen, seinen Niederschlag findet, nicht verfassungsverletzend sein darf.

Ließe sich denn eine Eigenkapitalbeteiligung der Beschäftigten, die beinhaltet, dass es Mitbestimmung der arbeitenden Menschen sowohl über die Verwendung ihrer Arbeitskraft als auch über die Verwendung der von ihnen geschaffenen Werte gibt, verfassungsrechtlich verbriefen?

Wenn es richtig ist, dass im Kapitalismus das Kapital herrscht, dann sollten die abhängig Beschäftigten doch wohl zumindest am Kapital beteiligt werden. Aus zwei Gründen: Erstens um mitbestimmen zu können und zweitens um neben ihrem individuellen Arbeitsentgelt auch am Gewinn der Unternehmen zu partizipieren. Das heißt, eine Eigenkapitalbeteiligung der Beschäftigten verlangt zunächst einmal nach einer Gewinnbeteiligung. Die Antworten der Kapitaleigner kenne ich hier zu genüge …

… nämlich,

… dass sie das natürlich strikt ablehnen. Bis auf ein paar ganz wenige.

Sie machen sich bei den Gewerkschaften mit Ihren Vorschlägen wahrscheinlich nicht nur Freunde. Was ist denn gegenwärtig deren Ansatz, wenn sie von Mitbestimmung reden?

Was heißt hier bei den Gewerkschaften? Ich bin auch seit 41 Jahren Mitglied der IG Metall. Die Gewerkschaften waren und sind schon immer ein sehr heterogener Zusammenschluss von abhängig Beschäftigten gewesen. Das zeigen allein die noch acht bestehenden Einzelgewerkschaften unter dem Dach des DGB, mit ihren zum Teil stark unterschiedlichen wirtschaftspolitischen Vorstellungen. Homogen ist da nur wenig. Wenn Sie allerdings mit den Gewerkschaften die Spitzenfunktionäre (Vorstände) meinen, so haben diese wohl eher was gegen Gewinn- und Kapitalbeteiligungen, was im Gegensatz zu den Kapitalisten ökonomisch nicht rational ist. Und was Gewerkschaftsvorstände an Mitbestimmung aktuell fordern, so müssen Sie die Vorstände fragen. Mir ist da an substanziellen Veränderungsvorschlägen nichts bekannt, die auch nur annähernd in Richtung einer Wirtschaftsdemokratie gehen würden.

Ein Mitbestimmungsgesetz: Da legen Sie sehr weitreichende Vorschläge vor, gestaffelt nach Unternehmensgröße. Das Prinzip jedoch ist unabhängig von der Größe ähnlich. Echte Gewinn- und Eigenkapitalbeteiligung, paritätische Mitbestimmung, die sozusagen die einseitige unternehmerische Freiheit beendet. Was meint in diesem Zusammenhang Kapitalneutralisierung? Und warum ist die notwendig, bzw. notwendigerweise das Ergebnis eines volldemokratisierten Unternehmens?

Der Begriff »Kapitalneutralisierung« geht auf Ota Šik zurück. Dabei ist aber zunächst einmal zu erwähnen, dass ich mit meinen beiden Professorenkollegen eine in der Tat nach Unternehmensgrößen differenzierte Wirtschaftsdemokratie erarbeite, wobei am Ende das volldemokratisierte Unternehmen steht, dass sich selbst gehört und keiner mehr ein persönliches Eigentum an dem jeweiligen Unternehmen hat. Es gibt nur noch ein kollektives (solidarisches) Eigentum am Unternehmen und dazu muss rechtlich-ökonomisch das Eigenkapital neutralisiert werden. Die Unternehmensüberschüsse werden hier nach Abzug der notwendigen Nettoinvestitionen und einer womöglichen Schuldentilgung sowie auch nach einer möglichen Überschussausschüttung an die Beschäftigten als neutrales Kapital thesauriert. Dabei bleibt natürlich ein Fremdkapital, denn auch ein volldemokratisiertes Unternehmen wird auf Kredite angewiesen sein, weiterbestehen.

Geradezu revolutionär klingt, was bei einem solchen demokratisierten Unternehmen überhaupt noch an Rechtsformen möglich ist: Kapitalgesellschaft oder echte Genossenschaft. Keine Personengesellschaften, keine Einzelunternehmen, auch Aktiengesellschaften gäbe es nicht mehr. Obwohl gerade letztere doch den Anschein von Demokratie erwecken. Aktien von dem Unternehmen zu haben, in dem man für Lohn arbeitet, klingt nicht schlecht …

… na ja, wenn man es ökonomisch oberflächlich betrachtet, so könnte man zu dem Schluss kommen. Richtig ist dagegen, dass Aktien von Unternehmen, die abhängig Beschäftigte halten, am Arbeits- und Lohnverhältnis nichts ändern. Weiter besteht mit dem Aktienkapital ein entfremdetes Eigentum, dass noch dazu hoch konzentriert bei Großaktionären liegt und die Beschäftigten mit ihren wenigen Aktien weder mitreden noch entscheidend an den Unternehmensergebnissen beteiligt werden. Aktiengesellschaften suggerieren insofern eine Scheindemokratisierung. Und Personengesellschaften und Einzelunternehmen widersprechen ganz einfach einer Wirtschaftsdemokratie, deshalb sind sie schlicht überflüssig.

Würde es noch Konzerne geben?

Konzerne sind die höchste Form der Kapitalkonzentration. Sie bieten ökonomische Vorteile, auch im internationalen Austausch, die auch in einer Wirtschaftsdemokratie genutzt werden sollen. Alle dabei zu einem Konzern gehörenden Unternehmen müssen dazu natürlich demokratisiert und das Kapital neutralisiert werden.

Wie würde denn in einer Wirtschaftsdemokratie Beschäftigungspolitik aussehen? Das im Kapitalismus stets vorzuhaltende Heer der Arbeits-

losen wäre doch nicht mehr gegeben? Stattdessen maximal, wie Sie es nennen, Sucharbeitslosigkeit – eine temporäre Angelegenheit also.

Arbeitslosigkeit, das wohl größte Übel im Kapitalismus, gibt es in einer Wirtschaftsdemokratie, bis auf eine unvermeidbare temporäre Sucharbeitslosigkeit, in der Tat nicht mehr. Dafür sorgen zunächst einmal die Beschäftigten in den demokratisierten Unternehmen, die hier, im Gegensatz zum Kapitalismus, das Sagen haben und deshalb auch über Personaleinstellungen und -entlassungen entscheiden. Demokratisierte Unternehmen bilden eine solidarische Gemeinschaft, die gemeinsam gewinnt oder verliert. Trotzdem kann es zu schwereren Unternehmenskrisen kommen, die dann auch Entlassungen nicht ausschließen. Die Entlassenen werden dann aber branchenbezogen in Transfergesellschaften ohne Arbeitsentgelteinbußen aufgefangen und für eine neue Arbeit und ein demokratisiertes Unternehmen geschult und weiterentwickelt. Auch die aus den Schulen und Hochschulen kommenden potenziellen Beschäftigten, werden, finden sie nicht direkt ein sie nachfragendes demokratisiertes Unternehmen, zunächst von den Transfergesellschaften aufgenommen und auf die zukünftige Arbeit entsprechend vorbereitet. Finanziert werden die Transfergesellschaften durch alle demokratisierten Unternehmen.

Wirtschaftsdemokratie geht aber noch weiter, oder?

Ja, wesentlich weiter. Es sind noch makroökonomische Fragen nach der Fiskal-, Geld- und Sozialpolitik (Versicherungssysteme) zu klären und nicht zuletzt Umweltfragen. Auch steht auf unserem Tableau die komplexe wettbewerbliche Markt- und Machtfrage. Auf Märkte und den Marktmechanismus kann auch eine Wirtschaftsdemokratie nicht verzichten. Und in diesem Kontext muss auch die Frage beantwortet werden, welche gesellschaftlich notwendigen Arbeiten sollen dem Marktmechanismus vorenthalten bleiben und was passiert mit den Staatsbediensteten, aber auch mit den Gewerkschaften und Unternehmerverbänden.

OXI. Wirtschaft anders Denken, Ausgabe 9/2022